中国社会科学院创新工程学术出版资助项目

# 中国大陆台湾史书目提要

Annotated Bibliography of Taiwan History in Chinese Mainland

中国社会科学院台湾史研究中心 ○ 编

李细珠 ○ 主编

中国社会科学出版社

**图书在版编目（CIP）数据**

中国大陆台湾史书目提要／李细珠主编；中国社会科学院台湾史研究中心编．
—北京：中国社会科学出版社，2015.12
ISBN 978 - 7 - 5161 - 7182 - 0

Ⅰ.①中…　Ⅱ.①李…②中…　Ⅲ.①台湾省—地方史—书目提要
Ⅳ.①Z88：K295.8

中国版本图书馆 CIP 数据核字（2015）第 291169 号

| | | |
|---|---|---|
| 出 版 人 | 赵剑英 |
| 责任编辑 | 吴丽平 |
| 责任校对 | 季　静 |
| 责任印制 | 李寡寡 |

| | | |
|---|---|---|
| 出　　版 | 中国社会科学出版社 |
| 社　　址 | 北京鼓楼西大街甲 158 号 |
| 邮　　编 | 100720 |
| 网　　址 | http://www.csspw.cn |
| 发 行 部 | 010 - 84083685 |
| 门 市 部 | 010 - 84029450 |
| 经　　销 | 新华书店及其他书店 |

| | | |
|---|---|---|
| 印　　刷 | 北京君升印刷有限公司 |
| 装　　订 | 廊坊市广阳区广增装订厂 |
| 版　　次 | 2015 年 12 月第 1 版 |
| 印　　次 | 2015 年 12 月第 1 次印刷 |

| | | |
|---|---|---|
| 开　　本 | 710×1000　1/16 |
| 印　　张 | 31 |
| 字　　数 | 536 千字 |
| 定　　价 | 98.00 元 |

# 目　　录

# 序

李细珠研究员组织中国社会科学院近代史研究所台湾史研究室青年学者编撰的《中国大陆台湾史书目提要》编葳付梓，嘱我写几句话赘于卷首，我很高兴。

台湾史研究，在中华人民共和国成立之初就已开始。那时的台湾史研究，大体上是放在中国近代史名义下。台湾史作为一个学科，起步较晚，基本上是 1980 年以后，以厦门大学台湾研究所成立为标志。厦门大学台湾研究所成立伊始，就是以台湾研究和台湾史研究并重。这基本上形成了此后中国大陆台湾研究的格局。台湾研究的人才，大多集中于厦门、福州、上海、南京和北京，台湾史研究的人才，大体上与此相同。

中国社会科学院成立台湾史研究中心、近代史研究所成立台湾史研究室，则更晚一些。此间的台湾史研究室，主要研究台湾历史。十余年来，小有所成。这主要指，形成了一小批专门研究台湾史的队伍，出现了一批台湾史专门著作，出现了一两本台湾通史一类的书，也编了台湾史资料书。从 2004 年开始，组织了一系列以台湾史为专题的学术讨论会。2013年还出版了以书代刊形式的《台湾历史研究》。我们希望，这本《台湾历史研究》适当时候能成为一本正式的台湾史学术刊物。这些对于台湾史学科建设，应该说不无帮助。与厦门大学台湾史研究比较起来，我们追赶的步伐还是稳健的，也是未敢停歇的。

中国社会科学院台湾史研究中心、近代史研究所台湾史研究室成立之初，我们曾设计了研究工作努力的方向，有的正在逐步实现，有的限于条件未能实现。要编一本台湾史书目提要，也早有计划，未能及时完成。李细珠接手台湾史研究室后，悉心经营，各项研究逐一展开。这本书目提要的编撰是一例子。

一门学问，一个学科要能成立，在我看来，需要有一批专门从事相关研究工作的学者，或者研究机构，有一些代表性的学术带头人，有一批专门著作，有一批通史性大书，需要编辑学术刊物，需要编辑史料，需要建设资料库，需要有书目。有了这些，这个学科就形成了。在中国大陆，台湾史作为一个学科的条件，大体上具备了。具备了这些条件，加上后起者努力奋进，台湾史学科站立鳌头是大可期待的。

　　《中国大陆台湾史书目提要》收罗了1949年以来大陆学者出版的涉及台湾的著作。除了尽可能收集台湾历史研究著作外，实际上也收集了大量的台湾研究著作。台湾研究著作是应对台湾现状做出的学术研究，对于台湾史来说，确是十分有用的参考资料。把研究台湾现状的著作汇编在这本书目里，是有眼光的。我希望这本书，读者会把它当作工具书来读，特别是对于新走进台湾史研究行列的年轻学者，本书可以看作一本入门书。我想读者是会欢迎这本书的。

张海鹏

2015年10月6日

序于北京东厂胡同一号

# 凡　例

一、本书介绍 1949 年以来中国大陆学界有关台湾史研究的著作与资料，包括大陆学者在台湾及海外出版的著作与资料，不包括台湾及海外学者在大陆出版的著作与资料。

二、本书共收录条目 967 条，包括研究著作 665 条，论文集 150 条，资料与工具书 136 条，期刊与集刊 16 条。全书共分 12 篇，包括 12 个专题：（一）台湾通史、断代史与综论，（二）台湾政治、法律与军事史，（三）台湾经济史，（四）台湾族群、移民与社会史，（五）台湾涉外关系史，（六）台海两岸关系史，（七）台湾宗教、思想与文化史，（八）台湾教育与学术史，（九）台湾历史人物，（十）台湾史论文集，（十一）台湾史研究资料，（十二）台湾研究工具书。另外，以介绍"台湾研究期刊与集刊"为附录。

三、每个专题的著作或资料分别按题名拼音排序。

四、著作或资料篇目取舍以有一定学术参考价值为标准，包括学术性普及读物。

五、每种著作或资料介绍，主要包括三方面内容：（一）初版信息：编著者、出版社、出版时间、册数、页数；（二）体系结构与基本内容；（三）社会反响或再版信息。

六、如果修订再版改变书名，按两书分别介绍，并相互说明两书之关系。

七、非专门研究台湾史的著作或资料，重点介绍与台湾相关的内容。

八、大陆学者与台湾及海外学者合著的著作，着重介绍大陆学者的学术贡献。

九、为便于检索，特编制"编著者索引"一种，置于书末。

# 第一篇　台湾通史、断代史与综论

## 《1949 年以前的台湾》

袁成毅、钱志坤主编，杭州，浙江大学出版社2006 年11 月版，187 页。这是一部面向普通高校大学生的通识教材。全书7 章，简要地讲述了1949 年以前台湾历史变迁进程。第一章讲台湾的地理环境与史前文化，第二章讲台湾与大陆的早期关系，第三章讲荷兰对台湾的入侵与殖民统治，第四章讲郑成功收复台湾，第五章讲清朝统一台湾与台湾建省，第六章讲日本对台湾的侵略与殖民统治，第七章讲抗日战争与台湾光复。这是一部关于1949 年以前的台湾简史。

## 《80 年代的台湾（1980—1989）》

茅家琦主编，郑州，河南人民出版社1991 年1 月版，536 页。这是南京大学茅家琦教授带领高华、陈红民等多位青年学者集体撰写的《台湾三十年（1949—1979）》的续编。全书分3 章，按时序叙述1980—1989 年台湾历史的三个时期：面临历史"挑战"时期（1980—1983 年），发动"革新"时期（1984—1986 年），进入社会全面"转型"时期（1987—1989 年）。全书对台湾"党外势力"的崛起，"台独"的发展与现状，农业生产的持续衰退，教育的弊端，微妙的台美关系，以及台湾的"弹性外交"、环境污染等问题均有所论述。通过对20 世纪80 年代十年间台湾各方面的分析论证，作者认为，这十年台湾的状况是经济持续发展，经济与政治"革新"进行得比较顺利，但文化脱序，社会问题十分严重。这是大陆学界第一部全面系统叙述台湾1980—1989 年十年历史变迁的断代史著作。

# 《彼岸的起飞——台湾战后四十年发展历程》

赵宝煦主编，哈尔滨，黑龙江人民出版社 1992 年 10 月版，434 页。该书为"中国国情与现代化丛书"之一。全书分 4 篇 7 章：第一篇"统治体制"，包括第一章，论述国民党如何在台湾稳固地确立其统治，及其统治体制的基本特征、经济基础与思想基础；第二篇"工业化进程"，包括第二、三、四章，论述台湾经济如何通过进口替代和出口扩张工业的发展迅速实现工业化，以及政治权力在台湾工业化过程中的作用；第三篇"转型时期"，包括第五、六章，论述台湾经济与政治转型；第四篇"面临的挑战"，包括第七章，论述台湾现代化进程中的难题与危机及新的挑战。这是从现代化角度论述战后 40 年台湾经济与政治变化过程的简史著作。

# 《当代台湾》

沈骏主编，合肥，安徽人民出版社 1990 年 7 月版，423 页。全书分 9章：第一章叙述抗战胜利后台湾光复以前的简史；第二至七章叙述国民党败退台湾，蒋介石、蒋经国对台湾的统治，直到李登辉时代的开始，尤其着重论述国民党的政治改造与革新、美台关系、台海局势及台湾经济发展等问题；第八、九章叙述台湾的社会问题与社会运动，以及台湾的文化教育状况。这是一部叙述 1945—1989 年台湾历史的断代史著作。

# 《当代台湾史》

徐义君主编，北京，当代中国出版社 1996 年 3 月版，196 页。全书分 18 章：第一章论述台湾是中国神圣领土不可分割的一部分；第二至十七章，分别论述国民党在台湾统治的确立，第一次土地改革，蒋介石的独裁统治，台湾经济的迅速发展，蒋经国接班与国民党第二次政治改造，第二次土地改革，经济体制的又一次调整与产业升级，《戒严令》的解除与"宪政改革"，台湾的第三次经济调整及其前景，"台独"问题，严重的社会问题，台湾当局的"务实外交"与大陆政策，台湾的教育、科学技术、文化等多方面的内容；第十八章论述"一国两制"是实现祖国和平统一唯一的正确方针。这是一部简要叙述1945—1995年台湾历史的断代史著作。

## 《国民党退据后的台湾》

潘望喜主编，南京，江苏出版总社1999年版，332页。这是南京政治学院当代台湾问题研究课题与课程教学教材。全书分6章：第一章"导言"；第二章"面临抉择的社会政治"；第三章"可遇不可求的畸形经济"；第四章"谋求质量建军的孤岛军事"；第五章"愈演愈烈的中西文化抗争"；第六章"应变求存的艰难'外交'"；最后是"结束语"。该书简要地叙述了1949年以后近50年的台湾社会政治、经济、军事、文化与"外交"等方面内容。

## 《海权—陆权关系与台湾问题》

汪曙申著，北京，社会科学文献出版社2014年12月版，261页。该书将台湾问题置于宏大的国际体系结构和历史变迁当中去思考，立足于地缘政治的论述框架，通过追溯历史及结合现实，依循现代国际体系的形成发展，探讨台湾问题形成与发展所内含的海权、陆权关系因素，在分析台湾问题产生、演化和最终解决的地缘政治逻辑的基础上，从中美两国海陆关系的变化调整方面，来研究和探讨台湾问题的发展走向。全书分7章，分别论述台湾问题的地理根源、荷兰海权崛起及其对台湾的早期殖民、从清郑对峙到国家大一统、近代日本海权扩张与侵占台湾、冷战时期海陆关系变迁与台湾问题、冷战后海陆关系大调整与台湾问题、21世纪海陆关系演进与台湾问题，实际上是一部以海权—陆权关系为基本线索探讨台湾问题历史演进的通论性著作。

## 《荷据时代台湾史》

杨彦杰著，南昌，江西人民出版社1992年9月版，319页。该书系统论述了荷兰殖民者入侵台湾及其在台湾实行殖民统治并走向败亡的全过程，对荷据时期许多重要的历史问题都做了相当深入的研究，比如，关于荷据时期的历史分期，台湾被荷兰人侵占的原因，荷兰人对日本人、西班牙人、明清当局及郑芝龙势力的不同策略，荷兰人对"原住民"与汉人的统治政策，荷兰人由从事转口贸易为主到以经营本岛为主的转变，台湾转口贸易从兴盛到衰落的演变，荷据时期对台湾的经济掠夺与开发及其对台湾发展的影响，等等。这是大陆学界第一部全面研究荷据时期台湾历史的学术著作，具有开拓与奠基之功。该书另有台湾联经出版事业股份有限公司 2000 年版。

## 《简明台湾史》

陈孔立编著，北京，九洲图书出版社 1998 年 1 月版，263 页。该书在《台湾历史纲要》（九洲图书出版社 1996 年版）的基础上改写而成，保留原书 7 章的基本结构，删去全部古文，部分章节做了较大删节，有些做了调整，一些重要的历史事实做了必要的补充，线索更加明晰，内容更加集中，重点更加突出，可读性更强。该书用通俗、简练的语言系统地叙述了从早期台湾到当代台湾的简明历史，是一本有较高学术性的台湾历史普及读物。

## 《蒋帮统治下的台湾》

辛文西编，上海，上海人民出版社 1978 年 5 月版，115 页。这是一本政治宣传性的小册子，其主旨是近三十年来，由于帝国主义的掠夺及蒋帮集团的血腥统治，台湾同胞处于水深火热之中。全书分十部分，分别描述了台湾的殖民地化经济危机四伏（上、下）、广大劳动人民处于水深火热之中、深受民族压迫的高山族同胞、蒋军中下层官兵的悲愤、反动腐朽的文化教育、医疗卫生事业腐败不堪、乌烟瘴气的社会、法西斯恐怖笼罩着台湾、台湾人民的反抗斗争。这些话语有着当时那个时代特别的印记。

## 《明郑四世兴衰史》

杨友庭著，南昌，江西人民出版社 1991 年 5 月版，271 页。该书以郑芝龙、郑成功、郑经、郑克塽四世的史迹为基本线索，系统叙述了明郑政权的兴起、发展和衰亡的历史过程，认为明郑政权名义上是南明政权的一部分，实际上是一个以海商为主体并与部分汉族地主共同组合的反清地方割据势力。这个政权借"复明"的口号反对清朝的吞并，保住自己的政治、经济利益，特别是垄断海上贸易的商业利益。在清朝实行禁海、迁界的经济封锁政策下，明郑政权控制台湾海峡，独立开发台湾，并促进大陆沿海商业贸易的发展和台湾商品经济的发达，加强了中国与东西方诸国的贸易往来，增进了东西经贸交流。清朝入关之初，是落后文化对先进文化的武力征服，郑成功抗清对历史发展有积极作用，不妨碍其作为民族英雄；而郑经、郑克塽时代，清朝统治者已逐渐被先进的汉文化所同化，统治已相对稳固，生产也逐渐恢复和发展，郑经、郑克塽抗清，只能阻碍统一的进程，没有积极意义可言。至于郑芝龙抗荷、郑成功驱荷复台、郑经开发台湾与郑克塽归清，均应予以充分肯定。这是大陆学界系统研究明郑政权的代表性著作。

## 《清代台湾》

陈捷先、阎崇年主编，北京，九州出版社 2009 年 11 月版，247 页。这是两岸学者合作撰写的清代台湾史通俗读物，全书分通纪、移民、管理、经贸、教育、文化、民俗、民间信仰、妈祖信仰、人物、文献十一章，简要叙述了清代台湾的历史与文化，重点在于阐述清代台湾与大陆中央政府的关系。

## 《日本殖民统治台湾五十年史》

陈小冲著，北京，社会科学文献出版社 2005 年 9 月版，423 页。这是大陆学界研究日据台湾历史有代表性的专著。该书不是按时间序列叙述日本殖民统治台湾五十年历史，而是按专题深入探讨日本殖民统治台湾的若干重要问题。全书分八章，具体论述了日本在台湾殖民统治的建立、殖民地工业和农业、殖民地对外贸易与财政、民族运动、殖民统治下的原住民、战时台湾社会、教育与文化、海峡两岸关系等专题，并以"日本殖民统治台湾五十年大事年表"为附录。该书研究日据时期台湾历史，试图阐释台湾社会是如何从中国半殖民地半封建社会转变成为殖民地社会，以及在此过程中台湾社会政治、经济、文化等各方面的变化和这些变化给台湾历史发展进程带来的影响。在政治方面探讨了日本在台殖民统治机构和法律制度是如何建立的，台湾人民进行的反抗斗争与日本殖民者的镇压活动及日据时期台湾与祖国大陆的关系；文化教育方面着重研究了日本殖民者在台湾教育、文化领域的作为及其实质，分析了皇民化运动对台湾社会的冲击及这一对台湾社会全方位的"改造运动"所带来的不可避免的负面影响；社会经济方面探讨了台湾作为宗主国日本的资本投资场所、原料来源地和商品倾销地的殖民地社会经济特性，评估了台湾农民在日据时期的生活境遇，分析了殖民当局在台湾经济发展中的作用及其政策指导下形成的畸形的社会经济结构。在此基础上，总结了日本在台湾殖民统治的基本特征，为认识日本殖民统治台湾历史的本质提供了充分的史实。

## 《史前时期的台湾》

黄俊凌编著，福州，福建教育出版社 2007 年 10 月版，91 页。这是一本学术性通俗读物，全书分五章，以精美的图片、通俗的文字，简要介绍了台湾史前时期的旧石器文化、新石器文化、铁器文化，以及从三国至宋元时期台湾与大陆关系的基本状况，既追述两岸人民共同开发建设台湾的艰苦历程，也颂扬两岸人民抗击外国侵略、收复台湾、保卫台湾的光辉业绩，同时展示台湾的美丽景观、民俗风情、民间信仰和文化艺术。

## 《台港澳史稿》

李蓓蓓编著，上海，华东师范大学出版社 2003 年 5 月版，652 页。该书分为台湾、香港和澳门三篇，时限上起各个地区的历史发端，下至20 世纪末，并以各自地区发展的不同阶段构建框架，介绍三地的历史及其在近代的发展、回归及统一问题。"台湾篇"叙述了自远古到 2000 年台湾历史变迁过程，共 10 章：第一至三章为抗战胜利后台湾光复以前的历史；第四至八章为战后国民党在台湾的政治统治、经济发展、社会变迁及两岸关系历史；第九、十章专论现代台湾文化与社会生活。"台湾篇"也是一部叙事简明的台湾通史。

# 《台湾》

吴壮达著，北京，开明书店1952年11月第1版，74页；北京，中国青年出版社1954年6月第2版，68页。全书正文七章，简要介绍了台湾的自然环境、经济状况、都市、交通、民族等方面及其当时在美蒋统治下的现实政治，并就台湾的地位说明解放台湾对祖国国防安全的重要意义。这是一本具有较高学术性的台湾史通俗读物。

## 《台湾大事纪要》

周伭、魏大业编著，北京，时事出版社1982年8月版，124页。该书辑录了自公元230年（三国吴黄龙二年）孙权派遣将军卫温、诸葛直率军万人至夷洲（今台湾），直到1981年10月9日首度各界在人民大会堂隆重举行纪念辛亥革命70周年大会，党和国家领导人胡耀邦发表关于孙中山精神及祖国统一事业的重要讲话，用简要的史实勾勒了台湾历史变迁的真实图景。

## 《台湾的过去和现在》

武原编著，北京，通俗读物出版社1954年12月版，45页。这是在20世纪50年代初特殊历史背景之下撰写的一部台湾简史。全书14章，简要叙述了祖国人民怎样开发台湾，怎样赶走荷兰侵略者，怎样反抗清政府的统治，怎样抗击日本帝国主义的侵略，怎样反抗美蒋统治，以及蒋介石国民党政权怎样把台湾变成美帝国主义的军事基地和殖民地，怎样残酷压迫和剥削人民等情形，宣示了一定要解放台湾的决心。

## 《台湾的开发》

吴壮达著，北京，科学出版社1958年4月版，82页。全书正文四章，简要论述了两千年来中国大陆人民对台湾开发的经过，主要内容侧重阐述16世纪以来大陆人民大规模移民台湾进行开荒事业的艰苦历程，并对若干有关台湾开发史上的问题有所论证，书末附录开发大事年表等，可供研究台湾史地问题者参考。

## 《台湾的昨天与今天》

喻权域、丛亚平主编，北京，新华出版社 1988 年 11 月版，253 页。该书收录厦门大学台湾研究院、中国社会科学院台湾研究所及从台湾归来的专家学者撰写有关台湾研究论文 22 篇，具体讨论了台湾经济发展的历程、特点、成就、问题、原因及经验教训，台湾的经济改革与土地改革，两岸经贸关系的特点、前景与趋势，台湾的教育事业与民众心态，国民党的"政治改造"与"政治革新"，蒋经国去世后的台湾政局等问题。书末附录"台湾党政机构及人员名单"和"台湾主要党政人员简历"。这些从多个角度大致反映了 1949—1988 年台湾的基本情况。

## 《台湾地方史》

陈碧笙著，北京，中国社会科学出版社 1982 年 8 月版，317 页。全书 21 章，叙述了台湾从原始社会到抗战胜利后光复的历史，具体对台湾的开发、汉族人民的移入、汉人与平埔族和其他民族的融合、对地主阶级土地所有制从大陆移入台湾的作用、外国特别是日本、荷兰、英国、美国和法国对台湾的觊觎和侵略以及台湾人民的反抗，都有专章论述。书中涉及关于台湾历史发展的动力问题、历代民族关系问题、海上商业资本的形成发展问题、郑氏后期政权和清代台湾人民起义的性质问题、日本统治时期地主资产阶级的地位作用问题等有较大争议的问题，作者均提出了自己的看法。该书以"台湾地方史"命名，意在表明"台湾历史在中国历史中的地位"。这是一部用马克思主义唯物史观编著的台湾通史性著作。

## 《台湾地区海洋问题研究》

李明杰著，北京，中国社会科学出版 2011 年 12 月版，248 页。该书对目前台湾的海洋政策和立法、海洋管理体制、海上执法等相关问题进行了专题研究。全书 8 章：第一、二章，介绍台湾的海洋政策和立法，以及台湾的海洋管理体制；第三、四、五章，考察台湾的海洋执法现状，台湾的海洋自然保护区及其管理，以及台湾的海洋救助体制；第六、七、八章，论述台湾的海洋权益主张，台湾人民维护海洋权益的斗争，以及台湾与维护中国海洋权益的关系。这些有助于了解台湾地区海洋问题的基本状况。

## 《台湾简史》

张海鹏、陶文钊主编，南京，凤凰出版社 2010 年 10 月版，281 页。该书是"中国社会科学院台湾史研究中心丛刊"之一种，是中国社会科学院台湾研究中心组织力量撰写的集体著作。全书分 10 章，基本上按时序叙述了台湾从远古到 2009 年的历史发展过程。第一章是明以前台湾史，包括从考古资料重建的史前史，历代史籍记载的台湾历史，荷兰、西班牙殖民台湾史，以及郑成功收复台湾与郑氏政权经营台湾史。第二、三章是清代台湾史，从康熙统一台湾，与清政府治理台湾，以及西方列强侵略台湾，直到台湾建省。第四章是日据台湾史，从甲午战争被迫割让，到日本的殖民统治，以及抗日战争对台湾的影响。第五章是台湾光复与重建史，抗战胜利后，国民政府接受与重建台湾，由于某些政策的失误，导致台湾社会矛盾的激化。第六、七章是两蒋统治时代，国民党败退台湾后，在国际冷战形势下，蒋介石实行专制统治，政治上搞白色恐怖，两岸关系对峙，在美援的帮助下开始艰难的经济建设；蒋经国主政后开始政治革新，台湾经济起飞，最终解除戒严体制，并松动两岸关系。第八章是李登辉时代，"台独"势力形成，直接影响两岸关系的发展。第九章从民进党陈水扁执政到国民党马英九重新执政，两岸经贸关系曲折发展。第十章概述台湾的文化与教育。该书较好地吸收了台湾史学术界一些重要的新的研究成果，是一本有关台湾历史的具有较高学术价值的通史性普及读本。该书由王之光、陶正桔译成英文由外文出版社 2014 年出版：*A History of Taiwan—From Prehistory to the Present.* Foreign Languages Press，2014.

## 《台湾今昔：从孙权求夷洲到蒋经国治台》

田珏、韩恒煜著，郑州，河南人民出版社 1989 年版，315 页。全书

43 篇，以时间为经，以事件为纬，简要记述了上至台湾岛生成、下迄蒋经国治台的台湾历史变迁历程，涉及台湾的地理、民族、社会、经济、政治等多方面的内容，是一本纪事本末体的台湾简史。

## 《台湾历史概述》

刘大年、丁名楠、余绳武著，北京，生活·读书·新知三联书店 1956 年 5 月第 1 版，79 页；1962 年 12 月第 2 版，81 页；1978 年 10 月三联书店香港分店重印第 2 版。该书最早以同名单篇论文形式发表于《中国科学院历史研究所第三所集刊》第 2 集（1955 年）。这是新中国成立后大陆发行的第一部台湾历史读物。该书篇幅不大，但用非常简明的文字叙述了台湾从远古到"二战"以后回归祖国的历史。全书把台湾历史分为三个时期：一为封建制以前的时期（1661 年以前）；二为封建制时期（1661—1840）；三为半殖民地半封建和殖民地时期（1840—1945）。用确凿的事实，科学地论证了台湾自古以来就是中国的领土，中国对台湾拥有主权，解放台湾是中国的内政；同时，揭露了美、日、法等帝国主义列强对台湾的侵略活动，颂扬了中国人民的反抗斗争，批判了美国资产阶级学者对台湾历史肆意歪曲的种种谬论。这是马克思主义台湾史学科建设的奠基之作。

## 《台湾历史纲要》

陈孔立主编，北京，九洲图书出版社 1996 年 4 月版，505 页。1993 年 11 月，中国史学会和全国台湾研究会在北京联合举办了一次"台湾史学术研讨会"，与会学者深感有必要编写一部简明扼要的台湾史。1994 年 3 月，由中国史学会、全国台湾研究会发起，得到国务院台湾事务办公室、国家教委、中国社会科学院及社科院近代史研究所、台湾研究所、厦门大学台湾研究院、中国人民大学清史研究所、历史系等单位的支持，成立了以戴逸为主任委员的《台湾历史纲要》编委会。经过两年的编写，完成了 30 万字的《台湾历史纲要》。全书分早期台湾、荷兰人入侵的 38 年、明郑时期、清代前期、清代后期、日本统治的 50 年、当代台湾七章，简要叙述了台湾从远古到蒋经国去世的 1988 年 1 月的历史，是一部叙事明晰、观点鲜明的台湾简史。该书另有台湾人间出版社 1996 年版、九州出版社 2008 年版。

# 《台湾历史文化渊源》

姚同发著，北京，九州出版社 2002 年 9 月版，420 页。全书分 10 章，从地理、物种、民族、历史、语言、文教、习俗、宗教信仰、经贸、社会心理十个方面，探讨了台湾史前文化及各个历史时期与大陆长远密切的渊源流变关系。针对台湾岛内发生的"文化台独""去中国化"的种种事实的历史文化背景、血缘种族背景、思想语言背景、宗教民俗背景、地理地质背景等，作者客观探索其历史本原，以厘清台湾历史与大陆历史、台湾文化与中华文化的主从源流关系，力图给台湾历史文化在中国历史文化中寻找一个确切的定位，实际上也是给两岸关系定位。

# 《台湾历史与文化》

谢必震主编，北京，海洋出版社 2009 年 7 月版，196 页。全书 18 章，简要论述台湾史前文化与早期居民，历史上两岸往来，西方殖民者统治下的台湾，郑成功时代的台湾，康熙统一台湾，台湾建省与近代化，日据时期的台湾，抗战胜利与台湾回归，台湾文学的风韵，台湾音乐的精妙，台湾美术的发展，台湾工艺的风格，台湾戏曲的嬗变，台湾舞蹈的魅力，台湾电影的兴衰，台湾饮食文化的精华，台湾民间习俗的积淀，台湾宗教的奥秘等多方面问题，是一部关于台湾社会政治变迁与文化面相的简史。

# 《台湾历史与现状》

柳松主编，银川，宁夏人民出版社 1993 年 3 月版，315 页。全书 12 章：前两章内容为日本殖民统治台湾 50 年，扼要叙述日本对台湾的残暴统治和台湾人民的反抗斗争；后十章为国民党统治台湾近 50 年，这是全书的重点，包括国民党败退台湾后台湾的政治、经济、军事、"外交"、社会的演变，蒋介石、蒋经国、李登辉不同统治时期台湾政策的连续性和不同特点，以及两岸关系、党外势力、"台独"活动、台湾文化、台湾社会的发展变化等内容。该书从日据时期写到李登辉执政初期，概述了近

100 年的台湾历史变迁，有助于了解台湾的历史与现状。

## 《台湾——历史与现状》

杨益茂、宋桂芝编著，北京，北京理工大学出版社 2012 年 11 月版，284 页。全书共分为 5 章，主要内容包括：台湾——中国的宝岛，国民党政权败退台湾与蒋家政权对台湾的统治，李登辉执政时期的台湾，陈水扁主政时期台湾的变化，马英九主政台湾与两岸关系的发展。该书从战后国民党败退台湾写到马英九执政时期，重点在当代台湾史，有助于透过历史了解台湾的现状。

## 《台湾六十年》

何海兵主编，上海，上海人民出版社 2009 年版，394 页。全书 10 章，从政治、经济、社会、"对外关系"、军事等方面进行论述，系统地阐述了台湾自光复后六十多年来的发展脉络和基本情况。关于台湾政治发展，论述了自"两蒋时代""李登辉时代"到陈水扁上台以来台湾政局演变的过程及其特点；关于台湾经济发展，探讨了台湾经济起飞的历程、经验，以及民进党上台后采取的经济政策及经济发展形势；关于台湾社会发展，考察了台湾社会结构的演变轨迹，分析了台湾社会各阶层的发展变化及其对台湾社会转型和两岸关系的影响；关于台湾"对外关系"，重点分析了台湾与美国、日本关系的演变过程和发展特点；关于台湾军事，分析了台湾当局军事战略的变迁过程及内容，叙述了台湾军队的发展现状及特点。此外，还专设一章介绍了"台独"的由来、"台独"的党派组织及其主要活动等内容。

## 《台湾六十年史纲（1949—2009）》

董世明著，广州，暨南大学出版社 2011 年 12 月版，319 页。全书分 9 章，主要内容包括：中国国民党在台湾统治的确立，台湾形势的初步稳定，国民党集权专制的加强，台湾经济的发展，蒋经国的"革新保台"，国民党的"本土化"政策，蒋经国去世与李登辉时期的开始，陈水扁主政下的台湾，马英九当选台湾地区领导人与台湾政局的新变化。这是一部简要概述 1949—2009 年台湾政治、经济、文化与社会变迁的简史。

## 《台湾命运》

赵景文著，北京，中信出版社 2010 年 4 月版，257 页。全书 9 章：第一、二章，祖国的"镇海之宝"与永恒的"中国元素"，从地理与历史角度说明台湾与祖国大陆血肉相连的密切关系；第三章，为中国主权而战，讲述从郑成功收复台湾到历代以来两岸人民抗击外敌入侵、共同保台的历史；第四章，论台湾问题的"两面性"，说明台湾问题的国内与国际背景；第五章，诸国家统一模式之评价，从德国模式、朝鲜模式、欧共体模式以及邦联制、联邦制等探讨两岸统一的模式；第六章，危险的"转型"与台湾的前途，指出台湾政治转型过程中的"台式民主"与"法理台独"、本土化异化为"去中国化""国际化"蜕变为"两个中国"等问题对台湾前途的危害；第七章，两岸共铸"中华经济圈"，期待两岸形成"共同市场"，实现两岸经济一体化；第八章，中国大陆对台方略之演进，概述从"武力解放"台湾到"和平统一"台湾方略的演变历程；第九章，台湾命运之展望，充分估计国内外形势，展望和平统一的愿景。

## 《台湾三十年（1949—1979）》

茅家琦主编，郑州，河南人民出版社 1988 年 1 月版，452 页。这是南京大学茅家琦教授带领高华、陈红民等 9 位青年学者集体撰写的台湾断代史著作。全书分 4 章，按时序叙述 1949—1979 年台湾历史的四个时期：一片混乱时期（1949—1952 年），走向稳定时期（1953—1963 年），经济"起飞"时期（1964—1973 年），经济调整时期（1974—1979 年）。每个时期，均从政治、经济、对外关系、文化、教育、社会思潮等多方面论述，整体呈现 30 年来台湾社会发展的历史进程，包括台湾当局与美国关系的离合，台湾政治变迁与土地改革、经济起飞、文坛动向、教育与科研状况、中西文化论战，以及黑社会组织与少年犯罪等社会问题的探索。这是大陆学界第一部全面系统叙述台湾 1949—1979 年 30 年历史变迁的断代史著作。

# 《台湾十年嬗变（1986—1996）》

王国贤著，北京，华艺出版社 1997 年 5 月版，418 页。全书分四编：第一编，岛内政局的演变；第二编，对外关系的走势；第三编，社会民意的脉动；第四编，台海形势的发展。该书记述的 1986—1996 年的十年，是台湾从"后蒋经国时代"到"李登辉时代"的政治转型时期。这期间，台湾政治转型与经济、社会等诸方面转型相互作用，权力结构的异动、政治势力的消长与内外政策的更张相互制约，各种矛盾的起伏与社会思潮的涨落、民众意愿的向背相互激荡；同时，这些变迁又与国际格局的转换、祖国大陆的发展、两岸关系的演进交织在一起，形成了错综复杂的因果互动关系，使得这十年成为国民党退踞台湾以来，岛内局势变化幅度最大、速度最快的时期。该书概要地反映了这十年台湾历史嬗变的基本情形。

# 《台湾史纲要》

田珏主编，福州，福建人民出版社 2000 年 5 月初版，342 页；田珏、傅玉能主编，福州，福建人民出版社 2012 年 7 月修订版，519 页。初版 7 章，导言之外，包括宋元以前对台湾的经营、明代对台湾的经营和郑氏政权、康熙统一台湾与清前期的开发、晚清台湾的外患和台湾建省、日本殖民统治下的台湾、国民党治下的台湾六个方面的内容。初版仅写到国民党统治的蒋经国时代。修订版 12 章，分述从远古到明代的台湾，荷据时期的台湾，郑成功收复台湾和明郑统治下的台湾，康熙统一台湾与台湾建省，日本殖民统治时期的台湾，国民政府收复台湾，1949 年后台湾的政治、经济、社会、文化、对"外"关系、海峡两岸关系等诸多内容。修订版写到第二次"政党轮替"后的马英九时期。修订版在初版基础上增加了不少新内容，叙事更加详细。

# 《台湾史稿》

张海鹏、陶文钊主编，南京，凤凰出版社 2012 年 12 月版，上下卷，949 页。该书是"中国社会科学院台湾史研究中心丛刊"之一种，是中国社会科学院台湾研究中心组织力量撰写的集体著作。《台湾史稿》是此前出版的《台湾简史》的扩展与深化。全书分上下两卷，共 20 章：上卷为台湾的古代与近代，分成 9 章，第一章为台湾的早期开发以及荷兰人对台湾的侵占，第二章为郑成功收复台湾后明郑对台湾的开发与经营，第三至五章为清代时期的台湾，包括康熙统一台湾、台湾建省以及日本占领台湾和台湾人民的反抗，第六至八章为日据时期的台湾，包括日本建立台湾的统治体制、日据时期台湾的经济和日据时期台湾的文化教育，第九章为台湾光复与中国政府对台湾主权的重建；下卷为台湾的现代，分成 11 章，第十章是国民党改造与蒋介石主政时代的政治，第十一章是蒋介石主政时代的经济与社会，第十二章是蒋经国主政时代，第十三章是台湾经济的起飞与调整，第十四章是台湾社会结构的变化，第十五章是台湾与美国、日本的关系，第十六章是李登辉主政时代——"台独"势力的形成和发展，第十七章是陈水扁主政时代——民进党执政与"台独"危机，第十八章是 20 世纪 80 年代后海峡两岸关系的演变与发展，第十九章是光复以后的台湾教育与文化，第二十章是政党再次轮替，国民党重新执政，两岸关系走向和平发展的新阶段。全书下限到 2010 年，是迄今大陆学界撰著的时间最近而篇幅最大的台湾通史著作。

# 《台湾史话》

程朝云著，北京，社会科学文献出版社 2012 年 6 月版，167 页。该书是中国史话·近代区域文化系列之一，简要叙述了台湾地区自考古发现人类生活遗迹始，至 1949 年国民党败退台湾止的历史发展过程。展现了自三国时期以来中国政府对于台湾的开发，台湾的政治建制、经济发展与贸易，大陆对台湾的移民拓垦，郑氏家族与刘铭传等对于台湾的经营，鸦片战争后清政府割让台湾，日本的占领和殖民制度的建立以及对台湾人民的压迫与掠夺，台湾人民持续不断的反抗斗争，日本投降后台湾的光复，国民政府对台政策的得失，迁台人员与台湾土著的矛盾，等等。这是一本台湾史学术性通俗读物，有助于普通读者大致了解台湾从史前到新中国成立前的开发、发展过程，以及台湾地区与大陆的关系。

# 《台湾史话》

王芸生著，北京，中国青年出版社 1955 年 5 月第 1 版，103 页；1956 年 6 月第 2 版，112 页；1962 年 9 月第 3 版，124 页；1978 年 12 月第 4 版，140 页。第 4 版全书分 10 章，第一章总论台湾的地理位置、历史分期、居民状况及台湾对中国国防的关系；第二至八章按时序叙述台湾历史演变的过程，从远古直到抗战胜利后台湾光复时期；第九、十章论述"二二八"事件及美国对台湾侵略的历史。该书初版写于 20 世纪 50 年代"解放台湾"的特殊历史背景下，第 3 版修订于 1978 年底中共十一届三中全会之后中美即将建交之际，其结论是"台湾一定要回归祖国"。

# 《台湾史略》

施联朱著，福州，福建人民出版社 1980 年 12 月第 1 版、1987 年 8 月第 2 版（修订本），226 页。该书并不按时间简述台湾历史进程，而是分专题概述台湾历史的几个重要方面，主体部分共 5 章。第一章"概况"，概述台湾的地理环境与居民；第二章"台湾自古以来就是中国的领土"，概述从石器时代到历代大陆政权与台湾的关系；第三章"台湾的开发"，概述大陆人民移居、开发台湾及台湾社会经济与文化的发展；第四章"台湾人民反抗清朝封建统治的斗争"，概述清朝对台湾的封建统治及台湾人民反封建统治的斗争；第五章"台湾人民反抗外国侵略者的英勇斗争"，概述台湾人民反抗倭寇、荷兰、西班牙、英国、美国、法国、日本等外国侵略者的斗争，直到抗战胜利后台湾光复而回归祖国。

# 《台湾四百年前史》

张崇根著，北京，九州出版社 2005 年 8 月第 1 版、2008 年 2 月第 2 次印刷，422 页。针对众多台湾通史性著作忽视台湾史前历史，以及"台独"论者所谓"台湾岛为西洋人最先发现""台湾人不是中国人""台湾只有 400 年历史"的谬论，该书详细叙述了上至 3 万年前旧石器时代的长滨文化，下迄明朝天启四年（1624 年）荷兰殖民者侵占台南的漫长的台

湾史前历史与早期历史。全书十二章：第一章为绪论，说明台湾史的范畴
与历史文化分期，以及台湾与大陆的地缘关系。第二至七章充分利用考古
资料，分采集渔猎时期、刀耕农业时期、锄耕农业时期（上中下）、铁器
时代叙述了台湾的史前历史。第八至十二章则按照中国中原王朝历史发展
的顺序，叙述了大陆与台湾日益密切的历史关系，包括三国时期的山夷、
隋唐时期的流求人、宋代的毗舍邪人、元代的汉人与琉球人、明代的东番
人与汉族移民等内容。该书的中心旨意是："台湾自古以来是中国领土，
是中华民族最先发现和开发出来的。台湾岛的历史，也就是中国历史的一
部分。"

## 《台湾四十年》

李仁、李松林主编，太原，山西人民出版社 1992 年 8 月版，420 页。
该书叙述了 1949 年国民党败退台湾至 20 世纪 90 年代初期四十年来台湾
政局变迁、经济发展及两岸关系变化的历史进程。全书 8 章：第一章，国
民党败退台湾，企图奠定"反攻大陆"的基础；第二章，国民党退台后
经济的恢复与发展；第三章，蒋介石传子布署与"反共复国"案；第四
章，台湾经济的快速发展；第五章，国民党"革新保台"偏安求存；第
六章，衰退中的台湾经济；第七章，动荡中的台湾政局；第八章，80 年
代台湾经济的困境与对策。附录，海峡两岸关系大事纪要。

## 《台湾四十年纪实》

封汉章著，石家庄，河北人民出版社 1992 年 11 月版，390 页。该书
记述 1949 年至 1991 年台湾重要史实。全书分 11 部分：第一、二部分，
蒋介石治台与蒋经国主政，叙述从蒋介石经蒋经国到李登辉时代的台湾政
治变迁；第三部分，龙蛇之间——台湾经济的发展与困顿，揭示"经济
起飞"之谜；第四至六部分，叙述台湾社会诸多乱象、"党外组党"的政
党乱局和"台独"阴霾；第七至十一部分，叙述在国共内争与冷战国际
局势下，两岸关系打破僵局但仍起步艰难。

## 《〈台湾通史〉辨误》

邓孔昭编著，南昌，江西人民出版社 1990 年 4 月版，350 页。台湾著名史学家连横所著《台湾通史》是第一部台湾通史著作，对于台湾史研究具有开创之功，但由于受历史条件的限制，不免存在一些史实错讹。该书充分利用丰富的新出史料，对其进行全面辨误，尽可能地提供真实准确的台湾历史。全书以商务印书馆 1983 年版和台湾众文图书公司 1975 年印行的古亭书屋藏版为底本，按照《台湾通史》原有体例，逐条辨误，共计 600 余处。书后附录《连横与〈台湾通史〉》一文。该书另有台湾自立晚报社文化出版部 1991 年 7 月增订本。

## 《台湾问题大事记（1945. 8—1987. 12）》

张山克编著，北京，华文出版社 1988 年 6 月版，853 页。该书以编年体形式记载了 1945 年 8 月至 1987 年 12 月台湾的重要事件，涉及"二战"后台湾问题的由来，美国对华政策，中共对祖国统一大业的方针，台湾国民党当局对统一和大陆的态度，以及台湾政治、经济、军事诸方面的发展、变迁等问题。书末附录《台湾的行政区划和土地面积》《国民党 8 届 3 中全会以来中常委名单》《国民党第 12 届中央委员会委员、候补委员、评议委员会名单》《台湾当局"行政院"的沿革及变化情况》《台湾历年国民生产毛额、人均国民所得、经济增长率一览表》《台湾历年外贸进出口情况和资本形成情况一览表》《台湾历年物价指数一览表》《台湾省政府沿革》《台湾当局历年税收情况一览表》《台湾历年教育情况一览表》《台湾历年电影"金马奖"名单》《台湾历届"十大杰出青年"名单》《台湾主要报纸名录》《历届台湾省、市、县议会选举和"国大"会议情况》《台湾"中央民意代表"增选、补选情况》《历年美国对台湾"经援"数额一览表》《新台币发行情况一览表》《国民党政府历届"行政院"院长名单》《国民党政府历届"行政院"副院长名单》《国民党政府历届"行政院"秘书长名单》《国民党政府"行政院"各部会历任部长、委员长名单》等 21 个表。

# 《台湾问题实录》

全国台湾研究会编，曹治洲、余克礼主编，北京，九州出版社 2002年 7 月版，上下册，1080 页。该书顺着 20 世纪 40 年代末国民党败退台湾到世纪之交台湾政局发生重大变化这 50 年的轨迹，以历史事实为依据，以重大事件为切入点，客观地描述了政局变化的整个过程。全书分上下两部，共 10 章：上部第一至五章，论述台湾问题的由来，国民党统治五十年，台湾经济起飞成为亚洲一条"小龙"，台湾问题的国际背景及其"外交"活动，以及奇特的"台独"现象等问题；下部第六至十章，涉及台海两岸关系中的亲情、敌对、危机及其化解的努力与困难，以及两岸终将走向统一的大趋势等问题。这不是一本纯学术性的台湾研究著作，而是一本有较高学术性的台湾问题通俗读物。

# 《台湾问题析论》

吴仲柱著，北京，九州出版社 2011 年 12 月版，247 页。该书主体部分 7 章，主要内容包括台湾地理信息与战略价值、台湾族群结构与社会文化、台湾经济历程及经验辨析、台湾政治沿革及民主反思、两岸关系定位及辩证发展、台湾法律归属与涉外因素、"一国两制"与台湾前途等，从历史地理、社会文化、政治经济、两岸关系、法律与国际环境等多方面论述了台湾问题的复杂性。

# 《台湾学导论》

陈孔立著，台北，博扬文化事业有限公司 2004 年 12 月版，365 页。该书提出建立"台湾学"的目标，其写作意图是：试图作为台湾学的"雏形"，给研究台湾的学者们提供参考、讨论、补充、修正。所谓"台湾学"，是以现代台湾为研究对象的"区域研究"，主要探讨适用于现代台湾研究的理论、模式、方法。全书分 7 章：第一章提出建立"台湾学"的依据，讨论"台湾学"的定义、性质和研究范围，并说明"台湾研究"与"台湾学"的区别，重点探讨台湾学研究的基本原则和研究者的角色；

第二章对美国、日本、台湾在台湾研究方面的情况做一些介绍，重点就大陆学者近二十年来在台湾研究方面的成就与问题进行回顾，从选题、资料、思维方式、研究方法等方面，有针对性地提出个人的见解，进行学术评论，并指出今后开展研究所应注意的理论、模式、方法方面的问题；第三章讨论台湾历史研究的模式，针对台湾史学界不同流派对台湾史的基本看法以及有关台湾史研究的框架、分期等观点，提出意见进行商榷；第四章讨论台湾历史与现实的关系，特别是台湾民众在特定历史背景下形成的"集体记忆"，对当前台湾民众复杂心态的影响；第五章讨论台湾政治研究的方法，首先分析台湾现阶段政党政治的发展及其限度，进而介绍多种可供采用的一般研究方法，并介绍政治学的若干理论和方法及其在台湾政治研究上的运用；第六章讨论台湾政治研究的模式，介绍一些专门为研究台湾政治而设计的研究模式，同时介绍作者自己提出的一种研究模式，即"省籍—族群—本土化模式"，并论证其适用性；第七章讨论两岸关系的研究方法与模式，在讨论两岸关系研究柜关问题的基础上，介绍一些曾经采用的研究方法，除了通常的研究途径以外，着重探讨某些模式的可行性。最后以一篇《台湾民众的政治心态》作为附录，从历史记忆的角度探讨台湾民众复杂的心态。作者自己把该书定位为"台湾学"的入门书，其实也是初学者进入台湾研究的捷径，甚至是对台湾研究具有重要理论与方法意义的必读参考书。

# 《早期台湾海峡史研究》

徐晓望著，福州，海风出版社 2006 年 5 月版，219 页。该书分 6 章，论述了从秦汉到荷据时期台湾海峡早期历史，重点呈现了明朝官府、海商、海盗及倭寇、荷兰殖民者等多种势力在台湾海峡角逐的复杂面相。作者力图将台湾海峡作为一个整体，从中国发展的线索去看台湾，认为台湾是作为福建与潮州区域史的延伸而存在，并注重台湾海峡在东亚贸易圈及世界贸易体系中的地位。其基本结论是："早期台湾史并非游离于大陆历史之外，而一直是中国历史的一部分。荷兰人对台湾的入侵以及日本人对台湾的野心，其实都是想控制中国的对外贸易，或是在中国对外贸易中掠得更大的利润。中国人开拓台湾的历史远早于荷兰人与日本人，是福建渔民最早发现北港（台南，时或泛指台湾——引者注），也是福建商人最早在北港贸易，北港海盗与福建官府的复杂关系，使福建官府很早就将其管辖权伸及台湾。荷兰人窃据台湾，主要是想从福建港口得到中国商品进行对日本贸易与对欧洲贸易，所以，即使在荷兰时代，台湾仍是中国大市场的一个组成部分。"

# 《战后台湾四十年》

李祖基编著，北京，光明日报出版社 1990 年 7 月版，449 页。这是一本 1945—1990 年台湾编年史著作。该书按时间顺序记述了"二战"以后，主要是 1949 年国民党政权迁台以后，台湾政治、经济、社会、军事、对外关系、文化、教育、科技、卫生以及与大陆间的关系等方面的大事，大致反映了 40 余年来台湾历史变迁的基本轨迹。

# 《转型期的台湾》

姜殿铭主编，郑州，河南人民出版社 1990 年 11 月版，452 页。这是台湾研究会 1990 年 4 月在北京举办的第一届学术年会论文选集，收录会议论文 45 篇，另外附录 18 篇论文提要，包括《台湾"政治转型"问题之研究》《台湾经济的"转型"机制探讨》《传统中国文化与台湾"经济转型"》《台湾"转型"期社会问题剖析》《九十年代海峡两岸关系的展望与思考》等论文，涉及"转型期"台湾的政治、经济、文化、社会以及两岸关系等诸多问题。

# 第二篇　台湾政治、法律与军事史

## 《"台独"的历史演变》

张凤山著,北京,九州出版社2008年4月版,189页。该书详细介绍了从"台独"活动的开端——1945年"草山会议"至陈水扁执政八年期间"台独"活动演变历程。全书包括"台独"活动的源头,国民党退踞台湾前岛内的"台独"活动,以日本为大本营的"台独"活动,以美国为重心的"台独"活动,海外"台独"势力呈现多元化,岛内"党外"势力崛起前的"台独"活动,台湾"党外"势力与"台独",民主进步党成立及其"台独"化,民进党铺设"到执政之路",岛内"台独"势力的派系、路线之争与"建国党"成立,李登辉执政时的"台独"活动,陈水扁的"台独"之路等十二章和结束语"台独"是一条走不通的路。

## 《"台独"逆流》

张春英著,福州,福建人民出版社2002年1月版,278页。全书全面论述和总结了中国人民反"台独"、反分裂的斗争,包括:"台独"的滋生及在海外的流窜;海峡两岸中国人反"台独"的立场和行动;李登辉时代"台独"在岛内的复活泛滥;民进党主控下的"台独"运动;台湾当局及李登辉的"独台"路线;反分裂、反"台独"等部分。在内容结构上该书采取复式写作方法,全书有"台独"与反"台独"两条主线,一方面系统地探讨了"台独"滋生、演变的过程;另一方面总结了海峡两岸和海内外中国人反分裂、反"台独"斗争的历程及不同时期的特点。作者认为,在20世纪50多年的反"台独"、反分裂斗争中,曾经历两次高潮：第一次是 20 世纪 50—60 年代，海峡两岸中国人共同反对形形色色的台湾分裂主义；第二次是 20 世纪 90 年代中后期海内外中国人反分裂、反"台独"斗争。

## 《"台独"剖析》

沈卫平等编，北京，华艺出版社 1996 年 5 月版，334 页。1995 年 1 月，江泽民发表《为促进祖国统一大业的完成而继续奋斗》的讲话，表达中国共产党和中国政府对解决台湾问题，实现祖国和平统一的决心和诚意。但台湾当局领导人李登辉却在国际上明目张胆地制造"两个中国"和"一中一台"，严重破坏两岸关系。为剖析李登辉"假统一、真分裂"的真面目，编者从《海峡之声》广播电台和国内外各传播媒体发表、刊载的大量"批李反独"文章中，选辑百篇，汇成此书。该书认为，李登辉把"民权"的内涵移到"主权"头上，以"民权"替代"主权"，是混淆视听，假"民权""民意"之名，行分割主权、分裂国家之实。

## 《"台独"组织与人物》

杨立宪编著，北京，九州出版社 2008 年 1 月版，245 页。全书主要内容分三部分：第一部分综述，分别对"台独"组织和人物进行了界定；第二部分罗列和介绍了主要的"台独"组织机构；第三部分介绍主要的"台独"人物。本着尊重历史和事实、抓大放小、有所区别的原则，以明确主张"台独"、积极组织或参与"台独"活动、在"台独"运动史上有一定的地位和影响力特别是目前仍活跃者作为筛选标准，该书对"台独"组织及其人物进行了筛选，有一定资料性、参考性价值。

## 《百年沧桑：中国国民党史》

茅家琦、徐梁伯、马振犊、严安林等著，厦门，鹭江出版社 2005 年版，上下两册，1540 页。全书分四编：第一编"孙中山与中国国民党"，分 10 章。从 1894 年孙中山创建兴中会写到 1924 年中国国民党改组，叙述了孙中山在建党、武装起义、肇建共和、二次革命、改组中国国民党、实行国共合作等方面的历史功勋，对三民主义理论体系做了完整介绍。第二编"蒋介石与中国国民党"，分 13 章。这一时期，蒋介石推行"以党治国"的独裁统治，在全国实现形式上的统一。随后国共合作，抵抗日本侵略。抗战胜利后却错判形势，发动内战，终致败退台湾。第三编"败退台湾后蒋介石、蒋经国与中国国民党"，分 10 章。从 1949 年国民党败退台湾到 1988 年蒋经国逝世，对蒋氏父子各自政治举措背后的思想基础进行深入探索。第四编"李登辉与中国国民党"，分 11 章。李登辉执掌国民党 10 年，在党内强化个人专制独裁，清除异己，打击"统派"，将中国国民党演变成"台湾国民党"。全书对国民党四代领袖建党举措及对政治的影响等问题做了客观评述，对其各自思想理念进行深入分析，较为完整地展示了中国国民党的百年沧桑。该书时间跨度长，内容翔实，评述客观，是该时期国民党史研究的代表之作。2009 年 5 月第 1 版重印。

## 《从南京到台北：蒋介石败退台湾真相始末》

张同新、何仲山主编，武汉，武汉出版社 2003 年 9 月第 1 版，281 页。该书是在张同新、何仲山主持之下，由孙从远、陈宝松、胡明华等新生力量组成编写组写成。2011 年 10 月再版时，仅改正了少数错别字。全书分三部分：衣锦还乡、一枕黄粱、退踞海岛。揭示了 1946—1949 年国民党政权在大陆最后三年终归崩溃的历史真相，论证了国民党政权覆亡的历史必然性。作者借助多方资料，既参考了大陆出版的资料，也参考了台港地区和美国方面出版的资料，力求客观公允。其语言通俗易懂，风格平易近人，显示了学术普及的功效。

## 《大陆与台湾地区乡镇治理比较研究》

袁方成著，北京，中国社会科学出版社 2014 年 6 月版，335 页。该书围绕推进乡镇治理的机制创新和体制转型这一现实主题，以目前乡镇治理中政府组织运行不畅、政策执行乏力、服务管理能力弱化及财政基础薄弱等现实问题为导向，对大陆与台湾地区两岸的乡镇治理体系进行全面系统的比较分析和总结。第一章，乡镇政府的历史演变与体系定位；第二章，乡镇政府的组织结构与职能运作；第三章，乡镇治理的主体关系与财政基础；第四章，乡镇治理的现实困境与改革探索；第五章，乡镇治理的发展命题与政策参鉴。

## 《当代台湾女性参政研究》

林小芳著，北京，九州出版社 2011 年 11 月版，259 页。该书原型是作者在 2007 年在福建师范大学取得博士学位的毕业论文，主要内容包括：绪论、威权统治时期妇女被动参政（1949—1969）、威权松动时期妇女主动参政（1969—1987）、解除戒严以来妇女积极参政（1987—2008）、性别视角下的台湾女性参政、台湾女性参政的性别分析等章节。其研究定位是将台湾妇女运动视为全球化背景下世界范围女性主义运动一环，并注意到台湾女性受到中华传统文化浸染的"中国烙印"，参考新闻报道及相关史料、研究文献进行分析论证。为免妇女运动的历史叙述陷于失焦，该书将女性在政治生活参与中的具体表现作为重点关注所在。社会性别差距等西方理论是该书的理论框架。

## 《当代台湾政党互动分析》

林劲、郭红斌著，北京，九州出版社 2008 年 11 月版，210 页。政党互动是台湾政治转型以来政治发展的内在动力。作者将政党互动划分为三个阶段：民进党成立后至新党成立前（1986 年 9 月—1993 年 8 月）国民党、民进党不对称两党体制阶段；新党成立后至"政党轮替"前（1993 年 8 月—2000 年 3 月）国民党、民进党、新党"不等边三角"三党体制阶段；"政党轮替"以来（2000 年 3 月至今）从多党竞争到泛蓝、泛绿两大政党联盟对峙阶段。各章内容为：第一章，民进党成立后至新党成立前的政党互动；第二章，新党成立后至"政党轮替"前的政党互动；第三章，"政党轮替"以来的政党互动；第四章，2005 年底"三合一"选举后台湾政党互动格局分析；第五章，台湾政党互动的特征及其影响因素。

# 《当代台湾政党政治研究》

徐锋著，北京，时事出版社 2009 年 11 月版，288 页。该书运用政治过程研究的理论和方法，考察了台湾政党政治的理念、过程、特质及未来发展趋向，较为全面地展现了台湾政党政治全貌。第一章，导论，包括政党政治的世界性及其地区性、民族性；区域性的检视：东亚地区的政党政治及其发展；个案的研究：考察台湾政党政治的意义及相关说明等内容。第二章，当代台湾政党政治的缘起，包括台湾政党政治的生态环境分析，国民党威权政治的式微和终结。第三章，当代台湾政党政治的理念，包括政党政治理念的基本意蕴，"威权的民主"观念与"民主的威权"理念，乡土的台湾意识与"民族"的"台独"意识，改良的民本主义与激进的民粹主义等方面。第四章，台湾主要政党的政治过程，包括政治过程研究及其视野中的政党，台湾主要政党内部的政治过程，政党之间的关系及其与政府、社会的关系。第五章，当代台湾政党政治的特质，包括主辅二元式的政党体制，对抗主导型的政党政治，角色冲突引发功能紊乱，相对较低的制度化水平等。第六章，台湾政党政治现状及前景。

# 《当代台湾政治分析》

刘国深著，北京，九州出版社 2002 年 6 月版，300 页。该书运用比较政治学理论的概念和分析框架，研究台湾政治革新以来的当代台湾政治变迁。全书基调是将台湾政治体系视为中国政治体系中的次体系进行论述，分三篇。政治文化篇：当代台湾政治心理，下分五章：台湾人的政治认知，台湾人的政治情感，台湾人的政治价值取向，当代台湾政治文化五大迷思，当代台湾政治文化变迁原因。政治结构篇：当代台湾政治系统，下分六章："中央政府"结构，"地方政府"结构，阶级阶层结构，政党政治结构，利益集团结构，台湾政治结构变迁原因。政治行为篇：当代台湾政治过程与政策，下分四章："政治革新"前的政治过程与政策概貌，当代台湾政治过程，当代台湾公共政策，当代台湾政治过程与政策变迁原因。结语部分对当代台湾政治进行了批评与前瞻分析。

# 《当代台湾政治文化转型探源》

李振广著，北京，中国经济出版社 2010 年 3 月版，238 页。该书是作者根据博士学位论文撰成。政治文化转型是当代台湾社会中政治价值观念发展变化的重要方面，是研究当代台湾政治经济发展的切入点。该书通过对推动当代台湾地区政治文化转型主要因素和根源的探讨，分析台湾社会主流政治文化从传统的臣民政治文化转型为与民主政治制度相协调的参与者政治文化的社会经济基础、条件与规律。第一章，政治文化研究的理论基础，包括政治文化的定义、类型、变迁与转型。第二章，台湾的传统政治文化及其转型。第三章，经济现代化对台湾传统政治文化基础的冲击与瓦解。第四章，台湾社会转型与民众政治参与意识的增长。第五章，台湾政治反对运动对政治文化转型的推动。第六章，台湾民主化实践对参与型政治文化的培养。第七章，世界民主化浪潮与台湾政治文化转型。第八章，台湾经验与未来启示。

# 《东亚政治发展比较研究：以台湾地区和韩国为例》

林震著，北京，九州出版社 2011 年 12 月版，286 页。台湾地区和韩国的民主化进程启动于 20 世纪 80 年代后半叶，20 世纪 90 年代初初步建立民主体制。该书从批判性角度对台湾地区和韩国民主化进程进行比较研究，拟据此分析民主化带来的问题，探讨东亚社会民主化规律。第一章，台湾民主化：不平静的"宁静革命"，介绍了蒋经国晚年民主化进程的启动，李登辉主导下的"民主化"进程，民进党的变质：从反威权到"台独"化等内容。第二章，韩国民主化：从军人威权到文人民主政权，介绍了韩国民主化进程的启动，卢泰愚政府的施政（1988—1992 年），民主化进程中反对阵营的分合。第三章，台湾民主化误区，指出了"台独"误区和"宪改"误区，介绍了台湾的派系政治和"黑金政治"。第四章，韩国政治病，介绍了韩国的地域冲突，政治腐败和财阀问题。第五章，驾驭"第三波"：台湾和韩国民主化比较。第六章，东亚现代化进程中经济和政治的互动关系，论证了政经互动的内容：增长和发展，政经互动的核心：公共政策的制定以及政经互动的体制安排：发展型体制。

# 《遏制台独：不承诺放弃武力》

张山、肖伟中著，北京，中国社会出版社 1996 年 6 月版，392 页。1995 年 6 月李登辉访美，1996 年 3 月李登辉当选台湾首任民选"总统"，两岸关系紧张，危机四伏。该书的现实意义重于学术价值。第一章，台湾：一步步滑向"独"，指出台湾"政治革新"产生了"台独"的温床，而李登辉"登基"以来从不统不独滑向独。第二章，遏制与诱导：中国对台政策透析，指出中国不可能放弃武力统一的可能性，实践证明，这是确保两岸关系稳定的基础。第三、四章分别是，中国人民解放军军力透视和台湾军力透视，指出台湾军队基本是地区性防御力量，其综合战争力无法与中国人民解放军一较高下。第五章，后言："台独"的毁灭，指出两岸交战的后果将是台湾毁于战火。

# 《二二八事件实录》与《二二八事件研究》

褚静涛著《二二八事件实录》，台北，海峡学术出版社 2007 年 6 月版，上下卷，共 647 页。"二二八"事件发生于光复后不久，既带有光复初期的特殊性，又是有普遍意义的重要事件。作者长期关注这一事件，进行有关研究。该书内容包括：台湾光复与重建，接收与重建的冲突，"二二八"事件爆发，各县市的抗争，军事镇压与宣慰，"二二八"事件善后。其结论认为："二二八"事件是台湾人民自发的爱土爱乡运动，是官民冲突、阶级对立，而非省籍冲突、族群对立。后来作者又增补史料，对社会冲突理论进行反思，三易其稿，增加十多万字新内容，并删除了约十万字内容。修订后形成《二二八事件研究》于 2011 年 7 月由台湾的海峡学术出版社出版，上下册，729 页。2012 年 3 月，大陆的社会科学文献出版社出版同名著作《二二八事件研究》，1 册，603 页，该版本经第四次修改，内容较上述台湾出版的两个版本更为丰富全面，表述更为准确客观。

# 《反割台抗日运动》

柯平著，天津，天津古籍出版社2004年9月版，225页。2000年，戚其章提议应在甲午战争爆发110周之际，推出一部内容全面、自成体系的甲午战争史学术专著。遂由戚俊杰、刘玉明担任主编规划构思，构筑框架，筛选题目。2004年，柯平的《反割台抗日运动》，戚其章的《甲午日谍秘史》，王如绘的《甲午战争与朝鲜》，王家俭的《洋员与北洋海防建设》，孙占元等的《甲午战争的和战之争》，苏小东的《甲午中日海战》和《甲午日军暴行录》，王记华、董进一的《甲午辽东鏖兵》，戚海莹的《甲午战争在威海》等9册同时由天津古籍出版社出版，形成"勿忘甲午"丛书。《反割台抗日运动》包括绪论：乙未割台的历史背景，第一章甲午战前的台湾与日本，第二章日本逐步实施割占台湾计划，第三章台湾的防务与初期保台运动，第四章"台湾民主国"成立与北部之战，第五章台湾中部的抗战，第六章台南府保卫战，第七章反割台抗日运动的继续。

# 《泛蓝·泛绿：台湾政坛》

王建民等著，北京，九州出版社2007年版，2册，469页。2000年以后，岛内政治生态发生深刻变化，以国民党、亲民党、新党和民进党、台联党为主要代表的岛内政治势力形成泛蓝、泛绿两大阵营，主导着台湾地区政治生活的主线。该书分上下册，上册《泛蓝：台湾政坛》由王建民、赵会可、陈险峰著，257页。内容有：泛蓝阵营的构成，泛蓝阵营的组织机制，泛蓝阵营的政治实力，泛蓝阵营的政策主张，泛蓝阵营与大陆的互动关系，泛蓝阵营整合之路，泛蓝阵营面临的挑战与发展前景。下册《泛绿：台湾政坛》由王建民、吴宜、郭艳著，212页。内容有：泛绿阵营的构成，泛绿阵营的组织体系，泛绿阵营的社会基础，泛绿阵营的政治实力，泛绿阵营与大陆的关系，泛绿阵营内部的矛盾与斗争，泛绿阵营发展前景。

# 《港澳台法制概论》

焦宏昌、周大纲编著，北京，中国政法大学出版社1999年版，331页。该书是中国政法大学成人教育学院编撰的成人高等法学教材之一。焦宏昌编写一至七章，周大纲编写了八至十章。第一章："一国两制"与港澳台法制，第二章：香港特别行政区基本法述要，第三章：香港特别行政区法律述要，第四章：香港特别行政区司法制度，第五章：澳门特别行政区基本法述要，第六章：澳门特别行政区法律述要，第七章：澳门特别行政区司法制度，第八章：台湾"宪法"述要，第九章：台湾地区法律述要，第十章：台湾地区司法制度。

# 《国共关系纪实》

黄修荣、黄黎著，北京，人民出版社2014年5月版，665页。该书以纪实手法，全面系统地考察了自国共两党成立至21世纪初的90多年间两党关系发展的历史。全书共19章。第1—6章介绍了国共第一次合作的历史背景、酝酿，建立与革命风潮的兴起，国共统一战线的分化与斗争，国共合作的破裂及两党对立。第7—13章记述了国共第二次合作在民族危机加深背景下的形成，国共配合取得全民族抗战的胜利，战后初期两党谈判和斗争，全面内战，国民党在大陆统治的崩溃和中共在大陆执政地位的确立。第14—19章叙述了国共隔海对峙局面的形成，中共"一国两制"方针的提出与台湾当局大陆政策的调整，20世纪90年代海峡两岸关系的发展，中共维护祖国统一的斗争，国民党在台湾执政地位的丧失及其对海峡两岸关系的影响等。自第14章以后，近三分之一篇幅是国民党退台以后，与共产党的关系及两岸关系问题。

# 《个人资料的法律保护：放眼中国<br>内地、香港、澳门及台湾》

陈海帆、赵国强主编，北京，社会科学文献出版社2014年7月版，457页。2013年6月21日由澳门个人资料保护办公室及澳门刑事法研究会主办的"两岸四地个人资料保护论坛"在澳门举行，来自两岸四地近百名专家学者就个人资料保护制度进行深入探讨。会后出版的该论文集分为四编，第一编："两岸四地"个人资料保护制度之立法现状；第二编：个人资料的法律保护与相关权利保障，内有对台湾医疗个资保护的探讨等内容；第三编：个人资料的刑法保护；第四编：附录（包括澳门特别行政区第 8/2005 号法律，香港《个人资料（私隐）条例》和台湾《法令》个资法及施行细则修正条文对照等）。

## 《国共关系七十年 1921.7—1991.7》

刘建武主编，北京，中国国际广播出版社 1991 年 8 月版，459 页。该书分为八章和结束语，对国共关系七十年来的历史进行了介绍，内容有：第一次国共合作的形成与北伐战争的胜利（1921.7—1927.4），第一次国共合作的破裂与国家的内忧外患（1927.4—1936.12），两党政策的转变与第二次国共合作的形成（1936.12—1937.9），抗战初期两党的密切合作（1937.9—1938.10），国共关系的曲折发展与抗日战争的最后胜利（1938.10—1945.8），战后初期两党的谈判斗争与国共第二次合作的破裂（1945.8—1946.11），国民党在大陆的失败与新中国的诞生（1946.11—1949.10），海峡两岸对峙的三十年（1949.10—1978.12），国共关系的松动与第三次合作的展望（1979.1—1991.7）。作者将 1949 年10 月以后的国共关系以 1978 年底 1979 年初为分界点划分为两个阶段，1979 年后中共努力促进国共第三次合作，两党尖锐对峙的关系有所松动。

## 《国共关系七十年》

黄修荣著，广州，广东教育出版社 1998 年 12 月版，2 册，914 页。为总结历史经验，作者经多年努力，撰写《国共关系七十年纪实》和《国共关系七十年》两部著作，对国共关系史进行了梳理和总结。《国共关系七十年》上卷包括第一章：半殖民地半封建的中国社会与国共两党的建立，第二章：国共第一次合作的酝酿，第三章：国共第一次合作的建立与国民革命高潮的到来，第四章：国共统一战线的分化与斗争，第五章：国共第一次合作的破裂与国共两党的尖锐对峙，第六章：迫在眉睫的民族危机与国共两党政策的转变。下卷包括第七章：干戈化玉帛——国共第二次合作的形成，第八章：国共第二次合作的发展与抗日战争的伟大胜利，第九章：国共第二次合作的破裂，第十章：国共隔海对峙局面的形成，第十一章：祖国统一是不可阻挡的历史潮流。后两章介绍了退台后国民党与共产党关系，篇幅不大，主要是关于蒋介石僵硬的反共立场和蒋经国时代大陆政策的调整。

## 《国共关系四十年 1949—1990》

沈骏、樊蕴珍主编，武汉，华中师范大学出版社 1991 年 8 月版，332 页。该书将国共关系发展分为五个时期：第一个时期（1949—1952），新中国的诞生，国民党退踞台湾，两岸军事对峙局面形成；第二个时期（1953—1965），海峡两岸严重的军事对峙，中共主张和平解放台湾；第三个时期（1966—1978），中美关系改善，海峡两岸出现政治与军事斗争交错以及政治斗争为主的局面；第四个时期（1979—1986），中共"和平统一，一国两制"方针的提出，两岸从军事对抗走向缓和；第五个时期（1987—1990），国民党"大陆政策"调整，中共中央提出突破僵局新政策，海峡两岸从缓和、松动走向开放、民间交往的时期。全书以此划分为五章进行论述。

## 《国共两党关系史》

王功安、毛磊主编，武汉，武汉大学出版社 1988 年 5 月版，744 页。这是第一部比较全面系统研究国共关系的论著。各章内容为：第一次国共合作、国共两党的第一次分裂、第二次国共合作、国共两党的第二次分裂、第三次国共合作的提出与国共关系的新发展。在第五章中，作者介绍了共产党关于第三次国共合作的政策与措施，国民党对共产党第三次国共合作主张的反响，分析了台湾当局僵硬立场的原因和在和平统一问题上的松动迹象，展望了第三次国共合作的前景。当时国共两党的关系仍属敏感问题，此书既为开山之作，其在记述史实方面的突破与求实精神值得肯定。同一时期出版的《国共两党关系史》，还有 1990 年出版的苏仲波、杨振亚主编的同名著作（江苏人民出版社），稍后又有 1995 年出版的马齐彬主编的同名著作（中共中央党校出版社，1227 页）等，因此类著作的重点皆在 1949 年之前，国民党退台后的台湾时期叙述简略，故不再一一介绍。

## 《国共两党关系通史：1921—1991》

王功安、毛磊主编，武汉，武汉大学出版社 1991 年版，5 册，1299 页。1949 年后，国共关系研究一度成为禁区，后有零星研究，到 20 世纪 80 年代后期成为研究热点。这些研究在 1991 年前后纷纷以专著形式问世，该书与前面提及的几本皆在其列。两位主编在 1988 年出版《国共两党关系史》单行本后，掀起国共关系研究热潮，为进一步推动这项研究，撰成这部五卷本。全书包括五卷："第一次国共合作""国共两党的第一次分裂""第二次国共合作""国共两党的第二次分裂""第三次国共合作的提出"。其内容详尽，在纵向论述两党关系历史，论述国共两党两度合作又至分裂的背景、原因、过程、后果的同时，也横向描述了在历次分合时期，两党在政治、经济、军事、文化等各方面的政策异同及其影响。在廓清史实方面该书也做出一定贡献：对中共党内在与国民党合作问题上的错误倾向给革命造成的危害做了如实论述；对国民党在北伐、抗战时期的某些积极表现，蒋氏父子在台湾坚持一个中国立场等方面加以肯定。

## 《国民党下台内幕》

王建民、刘红、曾润梅著，北京，新华出版社 2005 年 5 月版，327 页。国民党在 2000 年台湾领导人选举中失去执政权，引发大陆学者的思考：一个有 100 多年历史、号称有 250 万党员的政党，为何输给成立才 15 年、仅有 20 万党员的民进党？国民党创造了台湾"经济奇迹"，人民为何抛弃国民党？该书试图解答这些问题。国民党在台统治期间，尽管在经济发展上取得很大成功，然而国民党的腐败与"黑金"问题让台湾民众甚为失望，希望有一清廉政党取而代之。以反"黑金"与反腐败为旗帜的民进党，成为民众最直接的选择与期待。历史上，"二二八"事变与"白色恐怖"，给台湾民众留下不良的历史记忆，这成为岛内一直存在反国民党势力的重要原因，并逐渐发展成"党外政治运动"。李登辉在担任国民党主席后的种种倒行逆施，导致该党多次分裂，也是其失去政权的重要原因。该书以学术研究与通俗相结合的纪实手法，通过对历史与事件的描述、分析，让读者了解国民党失去政权的背景与原因。第一至三章由曾润梅撰写，分别为：历史的伤痕，人民的噩梦，过客心态的结局；第四至七章由刘红撰写，分别为：反对运动的兴起，"党主席"的阴谋，党内恶斗弄分裂，迷失的羔羊；第八章至结尾由王建民撰写，依次为：权力腐败，地方权力派系化，与黑道结盟，"党产怪兽"，能否东山再起。

## 《国民党在大陆和台湾》

张兴定、陈岳军、阚孔壁主编，成都，四川人民出版社1989年11月版，291页。该书分为13部分：中国国民党的产生，孙中山的三民主义，为建立资产阶级共和国而斗争，从联共到反共的历史倒退，蒋家王朝的建立，从反共内战到联共抗日，从联共抗日到准备内战，在大陆统治的崩溃，败退台湾后的乱中求治，从稳定到发展，在调整中求推进，海峡两岸关系走向缓和，蒋经国去世后的台湾形势。介绍了中国国民党产生的历史背景、演变发展过程，前8部分为大陆时期的国民党，后5部分为台湾时期的国民党状况。该书侧重于评述国民党在大陆和台湾的历程，也穿插了一些共产党的主张和实践。该书出版后，1990年被评为四川省哲学社会科学三等奖，颇受欢迎。因而增加了"大选后李登辉政权下的台湾政局"部分，于1991年4月再版。

## 《国民党在台50年》

刘红、郑庆勇著，北京，九州出版社2001年版，254页。全国台湾研究会编辑《当代台湾观察》丛书，力求全面、集中反映台湾政治、经济、社会等各方面状况，以帮助社会各界人士对台湾现状有更深的了解，该书为其中一册。该书除引语与结语外，分为两编。上编：专制与调整——国民党败退台湾，分四章：第一章推行专制统治，第二章强化专制机构，第三章调整专制统治，第四章启动政治改革。论述了两蒋时代国民党在台执政状况。下编："宪政"与"台独"——国民党在台湾的挫折，亦分四章：第一章惨遭分化瓦解，第二章面临强烈挑战，第三章陷入政治迷途，第四章失掉执政地位。主要叙述李登辉担任主席时使国民党面临的困境。该书认为，国民党之所以丧失执政地位，李登辉的破坏作用是最主要的因素。他挑起的党争，严重削弱国民党的实力，致使该党陷入组织系统混乱、实力人物出走、元老重臣走神、党的综合实力下降和支持群体的进行无规则重组状态，事实上已埋下国民党在 2000 年 3 月大选中必然失败的种子。

# 《国民党在台湾：1945—1988》

黄嘉树著，海口，南海出版公司 1991 年 1 月版，749 页。此书于 1991 年在大陆出版时，为内部发行，1993 年做了若干修改后，公开发行。台北大秦出版社的李荣中先生赞赏此书，赴北京洽购版权，使此书得以于 1994 年 1 月在台湾发行，同年 8 月再版。全书分十八章，在简单介绍了日据时期国民党在台湾的早期活动后，从 1945 年日本投降、国民党政府接管台湾，写到 1988 年 1 月蒋经国逝世。该书把这段历史分为六个阶段。第一阶段，1945 年至 1949 年底，这是国民党统治台湾的奠基阶段。第二阶段，1950 年至 1958 年底，这是国民党败退台湾后的喘息和整顿阶段。这个阶段的下限，有些学者定为 1952 年，而作者将其定为 1958 年底，认为 1958 年 8 月至 10 月的"金马危机"过后，国共矛盾、美蒋矛盾才算定型；而这种外部压力的变化，又促使国民党当局在岛内对付党内外的"民主自由分子"时，改采高压战术；经济上，1959 年台湾的经济发展模式也由进口替代型向出口扩张型转化。第三阶段，1959 年至 1969 年 6 月，这是台湾政治的高压阶段，也有人称之为"冰封时期"。这个阶段的下限，有些学者定为 1972 年，标志是蒋经国出任"行政院长"，而作者则定为 1969 年 6 月，标志是蒋经国出任"行政院副院长"，认为此时，蒋经国已掌实权，并开始推动所谓"新政"。第四阶段，1969 年至 1980 年的"军法大审"，这次事件对台湾政治影响很大。第五阶段，1980 年至 1985 年，政治转型前的混乱阶段。第六阶段，1986 年至 1988 年蒋经国逝世，这是所谓"返宪革新"阶段。该书被编者誉为"近年来唯一兼具广度和深度的现代台湾史"。

# 《国民政府收复台湾研究》

褚静涛著，北京，中华书局 2013 年 7 月版，736 页。该书以翔实的史料，再现国民政府收复台湾的历史进程。1941 年 12 月国民政府对日宣战，相机组织台籍志士成立台湾革命同盟会和国民党直属台湾党部，发起抗日复台运动。1943 年，中、美、英共同发表《开罗宣言》，为中国收复台湾奠定了国际法的依据。国民政府成立台湾调查委员会，为接收台湾进行调查和准备。以中国共产党为首的各党派、各阶层为收复台湾建言献策。1945 年 10 月 25 日，陈仪在台北接受日军投降，中国政府恢复对台湾的主权。日据台湾 50 年，两岸在各方面差距巨大。光复后，台湾社会急剧转型，官民冲突升级。陈仪接收与重建的举措有合理成分，亦有与台湾民众利益相悖之处，矛盾积蓄，"二二八"事件爆发。该书分为 10 章：台胞反抗日本殖民统治，大陆与台湾的民间交往，陈仪与福建省政，国民政府宣示收复台湾，收复台湾之筹划，台湾光复，政治重建，经济重建，教育和文化重建，社会转型及冲突。

# 《海峡两岸法律制度比较研究》

唐磊、李平主编，成都，四川大学出版社 2001 年版，308 页。四川省海峡两岸法律研究会和四川大学法学院 1998 年 11 月举行了第三次川台经贸法律理论与实务研讨会，两岸法律界人士百余人到会。会后，四川大学法学院的唐磊、李平将会议论文和交流成果集结成书。该书收录文章 28 篇，研究主题包括四类："一国两制"理论的法理学阐述；海峡两岸民商法律制度的比较研究；海峡两岸刑事法律制度的比较研究；海峡两岸行政法律制度的比较研究。

# 《康熙统一台湾始末》

任力著，北京，解放军出版社 1996 年 7 月版，159 页。该书介绍了康熙统一台湾的前前后后。引言部分回顾了清代以前各历史时期两岸关系、西方对台湾的觊觎和掠夺、清代统一台湾的时代背景等，第一至六章分别是：夺取金、厦，翦其羽翼；和平对峙，以抚为主；经济封锁与反封锁；平定三藩，重创郑氏；因剿寓抚，统一台湾；建府设防，展界开海，维护统一。余论指出，台湾与大陆的统一关系着中华民族的根本利益。

# 《抗日烽火中的台湾义勇队》

楼子芳著，台北，世界综合出版社 2003 年 7 月版。该书记述了台湾义勇队的筹组，初步发展，参加祖国抗战，台湾少年团的成立与学习工作，台湾义勇队为"统一台湾革命组织"、团结朝鲜、日本等国际反法西斯势力的努力，转进闽西艰苦奋斗，为抗战最后胜利的努力和爱国精神。

# 《两岸和平发展立法问题研究》

杜力夫等著，厦门，厦门大学出版社 2013 年 3 月版，272 页。该书是教育部人文社会科学研究项目成果，是研究两岸和平发展立法问题的学术专著，由五位作者完成。全书共 7 章，第一章，两岸和平发展与两岸关系的法治化；第二章，两岸和平发展与经贸关系；第三章，两岸和平发展与文化交流；第四章，两岸和平发展与政治互信；第五章，两岸经济交往与立法；第六章，两岸文化交流与立法；第七章，两岸政治交往与立法。

# 《论"台独"》

贾亦斌主编，中国国民党革命委员会、祖国和平统一促进委员会《论"台独"》编写组编写，北京，团结出版社 1993 年 5 月版，238 页。该书前四章论述了"台独"的本质、"台独"组织及当前活动特点、"台独"谬论批判、"台独"危害的严重性等，最后一章呼吁团结起来，共同反对"台独"。附录则包括屈武在辛亥革命 80 周年纪念大会上的讲话、作者本人在全国政协八届大会上的发言、作者《试论孙中山中国和平统一的思想》一文，以及"台独"活动大事记。

# 《民进党大陆政策研究》

党朝胜、刘宏著，北京，九州出版社 2004 年 7 月版，202 页。《民进党研究丛书》之一。作者通过对民进党多年的观察研究，力求按其发展演变的脉络，对民进党的大陆政策做了系统的研究分析。全书分六章，分别论述了"住民自决论"的来龙去脉、"台独党"的蜕变过程、"台独"手法的调整、追求"主流价值"下的"转型"、"渐进式台独"路线、"公投台独"的失败等问题。作者认为，民进党的大陆政策的核心基调就是"一边一国"，而实现这一目标的方式则是"公民投票"。这一基调从早期的"住民自决论"演变而来，民进党在 1986 年的第一部党纲里便清楚注明了这一内容。民进党在其 1991 年的"台独党纲"中又进一步表明，要通过"公民投票"的方式建立"台湾共和国"。后来，民进党虽迫于选票压力而被迫"转型"，但并未放弃其一贯的"台独"立场。1999 年，民进党发表"台湾前途决议文"，承认了"中华民国国号"，但仍主张以"公投"的方式应对任何对台湾"现状"的改变，其"台独"立场依然如故，变的只是表述的重点不同。2002 年 8 月 3 日，陈水扁正式抛出了"一国一边"这一赤裸裸的"台独"论调，2004 年 3 月 20 日，陈水扁又违背民意，执意举办了首次"公民投票"，结果多数台湾同胞以不投票的方式让其"公投"行为无效。尽管如此，由于受其一贯的"台独"立场影响，要想民进党在近期内改变其大陆政策的基调，重新回到发展两岸关系的正确道路上，仍是困难重重。

# 《民进党对外关系研究》

严安林、黄中平著，北京，九州出版社 2004 年 1 月版，226 页。《民进党研究丛书》之一。该书介绍了民进党当局对美"外交"，与日本的关系，对亚欧等主要国家的"务实外交"活动，针对非洲、中南美、太平洋岛国的"邦交"活动，与马其顿的断交过程，"参与"各种国际组织的活动等，指出趋向多极的国际新格局对于急于拓展国际空间、向"台独"目标迈进的民进党当局来说，具有双重影响，既有其主观努力的可能与空间，也有客观存在的制约与束缚。该书在分析了民进党当局的"外交"

困境的同时，指出"两岸坐下来谈"是台湾"国际空间"的唯一出路。

## 《民进党浮沉内幕》

李立著，北京，华文出版社 2012 年 5 月版，434 页。该书披露了民进党、国民党及其他政治势力的角逐，揭示了民进党台前幕后的政治博弈及不为人知的秘密史实。第一章：民进党突袭成立，国民党宽容默许；第二章：民进党蜕变"台独党"，转型之路步履艰难；第三章："由下而上"策略奏效，快步走上执政之路；第四章：陈水扁"渔翁得利"，民进党仓促上台；第五章：绿色执政风波不止，政党恶斗没完没了；第六章：执政无能声望下跌，台湾民众希望破灭；第七章："台独"嚣张末路狂奔，两岸关系濒临绝境；第八章："两颗子弹"保住陈水扁宝座，民进党权力腐化快速堕落；第九章：走下坡败象显现，失民心狼狈下台；第十章：陈水扁世纪弊案内幕大揭秘，民进党跌入谷底能否东山再起。

## 《民进党结构与行为研究》

陈星著，北京，九州出版社 2011 年 5 月版，207 页。该书从利益分配结构、行为模式、话语建构等方面对民进党进行分析，介绍了民进党的大陆政策、价值系统与选举策略等，并对民进党施政时期的贪腐作为及其因应危机的处理方式与能力进行了介绍和论证。共分八章，分别为：民进党上台后利益分配结构的变迁与影响；台湾选举文化与民进党的行为模式；民进党的"台独"话语建构；民进党的大陆政策；简论民进党的价值系统；在贪腐阴影中沉浮；2005 年以来选举失利对民进党的影响；时空改变，民进党应该如何应对？

## 《民进党权力结构与变迁研究》

陈星著，北京，九州出版社 2012 年 6 月版，217 页。政治权力是最基本的政治现象，也是纷繁复杂的政治活动最基础的分析面向。台湾政治活动的运作模式和权力结构从国民党迁到台湾至今，已发生很大变化。近年来，民进党是能与国民党抗衡的大党，也是阻碍统一的主要力量。该书以"美丽岛事件"为切入点，按事件发展先后论述了党外时期的政治斗争及对权力结构的影响，民进党成立后的权力斗争与世代交替，民进党上台后的权力结构变迁，民进党执政后的发展困境，后"扁"时代的权力斗争与世代交替等内容，是研究民进党权力博弈及政党势力更迭的学术性著作。

## 《民进党社会基础研究》

鞠海涛著，北京，九州出版社 2004 年版，198 页。《民进党研究丛书》之一。该书内容包括：民进党产生的社会背景，民进党社会基础的经济—阶级向度分析、统独—族群向度分析，民进党拓展社会基础的基本途径和瓶颈。作者认为沉溺悲情无助于拓展社会基础，唯有走出悲情、扬弃分离意识，努力促进台湾社会融合和两岸整合，才能获得更多社会基础和得到台湾民众的长久支持。

## 《民进党选举策略研究》

张文生、王茹著，北京，九州出版社 2004 年 3 月版，215 页。《民进党研究丛书》之一。该书内容包括九章：从党外到执政——民进党萌芽、成立与发展的选举道路，民进党提名制度与提名策略，民进党选举组织及其动员策略，民进党选举文宣策略，民调的运用与配票策略，公共政策与选举支票，民进党选举经费的来源，执政资源的运用，民进党 2004 年"总统"选举策略分析。该书在 2006 年 2 月由台北的水牛图书出版事业有限公司出版繁体版，226 页。

## 《民进党意识形态研究》

刘国深著，北京，九州出版社 2005 年 1 月版，196 页。《民进党研究丛书》之一。该书运用现代政治学理论和方法，深入研究民进党意识形态的基本构成、民进党意识形态产生的社会基础、支撑民进党人意识形态的复杂的政治认知、政治情感和政治价值观念；民进党"台独"意识形态的主要内涵；民进党意识形态与其政治理想、党纲与党章、政见主张的相关性，以及民进党意识形态指导下的政治实践等，最后对民进党意识形态的未来发展做出评估。各章设置依次如下：民进党意识形态概观，民进党政治认知，民进党政治情感，民进党政治倾向，民进党政策与行为，民进党意识形态演变态势。

## 《民进党政商博弈研究》

朱松岭编，北京，九州出版社 2011 年 8 月版。《民进党研究丛书》之一。该书从台湾政治与经济问题的纠结入手，分析了 2008 年以前民进党与商界博弈的相关问题，指出民进党调整与商界关系的根本目的是为了赢得选举。该书的绪论部分为"民进党治下台湾政治与经济问题的纠结"；第一章："民进党政商关系的模板：李登辉治下的黑金政治"；第二章："反黑金、政商关系与民进党上台执政"；第三章："民进党内派系、政客及其与商界的关系"；第四章："民进党政商关系的构造、本质及后果"；第五章："民进党与商界的权利博弈"；第六章："陈水扁的家族弊案与民进党的堕落"。在结论"权与利的角逐对两岸关系的影响"中，作者提出民进党作为一个革命党，在利用政策对执政党进行攻击时，其对社会转型特殊性所产生的内外规则缺失的利用值得思考。

## 《民进党政商关系研究》

王建民著，北京，九州出版社 2004 年 1 月版，218 页。《民进党研究丛书》之一。政商关系是金权政治的重要表现，民进党执政后，积极改善与工商界关系，建立起新的政商关系，形成所谓与国民党时期"黑金政治"相对应的"白金政治"。作者认为"白金政治"的出现，标志着民进党很快走上昔日国民党金权政治与政治腐败的老路，走向民进党长期追求的清廉政治的反面。全书分六章：民进党政商关系发展概况；公营企业权力关系的转化；"绿化"金融业与重建政商网；工商团体蓝绿格局新变化；"绿色"智库筑起新的政商关系；媒体背后的政商较量。

# 《民进党执政状况研究》

刘红著，北京，九州出版社 2004 年 1 月版，214 页。《民进党研究丛书》之一。该书包括七章，第一章：朝野竞争的激烈和政局的动荡；第二章："台独"的嚣张和"渐进台独"的推进；第三章：两岸交流的发展和两岸关系危机的存在；第四章：经济的衰退和"拼经济"的结果；第五章：对外往来的活跃和"务实外交"的困境；第六章："决战境外"的提出和"军事台独"的推行；第七章：台湾社会的调整和社会中的变化。

# 《民进党组织派系研究》

杨毅周著，北京，九州出版社 2004 年 2 月版，202 页。《民进党研究丛书》之一。该书内容有：党外势力组织化与民进党的成立；民进党的派系：非正式的权力结构；民进党的党组织：正式的权力结构；民进党的选举制度：权力合法性的基础；陈水扁"一人独治"下的民进党党政关系；陈水扁"一人独治"下的民进党派系。作者认为，民进党权力分配结构的发展分为三个时期：第一个是民进党成立之前于党外走向组织化的时期；第二个是成立后到陈水扁上台执政的"派系共治"时期；第三个是陈水扁上台后的"一人独治"时期。

# 《明清海疆政策与中国社会发展》

王日根著，福州，福建人民出版社 2006 年 1 月版，515 页。该书纳入了陈支平主编《中国经济史研究丛书》。它由绪论、七章及结语组成。第一、二章分别从海防的形势、任务及效果等方面来论述明代、清代的海防政策与阶段性。第三、四章关注的是明清两代的海外贸易政策的演变，从统治阶级的思想基础考察这些政策的形成及影响。第五、六章讨论了明清时期的海洋移民政策的演变。第七章从海洋管理的出发点、政策的执行与影响等方面阐明海疆政策与中国社会发展的关系。以往的明清海疆问题的研究大都是单一地从经济、海防或移民作考察载体，该书则综合三方面进行讨论，并认为海防是海疆政策的中心环节，用了近一半的篇章来探讨这个问题。该书有不少内容涉及台湾问题。

## 《清代渡海巡台制度研究》

尹全海著，北京，九州出版社 2007 年 9 月版，275 页。清代渡海巡台制度，是台湾建省之前，清王朝对台湾实行的直接管辖制度。该书在制度视角下，以清代治台政策为背景，以渡海巡台制度的演进为主线，论证了台湾与大陆之间不仅很早就有历史文化联系，而且形成了制度管辖关系。全书分 4 章，分别阐述清代渡海巡台的背景，巡台御史制度，福建大员轮值巡台制度，闽抚驻台制度，并在结论中对清代渡海巡台制度进行了整体分析。作者认为清代渡海巡台制度为实现台湾建省做了前期准备和经验积累，在中原王朝对台湾管辖历史上具有重要意义。但也须承认，由于中原王朝在处理西北陆疆与东南海疆的关系时重陆轻海，清王朝对台湾的管辖未能超越以陆制海之治理理念，仿内地成例的内地化特征始终存在，以至于当海权时代来临之时，坐失台湾海峡的制海权，可谓清代管辖台湾的最大教训。

## 《清代前期海防：思想与制度》

王宏斌著，北京，社会科学文献出版社 2002 年 6 月版，286 页。该书是作者在其博士论文的基础上修改而成，是一部系统全面的海防史专著。在此之前的有关研究主要着力点在以甲午战争为中心的海军兴衰史方面，缺乏系统的近代中国海防史研究。该书在系统论证清代前期海防的基础上，重点放在研究薄弱的环节，进行了一些补缺性研究。第一章，禁海思想渊源及其流变，论述了禁海思想渊源与筹海之争、禁止往贩南洋案、禁海思想的流变。第二章，陆基海防体制的形成与水师职责，介绍了水师水兵会哨制度与治安职责等问题。第三章，战船修造制度与海上机动作战能力的丧失。第四章，海防地理学的奠基，介绍了海防地理著作与作者、海岸海岛军事地理形势、海口海港与海道等，阐述了作者对海上强国的初步认识。该书有不少内容涉及台湾问题。

# 《清代台湾道、台湾道台与台湾社会》

庄林丽著，北京，社会科学文献出版社 2015 年 7 月版，473 页。该书对清代台湾道的设置、历任台湾道台的情况以及台湾道台在台湾各方面的政绩做了详尽探究，并对历任台湾道台经历有详细介绍。全书分 8 章：第一章，明清道制述论；第二章，台湾道的设置及变迁；第三章，台湾道台基本情况考察；第四章，台湾道台的管理制度；第五章，台湾道台与社会秩序的维护；第六章，台湾道台与台湾的开发；第七章，台湾道台与台湾文教事业的发展；第八章为结论。作者以台湾道台为中心，考察台湾职官制度建设对台湾社会建设的作用，由此说明台湾社会一直是在中央政府管辖之下不断发展的。台湾道的设立及台湾道台在处理台湾事务的过程中所采取的一系列措施，也充分体现了闽台区域政治、军事、经济、文化一体化的特点。

# 《日据时期台湾共产党研究》

宋帮强著，北京，中国社会科学出版社 2012 年 3 月版，279 页。20 世纪 20 年代末 30 年代初，台湾农民组合、文化协会和工会在台共的领导和组织下，一度掀起台湾民族革命运动的高潮，给日本殖民者以沉重的打击，但由于种种原因日据时期台共研究工作，进展缓慢。该书以"台湾总督府警务局"编写的《台湾社会运动史》资料为依托，对日据时期的台湾共产党进行研究。第一部分阐述台共成立的历史背景，第二部分探讨台共成立的来龙去脉，第三部分论述台共政治大纲中的"台湾民族""台湾独立"等焦点，第四部分探讨台共失败原因，第五部分为台共与日共、中共和共产国际的关系，第六部分是台共对台湾社会运动的影响。

# 《日据时期台湾留日学生与战后台湾政治》

李跃乾著，北京，九州出版社 2011 年 5 月版，347 页。该书主要内容包括：台湾光复前后的留日学生，留日学生与"二二八"事件，留日学生与战后"台独"运动，两蒋统治时期留日学生参加的重要选举，留日学生与政党轮替等。在结论中，作者认为战后台湾政治上所有重大事件和目前台湾的政局，都不同程度地受到留日学生这个资本雄厚的社会阶层的影响。这个影响不论是好是坏，是大是小，在短期内无法消除。教育可以造就经济、科技、文化等各领域的精英，这些人引领社会发展潮流，是改造社会的主导力量。日本在台湾的殖民统治已结束 50 多年，但其培养的留日学生仍影响着台湾和海峡两岸的关系，仍在某种程度上影响着两岸人民的感情。

## 《日据台湾时期警察制度研究》

李理著，台北，海峡学术出版社 2007 年 12 月版，347 页。台湾近代警察制度的建立，伴随着日本殖民统治的开始而产生。它与保甲制度相配合，构成了日本殖民政权的基础。作者通过研究日据时期台湾政治最明显特征——警察制度及警察政治，揭穿日本殖民统治者的本来面目。该书具体分析日据时期日本政府在台湾所施行的警察制度在推动政事上的功能，试图借由对警察制度的研究，考察这段时间内日本人在台所造成的影响及其幕后的真实因素。全书分九部分：台湾警察制度的创始；"儿玉—后藤"时代的警察政治；保甲壮丁团；警察制度的规范化及高等、经济警察；台湾警察实务与日本警察的对比；警察对抗日运动及民族运动的镇压；警察对原住民的绥抚与镇压；警察制度对日本殖民台湾的作用；台湾与朝鲜、满洲警察制度的对比。2013 年 5 月，南京的凤凰出版社出版同名著作。

## 《涉台法律问题总论》

张万明著，北京，法律出版社 2003 年 3 月版，413 页。该书是大陆较早系统全面探讨涉台法律问题的专著。它在第一章总论中，论述了涉台法律问题的产生，涉台法律事务的概念、性质和类型，涉台法律问题的特点等问题；第二章为涉台法律事务的相关规定与处理；第三章为涉台民事、知识产权、经贸法律问题；第四章为涉台行政、刑事及其他法律问题；第五章为两岸司法行政方面的联系与协助；第六章为台湾当局有关规定及机构设置。2009 年 12 月，法律出版社出版其修订版，共 509 页。修订版在保持原版风格的基础上，对体例结构做了较大调整，由原来六章变动扩展为十四章，正文篇幅增加不少，包括了首版后出现的新的重要内容，如反分裂国家法、两岸两会签署的9项新协议以及有关法律实务的新进展等。

## 《誓不臣倭：台湾人民抗日史》

张承钧、陈启刚主编，北京，台海出版社 2002 年 7 月版，252 页。日据时期，台湾同胞 50 年的抗日斗争构成中国近代历史上波澜壮阔的反抗外来侵略斗争的重要内容。该书以较为浅显的文字全面梳理了台湾人民的抗日斗争历史。全书分 6 部分：甲午战争与抗日保台，血腥的殖民统治，武装抗日斗争，民族解放运动，八年抗战中的台胞，重回祖国怀抱。

## 《台海安全考察》

李鹏著，北京，九州出版社 2005 年 7 月版，330 页。该书从国家安全的角度切入解析台湾问题，创造性地提出了对台海安全形势进行量化评估的指标体系，介绍、评析了海内外学者提出的有代表性的解决台海安全问题的方案，是一部探索学术研究前沿的专著。全书分六章，论述了台海安全的概念与性质、台海安全形势的判断与评估、两岸对台海安全的认识落差、两岸的军事安全战略比较、影响台海安全的外部因素、台海安全与两岸关系的前景等内容。作者提出台海安全是大陆和台湾共同的安全，并提出建立两岸和平稳定发展互动架构的五项建议。2008 年该书第 2 次印刷。

## 《台盟史略》

台盟史略编委会编，北京，台海出版社 1997 年版，118 页。该书第一章介绍了 1947 年至 1948 年台盟的创建，第二章介绍 1949 至 1950 年间台盟参加新中国建立的情况，第三章介绍了 1950 年至 1955 年台盟为巩固人民民主专政和解放台湾进行的奋斗，第四章介绍了 1956 年至 1966 年台盟在全面建设社会主义的过程中曲折前进等内容，第五章为 1966 年至

1976 年"文化大革命"中的台盟，第六章为 1977 年至 1983 年台盟在现代化建设时期的新发展，第七章介绍 1983 年至 1987 年开创台盟工作新局面，第八章为 1987 年至 1992 年贯彻社会主义初级阶段基本路线，第九章是 1992 年至 1997 年台盟为建设有中国特色社会主义贡献力量。

## 《台湾"公民投票"考论》

张莉著，北京，九州出版社 2007 年 1 月版，243 页。第一章：绪论：民主的异化，对台湾"公投"解题，厘清"公投"和岛内现实政治的关系。第二章：台湾"公民投票"的法理定位，运用法学理论，指出台湾"公投"缺少正当的法理基础。第三至六章：台湾"公民投票"言论的发轫，民进党的"公民投票"理念与实践，台湾"公民投票法"的出炉与试验，台湾"公民投票"的滥用与危害，则分阶段论述台湾"公投"的历史进程，论述重点放在对民进党执政以后对"公投"的"立法"及实践的考察与评析，旨在突出现阶段朝野政党在"公投"上的政治豪赌和冒险，并专章分析了"公投"对岛内社会发展、民众福祉及两岸关系所造成的严重危害。

## 《台湾"两岸人民关系条例"评析》

宋峻主编，北京，中国人民大学出版社 1994 年 6 月版，291 页。该书第一章："两岸人民关系条例"的立法背景、目的及拟订情况；第二章："两岸人民关系条例"的立法原则、特点及性质；第三章："两岸人民关系条例"有关行政方面规定评析；第四章："两岸人民关系条例"有关民事关系法律适用规定评析；第五章："两岸人民关系条例"有关民事实体方面规定评析；第六章："两岸人民关系条例"有关刑事方面规定评析；第七章："两岸人民关系条例"对两岸关系的影响。

## 《台湾"民主政治"透视》

汪澍、洪伟、艾克主编，北京，华艺出版社 2014 年 2 月版，203 页。台湾地区在所谓的"民主化"之后，基本舶来了西式民主政治运作的规则、程序，但实则并未真正实现民主深层次的精神内涵，由此导致民粹主义泛滥等问题。该书试图透视台湾"民主政治"，梳理台湾的民主乱象。全书分五章，分别是：台湾威权政治转型、政治革新及其困境；美日因素、依附政治与"务实外交"中的"民主牌"；台湾选举制度设计与"选举主义"陷阱；台湾政治制度的结构性缺陷与民主乱源；台湾"民主政治"的营销理念与民主异质化。

## 《台湾变局——民进党与国民党的政权争战》

范丽青著，北京，新华出版社 1998 年 9 月版，306 页。经历了近 50 年的一党执政台湾后，20 世纪 90 年代后期台湾政坛高度震荡。1997 年底岛内举行"县、市长"选举，民进党大胜，在 23 个县、市中一举夺得 12 个县、市的执政权；国民党仅取得了 8 个县、市的执政权；无党籍人士争得 3 个县、市。加上尚未改选的两个大市：民进党人执政的台北市和国民党人执政的高雄市，国民党实际执政所辖人口总数仅为民进党的 32%。这一结果使岛内群众看到民进党的"地方包围中央"策略奏效，舆论连呼"变天"。该书以这次选举为线索，联系台岛近几年的重大事件，回顾和评述了国民党与民进党力量消长的过程、内外背景、远因和近因；对岛内有影响力的政党情况及其路线、政策、策略互动关系，进行介绍；并从多方面剖析、展望未来走向。全书分为五章：李登辉大于国民党之后，"国发会"与两党"合流"，仓皇应对一九九七，地方政权保卫战，骨牌效应与国民党的宿命。

## 《台湾的政治转型——从蒋经国体制到李登辉体制》

金泓汛、董玉洪、林冈著，香港社会科学出版社 1998 年 1 月版，378 页。该书分九章，分别为：台湾政治转型期的特征，台湾的政党政治，政党政治与执政党，政党政治与在野党，政党政治与"台独"势力，民主政治与"中央"权力体系，转型期的地方自治，转型期的大众政治参与，转型期的两岸关系。第一章、第九章由金泓汛撰写，第二至五章由董玉洪撰写，第六至八章由林冈撰写，最终由金泓汛补充修改和定稿。

# 《台湾地方派系与国民党关系的演变》

张嵘著，北京，九州出版社 2014 年 9 月版，179 页。该书论述了台湾地方派系的形成、运作及国民党与地方派系的关系和对地方派系的影响，讨论了在国民党政治垄断地位逐渐丧失的情况下，地方派系在这一过程中的发展，特别是民进党的执政对国民党与地方派系关系的冲击。

## 《台湾地方派系与权力结构》

王建民著，北京，九州出版社 2003 年 9 月版，305 页。该书第一章为概论，将地方派系的形成、发展背景、势力范围、类型，地方派系与权力结构的关系，地方派系与主要政党的关系，发展趋势展望等方面进行了综合论述。第二至五章则分别论述了台湾北部、中部、南部和东部地区的地方派系与权力结构状况。随着 20 世纪 50 年代初台湾地方自治的实施及县市长的直接选举，在地方权力角逐中逐渐形成一个以县市为势力范围的地方派系，与国民党政权构成一种相互依赖的政治权力关系，也成为台湾社会政治结构的一个重要特征。80 年代后期以来，由于台湾政党政治的发展及社会环境的迅速变化，地方派系生态及与国民党的互动关系出现新的变化。作者认为，台湾政党政治的发展，虽对地方派系生态产生冲击，但未消除地方派系的生存空间，地方派系依然在政党斗争中生存发展。

## 《台湾地方选举中的派系研究》

李睿著，北京，中国社会科学出版社 2014 年 8 月版，238 页。该书分为三部分：导论、正文、结论与展望。正文有五章，分别从台湾地方派系的形成与演化、地方派系的类型与体系结构、地方派系与选举提名、地方派系与选举动员、派系与政党及其选举结果的关系五个方面进行讨论。作者认为，台湾的地方派系与地方选举密不可分，选举不仅是派系之间彼此竞争的过程，也影响着派系与派系之间的重组、整合与结盟。地方派系可决定选举结果，反之，选举的结果也可影响地方派系的兴衰与实力的消长。地方派系对台湾民主政治的发展既有正面影响，也产生了一定的负面冲击。随着台湾民主进程的加快，地方派系的势力不可逆转地将逐渐缩减，其影响和作用在未来的地方选举中可能会式微，但不会消失。

## 《台湾地区"宪政改革"研究》

周叶中、祝捷著，香港，香港社会科学出版社 2007 年 6 月版，416 页。第一章：台湾地区"宪政改革"历程回顾；第二章：台湾地区"宪政改革"的特点，指出台湾地区"宪政改革"重点是政治权力配置模式，途径是渐进式的，主体是多元的；第三章：台湾地区"宪政改革"中的矛盾（一），分析了台湾地区"宪政改革"中"五权宪法"与"三权分立"的矛盾，"总统制"与"内阁制"的矛盾，"国民大会"改革中的矛盾；第四章：台湾地区"宪政改革"中的矛盾（二），论述了"省籍"矛盾，蓝绿矛盾，统"独"矛盾；第五章：台湾地区"宪政改革"与"宪法危机事件"；第六章：台湾地区"宪政改革"与地方自治；第七章：台湾地区"宪政改革"与人权；第八章：台湾地区"宪政改革"与"台独"。

## 《台湾地区继承制度概论》

屈广清总主编，吴国平主编、刘诚副主编，北京，九州出版社 2014 年 7 月，315 页。私法即民商法在世界各国法律体系中居于重要的地位。中国台湾地区现行有关规定源自大陆南京国民政府时期的六法体系，其中包括"民法·继承编"，其间经历不断发展和变化的过程。为便于了解我国台湾地区"继承法"的历史沿革、基本内容和最新变化，吴国平组织撰写该书。该书以台湾地区"民法"第五编"继承"为基准，较系统介绍了台湾地区继承制度的主要内容，并在该书最后对海峡两岸的一些继承制度进行了比较研究，总结了中国台湾地区可资借鉴的有益经验，提出完善继承法的若干"立法"建议。各章为：台湾地区"继承法"概述，遗产继承人，遗产继承，遗嘱，遗赠，两岸若干继承制度之比较及其借鉴。

## 《台湾地区检察制度》

万毅著，北京，中国检察出版社 2011 年 5 月版，229 页。检察官的法律地位，历来是检察制度中最具争议的话题之一。近年来，中国台湾地区司法实务界和理学界关于检察官的"法律"地位观点纷纭、争议迭起，该书对解答这一问题做出了贡献。其内容涉及检察官的任用与职位保障、检察官的法律地位、检察机关的领导体制、检察官的职权与义务、"检察总长"、特别侦查组制度、检察事务官等。

## 《台湾地区民主转型中的民粹主义：1987—2008》

郭中军著，上海，学林出版社 2014 年 4 月版，232 页。该书以 1987 年至 2008 年的台湾地区民粹主义为研究对象，考察了该地民粹主义的基本形貌、特质、产生机理及其与民主之间的关系。全书分六章：绪论，民主、民主转型与民粹主义，政治家的民粹主义，台湾民粹主义的特质及成因，台湾民粹主义与民主巩固，民粹主义对现代政治发展的启示。作者首先对什么是民粹主义梳理了国内外主要学者的概念、定义和研究理念，并阐明自己所采用的概念和理念，由此展开对台湾地区 1987—2008 年转型期间出现的民粹主义的系统研究和解剖，是一部将民粹主义放在特定时间、特定地点和特定条件下进行研究的著作。

## 《台湾地区审议式民主实践研究》

沈惠平著，北京，九州出版社 2012 年 7 月版，228 页。直到 19 世纪中叶，"民主"在西方世界是贬义的意味，与暴民政治相联系，而"审议"所代表的"深思熟虑"正是对此弊端的良药。台湾地区为弥补其民主制度的缺陷，也加入了 20 世纪 80 年代以来兴起的"审议式民主"实践当中。该书以台湾地区审议式民主为研究对象，通过实际案例，解析了其各种形式的成效与不足。第一章为审议式民主概述；第二、三、四章论述了台湾的实践：公民会议；第五章为台湾的实践的其他形式，包括审议式民调、公民陪审团、愿景工作坊等。

## 《台湾地区五十年军事史（1949—2006）》

姜廷玉主编，北京，解放军出版社 2013 年 1 月版，297 页。作者主要介绍台湾地区五十年间军事战略、编制体制、军事训练、兵力部署、军事科技、武器装备、院校教育、战争动员、对外军事合作等方面的演变。全书分为"绪言"和"蒋介石主政时期的台湾军事""蒋经国主政时期的台湾军事""李登辉主政时期的台湾军事""陈水扁主政时期的台湾军事"四章 32 节。该书是一部系统研究 1949 年国民党军队败退台湾后至 2006 年 50 多年的军事历史情况的著述。

## 《台湾地区政党政治研究：以社会分歧与选举制度为分析视角》

　　林冈著，北京，中国社会科学出版社 2014 年 7 月版，364 页。该书运用社会分歧理论和选举制度理论，解释和预测台湾地区政党政治的发展趋势，说明台湾政党趋同的向心力源于选举制度的诱导，而维持政党差异的离心力则是基于台湾社会所固有的累积性分歧特点。第一章导论，介绍了研究缘起、文献综述和研究设计。第二章台湾政党政治的社会基础，论述了统"独"分歧的演变与趋势、统"独"立场与政党认同、身份认同与政党认同、左右分歧与政党认同。第三章台湾的政党体系，分别介绍了立法系统和行政系统中的政党体系。第四章台湾政党内部的派系政治，在论证了国民党和民进党的派系结构之后，分析了派系运作的制度性原因。第五章台湾主要政党的政策纲领及选举策略，分别介绍国民党、民进党的政策纲领，并进行比较，分析国、民两党竞选策略的异同。

## 《台湾地区政治体制分析》

　　王英津著，北京，九州出版社 2010 年 5 月版，453 页。该书分十五章，从政治学角度分析了台湾政治体制诸方面的问题。第一章，台湾地区政治体制的变迁；第二章，台湾地区"国民大会"体制；第三章，台湾地区"总统"体制；第四章，台湾地区"行政院"体制；第五章，台湾地区"立法院"体制；第六章，台湾地区"司法院"体制；第七章，台湾地区"考试院"体制；第八章，台湾地区"监察院"体制；第九章，台湾地区地方自治制度；第十章，台湾地区"中央"与地方关系；第十一章，台湾地区检察体制；第十二章，台湾地区公务员制度；第十三章，台湾地区选举制度；第十四章，台湾地区政党与政党体制；第十五章，台湾地区政治体制综合分析。作者认为从转型政治学的角度看，台湾地区通过"宁静革命"而比较顺利地完成了从威权体制到民主制的"软着陆"，应属于转型成功的典型个案，但也存在着大量的制度缺失，主要表现在："总统"有权无责；对"立法院"的权力膨胀缺乏相应的制衡；形式上的"五权体制"与实质上的"三权体制"之间的矛盾；形式上的"双首长制"与实质上的"总统制"之间的矛盾；"总统""行政院"院长与"立法院"之三角关系错综复杂；缺乏政治僵局的化解机制；"中央政府体制"规范不明，权责不清。

## 《台湾二月革命记》

王思翔著，上海，山海书屋 1950 年版，96 页。作者于 1946 年春到台湾，在台湾生活了一年，亲历了台湾"二二八"事件，目睹了事件前一年的台湾局势。"二二八"事件后，作者逃出台湾，带走一些原始资料，开始写作，但其作品的发表屡屡遭拒。1949 年夏，浙江解放后，作者重加整理，并加绪论及若干注释，整理成书。因当时台湾史研究未曾起步，资料匮乏，而作者在台湾的一年也基本处于"局外人"身份，因而深度有所制约。1950 年前后，为适应解放台湾形势，该小册子出版，并于 1951 年由泥土社再版。

## 《台湾法律概论》

张晋藩著，北京，中国政法大学出版社 1992 年 1 月版，524 页。台湾法律是指国民党政权从大陆迁台后，由作为台湾地区事实上的统治者即台湾当局制定或认可的，用其强制力保证实施的，以调整台湾地区社会关系为内容的法律规范的总称。该书有 21 章，包括：台湾法律概述；台湾民法：总则；台湾民法：债法通则；台湾民法：债法分则，等等。

## 《台湾法律界》

游劝荣主编，北京，九州出版社 2013 年 8 月版，260 页。该书由福建省涉台法律研究中心组织编写，介绍了台湾的"立法院"制度概况、"立法委员"、地方议会，"司法院"的性质、组织结构、职能，"法务部"概况及其所辖机关情况，台湾地区律师与公证法律制度，台湾法学教育，台湾法学社团概况等。

## 《台湾公务员制度研究》

方贻岩、陈章干主编，厦门，厦门大学出版社1998年版，471页。该书首先在第一章概述中介绍了台湾公务员概念、内容、历史渊源和演进。第二章介绍了国民党统治大陆时期的公务员制度。第三章为国民党退踞台湾时期的公务员制度。第四至十章为台湾现行公务员制度概要，台湾现行公务员职务分类制度，台湾现行公务员考试制度，台湾现行公务员任用制度，台湾现行公务员考绩与奖惩制度，台湾现行公务员培训制度，台湾现行公务员俸给、福利及退抚制度。第十一章是海峡两岸公务员制度若干比较。

## 《台湾光复》

戚厚杰著，南京，南京出版社2005年6月版，151页。该书是"见证1945"丛书中的一本，该丛书用翔实的史料、通俗的笔法，反映了抗战胜利前后的重大事件。《台湾光复》一书引用大量图片和历史资料，通过列强染指、郑成功收复台湾、施琅收复台湾、誓不臣倭、风起云涌、两岸一新、同心抗战、昭示法理、台湾光复、大家庭一员十章内容，讲述了台湾在光复路上的重要历史事件。

## 《台湾海疆史研究》

陈在正著，厦门，厦门大学出版社2001年3月第1版、2002年9月第2次印刷，284页。该书是《南强丛书》第二辑中的一本。该书内容有：清郑和战与郑成功收复台湾、郑经进犯闽粤沿海与康熙统一台湾、近代台湾海防、台湾建省与近代化、抗日与光复、我国台湾的附属岛屿——钓鱼岛等岛屿领土主权不容侵犯等。2003年，台湾扬智文化事业股份有限公司出版该书，685页。

## 《台湾经济法概论》

陈训敬、吴永泉主编，厦门，鹭江出版社 1991 年 4 月版，404 页。第一章为台湾经济立法概述，第二至十四章介绍和讨论了台湾投资法、资源法、环境法、公司法、票据法、劳动法、海商法、租税法、专利法、商标法、贸易法、保险法、经济诉讼法。该书于 1994 年获福建省第二次社会科学优秀成果奖三等奖。

## 《台湾林爽文起义》

刘如仲著，福州，福建人民出版社 1980 年 9 月版，77 页。该书介绍了林爽文起义背景起因、事件过程以及影响和意义，并附有台湾林爽文起义大事记，林爽文起义军发布的文告，起义军部分将领传略等资料。1984 年，该书作者与苗学孟又编辑出版 24 余万字的《台湾林爽文起义资料选编》。

## 《台湾民众抗日史》

安然著，北京，台海出版社 2003 年 7 月版，435 页。该书全景式地展现了台湾民众在"孤悬海外"的艰苦岁月，苦守"汉节"的赤子之心。它注意到台湾人民的抗日斗争，时刻与祖国命运连在一起，把回归祖国视为历史的必然归宿，这与此前成果的观点是一致的。作者认为日本侵略中国有深刻的历史原因，根源是日本的军国主义野心，日本对台湾的觊觎与其侵略扩张史同步，故该书自 14 世纪末日本倭寇侵扰中国沿海之时开始讲起，写到"二战"后台湾民众与日本复活军国主义做斗争止，前后追溯四百余年，从较高视野展现出日本侵台、台湾民众抗日等历史问题的历史背景和脉络。全书分八篇，第一篇：从日本对台湾的觊觎到《马关条约》；第二篇：抗日保台的武装斗争，介绍了台湾民主国、黑旗军及其他武装抗日斗争；第三篇：日本在台湾的殖民统治；第四篇：台湾民众的抗日武装起义；第五篇：台湾的抗日民族解放运动；第六篇：抗战时期的台湾同胞；第七篇：台湾重回祖国怀抱；第八篇：战后台湾民众的抗日爱国

活动，并附有台湾民众抗日大事记。2005 年 9 月，台湾海峡学术出版社
出版繁体字版。

## 《台湾民主化与政治变迁——政治衰退理论的视角》

陈星著，北京，九州出版社 2013 年 10 月版，234 页。该书主要用亨
廷顿的"政治衰退"理论来看台湾政治现代化进程及其得失，认为 2000
年以来的台湾政治发展出现严重的政治衰退。民进党上台后，台湾虽基本
实现包括传统政治发展理论和民主化理论所设定的民主制度目标，如竞争
性的选举、制衡的制度安排、言论自由、全面的政治参与等，但也出现了
严重的政治衰退、政治操守沦丧、政治道德失范、政治无力感扩大、社会
失序问题严重、经济发展放缓等。全书共分 4 章：基本理论框架，台湾民
主化过程中的政治衰退，政治变迁与政治衰退：过程、机制和行为模式化
成，比较视角下台湾政治衰退的理论意涵。

## 《台湾能独立吗：透视台独》

黄嘉树著，海口，南海出版公司 1994 年 10 月版，366 页。20 世纪 90
年代前后，"统""独"之争成为政治观察家评论台湾政治热点问题的核
心问题。1994 年，该书作为国际战略研究基金会主编的《战略研究丛书》
之一部出版。全书分九章，前三章讲述了 1945—1954 年、1955—1969
年、1970—1986 年的"台独"。第四章介绍了民进党的"台独"之路，
第五至八章为：黑云压城——"台独"在岛内掀起大风浪，得寸进
尺——"台独"与"独台"的合流趋势，痴人说梦——"台独"的"建
国理论"，自欺欺人——"台独"对未来前途的幻想，第九章为结束语。
该书指出"台独"的起源是 1945 年秋，驻扎台湾的部分少壮派日本军官
牧泽义夫、宫中悟郎等认为电台播放的天皇投降诏书是假的，并认为日本
尚有余力一搏，乃串连了林熊祥、许丙等，发动"台湾独立自治运动"。
作者以此为开端，论述"台独"发展历史，并加以理论剖析，指出"台
独"注定无法成功。

# 《台湾人民反割台斗争》

刘培华著，北京，中华书局 1982 年版，35 页。该书是"中国历史小丛书"中之一册，篇幅短小。讲述了：全国人民反对割让台湾，台湾人民奋起抗日，新竹战役的前前后后，台中地区的节节抵抗，八卦山之战与反攻彰化，云林、大林、嘉义等地的战斗，台南一带的艰苦作战，持续50 年的英勇反抗。

# 《台湾人民抗日斗争史》

薛军力、徐鲁航著，北京，北京燕山出版社 1997 年 6 月第 1 版，293页。1991 年中国抗日战争史学会成立时，提出要编写一部台湾人民抗日斗争史。在"七七事变"60 周年之际，该书与其他 7 部有关抗战研究的专著作为一套丛书出版问世。该书分为七章：古代台湾，割台及人民的武装反抗斗争，日本在台湾的殖民统治，台湾民族运动的兴衰，八年抗战时期的台胞斗争（岛内），八年抗战时期的台胞斗争（岛外），台湾回到祖国怀抱。它第一次较系统全面地论述了台胞的抗日，并强调了与大陆抗战不可分割的联系与意义。指出，台湾人民的抗日斗争史，是中国近代以来中华民族反帝斗争史的一个重要组成部分，是第二次世界大战中国抗日战争的重要组成部分。台湾的光复，是中华民族强大凝聚力的胜利。2007年 6 月北京燕山出版社出版第 2 版，236 页。

# 《台湾涉外经济法概要》

陈安主编，厦门，鹭江出版社 1990 年 6 月版，264 页。20 世纪 80 年代末，台湾海峡两岸关系发生显著变化，经济往来日益频繁。为进一步促进大陆与台湾地区的经济技术交流，编者编写了该书，对台湾的涉外投资法、对外贸易法、涉外货币金融法、涉外税法及海商法做了简要介绍，为读者提供了台湾涉外经济法律的基本轮廓，并收辑台湾的主要涉外经济法规及相关民商法规，名为《台湾涉外经济法规选要》，同时出版，以便读者查索、印证。该书由厦门大学法律系陈安教授主编，法律系国际经济法专业教师与台湾研究所部分研究人员集体编写。

## 《台湾是中国领土不可分割的一部分》

崔之清主编，北京，人民出版社 2001 年 11 月版，478 页。20 世纪 80 年代后半期以后，"台独"势力在台湾日渐坐大，为回应其对一个中国原则的挑战，崔之清、阎天灵、曹大臣、褚静涛等人写成该书。该书有 9 章，包括："中国土地炎黄子孙：台湾自然地理与人文地理透视""中央王朝体制下的台湾历史沿革""沦丧与光复""国民党统治下的台湾（1949—2000 年）""蒋氏父子与一个中国""李登辉的'两国梦'""陈水扁——'台湾之子'还是'台湾之祸'""美国与台湾问题""统一祖国振兴中华"。

## 《台湾司法制度》

朱勇、李青著，北京，时事出版社 1989 年版，357 页。作者在绪论中介绍了台湾现行法律体系，台湾司法体制改革，以及解除戒严对台湾法律制度的影响等问题。第二章为司法机构，介绍了"司法院"和检察机构的设置情况。第三章为民事诉讼，介绍了管辖、起诉、第一审、上述等民事诉讼法规和程序。第四章为刑事诉讼，介绍了刑事诉讼法规和各项程序问题。第五章论述了行政诉讼的提起、审理、结果和再审问题。第六章介绍了公务员惩戒的对象、惩戒处分和审议程序。第七、八章分别为军事审判和律师制度的相关问题。

## 《台湾同胞抗日五十年纪实》

中华全国台湾同胞联谊会编，北京，中国妇女出版社 1998 年版，675 页。日据 50 年，台湾同胞的抗日斗争不曾间断。该书是一部成体系的文集，收录文章 85 篇，其中大多为亲身参加过抗日斗争的老台胞及其后人、亲朋或知情者撰写的文章，如严秀峰所写《李友邦与中国抗战和台湾光复》和陈炳基所写《抗战末期台湾岛内青年学生的反日斗争》等；还有一部分是对台胞抗战总体事迹的综述或是对重要抗战事件及人物的细述，如王晓波的《日军侵台的血债与台湾抗日的英烈》、陈孔立的《前仆后继五十年——台湾人民抗日斗争史的回顾》、陈小冲的《余清芳和西来庵事件》等。该文集汇集了不少首次发表的文章，既弥补了学界有关资料的不足，又是一部爱国主义教材。

## 《台湾选举研究》

黄嘉树、程瑞著，北京，九州出版社 2002 年 6 月版，298 页。该书内容涉及台湾选举机制、选举立法的沿革，立法所针对的问题及其实际效能的评估，各政党竞选策略、选民结构与选民心理的变化，选举文化，金钱、暴力对选举的影响，统"独"之争及民粹主义对选举的影响等问题。第一章，台湾选举的发展脉络，从地方自治选举（1945—1969 年）讲到《选罢法》的出台；第二章，台湾选举中的政党运作，包括选举与政党的互动，台湾选举中的政党提名制度，政党的辅选与助选；第三章，选举与地方派系，论述了地方派系的形成与发展，国民党、民进党、新党各自与地方派系的关系，以及地方派系的未来；第四章，文宣造势与选举行销；第五章，黑金政治与台湾选举；第六章，民调在台湾地区选举中的地位与作用，在论述了民调与选举关系、民调在台湾的应用之后，提出"是谁谋杀了台湾民调？"第七章，2000 年选举解析与两岸关系展望。2006 年 8 月该书重印，增至 24 万字。该书台湾版改名《台湾政治与选举文化》，台北县芦洲市，博扬文化 2001 年 11 月版，280 页。

## 《台湾选举纵横谈》

严安林、黄中平、朱爱莉著，北京，台海出版社 1998 年版，255 页。20 世纪 90 年代前后，台湾政治生态发生重大变化，逐步确立了政党政治的格局，选举活动成为岛内政治活动的重要组成部分，也是台湾当局标榜走向所谓"民主政治"的主要内容。作者对台湾的选举活动及其制度展开多视角的剖析，力求客观分析与评判台湾的选举活动。全书共分七章十九节，首先对台湾选举活动的缘起及其发展做了一个纵向的历史考察，展示50 多年来台湾选举活动发展的大体历程；其次，从横向层面分析与考察形形色色的选举种类，以展示台湾选举活动的全貌，在此基础上，探讨影响选举的多方面因素：政党、地方派系、财团、黑道等，同时，对选举中的经费问题及选战策略问题进行分析；最后，揭示了台湾选举的本质、特点、局限性，选举的政治、经济、社会代价及选举对政局的影响等。该书认为20世纪80年代以前，台湾的选举是在"戒严"大背景下进行，又是在国民党"一党专政"的特殊条件下举行，因此政党政治与选举并无直接关联。在这样的威权政治体制下，选举活动不会产生政党政治。1989年12月的三项"公职"（"立委"、县市长、"省市议员"）选举，为"解严"后首次"两党对立、多党参与"的选举，表明台湾的政治格局由原先国民党的"一党独裁"演变为"一党独大、两党竞争"的政党政治时代。

## 《台湾乙未战纪》

陈伟芳著，南宁，广西人民出版社1981年6月版，114页。1895（乙未）年清政府将台湾割日，台湾人民曾对日本的占领进行激烈反抗。1980年代以前，学界一般将台湾人民的反抗视为甲午战争余波，未给予充分重视。该书作者尝试以文艺手法写历史，试图再现1895年台湾反日斗争的历史场面、重点战役和历史人物，反映那个时代的民族感情。全书分十一部分，生动描写了台湾人民在1895年的英勇反抗。虽然该书篇幅不大，但有提醒学界重视台湾乙未战纪之功。

## 《台湾政党政治发展史》

李立著，北京，九州出版社2014年2月版，256页。该书分导论和五章。先在导论中论述了政党、政党政治、政党制度的概念，介绍了世界政党政治的发展、亚洲政党政治的发展，研究台湾政党政治的意义，台湾政党政治研究状况，分析了台湾政党政治的生态环境等问题。接着以时间为线，分50年代、六七十年代、七八十年代、八九十年代、21世纪初五个时期，论述了国民党退台后台湾政党政治演变的进程，对每个时期台湾政党政治展现的主要特点、发展变化的原因、发生的重大事件等进行分析、探讨，对了解台湾今天的政治现状及预测台湾政党政治的发展趋势有一定现实意义。

# 《台湾政局 60 年》

李松林著，北京，人民出版社 2013 年 5 月版。现当代台湾政局中，争夺执政权和坚持国家统一与分裂之间的斗争，是其政局变迁的主线。该书以 1949 年以后 60 年间台湾领导人更迭为主线，以台湾政局变迁为主轴，以经济、军事、文化、"外交"发展为支点，对台湾 60 年政局发展进行全方位透视。该书以时间顺序，分四章介绍了蒋介石与台湾社会发展，蒋经国与台湾社会繁荣，李登辉与台湾社会动荡，陈水扁与台湾社会撕裂等内容，按照历史发展进程，揭示其时代特点与社会特征，反映出台湾 60 年政局的面貌。

# 《台湾政坛风云》

陈红民著，南京，江苏文艺出版社 1991 年 12 月版，378 页。该书是一部历史纪实著作，在尊重历史的基础上，充分兼顾通俗性，力求生动可读。它选取了前十多年台湾政坛大事，力图涵盖台湾各政治层面，而以国民党和民进党各自演化发展及相互关系为主线。共分九章：血溅高雄，"江南命案"大曝光，"十信案"冲击波，"政治革新"面面观，民主进步党的成立，争夺最高领导权的角逐，农民的愤怒，一场没有硝烟的战争，政坛最新动态剪影。

# 《台湾政治概论》

刘国深等著，北京，九州出版社 2006 年 11 月版，273 页。该书是厦门大学台湾研究院"学科建设工程"的一部分，是台湾研究院的教师们结合授课讲义撰写而成。作者们认为作为中国政治体系下一个政治次体系，当代台湾政治体系是在近代以来东亚国际政治、中国总体政治和台湾地区政治三重背景因素交互作用下形成，仅从其中一方面解释台湾政治的发展都是片面的。该书借鉴现代政治学理论的分析框架，从"政治文化""政治结构""政权体制""政党政治""政治参与""大陆政策""对外政策"七个视角进行研究，力图寻找出这七个层面的问题之间密不可分的政治逻辑关系，以期给读者一个比较完整的台湾政治画面。

## 《台湾政治制度》

孙淑著，南京，南京大学出版社 1993 年 11 月版，312 页。全书内容分四部分：政党、"中央"政制、地方政制、选举制度。前两部分着墨尤多，论述尤详。第一章分述了国民党改造、历次代表大会、组织机构和系统、"本土化"趋势，青年党与民社党衰微，民进党崛起，工党建立与其他党派蜂拥而出等内容。第二章至第八章介绍"中央"政制，各以一章的篇幅介绍了台湾"总统""行政院""国民大会""立法院""司法院""考试院""监察院"的情况。第九章为地方制度，介绍了"地方自治"法规、地方各级"民意机构"和行政机构和院辖市。第十章则介绍了选举制度的相关内容。

## 《台湾政治转型过程中表达自由问题研究》

杨久华著，北京，知识产权出版社 2012 年 5 月版，187 页。对于表达自由问题的研究，多数学者从宪法学角度进行相关论证，而该书主要从政治民主转型角度，以 1949 年后的台湾为案例，分析权威政体政治民主转型过程中表达自由发展的相关问题。政治转型与表达自由的基本逻辑关系是该书的理论基础。主要内容为：第一章威权政体的政治转型，第二章政治转型与表达自由的基本逻辑，第三章台湾表达自由的历史变迁，第四章台湾政治转型中表达自由发展的动力和阻力，第五章对台湾政治转型过程中表达自由变迁的几点思考。

## 《台湾政治转型与分离倾向》

赵勇著，北京，中央编译出版社 2008 年版，284 页。作者将历史考察与实证研究相结合，厘清了所谓"民主化"与"台独"倾向的关系，"本土化"与"去中国化"的关系，"国际化"与投靠美国反华势力的关系。第一章，政治转型与台湾政治转型研究，解释了什么是政治转型，交代了台湾政治转型研究现状及主要研究问题。第二章，台湾政治转型的背景和过程。第三章，民主化的扭曲——"台独"，先阐释了台湾民主的历史含义，指出李登辉如何对"民主化"进行歪曲，并分析了"台独"新发展及陈水扁"台独"路线。第四章，"本土化"的异化——"去中国化"，追溯了台湾"本土化"的历史含义，指出"本土化"异化的表现、实质及危害。第五章，"国际化"的蜕变——"两个中国"和"一中一台"，分析了李登辉的"务实外交"、陈水扁的"多元外交"和所谓"民主外交"的种种，并说明"民主化"与"国际化"的关系。第六章，台湾政治转型与两岸关系，指出民主演变成分裂的工具，而"台湾法理独立"是最危险的动向。

## 《台湾政治转型与分离主义（1988—2000）》

张文生，北京，九州出版社 2012 年 8 月版，180 页。大陆学界对李登辉主政期间的分裂主义言行多有分析和批判，但在李登辉下台后，从一个较为全面的回顾的视角重新审视和研究李登辉时期推行的分裂主义路线，该书是大胆的尝试。作者从李登辉分裂主义政治路线的根源、背景、表现、危害等多个层面综合分析，深入解读，以期从更广阔的背景和更全面的角度揭示其政治本质。全书分四部分，首先探寻李登辉分裂主义政治路线的思想、政治与社会根源，介绍了李氏个人的思想历程以及台湾社会的特殊环境；接着分析了李登辉分裂主义政治路线产生与发展的现实背景；后两部分探讨了李登辉分裂主义路线在两岸关系政治定位中的表现，以及在"外交"与"宪改"领域的表现。

## 《台湾政治转型之谜》

姜南扬著，北京，文津出版社 1993 年版，249 页。台湾"政治转型"作为研究课题较早出现于 20 世纪 70 年代，但对这一问题研究的热潮在 1987 年台湾解严后。大陆有人认为，台湾政治转型期应界定在 20 世纪 80 年代中期以后，即 1986 年 3 月国民党十二届三中全会以后。台湾有人提出"大转型"（great transition）概念，认为台湾在此前 30 年中的社会、经济和政治改革已影响到岛内权力结构。特别是从 70 年代初期开始，台湾从权威政治走向代议民主。姜南扬在参考前人研究基础上，将 1987 年

7 月 15 日台湾解除戒严视为政治转型期的正式开始，并以此为界，把当代台湾政治分为转型前政治和转型中政治两部分。而转型后政治，或后转型政治尚难断定会在何时。该书除绪论和结语外，正文共 6 章：转型起点：二元政治体制重建；何谓二元政治体制；二元政治体制下阶级状况的演变；二元政治体制的危机：国民党革新与党外运动；政治转型：政治力量对比关系的变动；政权性质的转变及其评价。该书着重研究转型前的台湾政治，回答台湾为什么会出现政治转型。认为国民党退台初采取二元政治体制结构，即上层专制独裁体制和下层代议选举体制并行。1987 年开始解除戒严，随后开放党禁和报禁，上层专制独裁体制向多元政治体制转变。从此，台湾从转型前政治进入转型中政治。

## 《土地流转与乡村治理——两岸的研究》

徐勇、赵永茂主编，北京，社会科学文献出版社 2010 年 2 月版，435 页。土地与政治有着紧密的联系，特别是土地产权变迁对政治与治理有基础性意义。农民流动和土地流转是当今中国大陆最富历史性意义的变革，该书聚焦于中国海峡两岸在农村土地流转方面的历史、制度、问题、政策，以及在农村地区治理方面的演变发展，由海峡两岸学者就相关理论与实际经验，对农村土地制度与政策、乡村治理中的治理模式与治理主体、农村土地制度变革对于农村治理的影响进行梳理与分析。两岸经验显示，农村土地制度变革的影响面，不止于经济，也同时延伸到政治层面与社会层面的治理过程与绩效。

## 《晚清海防：思想与制度研究》

王宏斌著，北京，商务印书馆 2005 年 12 月版，637 页。作者根据以往学术研究状况，沿着自己三年前出版的《清代前期海防：思想与制度》一书的研究思路，就学界比较忽略的问题深入研究，写成该书。它着重讨论了晚清海防的两个重大问题：海防思潮与军工修造制度。通过对晚清不同时期的海防思想、海防政策、海防体系以及军工修造制度的分析，理清其演变轨迹，寻找海防建设在近代化过程中发生顿挫的原因，总结晚清海防建设的经验教训。全书分两卷，上卷：海防思潮与政策演变，包括七章，主要联系清代前期海防思想，观察西方海防、海权、海洋观念输入后在中国引起的变化；下卷：军工修造与制度，包括四章，分别是：两次鸦片战争期间的"师夷制夷"活动、从炮台建筑考察晚清军事工程的缓慢进步、从管理学的角度看福州船政局的利弊得失、从民船章程的修订看管理制度的变化。该书有不少内容涉及台湾问题。

## 《我国大陆与台港澳地区预算法律制度比较》

王永礼著，北京，经济科学出版社 2010 年 12 月版，270 页。该书绪论部分介绍了预算制度研究的意义与法律视角、预算法律制度比较研究的主要内容、我国大陆与台港澳地区预算法律制度比较研究的意义与方法，以及我国大陆与台港澳地区预算法律制度比较研究的理论架构与不足。第二章介绍了预算法律制度比较的基础，包括预算法律制度概述和渊源，大陆与台港澳地区预算法律制度的沿革及概况。第三至八章分别进行了预算收支制度比较、预算案编制制度比较、预算案审批制度比较、预算执行制度比较、预算执行调整制度比较和预算执行监督制度比较。

## 《现代台湾地区法律制度研究》

宋锡祥著，上海，上海社会科学院出版社 1999 年 4 月版，380 页。全书分 12 章，运用当时的最新资料，包括 1997 年颁布的《香港澳门关系条例》《期货交易法》和修正的《所得税法》《保险法》《公司法》《专利法》《商标法》和《著作权法》等。除区际民事法律适用法和知识产权法以外，台湾经贸、投资、工商管理、金融、企业、税收等方面的法律制度均有反映，涉及约 30 个基本法规。在提炼台湾法特点的基础上，对其利弊得失进行较为客观的评价，通过分析和比较两岸市场经济法制的相同或相异之处，指出各自的长处和不足。

## 《永远的中国心——台湾人民爱国运动（1945—1999）》

刘雄著，厦门，鹭江出版社 1999 年 8 月版，277 页。该书将战后台湾人民爱国运动的历史分为三时期：第一个时期，即 1945 年至 1949 年反蒋爱国民主运动时期。1945 年 10 月台湾光复后，国民党政权发动内战，台湾同胞掀起的"一二·二〇"示威、"一·九"游行及"二二八"斗争，是当时广大"国统区"人民爱国民主运动的组成部分。第二个时期，即 1950 年至 1979 年反对美军侵驻台湾、欺压台胞及美日勾结企图侵占中国领土钓鱼台列岛的反侵略斗争时期，台湾同胞围绕"刘自然事件"和"林维清事件"所进行的反美爱国斗争，乃因美军欺压台胞而引发。20 世纪 70 年代初日美勾结，企图侵占钓鱼台列岛时，台湾掀起声势浩大的"保钓"爱国运动。第三个时期，即 1980 年至今的反分裂、反"台独"、反侵略爱国斗争时期。进入 80 年代，两岸关系的进一步缓和与发展，引起岛内分裂势力及"台独"分子的恐慌。他们的倒行逆施遭到抵制，台胞运用各种形式展开反分裂、反"台独"斗争，成为这一时期台湾爱国运动主要内容。

## 《再论"台独"》

彭清源主编，北京，团结出版社 1996 年 1 月版，267 页。1993 年民革名誉副主席贾亦斌主编的《论"台独"》出版后，受到两岸关注和好评。随着时事发展，为进一步系统剖析李登辉分裂祖国的言行，挖掘其思想根源，揭示其内容实质，阐明其分裂祖国政策的恶果，进而更好地启发人们认清李登辉"假统真独"的面目，民革中央常务副主席彭清源组织有关学者共同编撰该书。全书分 4 章 10 节，包括：李登辉分裂祖国、破坏统一的面目及其特点，李登辉式的"台独"谬论批评，李登辉推行分裂政策的严重危害，强调促进祖国统一，反对分裂，是包括台湾同胞在内的全中国人民的历史责任。

## 《震慑"台独"：不承诺放弃武力》

孙云著，北京，华文出版社 2001 年 9 月版，323 页。20 世纪 90 年代后，"台独"问题日益凸显，美国也在运用霸权为两岸问题的解决制造障碍，台湾向何处去，两岸是战是和？针对这一论题，该书从历史、政治、军事、国际关系等多种角度进行了详细的阐述和分析，并向台湾当局发出强烈呼吁：只有放弃"台独"，追求国家统一，台湾才有光明前途。该书第一章论述"台独"缘起与嬗变，第二章讲李登辉上台后在"台独"路上越走越远，第三章讲民进党上台后的"台独"表现，第四章为依附美日：借助外力拒统一，第五章为中共对台政策透析，第六章呼吁台湾当局：以武拒统无出路，第七章为后言，指出"台独"必将毁灭。

## 《政治狂澜的浪花——台湾第三势力研究》

王鸿志著，北京，九州出版社 2013 年 9 月版，155 页。该书以"台湾第三势力"为研究对象，在厘清其概念、内涵及类型的基础上，以纵向方式梳理台湾第三势力发展的历史脉络，横向上展示不同类型第三势力的基本情况。第一章绪论部分揭示了研究意义、文献综述、学术贡献与不足、研究方法与架构等。第二章基本理论梳理，论述了第三势力内涵的演变发展、概念的界定，进行了相关概念的辨析，介绍了第三势力的类型区隔和生存机制，台湾政党型第三势力的选民基础，台湾第三势力生存的特殊政治环境。第三章从第三势力视角看台湾政党版图变迁，介绍了台湾政党演变脉络，新党的兴衰以及新党衰落后台湾政党格局演变。第四章台湾非政党型第三势力，介绍了社会运动型第三势力，非政党、非运动型的第三势力。第五章台湾第三势力存在的必然性与发展的局限性。

## 《中国港澳台地区秘密侦查制度研究》

邓立军著，北京，中国社会科学出版社 2013 年 6 月版，348 页。该书上编为香港地区秘密侦查制度——以《截取通讯及监察条例》为中心，内容包括：香港《截取通讯及监察条例》的立法背景、《截取通讯及监察条例》出台前之相关立法概览、《截取通讯及监察条例》之立法架构、《截取通讯及秘密监察条例》的立法评价。中编为台湾地区秘密侦查制度，包括：台湾地区通讯监察制度、卧底侦查制度、线民制度、台湾地区控制下交付等。下编为澳门地区秘密侦查制度，内容包括：澳门地区秘密侦查立法之历史背景、澳门地区秘密侦查之立法、对澳门地区秘密侦查立法的评价。

## 《中国共产党反分裂反"台独"斗争及经验研究》

李松林、杨建英著,北京,人民出版社 2009 年 1 月版,383 页。该书第一章为新中国成立前后中国共产党反对分裂中国的斗争及经验,内容包括:新中国成立前后外国分裂势力与"台独"分子的分裂活动及其特点,新中国成立前后中国共产党反分裂反"台独"的斗争及经验。第二章为 20 世纪七八十年代中国共产党反"台独"的斗争及经验,内容包括:七八十年代台湾岛内外分裂势力与"台独"分子的分裂活动及其特点,七八十年代中国共产党反分裂反"台独"的斗争及经验。第三章为八九十年代中国共产党反分裂反"台独"的斗争及经验,内容包括:八九十年代"台独"的分裂活动及其特点,八九十年代中国共产党反分裂反"台独"的斗争及经验。第四章为新世纪中国共产党反分裂反"台独"的斗争及经验,内容包括:新世纪"台独"势力与外国分裂势力的活动特点,新世纪中国共产党反分裂反"台独"的斗争及经验。

## 《中国国民党台湾 40 年史纲》

郭传玺等著,北京,中国文史出版社 1993 年 7 月版,427 页。该书是作者在 1988 年出版《中国国民党简史(1894—1949 年)》的基础上编写的又一部研究中国国民党历史的著作。全书分蒋介石时代(1949—1975 年)、蒋经国时代(1975 年 5 月—1988 年 1 月)、李登辉时代(1988 年 1 月—)三个时期,对于 40 年来国民党在台湾的政治、经济、对外关系、文化教育和海峡两岸关系等方面的情况做了较客观的阐述。

## 《中国国民党台湾四十年史(1949—1989)》

宋春、于文藻主编,长春,吉林文史出版社 1990 年 11 月版,462 页。该书以国民党退台后 40 年(1949—1989)为论述范围,较为全面系统地论述了 40 年中国民党内部演变及治台状况。退台后,国民党总结了大陆失败的经验教训,在继续推行和强化大陆时期统治体制的同时,又实行了一系列不同于大陆时期的政纲政策和措施。利用外国势力的扶助和朝鲜战争、越南战争的机会，在政治上获得了相对的稳定，经济上也有了较快发展。与此同时，它曾先后三次对其党务进行改造。50 年代初期的"改造"在台湾确立了"蒋介石时代"，70 年代中期的改造确立"蒋经国时代"，80 年代中后期所推行的"党务革新"，带动了"政治革新"，为"李登辉时代"奠定了基础。该书分为前言、一至七章、结束语及附录。第一章，国民党的"改造"和在台湾统治的确立（1949 年 12 月—1952年 10 月）。第二章，国民党"复兴建国"和统治秩序的稳定（1952 年 10 月—1957 年 10 月）。第三章，国民党"反攻复国"和一党专制的加强（1957 年 10 月—1969 年 3 月）。第四章，国民党统治的困挫和"革新保台"（1969 年 3 月—1975 年 4 月）。第五章，国民党新"强人政治"和"本土化"政策的全面推行（1975 年 4 月—1981 年 3 月）。第六章，国民党"三民主义统一中国"的提出和"全面革新"（1981 年 3 月—1988 年1 月）。第七章，国民党"强人政治"的结束和一党专制的削弱（1988 年1 月—1989 年 12 月）。

## 《中国国民党在台改造研究 1950—1952》

冯琳著，南京，凤凰出版社 2013 年 10 月版，307 页。该书是"中国社会科学院台湾史研究中心丛刊"之一。1950—1952 年国民党的改造是国民党历史上以及台湾历史上的一件大事，作者在占有国民党中央于此间的会议记录、报告等基本资料以外，还运用了国民党基层党部的大量资料及蒋介石日记，真实细微地还原了改造运动的实态，对改造运动在社会中下层的实际情况进行了揭示，对改造参与者的心理状态进行了考察，为了解当时台湾历史提供了重要资料。全书分九章，前四章为国民党的痼疾与改造前的反省、走向改造、改朦为简、重起炉灶——智囊与权力核心的组成、党务挂帅的全方位改造，主要介绍了改造背景、酝酿过程和改造内容。后五章是作者对改造运动的分析和认识，也是该书创新之处的主要所在，分别为改造的三大贡献、改造有限解决了哪些问题、改造未能解决的问题、几项新举措之述评、国民党改造运动的综合评论。

## 《中国国民党在台湾40年纪事》

李松林等编，北京，解放军出版社1990年8月版，495页。该书的主体部分是对中国国民党自1949年10月退台到1989年40年间的大事记，按照时间顺序，以每年为一单位，逐条记录。在大事纪要之前有27页的前言，在其中作者扼要叙述了国民党在台湾40年间的历史脉络，并给予评论。

## 《中国国民党在台湾四十八年》

甘观仕、萧效钦、陈乃宣、吴智棠著，北京，中国大百科全书出版社1999年1月版，351页。该书论述了自1949年至1997年间国民党在台历史，分为三编。第一编蒋介石主政时期（1949—1975.4），第二编蒋经国主政时期（1975.5—1988.1），第三编李登辉主政时期（1988.1以后）。各编又分四章，分别从政治、经济、对外关系及两岸关系四个方面进行编写。该书认为蒋介石主政时期是逐步强化的寡头集权统治，自60年代初国民党当局通过《自由中国》事件把台湾早期在野政治势力的组党活动镇压下去后，台湾的国民党党外政治势力的活动整整有10年处于低潮期。到70年代，随着新兴中产阶级的崛起，党外势力又在新的条件下重新抬头，并初步形成了台湾党外运动。蒋经国晚年虽推行"解除戒严""开放党禁、报禁"等"政治革新"措施，但没有使台湾政治生态发生彻底改观。1990—1994年的"宪政改革"改变了这种状况，使权力结构"本土化"，政治运作方式"西方化"，政治力量多元化，政治矛盾复杂化。

## 《中国民主促进会 中国致公党 九三学社 台湾民主自治同盟历史研究》

周淑真等著，北京，中国人民大学出版社1996年5月版，177页。该书是中国各民主党派历史研究丛书中之一部，主编为彦奇。分别记述了中国民主促进会、中国致公党、九三学社、台湾民主自治同盟四个民主党派的发展历史，四部分由周淑真、曹木清、曹健民、杨炎和四位作者分别完成。关于台湾民主自治同盟的研究内容包括：抗日战争胜利前后的台湾，台湾民主自治同盟的成立及其纲领，台湾民主自治同盟成立后的主要活动，响应中共中央"五·一"号召，积极参加新政协，筹建新中国。

# 《中国青年党在大陆和台湾》

周淑真著，北京，中国人民大学出版社1993年11月版，303页。该书入选中国人民大学博士文库，论述了中国青年党自1923年成立到退台后的历史，全书以大陆时期的青年党为主，台湾时期的青年党论述较少，仅有一章的篇幅。全书分六章：中国青年党的成立、"醒狮"怒吼、惨淡经营、两面适应与"三方布置"、同蒋合流、风雨飘摇。该书对中国青年党的理论基础——国家主义给予了剖析、批判以及科学评价；对中国青年党全部历史灰暗主色调的论述与其在一定历史条件下参加反对国民党一党专政、开展民主宪政运动和反对"台独"活动的积极作用进行了论述与评价。该书指出在台湾开放党禁前的38年中，国民党和青年党之间，始终存在着尖锐复杂的控制和反控制、一党专政与反一党专政的矛盾和冲突。中国青年党虽然与中国共产党长期对立，但因它是一个具有较强民族意识的爱国政党，在要求实现祖国的和平统一方面与共产党是有共识的。

# 第三篇  台湾经济史

## 《21 世纪以来的台湾经济：困境与转折》

邓利娟主编，北京，九州出版社 2004 年 12 月版，443 页。该书以2000 年至 2004 年间台湾经济与两岸经贸关系为研究对象，通过使用较系统的最新数据，剖析 21 世纪以来的台湾经济发展。该书重视对台湾岛内"政党轮替"前后的经济发展作比较研究，凸显新世纪以来台湾经济发展的新变化与阶段性转折。同时，将台湾经济置于经济全球化、区域化格局演变中进行透视，以更宏观的视野把握台湾经济与两岸经贸关系的变化趋势。该书除导论外，共分 9 章：第一章综合分析 21 世纪以来台湾经济发展的总体特征，剖析经济持续恶化的原因，进而阐述突破发展困境的出路；第二至八章分别从工业发展、农业发展、金融问题与金融改革、财政问题及其改革、对外经济关系发展、经贸立法调整、两岸经贸关系发展等不同层面，分析台湾经济的最新发展态势；第九章则对未来几年的台湾经济与两岸经贸关系发展进行分析预测。书后附有 2000—2004 年台湾经济与两岸经贸关系大事记。

## 《产权·机制·效率——台湾香港公有经济的再研究》

袁易明著，北京，人民出版社 2001 年 5 月版，362 页。该书收入到深圳社会科学文库第二辑，是在作者 1998 年出版的著作《台湾香港公有经济》基础上进一步深化研究的成果，与前一本著作相比，作者在更宏观的视角下关注台湾、香港的公有经济发展与转型问题，将其与西方国家的公有经济发展相比较，从而为大陆的国有企业发展提供借鉴。该书主要有 8 章，分别从公有经济理论、台港公有经济的形成与定位、产权结构、内部治理结构、激励与约束机制、运行效率等方面，对台湾香港的公有经济进行了深入分析，并考察了台湾香港的公有经济改革，对台湾公有经济改革的目标、途径及难点都有深入探讨。

## 《产业发展与核心竞争力——以台湾地区笔记本电脑产业为例》

曹琼著，北京，经济管理出版社 2011 年 1 月版，175 页。该书针对经济全球化大背景下台湾笔记本电脑产业的发展与核心竞争力问题，从全球生产网络的视角出发，结合价值网络理论和产业升级阶段理论，进行系统研究。该书主要有 7 章，通过对台湾笔记本电脑产业发展状况及核心竞争力的实证研究，指出台湾代工厂商提升核心竞争力的途径，包括创新技术或生产工艺、构建富有竞争力的供应网络、建设渠道和物流体系、制定品牌发展战略等。

## 《超越台湾：粤台经济比较》

陈云著，广州，中山大学出版社 2003 年 9 月版，226 页。该书根据公开的统计数据、网络资料、报刊信息及亲身见闻，从经济实力、自然环境和人口状况、生活水平、农业、建筑业与房地产、制造业、服务业等方面，将台湾与广东做"一对一"的比较，并用平实易懂的语言，向读者展现"现时"的台湾和广东。该书指出，台湾制造业发展面临困境，服务业成为经济支柱，经济发展呈现"空心化"与"泡沫化"，地理与人口成为未来台湾经济发展的致命弱点，如果两岸能够统一，则台湾经济的地缘弱点能够消失，经济发展会迎来一个新时代。

## 《当代经济金融研究新视野——兼论台湾汇率制度与经济发展》

李玲瑶著，北京，中国经济出版社 2003 年 1 月版，413 页。该书是一本讨论金融与经济发展关系的学术著作，共分为三大部分、五个篇章。第一部分共 3 篇，分别讨论汇率理论、台湾汇率制度与经济发展问题、台湾与香港不同的汇率制度对经济发展的影响等，对光复后台湾汇率制度的形成与演变做了深入梳理与分析，并将其与经济发展结合起来进行讨论。第二部分也就是第四篇关注大陆经济金融改革，从当时的经济现状、金融市场的变化以及风险投资的兴起等方面，探讨大陆经济金融改革的发展前景。第三部分也就是第五篇是有关国际经济金融问题的讨论，包括全球化、资本项目自由化、新经济的兴衰、政府干预、拉美危机个案解析等内容，均为当时国际经济与金融发展中的热点问题。

## 《港澳台财经与华侨华人经济》

贾康等编著，北京，中国财政经济出版社 1996 年版，428 页。该书共分为四个部分，分别探讨香港、澳门和台湾的经济与财政，并在第四部分介绍各国华侨华人的经济状况。其中第三部分"台湾经济与财政篇"共分 12 章（第十三至二十四章），第十三、十四章介绍台湾的基本概况及社会经济财政金融概况，后面 10 章重点讨论台湾财政体系，包括战后台湾财政、金融与通货膨胀，财税与投资政策，财政收支结构，财税制度，财政社会福利支出，社会保险制度，金融体制，公债制度，财政机构与法规等问题。

## 《港澳台经济比较》

戴武堂著，郑州，河南人民出版社 1994 年 8 月版，333 页。该书是对港澳台三地经济发展的比较研究，共分 10 章：第一、二章分别比较三地的整体经济和经济体制，第三至十章则分别比较三地的各项产业，包括农业、工业、外贸、旅游、交通运输、信息、金融和房地产建筑。该书所用数据主要来自《港澳经济》杂志和《台湾经济》杂志，以及港澳台经济年鉴。

## 《工业化与农业发展问题研究——以中国台湾为例》

杨德才著，北京，经济科学出版社 2002 年 3 月版，285 页。工业化进程中的农业发展问题特别是农业式微问题，很长一段时间以来都是发展经济学研究的一个中心热点问题，该书主要运用发展经济学和新制度经济学的理论，采取经济学、历史学、社会学等多学科交叉的方法，以台湾的实际经验为例，对上述问题进行探讨。全书分总体分析、实证研究、理论总结三个部分，共计8章。第一部分先是重点剖析农业发展对工业化建设的贡献，继而分析工业化进程中农业经济地位的演变，从而得出一些具有普遍意义的结论。第二部分实证分析了台湾工业化进程中的农户收入变动、农业劳动力转移、农业结构变动以及农地经营等问题，揭示了工业化对这些问题发生、发展的影响，进而就这些问题提出具有普遍意义的思考。第三部分主要依据新制度经济学理论，思考制度变迁以及制度安排对农业发展问题形成的影响，并尝试构建解决工业化进程中农业发展问题的新思路。

## 《海南与台湾：农业发展比较与合作竞争》

王文壮著，北京，中国农业出版社2008年3月版，471页。该书的研究主旨是为了加强海南与台湾两地间的农业合作，促进两地经济共同发展。全书分为4篇22章，前三篇从农业资源、农林牧渔各业发展、农业发展环境与条件等方面对琼台两地农业进行了阐述与比较，第四篇主要分析琼台农业合作与竞争问题，分别介绍了琼台农业合作现状、琼台农业合作的突破口，并对农业合作的政策进行了研究。

## 《海峡经济区竞争性区域体系构建研究》

王勇著，北京，九州出版社2010年6月版，219页。该书根据竞争性区域构建理论，尝试探讨如何构建海峡经济区竞争性区域体系，并从海峡经济区区域邻近性拓展，海峡经济区教育、研究和企业区域三螺旋合作，海峡经济区市政联合，海峡经济区地方分权与财政转移，海峡经济区合同式发展，海峡经济区内部公私合营七方面，对海峡经济区竞争性区域体系构建进行分析讨论，并认为这七个方面既相互关联，又彼此促进。

## 《海峡两岸金融与证券市场》

何杰著，天津，天津人民出版社 1996 年 3 月版，412 页。该书是一本对海峡两岸金融与证券进行比较研究的论文集，收录了作者相关论文40 余篇，内容涉及台湾金融体系与金融政策、台湾的金融市场、大陆证券市场管理、大陆证券市场国际化和深圳证券市场发展等问题。

## 《海峡两岸经济合作模式研究》

冯雷主编，北京，社会科学文献出版社 2009 年 6 月版，249 页。该书是中国社会科学院重大课题《海峡两岸经贸合作模式研究》的研究成果，旨在对大陆与台湾地区之间的经贸合作模式进行全面深入的探讨。该书除绪论外，共分 11 章，分析了海峡两岸经贸合作模式、发展沿革及现状、存在的问题与趋势等有关海峡两岸经贸合作的主要方面，针对两岸货物贸易中相对敏感的农产品贸易和权重较大的机电产品贸易以及高新技术产品贸易，该书重点进行了探讨，并在比较两岸服务业发展状况的基础上，讨论两岸旅游业与金融业的合作问题，对于两岸投资合作及知识产权合作，该书也进行了专门讨论。

## 《海峡两岸农业企业化经营与管理》

熊健著，合肥，合肥工业大学出版社 2005 年 8 月版，202 页。该书是关于农业企业化经营与管理的学术著作，共计 12 章：第一至九章主要分析介绍农业企业化经营与管理的基本理论、主要方法和途径等。第十、十一章研究台湾的农业企业化经营与管理经验，包括台湾推行的农业政策，农民组织在农业现代化过程中的作用等。最后一章则为海峡两岸农业政策的比较研究。在研究思路上，该书从农业经营的组织制度出发，采用制度经济学的理论与方法，探讨农业企业化经营与管理的基本理论、要素构成与指标体系，并通过借鉴台湾农业企业化经营与管理的经验，结合大陆农业经营现状，研究农业企业化经营的运行机制，从而探索农业经营的组织与制度创新问题，力图从经营方式上解决农业效益低下，农民运销能力不足等农业经营方面的问题。

## 《海峡同根　情寄农桑——两岸农业比较与合作研究》

胡艳君著，北京，九州出版社 2012 年 8 月版，124 页。该书主要涉及三个方面的内容：首先是关于两岸农业交流与合作现状的研究，并分析其特点与存在的问题；其次是关于两岸农业经营管理模式的比较，重点比较两岸农民合作组织和农业金融制度，为大陆解决"三农"问题提供借鉴，并为推动和深化两岸农业合作提供理论支持；第三部分在前述研究的基础上，分析两岸农业合作的前景及合作原则，提出了"政府 + 农业推广委员会（台湾）＋农户"等两岸农业合作的新模式。

## 《近代台湾地方对外贸易》

李祖基著，南昌，江西人民出版社 1986 年 8 月版，116 页。该书共计 4 章，以近代台湾开港后至日本占领前台湾对外贸易为研究对象。第一章简略地回顾了清初至开港前夕台湾地区的贸易状况，第二至四章是全书的主体部分，重点研究开港后台湾对外贸易的发展和变化，分析整个贸易的结构与特点，并指出其对台湾社会经济的影响。资料方面，该书主要利用清代台湾淡水和打狗两海关税务司编纂的贸易报告与贸易统计、英国驻台湾领事商务报告等。方法上，则利用各种统计资料对有关问题进行量化分析，是一本资料与论证均很扎实的近代台湾经济史著作。

## 《近代台湾对外贸易研究》

李祖基著，厦门，厦门大学出版社 2013 年 8 月版，169 页。该书是《近代台湾地方对外贸易》的修订版，作者改正了初版中的个别文字错讹之处，对一些引文及出处也做了订正和补充，并对若干主要的统计数据重新进行核对、计算，对部分数据做了相应的修正，在整体结构和基本观点方面，则尽量对原书予以保留。书后附录两篇，分别为《1882—1891 年台湾淡水海关报告书》和《1982—1891 年台湾台南海关报告书》。

# 《经济自由化以来台湾金融改革研究》

檀江林著，合肥，合肥工业大学出版社 2005 年 8 月版，304 页。该书是作者同名博士论文的修订稿，全书分 5 章，对经济自由化以来台湾的金融改革进行全面研究，不仅对台湾金融改革的背景、推动与牵制力量、改革举措的成败得失进行客观评判，更对台湾金融自由化与国际化变革过程中面临的困境、原因及监管当局的对策与实效性展开了系统考察。该书首先对经济自由化以来台湾金融改革进行纵向考察，勾勒出台湾金融改革的演变历程，从而对台湾金融改革的历史流变有一个总体性把握，继而对台湾金融改革进行横向剖析，在此基础上，对当代台湾金融改革的主体——监管当局在改革中的定位、功能及其缺失进行深度剖析，最后，通过实证方法对台湾金融改革实效性做出评价。全书通过对台湾金融改革由个别性、业务性的描述上升到规律性的探讨，从而抽象出具有一般意义的经济理论。

# 《开放经济的比较优势——珠江口 特区群及台湾的实证》

莫世祥著，北京，中国时代经济出版社 2003 年 4 月版，477 页。该书运用古典政治经济学中的比较优势理论，对珠江口特区群和台湾地区进行实证性的比较研究，总结这些地区通过实行开放经济，发挥比较优势，实现比较利益的经验教训，通过比较不同社会制度、不同区域经济结构和发展水平的地区实践这一理论的不同途径、相互关联及影响，进而检验比较优势理论。该书除总论部分外，共分为 4 章：第一章梳理比较优势理论的学术源流及其在中国的学术际遇；第二章分析香港、澳门、深圳、珠海等珠江口特区群的比较优势；第三章讨论台湾经验的形成与演变；在前三章分析研究的基础上，第四章总结比较优势战略的实证启示，指出经济开放、经济转型以及政府适度干预均有助于比较优势，而比较优势战略有助于经济安全。

# 《跨越新时期门槛之路——透视台湾经济转型》

张冠华著，北京，台海出版社 1998 年 9 月版，248 页。全国台湾研究会编辑的《当代台湾观察》系列丛书之一。该书主要探讨 20 世纪 80 年代中期以来的台湾经济转型，针对新的政治、经济形势下台湾经济在经济体制、经济发展战略、经济结构等各个方面所做的调整及其中存在的问题，做了深入分析，并大致勾勒了台湾经济未来可能的走向。该书除引言外，共计 6 章：第一章分析 80 年代以来台湾经济面临的诸多问题与挑战，包括在劳动力与土地价格上涨、科技密集型产业尚未成熟的背景下，经济竞争力下降；社会运动兴盛，政治多元化，导致过去政府过分干预经济发展的经济管理体制受到冲击；公共建设跟不上时代发展的需要，经济失衡，股市与房地产投资等"泡沫经济"的破灭，使经济矛盾激化等。第二章分析 80 年代中期以来台湾经济体制的大变革，包括由政府干预体制转向自由化经济体制，推行金融自由、贸易自由及公营企业民营化；发展策略方面受凯恩斯主义影响，由过去的以需求为导向转向供给导向；产业政策方面则逐渐以辅导取代过去的产业保护政策。第三章从经济增长方式转变、产业结构调整、后工业化社会下的经济发展特别是第三产业的发展等三个方面，说明 80 年代中期以来台湾经济发展逐渐步入成熟期。第四章重点讨论新时期台湾工业结构调整与技术升级，认为台湾制造业虽逐渐"式微"并存在一些问题，但并未形成"产业空洞"，资本与技术密集型产业正逐步取代传统的劳力密集型产业，在工业中占有重要地位。第五章从外贸与投资等方面分析台湾经济的国际化发展取向，指出台湾在对外经贸关系方面逐渐"脱美入亚"，更深层次地参与亚太经济分工，特别是海峡两岸产业分工。第六章在前五章的基础上，对台湾未来的经济走向进行评估，重点分析台湾当局 1995 年以来实施的"亚太营运中心"计划，认为该计划是台湾跨越新时期门槛的关键所在，而该计划的成功与否在很大程度上取决于和祖国大陆的经济关系。

# 《民间文书与台湾社会经济史》

陈支平著，长沙，岳麓书社 2004 年 8 月版，297 页。该书利用家谱、契约文书等民间文献资料，以家族为载体，研究明清以来福建居民迁移台湾的历史及其在台湾植根的过程，重点探讨福建原乡与台湾外植家族之间复杂的经济联系，从而为研究闽台移民史、台湾基层社会以及家族发展变迁史提供了新的资料，并从微观层面展现出闽台移民史和台湾开发史的诸多面向。该书共分 5 篇，分别探讨清代范氏家族迁移台湾的历史、抗日志士李友邦所属的台北芦洲李氏家族变迁史以及从契约文书和碑刻文书等民间文书所展现的闽台民间关系，并以专篇论述闽台两地家族间的经济关系及其变迁，指出福建原乡与台湾外植家族之间复杂的经济联系，对促进两地的移民和繁衍起到积极的作用，并刺激了家族共有产业的增长，尽管随着时间的推移和外植家族的扩大，闽台两地家族间的经济联系逐渐淡薄，但两地家族间观念与文化间的联系却根深蒂固。

## 《闽台经济关系——历史、现状、未来》

金鸿汎、郑泽清、刘义圣著，厦门，鹭江出版社 1992 年 8 月版，234 页，《台湾研究丛书》经济系列之一。该书分闽台经济关系的历史、现状与未来三篇：第一篇历史部分共 4 章，分别介绍远古时期、古代（清以前）、清代以及日据时期的闽台经济关系。第二篇现状部分也有 4 章，对战后四十年间闽台经济发展进行了比较研究，重点介绍改革开放十年来闽台经济关系的恢复与发展。第三篇用 3 章对闽台经济关系的未来进行了展望，探讨闽台经济关系在未来海峡两岸关系中的地位和作用、未来闽台经济关系发展的领域与形式、未来闽台经济关系发展所需的条件和原则等。

## 《闽台农业分工深化与产业链整合》

黎元生著，北京，社会科学文献出版社 2010 年 11 月版，320 页。该书从全球化的宏观视角出发，研究闽台农业产业链"为什么要整合、整合什么、效应如何、怎么推进"等问题，并剖析闽台农业产业链整合对于提升福建农业竞争力的重要作用。该书除导论和结论外，主要内容有 8 章，分别从三个方面展开论述：第二、三章，阐述闽台农业产业链整合的理论逻辑和现实依据；第四至七章，论述闽台农业产业链整合的主要内容，如农业产业链整合中的技术转移与扩散机制、组织协调机制，物流、信息流和价值流"三流"协同发展，以及产业链整合的空间聚集等；第八、九章则主要讨论闽台农业产业链整合对提升福建农业竞争力的影响，并就以何种模式推进闽台产业链整合，以及这一过程中的政府职能定位等问题，进行了分析讨论。

## 《闽台协同发展高科技产业探索》

朱斌等著，北京，九州出版社 2006 年 2 月版，303 页。该书主要内容有 5 章，并收入了 7 篇专题研究报告。围绕闽台高科技产业协调发展问题，该书对闽台高科技产业协同发展的战略、机制、模式等进行了系统研究，指出闽台高科技产业的有效互补是实现区域产业协同发展的必经阶段，闽台高科技产业竞争力的协调提升是促进区域产业协调发展的核心，推进"厦高"模式是区域产业协调发展的前提，建立健全具有可操作性的对策体系是促进区域产业协调发展的保证。

## 《明末清初私人海上贸易》

林仁川著，上海，华东师范大学出版社 1987 年 4 月版，466 页。该书对明末清初私人海上贸易进行了全面系统的研究，指出商品经济的繁荣、造船与航海技术的发展，是明末清初私人海上贸易发展起来的重要原因，并就私人海上贸易集团也就是海商集团的形成及其反海禁的斗争，浙、闽、粤、台等地私人海上贸易商港的出现，私人海上贸易商人集团与世界各地的通商贸易状况，私人海上贸易的商品、贸易额与利润率，政府对私人海上贸易的管理，私人海上贸易的特点与性质、影响与作用、困难和障碍等问题，进行了深入的探讨，指出明清私人海上贸易虽然表现出一些新的特点，具有资本主义萌芽的性质，但其发展形态还非常不成熟，海上资本与封建地主阶级有着千丝万缕的联系，一定程度上限制了私人海上贸易的发展。

# 《内生增长理论与区域经济增长——基于台湾地区的实证研究》

　　王鹏著，厦门，厦门大学出版社 2014 年 5 月版，238 页。该书运用内生增长理论研究台湾的经济增长问题，全书共 8 章，首先阐述了内生增长理论产生的理论渊源、现实背景及基本模式，在此基础上，分别按完全竞争条件、垄断竞争条件和开放竞争条件下内生增长理论的三种模式，建立台湾经济增长的分析框架，探讨影响台湾经济增长的主要因素，继而剖析台湾内生经济增长过程中存在的主要问题，并指明内生增长条件下台湾经济增长的发展趋势，以及台湾当局的态度及角色所起的作用。

# 《日据时期台湾米糖经济史研究》

　　王键著，南京，凤凰出版社 2010 年 1 月版，466 页。该书除绪论外，共计 8 章，从米糖关系角度入手研究日据时期台湾农业，对日据时期台湾的米糖经济发展和台湾总督府的米糖经济政策进行了全面的论述。该书注意到分析米糖相克问题的前提是殖民地经济本质，同时，还注意到台湾总督府与日本政府以及台湾土著资本之间的复杂关系，认为台湾总督府虽然秉承日本政府的意志制定经济政策，但在具体策略方面，和日本政府也并非完全没有矛盾，在推行米糖经济政策过程中，台湾总督府也表现出两面性，一方面保持一个绝对权威的政治体制，另一方面又许可台湾土著资本有一定的活动空间，同时还使其与总督府的合作成为经济成功的主要途径。

# 《日据时期台湾总督府经济政策研究（1895—1945）》

　　王键著，北京，社会科学文献出版社 2009 年 10 月版，上下两册，1208 页。该书对台湾总督府的土地调查与财政租税政策、"理蕃"政策、扶植日本资本压抑土著资本的殖民经济政策、糖业政策、农业经济政策、水利电力产业政策、单一出口型殖民地贸易政策、以官营农业移民为核心的移民政策、以"军需化"为特征的工业及统制政策、配合南进扩张政策的南进经济政策、对中国大陆经济进行扩张的对岸政策等殖民政府的一系列经济政策逐一进行了研究，指出台湾总督府在建构殖民地经济体系过程中，将台湾建成了日本资本的投资场所、原料产地和商品销售市场，而总督府在台推行的一切经济政策的出发点，均以日本本国的利益为依归，从前期的"农业台湾"，使台湾形成米糖二元经济，到后期的"工业化"，在台湾发展军需工业，均非为了台湾自身的需要，也不是台湾经济自然发展的结果。尽管日本战败投降后，不得不在台湾留下了一些东西，但这并非日本经营台湾的本意。该书 2009 年在台湾海峡学术出版社出版有三卷本繁体字本。

## 《台商直接投资与海峡西岸经济区建设》

单玉丽等著，北京，中国经济出版社 2008 年 10 月版，317 页。该书对 30 年来台商在福建投资的发展历程、现状、特征和作用等进行了系统总结，从台商直接投资与福建省产业发展、产业结构变迁以及技术进步等方面的关系入手，考察台商直接投资对福建经济发展的贡献及其机制，在此基础上，提出了未来在发展海峡西岸经济区建设过程中，加强吸引台资力度的策略，并展望了台商投资福建的前景。

## 《台湾产业结构升级研究》

严正主编，北京，九州出版社 2003 年 10 月版，679 页。该书是福建师范大学闽台区域研究中心《台湾产业结构升级研究》课题组的集体研究成果，共计 12 章，对台湾经济的发展进程及产业结构转变过程进行了剖析。第一章是对台湾经济发展与产业结构变迁的整体评介；第二至七章分别讨论农业、劳动密集型产业、资本密集型产业、资讯产业、金融服务业、商贸物流业的发展与升级问题；第八至十章分析影响产业升级的各种因素，如科技、教育对产业升级的贡献，居民经济行为对产业升级的影响，当局的产业政策等；第十一、十二章则对台湾产业升级的未来与两岸经济合作前景分别进行了展望。

## 《台湾产业与金融研究》

朱磊著，北京，九州出版社 2012 年 4 月版，473 页。该书以比较优势分析方法为主线，全面分析台湾产业结构变动和产业政策调整，厘清台湾当前的金融体系与近年来金融改革的成效，分析两岸签署 ECFA 对台湾经济及两岸经济关系的影响，以及后 ECFA 时期台湾产业与金融的发展方向，旨在从经济学视角研究台湾经济发展轨迹的深层次结构性因素，通过对台湾产业结构与金融结构的剖析，对未来台湾经济发展趋势做出分析和判断。该书共 9 章，前四章集中讨论台湾产业结构与产业政策演变的动因与影响，接下来四章分析台湾金融体系与金融结构，并对台湾的金融改革与两岸金融交流进行了探讨，最后一章则对两岸经济合作框架协议（EC-FA）签署后的台湾产业与金融发展形势有所展望。

## 《台湾的金融和银行》

张邦钜著，北京，北京出版社 1985 年 12 月版，473 页。该书是大陆较早的全面系统介绍 1949 年以来台湾金融业务的著作，作者主要利用台湾的经济与金融期刊、年鉴、经济与金融统计资料、相关报纸与书籍等资料，对台湾的银行体系、"中央银行"的功能、货币的发行与管理、存放款业务、利率制度、农业金融、中小企业金融、货币市场、资本市场、外汇市场、国际金融中心等都做了较为全面的介绍，并附有《银行法》《中央银行法》等 10 种台湾的金融法规和条例，为当时经济、金融从业人员了解台湾金融、研究台湾金融提供了一定的参考。

## 《台湾的经济发展与法律调整》

郑定著，北京，中国人民大学出版社 1997 年 5 月版，402 页。该书在作者博士论文基础上修改完成，从台湾经济发展与法律制度交互作用的角度，研究 1949 年以来台湾地区的经济发展与法律制度变迁。该书共 8 章，前七章分别考察了 1949 年以来台湾地区法律制度的发展变迁、台湾地区的经济发展与台湾当局主要政策措施、"土地改革"与农业立法、吸引奖励投资的主要法律措施、特殊工业区政策及其立法、20 世纪 80 年代以后的"产业升级"及其相关立法等问题，最后一章对存在的问题进行了分析总结，并对未来发展做了展望，从中可以大致了解 40 年来台湾经济发展的大致过程，以及台湾当局运用法律手段调节经济发展的基本轨迹，对台湾地区运用法律手段调节经济、促进经济发展的做法与功效，对于台湾经济发展的内外动因与存在的主要问题，该书都有相对深入的分析。

## 《台湾的经济和金融及两岸经贸关系》

张邦钜著，北京，九州出版社 2004 年 11 月版，371 页。该书收录了作者从 20 世纪 90 年代到 21 世纪初以来撰写的 17 篇文章，分经济·金融篇与两岸经贸篇，内容涉及财政、银行业、保险公司、货币政策与制度、外汇管理、两岸金融往来等主要与金融有关的内容，所采用的经济数据截至 2003 年。

## 《台湾的民营经济》

陈恩著，广州，广东人民出版社 1992 年 4 月版，330 页。《亚洲社会经济研究丛书》之一。该书共 5 章，分别讨论台湾民营经济的形成和发展，台湾民营经济的性质、特点与结构，台湾发展民营经济的战略和措施，民营经济在台湾社会经济发展中的地位，台湾民营经济存在的问题与发展趋势等。与此前的研究相比，该书对相关问题的探讨相对深入。该书还附有 1987 年台湾 300 家主要民营企业排名表和 1986 年台湾 150 家民营高科技公司名录。

## 《台湾地区经济结构分析——从产业结构角度切入》

陈恩著，北京，经济科学出版社 2003 年 6 月版，325 页。该书在博士论文的基础上修改而成，是一部专门讨论台湾产业结构变迁及与经济发展关系的学术著作。该书运用西方经济学中的产业经济学、发展经济学和区域经济学的相关理论，在世界产业结构与国际产业分工格局变迁的大背景中，结合东亚区域经济结构的变动，对战后台湾产业结构变迁做深入探讨，认为台湾产业结构经历了从第一产业（农业）到第二产业（工业）再到第三产业分别主导的合规律过程，而这一过程与国际产业分工格局的变动有密切关系，并认为产业结构转型面临瓶颈是造成21世纪以来台湾经济衰退的主要原因。该书除绪论外，共有6章：第一章介绍产业经济学中有关产业结构的相关理论；第二章讨论国际产业结构的演变，以及台湾在国际产业分工格局中的地位，对"东亚模式"有较多探讨；第三章结合台湾经济的发展，分析台湾产业结构的演变；第四章从农业、工业、服务业以及消费、外贸等层面，具体分析台湾产业结构的变迁过程与内容；第五章着力分析20世纪末期以来台湾产业外移与对外投资问题；第六章旨在讨论区域经济一体化理论下的两岸产业合作问题。

## 《台湾地区税收制度》

马伟主编，北京，当代中国出版社2009年2月第1版，328页。该书共分为16个部分：第一部分简略介绍了台湾的经济、税收总体状况、台湾地区税收的意义和原则等内容；第二至十四部分，按税种分别介绍了所得税、营业税、土地税等14个类型的台湾税种，对各税种的特点、税率计算方法、税目税额、减免税规定等都做了详细说明；第十五、十六部分分别介绍了台湾地区的税捐稽征管理和关税的征收与管理。该书是一本面向税务专业人员的著作。该书另有当代中国出版社2014年1月第2版，347页。在初版基础上，第2版增加了台湾税务机构设置及职责范围、纳税服务各项措施、税务代理业状况、发票管理经验等内容，并根据近几年台湾各税种修订的新情况，对初版各章节内容做了相应修改与调整。

## 《台湾工业化过程中的现代农业发展》

单玉丽、刘克辉著，北京，知识产权出版社2009年10月版，464页。该书分发展篇和策略篇，共计14章，讨论工业化进程中的战后台湾农业发展，全面探讨1949年以来台湾农业发展的路径，对台湾工业化过程中不同发展时期的农业发展策略和政策措施进行系统分析，进而探讨台湾为调整工农业发展关系，保障地区经济协调发展，在调适农业体制和机制方面所采取的策略性措施，并分析台湾现代农业的发展成效以及城乡差距缩小的过程。

## 《台湾公营企业运行机制研究》

赵建中著，南京，东南大学出版社 1995 年 9 月版，376 页。该书分 5 篇 17 章，通过运用历史学与经济学相结合的方法，对台湾公营企业运行机制进行了研究，重点探讨包括产权机制、经营机制、价格机制和利益与决策机制等在内的台湾公营企业运行机制。该书认为在台湾经济发展之初，由"政府"严格管控的这套运行机制奠定了台湾公营企业乃至整个台湾经济发展的基础，但其自身的弊端也非常明显，如资产积压、投资效率低、冗员难裁、工作效率低，企业亏损、漏洞多、经营效率低等，导致公营企业总体上经营效率偏低，对经济发展有一定的负面影响。

## 《台湾经济》

周伬、齐欣、魏大业编著，北京，中国财政经济出版社 1980 年 2 月版，476 页。该书是在 1979 年元旦全国人大常委会发表《告台湾同胞书》之后，为进一步了解和研究台湾的现况，促进祖国统一大业，由李家泉和大陆一些台湾经济的业余研究者赶编出来的，署名为笔名，与此书差不多同时编辑出版的还有《祖国的台湾》一书。尽管编者称此书为"小册子"，但内容相当丰富，分三十年来的台湾经济、农业、工业、交通运输、对外贸易、财政金融、官僚资本、私人资本（民营工商企业）、侨外资本等几个专题，对 1949 年以后台湾经济发展情况做了全面介绍，在各专题下又细分为各个小专题，观点方面主要借鉴了海外的研究成果，并配有相当多资料性内容，如各种统计资料等，在 20 世纪 80 年代两岸交流非常缺乏的情况下，该书出版后有颇多研究将其作为资料集引用，对当时的对台研究做出了一定的贡献。

## 《台湾经济》

裴小革著，北京，人民出版社 1994 年 7 月版，153 页。列入胡晓林、龚莉主编的百卷本《经济全书》丛书，这套丛书编辑出版于中国经济体制转型之际，丛书针对的读者是新时代的经济建设者，希望为他们提供必要的知识与经验借鉴。《台湾经济》一书是对光复后台湾经济发展的概括性介绍，重点展示 1949 年国民党迁台后台湾经济发展的实际过程。该书在分析了台湾经济发展的背景条件之后，重点探讨台湾历次经济发展战略的调整和各项经济体制的改革，进而对农业、工业、服务业、教育部门、技术部门、财政金融、对外贸易、各类企业和各项公共建设分别做了概述，分析其发展过程、基本状况和存在的问题，并对台湾的就业状况、社会福利和生活水平做了分析和评价，对台湾的经济成长做了回顾和展望。在结语中，作者认为 1949 年以后台湾经济快速发展的重要原因，是国民党吸取了在大陆的经验教训，不断适应经济情势的变化，适时地对经济发展战略和经济体制做出调整与改革。

## 《台湾经济 60 年：1949—2009》

单玉丽主编，北京，知识产权出版社 2010 年 3 月版，342 页。该书从 20 世纪 50 年代写起，直至马英九上台后的 2009 年，旨在总结 60 年来台湾经济发展的经验与教训，为大陆经济发展提供参考与借鉴。该书共11 章：第一章梳理了 60 年来台湾的经济发展战略与经济建设计划，该章共 5 节，对应五个不同时期的发展战略与建设计划：1953—1960 年的"替代进口"战略与经济建设计划；1961—1990 年的"面向出口"战略与经济建设计划；1990—2000 年的"均衡经济"战略与经济建设计划；2000 年陈水扁上台、民进党执政后至 2008 年的"深耕台湾，布局全球"战略与经济建设计划；以及 2008 年国民党重新执政后实行的"振兴经济，和平发展"战略与经济建设计划。第二至八章分不同产业论述了台湾经济发展的具体内容，包括现代农业发展和农村建设，工业、服务业、金融业、中小企业、对外贸易、对外投资的发展等。第九至十一章则分别分析了影响台湾经济发展的诸种因素，包括财税制度、科技进步、人口变迁等。该书根据台湾经济发展的经验，认为正确处理工业发展和农业发展的关系、"政府"与市场互动的关系、政治与经济的关系非常重要。

# 《台湾经济地理》

陈尔嘉著，北京，中华全国科学技术普及协会 1955 年 2 月版，27 页。该书是作者在中央科学讲座的演讲速记稿，其目的是介绍有关台湾的知识。该书在介绍了台湾的地理及人口等状况后，指出台湾经济发展具有高度垄断性、片面性和殖民地性等几个主要特征，继而按工业、农业、交通运输、城市发展等各项内容，对当时台湾的经济情况做了介绍，指出只有在解放台湾以后，将台湾经济纳入中国国民经济的轨道，台湾经济才能获得重大发展。

## 《台湾经济发展的历史与现状》

史全生主编，南京，东南大学出版社 1992 年 10 月版，435 页。该书系统地介绍了台湾经济从远古到 20 世纪 80 年代的发展变化，其研究下限是 1988 年，是一部经济专门史中的通史性著作，但总体上偏重近代以来的台湾经济发展，特别是对 1949 年以后的台湾经济发展概况及当局施行的经济政策有较多评述。该书共分八章：第一章讨论从远古到 1895 年间台湾传统经济的发展与解体；第二、三章论述日据时期殖民地经济的形成与发展，并以 1931 年为界，将日据时期台湾经济划分为前后两个阶段；第四章探讨光复初期（1945—1949 年）台湾经济的恢复与发展，包括农业、工业、财政、金融等方面的政策调整与恢复发展情况；第五至八章讨论 1949 年至 1988 年间台湾经济的"起飞"与发展，并将这一时期的经济发展划分为三个阶段：1949 年至 1963 年是向"起飞"迈进阶段，1963 年到 1973 年是经济"起飞"阶段，1973 年到 1988 年是经济发展的新阶段，最后一阶段又以 1980 年为界，分两章进行论述。该书有非常鲜明的薄古厚今的特点，越往后着墨越多，同时该书还强调研究台湾问题必须服务于祖国统一大业，在结束语中指出，台湾经济有严重的对外依赖性，长期以来寄人篱下造成经济发展的困境，必须实现祖国统一，以祖国大陆为后盾，台湾经济才能克服重重困难，获得进一步的发展。

# 《台湾经济发展轨迹》

贺涛等著，北京，中国经济出版社 2009 年 6 月版，233 页。该书是一本从历史和政策角度介绍台湾经济的书，从几个侧面介绍了台湾经济发展的轨迹，并分析了台湾经济发展的经验和教训，对台湾当局发展经济的政策措施做了较多探讨，旨在通过对台湾经济发展的考察，探索发展中地区经济发展和转型升级的途径。该书对民进党执政后台湾社会族群分裂、经济衰退的状况也做了分析，认为这从反面说明，经济发展需要一个安定的社会环境。全书共 8 章，分别论及台湾经济发展概括，农业经济、工业经济、服务业、中小企业、民营经济、高科技产业的发展，以及台湾经济发展的出路与两岸经贸交流等。

# 《台湾经济发展通论》

李非著，北京，九州出版社 2004 年 6 月版，529 页。该书主体部分有 4 篇 25 章，第一篇依序考察台湾现代经济的启动（1930—1945）、恢复（1945—1952）、起步（1953—1960）、起飞（1961—1972）、调整（1973—1987）和转型（1987—起），充分论述台湾现代经济发展历程与结构变化；第二篇主要分析台湾经济模式和经济政策，分别阐明台湾经济体制与资本结构，分析台湾经济发展战略和经济建设计划等方面的内容；第三篇详细分析台湾对外经贸关系与经济发展，着重论述台湾利用外资与经济发展，分析台湾对外贸易和对外投资，阐述两岸经贸关系与台湾经济发展，以及台湾加入 WTO 对经济发展的影响等；第四篇分别论述台湾经济发展成果与成因，剖析台湾经济存在的问题，并对台湾经济发展趋势进行预测分析。该书是一部从经济学角度完整阐述台湾经济发展进程及其模式特征的学术论著，书末附录有台湾经济发展纪事和图表。

# 《台湾经济概论》

金鸿汎、郑泽清、吴能远著，北京，时事出版社 1986 年 6 月版，403 页。该书是福建省社会科学院的三位学者为了让大陆了解台湾经济的发展，从而为祖国统一大业服务而做的对战后台湾经济发展历程的研究。该书作者们秉持马克思主义的立场、观点和方法，对战后台湾经济做了分析和介绍。该书共 10 章：第一章介绍台湾经济发展的历史概括，包括早期的经济开发，荷兰殖民统治时期的台湾经济，郑成功收复台湾后的经济发展，清代的经济开发与发展，日据时期的台湾经济等；第二章则专门分析战后台湾经济的性质，认为战后台湾经济是从殖民地经济发展起来的资本主义经济，因为受到美国垄断资本的一定控制，具有一定的半殖民地性，因而整体上是具有一定半殖民地性质的资本主义经济，对台湾官营资本、私人资本、财团资本、外国资本的发展状况及作用，该章也做了一定的介绍与分析；第三章分析了战后台湾经济发展道路，将战后台湾经济发展分为四个阶段：从台湾光复到 1952 年是经济的恢复与发展阶段，从 1953 到 1962 年是代替进口工业化阶段，接下来的 20 世纪 60 年代是促进出口工业化阶段，从 1973 年开始又进入以发展重化工业为主的阶段，对各阶段经济发展战略调整的背景、主要内容等，该章也做了具体的分析与介绍；第四章专门分析台湾的经济计划与发展速度，包括从 1953 年到 1975 年实行的六期"四年经济建设计划"，1975 年开始实行的六年经济建设计划及其中的"十大建设""十二项建设"，20 世纪 80 年代实行的十年经济建设计划等；第五章分析了台湾的经济结构，指出战后台湾从农业为主的传统经济结构转变为工业为主的现代经济结构，对台湾经济的较快发展起到促进作用，并对工业、农业、对外贸易各部门的内部结构做了分析；第六章讨论台湾的投资与消费问题，对投资与消费的关系、台湾的消费水平与消费结构、税收和物价对消费水平的影响以及城乡差别与贫富差别等问题分别进行了探讨；第七、八章分别讨论教育与科技发展以及人口问题，分析其与经济发展的关系；第九章探讨台湾的对外经济关系，包括与美国、日本、西欧的经济关系；第十章分析了 20 世纪 80 年代以来台湾经济面临的诸多问题，分析了导致经济衰退的原因，并对未来台湾经济的发展有所展望。该书是运用传统的马克思主义分析方法研究战后台湾经济的代表作品，有一定的分析深度，反映了改革开放初期大陆学界研究台湾经济发展问题的水平。

# 《台湾经济四十年》

李宏硕主编，太原，山西经济出版社 1993 年 10 月版，424 页。该书是专攻台湾经济的南开大学台湾研究所编著的一部台湾经济方面的教材。全书共 7 章：前五章分别评述不同时期的经济发展，包括从混乱到稳定时期（1945—1952）、初步发展时期（1952 年到 20 世纪 60 年代中期）、经济"起飞"时期（20 世纪 60 年代）、经济调整和第二次进口替代时期、经济转型与"自由化、国际化"时期。第六章分析台湾经济发展较快的原因，包括由日据时期的遗留和大陆资产流入构成的物质基础，美援、美日资本及世界产业结构调整等外部条件，拥有较高素质的劳动力条件，适时的经济政策等。第七章介绍海峡两岸经贸关系的主要领域，如间接与直接贸易，台湾对大陆的投资，两岸在国际市场上的竞争等。

## 《台湾经济现代化模式》

李非著，厦门，鹭江出版社 1995 年 8 月版，254 页。"台湾研究丛书"经济系列之一。该书旨在讨论台湾经济现代化的模式，认为在台湾所经历的经济现代化历程中，具有明确现代化目标与意识的台湾当局起到重要作用，使得台湾走上"国家资本主义"的发展道路，形成市场经济加政府干预再加社会保障的经济发展模式。这种经济现代化模式是介于"计划经济"与"市场经济"之间的"第三条经济发展道路"，也就是所谓的"社会市场经济模式"。这种模式对于发展中国家或地区，特别是亚洲新兴国家或地区的经济发展具有普遍性意义。在具体论述中，该书主要由 8 章组成：第一章论述台湾经济现代化的成果，对经济投入与产出的量变关系以及生产、支出和收入等经济结构指标的变动做了量化分析；第二至四章考察台湾经济现代化的发展历程，分别探讨了日据时期以半农半工的二元经济形态为主要特征的经济现代化启动阶段，光复以后至 20 世纪 80 年代前以工业化为主要特征的经济现代化起飞阶段，以及 20 世纪 80 年代以来服务性经济发展及向后工业化社会迈进的经济现代化模式成熟定型阶段；第五至七章分别讨论台湾经济现代化的矛盾特性、运转模式和资本运行体系；第八章则对台湾经济现代化的发展趋向进行了预测性分析。

## 《台湾经济性特区的发展与转型研究》

钟坚著，北京，中国经济出版社 1999 年 1 月版，433 页。该书对台湾的加工出口区和科学工业园区进行了系统的整体研究，研究重点是加工出口区，科学工业园区则被视为加工出口区在空间和时间上的延续和升级。该书共 9 章：第一至六章分别探讨加工出口区创设的背景与经历、加工出口区建设的成效与影响、加工出口区的组织机构与权责、制度创新与特色、产业结构及演变、转型与升级等；第七、八章分别讨论新竹科学工业园区和台南科学工业园区的建设等情况；第九章叙述并比较了亚洲地区的加工出口区，对一些有代表性的加工出口区做了重点介绍和分析。该书是大陆第一本有关台湾加工出口区和科学工业园区研究的专门著作。

## 《台湾经济研究》

范爱军等著，济南，济南出版社 1995 年 11 月版，458 页。该书是山东大学台湾研究所和台湾研究会的集体研究成果，旨在探寻台湾经济成功的原因和经济问题的症结所在，从而为现实经济发展提供参考和借鉴。该书共 9 章：第一章是对台湾经济的整体介绍，包括经济发展战略、经济建设计划以及经济宏观调控部门的主要功能等；第二至八章分别介绍经济中的各部门及影响经济发展的诸种因素，包括工业经济发展及其构成，农业经济发展的进程及相关政策，金融制度与金融政策，外资利用问题，对外投资，对外贸易，产业结构变迁及其原因等；第九章分析台湾经济面临的主要问题及其原因，并对台湾未来的经济政策选择做了分析、预测。

## 《台湾经济政策轨迹——兼评尹仲容、李国鼎的经济政策思想》

茅家琦著，北京，台海出版社 1998 年 9 月版，186 页。收入全国台湾研究会编《当代台湾观察》丛书。该书从主要经济决策人物，也就是尹仲容、李国鼎的经济政策思想入手，分析台湾经济快速发展的主要原因。全书分 8 章，第一章分析了尹仲容、李国鼎等台湾地区主要经济决策人员的经济政策思想特点。从第二章开始分别考察了混合经济制度下公、民营经济基本政策，工业经济发展策略及其演变，调控整体经济的财政政策和金融政策，"以农业培养工业，以工业发展农业"政策下的农业经济等，进而考察台湾经济快速成长与物价稳定局面同时出现的原因，认为经济决策人物及国民党当局的经济政策在战后台湾经济发展中均扮演了非常重要的角色。

## 《台湾经济政策研究（1945.10—1948.12）》

白纯著，北京，军事科学出版社 2008 年 7 月版，304 页。该书运用历史学与经济政策学的理论与方法，系统研究台湾光复至陈诚出任台湾省主席前，也就是陈仪与魏道明主台时期台湾的经济政策。该书主体部分有8 章：第一章介绍光复初期台湾经济政策出台的背景，包括日据晚期战时经济政策的后续影响，以及光复初期台湾的经济环境；第二章分析该时期台湾经济政策主题与制度安排，包括台湾调查委员会、台湾省行政长官公署、南京国民政府、台湾省参议会、国民党台湾省党部等制定或影响经济决策的结构及相关权力机构的运作程序；第三章研究陈仪和魏道明两任主台者的经济理念和台湾省政当局的经济政策目标；第四至八章则逐一分析这一时期台湾省政当局的财政政策、金融政策、经济管制政策、农工政策、收入分配和社会救济政策等。在上述论证的基础上，该书在结语部分对光复初期台湾省政当局的经济政策的绩效进行了评估，认为它一方面使台湾摆脱了日本殖民经济的阴影，为台湾重新构建了现代经济关系；另一方面与岛内民众诉求严重脱节，导致在执行层面成效低微，以致引起民众普遍反感与不满。

## 《台湾经济转型与职业教育改革研究（1953—1989）》

曾繁相著，福州，海风出版社 2010 年 6 月版，303 页。1953 年至1989 年是台湾经济发展非常重要的一段时期，在此时期，职业教育以经济发展为主线，配合经济发展不断进行改革，以适应经济转型、产业升级对人力资源提出的更高要求，为经济转型提供充足的人力资源，促进经济快速发展。该书在作者博士论文基础上修改而成，共计 8 章，从教育经济学的角度，探讨这一时期职业教育配合经济发展的相关历史进程，指出职业教育在台湾的经济发展中发挥了重要作用，是 20 世纪 50 年代至 80 年代末台湾经济快速发展的重要因素之一，这一时期的职业教育，较好地适应了经济的发展需要，为台湾经济的稳定、发展、起飞和转型做出了贡献，而经济的发展也进一步促进了职业教育的发展。

## 《台湾经济总览》

李家泉主编，北京，中国财政经济出版社 1995 年 4 月版，1039 页。该书是由全国台湾研究会和中国社会科学院台湾研究所以及其他一些研究台湾经济的学者们共同完成的，共分总论、农业篇、工业篇、第三产业篇、交通运输篇、邮电篇、对外经贸篇、财税篇、金融篇、资本篇、科技篇、经建计划篇、两岸经贸篇、工商人物篇、环境保护篇 15 篇，除工商人物篇以姓氏笔画为序外，每篇下面又分 5—6 章，对相关专题进行讨论。另外有附录 10 篇，分别为台湾经济发展大事记（1945—1994 年 9 月）、台湾主要土特产简介、名词解释、重要经济指标统计、台湾历任经济机构及工商团体负责人、台湾经济传播媒体简介、台湾最大 20 家企业集团资料、台湾民营制造业最大 500 加企业状况（1992 年）、台湾民营服务业最大 500 加企业状况（1992 年）、台湾部分经济法规等。同李家泉等人以笔名在 1980 年编辑出版的《台湾经济》一书相比，该书内容显然更加丰富，资料也更为详备，对各专题的研究、讨论也更加深入，一定程度上代表了当时大陆学者研究台湾经济的整体水平，是研究战后台湾经济问题值得参考的一本书。

## 《台湾经验与大陆经济改革》

易纲、许小年主编，北京，中国经济出版社 1994 年 1 月版，502 页。1993 年 6 月，中国留美经济学会组织 26 位在美国、加拿大、英国等地任教、留学的经济学人对台湾经济进行考察，以便了解何谓"台湾经验"，并为大陆的经济改革提供参考，该书即此次考察团的 20 余位学人在考察结束后撰写的，全书共分 6 篇 26 章，对台湾市场机制中政府的作用、经济结构、农业、国营企业、金融、银行、贸易以及环境、科学、教育和文化等方面都做了全面的介绍，是当时各级经济管理人员、政府官员、经济研究人员、大专院校师生等了解台湾经济的重要入门读物。

## 《台湾经验与海峡两岸发展策略》

徐滇庆主编，北京，中国经济出版社 1996 年 2 月版，378 页。中国留美经济学会组织继 1993 年夏组织经济学人访台之后，于 1995 年 8 月再次组织学人访台，该书即为此次访台的经济学人对台湾经济的认识与分析，共计 7 篇 19 章，内容涉及政府政策、金融、投资与贸易、农业、工业、科技政策与住房问题、健康保险和社会福利政策等方面，并特别注意到了台湾两岸关系的未来发展和战略选择。

## 《台湾科技经济发展概论》

鲍振元编著，福州，福建科学技术出版社 1991 年 8 月版，315 页。该书共 12 章，主要利用台湾公开出版的著作、年鉴、杂志和报纸等，并辅以海外学者的相关研究成果，从科技与经济发展的关系角度，专门论述台湾的科技和经济发展问题。该书系统地介绍了台湾科技体制及其发展特点，台湾科技政策的演变及科技发展战略，台湾基础科学、应用科学发展研究的现状及趋势，台湾的科研队伍和经费情况，重点科技、高科技产业、技术引进与输出等对经济发展有直接、显著影响的科技发展问题等，认为台湾的科技体制的形成和经济发展密切相关，技术引进与开发对台湾经济发展起着重要作用，而科技体制的完善又促进了台湾经济发展，从而形成科技体制和经济体制的一体化，经济发展是科技发展的基础，而科技发展则成为经济发展的动力。

## 《台湾农业经济问题研究》

曾玉荣著，北京，中国农业出版社 2009 年 11 月版，329 页。该书收录作者 1985—2009 年间撰写的台湾农业经济方面的研究论文 53 篇，按主要涉及的内容共分为台湾农业政策、农业经营管理、台湾农业发展、农产品贸易、两岸农业交流五个部分，就研究时限而言，主要针对写作当时的农业经济问题进行讨论，有些论文曾公开发表。

# 《台湾农业经营模式研究》

薛莉、程漱兰、任爱荣、张慧东著，北京，中国农业科学技术出版社 2012 年 5 月版，203 页。战后台湾农业以"精致农业"闻名，该书将农业经营微观主体与宏观管理纳入统一的分析框架，从整体上对战后台湾农业经营模式进行了系统研究，完整地展示了台湾农业经营模式不断适应现代经济增长的变迁过程，并对其间的运行特点和经验教训做了分析与总结，揭示了受制于土地要素严重不足的小农经营模式在经济全球化时代的发展方向，从而为同样以小农经营为主要特点的大陆农业提供借鉴，并在对比两岸农业经营模式变迁条件的差异后，提出大陆可借鉴台湾模式的具体内容。

# 《台湾商海中的"台南帮"》

朱显龙著，北京，九洲图书出版社 1999 年 7 月版，298 页。该书共 8 章，以台湾工商企业中一个带有地缘、亲缘、宗族等色彩杂糅的特殊财团"台南帮"为研究对象，对"台南帮"的源流、发展轨迹、主要企事业及重要领导人物进行了细致的梳理，分析了"台南帮"的成功经验、内部传承以及政商关系等，并对"台南帮"所办的文教及公益事业做了专门介绍，指出"台南帮"大致经历了新复发、新复兴、新和兴、台南纺织、统一集团五个时期，就事业发展来说，则明显经历了由农而商、由商而工、多角经营、产销一体、金融控股、走向国际的发展脉络。该书通过"台南帮"的百年演进脉络，从一个侧面展现了战后台湾经济的发展过程。

# 《台湾商业史》

黄福才著，南昌，江西人民出版社 1990 年 8 月版，291 页。该书收入孔立、陈在正主编《台湾历史研究丛书》。全书共 5 章，以时间为序，分别讨论宋元至明代天启初年以前、荷兰占领时期、郑氏治台时期、清政府治理台湾时期以及日本占领时期的商业发展，根据方志、时人记载及日据时期的统计资料，对各时期的市场、商人、贸易状况及执政者的商贸管理等内容进行了梳理与探讨，尤以较大篇幅论述清代与日据时期的商业发展史（分别约占全书的三分之一），如清代郊行从兴起到没落的过程及原因，日据时期近代商业的发展等。该书注意将对商业发展状况的分析和当时的社会经济背景结合起来，在研究方法上注意经济学与历史学的结合，是大陆学者在台湾商业史领域的开山之作。

## 《台湾社会经济史研究》

林仁川、黄福才著，厦门，厦门大学出版社 2001 年 3 月版，302 页。收入《南强丛书》第二辑。该书运用历史学、经济学、社会学等多学科的研究方法，对 1945 年台湾光复以前台湾的社会及经济进行全面、系统、深入的分析。该书分上、中、下三篇，分别集中讨论台湾农业经济、商品经济及社会结构，每篇下面的章节安排未按传统的朝代顺序，而是根据各主题的内部要素编排，如农业经济篇采用农业经济学中有关农业生产力诸要素，分早期农业开发、土地资源的开发和利用、农用能源与水资源、农业经济形式与经营方式、农业生产的部门经济 5 章展开论述，商品经济篇也是主要按商品市场及贸易等要素分章节讨论。由于将社会学与经济学结合起来进行研究，该书突破了台湾社会经济史研究中的一些传统观点，并提出了自己的新见解。

## 《台湾省经济地理》

李家泉主编，北京，新华出版社 1991 年 8 月版，393 页。该书是"中国省市区经济地理丛书"的一个分册，共分为 7 篇 33 章，以战后台湾经济的发展和生产布局的变化为重点。为突出台湾"进口—加工—出口"的生产发展形态，该书突破了以往经济地理按农业、工业和交通运输三大部门划分的方法，增加了对外贸易地理和旅游地理两篇，并根据台湾工业生产布局的特点，将台湾工业地理篇分为工业综述、轻纺工业、策略性工业、重化工业、其他工业、特定工业区和存在问题 7 章。考虑到台湾与大陆的经贸往来实际上属于一国内部事务，该书将其放在第一章总论部分，而未放在台湾对外贸易地理篇中论述。该书引用的数据均截至

1987 年底，引用资料均注明了出处，并在书后附有主要参考文献。

## 《台湾省经济关系研究》

　　林长华著，南昌，江西人民出版社 1985 年 10 月版，174 页。该书共 6 章，重点分析 1949 年以来台湾经济的发展情况及其性质，对 30 多年来台湾工农业生产的发展和经济关系的变化都做了分析，其中第一章叙述 30 多年来台湾经济发展的概括，第二至四章研究官僚资本、私人财团和外国资本的性质及其在台湾经济中的地位和作用，第五章分析台湾农村从封建经济向资本主义经济发展的趋向，第六章则对全书进行了概括和总结，并认为当时台湾经济就性质而言属于正在从半殖民地经济向资本主义经济过渡。

## 《台湾省农业地理》

　　吴壮达著，北京，科学出版社 1979 年 6 月版，187 页。该书是中国科学院地理研究所主编的《中国农业地理丛书》之一，主要介绍台湾省农业基本情况。该书共 9 章，第一章阐明台湾省与祖国大陆不可分割的关系和经济特点；从第二章开始，对台湾自然环境的特征、人口与农村土地问题、耕作制度和灌溉设施、主要农作物的生产和分布、主要林带和林业的发展、饲养业与海洋渔业、农产品加工业的发展、农业区划等都分别做了介绍，书末并附不少表格，其数据主要来自台湾的统计资料，是一本资料相对翔实的全面介绍台湾农业情况的读物。

## 《台湾省农业经济》

　　应廉耕编著，北京，中国农业出版社 1983 年 5 月版，132 页。该书是介绍 1949 年以后台湾农业发展状况的一本小册子，共分 15 章，对台湾农业发展的历史背景、自然环境、人口状况、农地利用状况、家庭农场经营规模、土地制度改革、农村组织、水利、肥料、农业机械化、农产品外销与进口贸易、农业生产结构及区划等问题均做了介绍，并按粮食作物、经济作物、园艺作物、畜禽业、渔业、林业等部门经济，对农业发展的具体内容分别做了介绍，涵盖内容非常全面。该书虽然较为简略，算不上是研究性著作，但从参考文献来看，尽可能参考了第一手资料。

## 《台湾现代农业发展的模式、道路与思考》

陈文强著，成都，西南交通大学出版社 2010 年 8 月版，223 页。该书主要为河南省发展现代农业的需要，提供台湾地区的发展经验借鉴。全书共 4 篇 25 章，第一篇介绍台湾现代农业的发展概况，包括现代农业的发展进程及其特点。第二篇分别从不同方面阐述了台湾现代农业发展的模式与道路，包括：改革与完善土地制度，有效实施农业发展的扶植政策，努力提高农业劳动力要素的绩效，健全农业科技研发体系，健全农业科技成果转化体系，促进农业的商品化和市场化，农业产业化及其运作，努力推进农业机械化，完善农业标准化体系，完善农业救助政策，发展福利农业，努力提高农民收入，农业的集约经营，注重农地的保护与利用，大力发展有机农业，大力发展休闲农业，打造国际知名农业品牌，健全农业金融体系，农业保险的经营模式，充分发挥农会组织的作用，大力发展农业推广教育等。第三篇主要分析台湾现代农业发展的困境与挑战，第四篇则基于台湾的经验，对河南现代农业发展提出了一些思考与建议。

## 《台湾现代农业科技》

郑金贵主编，厦门，厦门大学出版社 2000 年 12 月版，741 页。该书分11 章，全面、系统地介绍了台湾现代农业科技。第一章介绍台湾农业的自然环境、发展阶段、农林渔牧等业的发展状况、农业科技的重要成果及未来农业科技的重点发展方向；第二至七章分别介绍台湾作物科技、果树科技、蔬菜科技、花卉科技、畜牧科技、水产养殖科技；第八至十一章分别介绍永续农业、有机农业生产技术、主要农作物病虫害防治及设施农业。

## 《台湾香港澳门经济史略》

苏东斌、李沛然主编，广州，广东经济出版社 2002 年 5 月版，807页。该书是深圳大学特区台港澳经济研究所 2000—2001 年度重点科研项目课题组的集体研究成果，旨在"了解""借鉴"台港澳三地的经济发展经验，并为相关问题研究提供学术"积累"。该书分《绪论：关于台湾、香港、澳门经济状态的研究笔记》以及《台湾经济史略》《香港经济史略》《澳门经济史略》三篇。绪论部分接近读书笔记，其中第一章《关于台湾经济》根据已有研究成果及相关资料，对台湾经济的各项内容做了评述，如台湾经济的历史沿革，台湾经济的历史经验与教训，台湾经济的政策主张，中小企业发展，高新技术产业发展，台湾经济发展中出现的问题，两岸经贸关系等。第四章《关于经济发展的比较说明》则提出祖国内地、香港、台湾经济是互利的，并对影响香港、台湾两地经济发展的不同因素做了比较。正文的《台湾经济史略》部分，将台湾经济发展史划分为三个大的阶段，即从台湾有史以来到清代的早期开发阶段、日本统治时期（1895—1945）和当代时期（1945—2000），对各时期的经济发展都有概括性介绍，又专辟一章讨论 50 年来的两岸经济关系，并将其从时间上区分为贸易隔绝期（1949—1978）、间接贸易形成期（1978—1987）、贸易快速发展期（1987—2000），在内容上则区分为投资关系、科技关系、金融关系和交通运输关系等。《台湾经济史略》部分还附有《台湾大事记》。

## 《台湾香港公营经济》

袁易明著，贵阳，贵州教育出版社 1998 年 6 月版，272 页。该书从认识台湾和香港的公营经济入手，剖析两地的公营经济体系，探讨其内在的特征和属性。该书共 5 章：第一章探讨两地公营经济的形成，包括公营经济的存在、本质内容、产生背景、发展的内在推动因素、职能与作用等；第二章分析两地公营经济的产权制度和特点；第三章分析两地公营经济的运行机制；第四章重点分析台湾公营企业的效率和产生的原因，从而探讨公营经济的运行效率；第五章讨论两地公营经济的运行困境和制度改革，尤其重点分析了台湾公营经济面临的问题及推行的公营企业民营化改革问题。该书指出苏联和东欧社会主义国家的崩溃使大规模公营经济的存在受到了质疑，公营经济的低效率又形成其自身发展的最大障碍，而 20 世纪 80 年代以来自由经济理论的再度兴起动摇了公营经济发展的理论基础。

# 《土地利用变化区域对比研究——以闽台为例》

韦素琼、陈健飞著，北京，科学出版社 2006 年 8 月版，253 页。该书是对工业化与城镇化背景下，闽台两地土地利用变化的实证比较研究，具有很强的专业性，其研究方法与分析路径不仅涉及经济学，还涉及地理科学、资源科学、土地科学、国土规划以及其他相关学科，通过分析比较两地不同工业化发展阶段的土地利用变化模式以及驱动因子等，该书对福建省未来耕地与建设用地变化进行了模拟分析，并提出了福建耕地与城镇建设用地可持续利用的对策与措施。

# 《粤台民营经济发展的制度分析与比较研究》

陈恩、王鹏、赖文凤主编，北京，经济科学出版社 2013 年 12 月版，586 页。该书采用新制度经济学的制度分析和制度比较的方法，对粤台两地民营经济发展进行了比较研究。该书分上中下三篇，共计 17 章。上篇对广东民营经济发展进行了制度分析，中篇是对台湾民营经济的制度分析，下篇则是对两地民营经济发展的比较分析。全书在对粤台两地民营经济发展的历史演进过程、制度法律环境、经营管理特色、融资机制、行业商会制度等进行制度比较和制度分析之后，在借鉴台湾民营经济发展经验的基础上，建议从产权制度、融资制度、商会制度、发展战略定位等方面，加快广东省民营经济发展的制度创新。

# 《战后台湾财政》

邓利娟著，厦门，鹭江出版社 1993 年 9 月版，340 页。"台湾研究丛书"经济系列之一。该书回顾了战后 40 年间台湾财政的发展历程，指出战后台湾财政大致经历了三个时期：20 世纪 50 年代的严重困难时期，60、70 年代的结余时期，80 年代的不稳定时期。全书共 12 章：第一章绪论介绍了财政与经济发展的关系，并说明探讨战后台湾财政问题的意义所在；第二章除对战前台湾财政有所回溯外，主要根据经济整体发展状况，对战后 40 年间台湾财政的发展历程进行了梳理；第三、四章分别介绍 20

世纪50年代、60年代、70年代及80年代的财政政策；第五章讨论台湾财政体制的确立过程及演变，并对财政体制中存在的问题及20世纪90年代以来当局的财政改革进行了介绍与分析；第六至八章分别从财政收入、财政支出和收支平衡的角度对台湾财政进行论述；第九、十章分别针对财政收入的重要来源——税收与公债问题，进行分析与探讨；第十一章探讨财政管理问题，对台湾财政管理组织系统、预决算制度、审计制度等做了评述；第十二章总结了台湾财政中主要存在的问题，如整体财政困难，赤字预算与公债发行、赋税改革问题等，并预测由于财政收入增加不稳定，支出却呈现巨额增加的态势，台湾财政的前景将很不乐观。

## 《战后台湾对外贸易》

张贻达著，厦门，鹭江出版社1987年7月版，377页。"台湾研究丛书"经济系列之一。该书共18章：第一章是绪论，介绍该研究的背景与意义；第二章介绍战前台湾外贸结构的变化及台日贸易的性质；第三至五章分别介绍战后台湾对外贸易的发展概况，外贸经营管理体制及外贸发展战略；第六至十章讨论台湾外贸地区结构的变化及台湾与其他国家和地区外贸关系的发展，涵盖了台美贸易、台日贸易、台港贸易、台欧贸易及与东南亚、中东、拉丁美洲等其他地区的贸易等；第十一至十四章则从外贸与其他经济部门的关系的角度进行论述，分别讨论农业、工业、海运业及侨外投资与外贸的关系及其对外贸的影响；第十五章专门讨论台湾大贸易商的发展情况；第十六至十八章属总结性内容，分别总结了外贸在台湾经济发展中的地位与作用，台湾外贸快速发展的主要原因及存在的问题和启示，并分析了台湾外贸未来的发展趋势等。该书附录部分收录了部分台湾外贸法规。

## 《战后台湾交通经济》

李非著，厦门，鹭江出版社1993年12月版，310页。"台湾研究丛书"经济系列之一。该书采用"大交通"的概念，即在公路、水路、铁路、航空等交通运输业之外，还包括旅游和通信业。该书对台湾交通发展的历史与趋势、交通与社会经济发展的关系、交通业的组成部门与分支行业等内容，都进行了相对全面的介绍与分析，并对台湾交通的发展趋势进行了预测。

# 《战后台湾金融》

许心鹏著，厦门，鹭江出版社 1992 年 2 月版，333 页。"台湾研究丛书"经济系列之一。该书对战后台湾金融业的发展演变的历程进行了梳理与研究，指出战后台湾金融业的发展，经历了一个由封闭到开放的曲折发展过程，国民党长期以来对金融业的管制一方面引发了种种僵化弊端，另一方面也给台湾经济金融带来相对的稳定。进入 20 世纪 80 年代后，台湾经济面临全面转型，金融业也逐渐迈向全面开放的自由化发展时期。该书共 8 章：第一章对战后台湾金融体制的形成与演变、基本特点与问题等进行了梳理，对 80 年代的金融自由化着力进行了分析研究；第二至四章分别探讨台湾三大支柱型金融部门——银行、保险和信托业的发展与经营情况；第五至七章则针对台湾三大金融市场，即货币市场、证券市场、外汇市场，分别进行分析；第八章围绕台湾银行法进行了专门研究，对战后台湾银行法的几次修改过程、条文的变迁做了梳理，并对 1989 年在经济自由化背景下修改银行法后新旧法规的内容进行了对比，对新银行法的突破与局限均有分析。

# 《战后台湾经济》

段承璞主编，北京，中国社会科学出版社 1989 年 5 月版，416 页。该书是厦门大学台湾研究院的集体研究成果，运用了发展经济学的理论与方法，对战后台湾经济发展过程及其相关问题进行研究。全书分 10 章，除第一章讨论发展经济学与台湾经济研究方法论问题外，其他 9 章分别讨论光复前台湾经济发展史、战后台湾经济发展分期问题、战后台湾的资本积累、官僚资本、集团企业、外国资本和华侨资本、对外贸易、产业结构变迁以及工业发展战略等问题，对战后台湾经济发展的全过程进行了全面系统的考察，并致力于探索这一过程的本质与规律。该书是目前台湾经济研究领域引用比较多的一本大陆学者著作，也是研究战后台湾经济问题必读书籍之一。该书另有台湾人间出版社 1992 年 6 月版，改名《台湾战后经济》。

# 《战后台湾经济发展史》

李非著，厦门，鹭江出版社 1992 年 10 月版，360 页。"台湾研究丛书"经济系列之一。该书从历史的角度考察了光复以来台湾经济发展的全过程，梳理出台湾经济发展的主要脉络。该书共 8 章：第一章作为导论，阐述了台湾经济发展的研究方法、周期波动与历史分期；第二至七章是全书全体部分，除第二章是分析光复前台湾经济的历史基础与基本特征外，余下 5 章依序按经济萧条的惨淡期（1945—1949）、经济复苏的缓进期（1950—1960）、经济高涨的黄金期（1961—1972）、经济调整的坎坷期（1973—1979）、经济转型的阵痛期（1980—1990）五个阶段，围绕各阶段的经济发展战略与措施、发展水平与结构，对各时期农业、工业、外贸、交通和交融等主要产业进行分析，从而论述战后台湾经济的发展进程与成长模式；第八章是全书结论部分，分析了台湾经济发展的基本特征、主导因素、模式困境与未来趋势。该书是大陆学者较早从历史角度，结合特定历史背景，考察战后台湾经济发展进程的学术专著。

# 《战后台湾经济增长思想研究》

周呈奇著，北京，九州出版社 2007 年 11 月版，294 页。该书以对战后台湾地区影响颇深的自由主义经济思想为基点和核心，结合中外各种重要经济学说，选择具有代表性的主政官员和经济学家的经济思想，并结合当时的学术、社会、政治、经济、人文环境等背景，对战后台湾经济发展进程中涌现出来的各种经济增长思想进行系统的论述。该书在博士论文基础上修改而成，除绪论外，共计 6 章，分别从经济制度、宏观经济政策、微观经济政策、经济永续发展、人文思潮与文化等各个不同的层次和领域入手，多角度、多方位地探讨市场自由化进程中台湾的经济增长思想。该书对经济自由化思潮评价颇高，认为这是战后台湾经济增长思想的一大成就，并提出市场自由化才是推动战后台湾经济增长的最为持续和根本的动力。

# 《战后台湾农业》

赵玉榕著，厦门，鹭江出版社 1996 年 8 月版，218 页。"台湾研究丛书"经济系列之一。该书相对全面地介绍了战后台湾农业的发展与相关问题，共计 10 章，从农业自身产业发展的角度，首先分析了战后台湾农业发展的总体状况、自然条件及历史背景，继而讨论战后台湾的"土地改革"、农业结构、农产品对外贸易、农业科技应用、农政措施等问题，并对台湾农业的经验及存在的问题进行了总结，进而预测台湾农业的发展趋势。

# 《战后台湾企业集团》

韩清海著，厦门，鹭江出版社 1992 年 12 月版，257 页。"台湾研究丛书"经济系列之一。该书以台湾民营企业中的"龙头"企业，或者说"大财团"为研究对象，分析企业集团的形成过程、组织结构、地位与作用、性质特征、经营管理方式等。该书共分 10 章，除第一章绪论外，第二至六章即分别针对前述内容进行分析论述，第七章则讨论台湾企业集团的对外投资与"国际化"经营，第八至十章分别介绍包括台塑、霖园、新光、中国信托、远东纺织、华隆、大通、裕隆汽车、东帝士、台南纺织在内的台湾十大财团的企业发展历程与经营情况。

# 《中国企业史·台湾卷》

韩清海主编，北京，企业管理出版社 2003 年 10 月版，640 页。该书共 11 章，主要按台湾经济发展的历史阶段，如"二战"结束前的明清时期、日据时期，"二战"结束后的战后初期、进口替代时期、出口扩张时期、两次世界能源危机时期、转型升级时期等，将台湾各类企业放在各经济发展历史阶段，综合起来进行讨论。在按时期分章讨论之后，第八章专门讨论台湾企业的对外投资与国际化经营，第九章则讨论海峡两岸经贸关系下台湾企业在大陆的投资与经营。该书最后两章则集中于典型企业与企业社团组织的个案研究与介绍，包括介绍大同、远东、台塑、统一、长荣、中钢、宏碁七大集团企业以及台湾工业总会、台湾商业总会、台湾工商协进会、台湾中小企业协会等主要社团企业社团的情况。

# 第四篇　台湾族群、移民与社会史

## 《百越民族史》

陈国强、蒋炳钊、吴绵吉、辛土成著，北京，中国社会科学出版社1988年5月版，391页。该书是中国研究百越民族史的第一本专著，通过将越族的历史放在整个东南亚历史的民族区来考察，以相对宏大的视野，概述了百越的名称、分布、来源、文化特征、社会经济、社会性质、民族关系以及百越对中华民族的贡献等。该书第九章"台湾的越族"根据历史文献，提出岛夷、岱员、瀛洲、东鳀不是台湾，《后汉书》中的夷州才是台湾，并对三国的夷洲和山夷、隋代的流求和流求人进行了考证。

## 《保生大帝信仰与闽台社会》

范正义著，福州，福建人民出版社2006年6月版，436页。该书将民间信仰置于地域社会的特定时空背景下，对闽台地区的保生大帝信仰进行相对全面的研究，同时透过这一民间信仰来观察闽台地方社会。该书不仅关注保生大帝信仰的起源、发展与传播，还在王朝、地方官府与民间社会的三重互动关系中考察保生大帝信仰，并从文化角度审视东、西祖宫之争背后信徒"祖宫记忆"的塑造，对保生大帝信仰的庙际网络也进行了深入分析。该书透过对保生大帝信仰与其他社会组织之间的关系的考察，得以从深层次把握闽台地域社会的运作过程。

## 《大陆台商社会适应与社会认同研究：
## 基于福建的田野调查》

严志兰著，北京，社会科学文献出版社 2014 年 6 月版，350 页。该书以福建台商群体为个案，通过对台商个体的深度访谈，在田野调查的基础上，综合运用当代移民研究中的跨国主义理论、社会关系网络理论和社会认同理论，对台商的流动经历、认同心理、社会适应策略进行了深入研究与解析，系统分析了台商在大陆生活和工作中遇到的社会融合困境，以及经济"深耕大陆"而生活很难"植根大陆"的现实冲突，指出产生这些问题的原因，既与台商的跨界身份有关，更与当下台湾政局混乱有关。该书最后还在研究平潭综合实验区的两岸"共同管理"理念与实践基础上，提出建构两岸人民和谐共处的生活共同体的政策建议。

## 《东渡西进——清代闽粤移民台湾与四川的比较》

刘正刚著，南昌，江西高校出版社 2004 年 12 月版，410 页。该书收入杨国桢主编"海洋中国与世界"丛书。四川和台湾在清代都是典型的移民社会，且移民台湾的人口主要来自闽粤两地，在四川移民中闽粤人口也占有很高比例，不过，因为各种原因，两地移民又存在明显的差异，该书对清代闽粤移民海岛台湾与内陆四川的情况进行了比较研究，以便了解移民社会的共性及海洋性移民和内陆性移民发展的特殊性，从而探寻人口流动与社会变迁的关系。该书主要探讨了政府政策对移民及移民社会构建的影响，地缘组织对移民社会的塑造以及海洋移民与内陆移民在庙宇祭祀方面的同中有异，移民在迁入地的经济活动以及与土著人口的融合问题，移民对迁入地社会文化的影响等，为研究清代台湾移民问题提供了不同的视角。该书 2007 年 4 月由江西高校出版社出版增订本，分上、中、下三册，512 页。

# 《东洋航路移民——明清海洋移民台湾与菲律宾的比较研究》

　　曾少聪著，南昌，江西高校出版社 1998 年 11 月版，284 页。杨国桢主编"海洋中国与世界"丛书之一。该书在国际移民和中国海洋社会经济史的背景下，以中国海洋移民的主力——闽粤移民为研究对象，对明清两代（截至 1895 年）闽粤人口移民台湾和菲律宾进行整体和综合的比较研究，分析海洋移民台湾与菲律宾社会经济发展的异同，探讨中国东南沿海社会文化传播到台湾和菲律宾所呈现的不同特点。该书分 6 章展开论述，涉及移民环境和文化背景，移民的历史过程、经济活动、社会结构、文化接触，以及海洋移民发展的模式及作用等。该书 2007 年 4 月由江西高校出版社再版，分上、中、下三册，共计 374 页。

## 《福建移民史》

　　林国平、邱季端主编，北京，方志出版社 2005 年 1 月版，484 页。该书分上、下两编，分别为福建移民史略、移民与福建社会。上编讨论从先秦到现代福建移民的历史，包括外来人口移入福建、福建内部人口迁移以及福建人口向国内其他地区和海外的迁移，其中第五章分荷据以前、荷据时期、明郑时期、清统一台湾以后四个时期，讨论闽人移居台湾的历史。下编主要讨论移民与民系、家族、方言、宗教信仰、姓氏的关系，并就闽籍华侨、闽籍台湾同胞、闽籍港澳同胞对福建经济文化发展的贡献作了分析。

## 《福建与南岛语族》

　　焦天龙、范雪春著，北京，中华书局 2010 年 5 月版，173 页。苏文菁主编"闽商文化研究文库·学者文丛"第 1 卷。该书是中美合作的考古课题"福建史前文化与南岛语族的起源与扩散"的阶段性成果，通过考察福建先民——南岛语族的迁徙行为和传播路径，从考古学角度建构福建史前史。该书主要有 8 章，首先从考古学角度提出福建与南岛语族的起源问题，并从历史语言学、遗传学、考古学三个方面，介绍了南岛语族起源与扩散研究的概况，继而分别考察旧石器时代、新石器时代、青铜时代福建史前海洋文明的发生与发展，指出秦汉时期的闽越国是南岛语族在大陆发展出的最高水平的社会组织，而南岛语族离开中国大陆东南沿海后，凭借高超的航海技术，在太平洋地区开始了漫长的海上移民，该书因而对秦汉时期的闽越国以及太平洋地区的南岛语族文化与社会也进行了专门的研究，并在结尾部分提出了考察福建上古史的太平洋视野，指出南岛语族在福建的历史进程，是整个南岛语族在太平洋地区历史进程的一部分。

## 《港澳台族群社会与文化研究》

廖杨著，北京，中国文史出版社 2005 年 2 月版，418 页。该书分 5 章，围绕港澳台族群社会文化的发展变化历程，对港澳台族群社会与族群文化进行综合性比较研究，内容涉及族群的外延与内涵、族群与社会文化的互动、史前时期港澳台地区的远古族群、国内外族群移入港澳台地区、族群关系、政治变迁与港澳台族群文化的嬗变、全球化与政治多元化下的港澳台族群社会文化等。

## 《高山族民俗》

田富达、陈国强著，北京，民族出版社 1995 年版，283 页。该书主要介绍与探讨台湾高山族在生产经济、家庭社会、意识形态的民俗特点，从高山族概况、物质生活、生产经济、工艺技术、社会组织、人生礼仪、传统节日、文化艺术、宗教信仰九个方面进行阐述，从而反映高山族固有的传统民俗文化特点。

## 《高山族文化》

陈国强、林嘉煌著，上海，上海学林出版社 1988 年 4 月版，263 页。该书主要利用厦门大学人类博物馆和复旦大学人类学教研室收藏并陈列的高山族文物，并借鉴海内外学者发表的相关论著和照片，对高山族文化做了全面介绍，包括高山族社会概述、先民文化、经济生活、纺织技术与衣饰、住所与交通、社会与家庭、生活与用具、婚姻与丧葬、宗教信仰、原始艺术、歌舞、民间文学以及现代高山族社会文化的变迁等。

## 《过程与分析：媒体与台湾政治民主化：1949—2007》

佟文娟著，厦门，厦门大学出版社 2009 年 5 月版，235 页。该书以台湾民主政治转型为背景，并以台湾政治反对力量争取媒体自由的过程为线索，观察台湾政治体制转型前、中、后期整体过程中的政治和媒体关系的演变轨迹。该书分上、下两篇，上篇通过对政论杂志、社会运动、地下电台和无线电视等传播媒介的关注，梳理台湾媒体"从政治媒体到媒体政治"的过程；下篇则从政治传播的内容、传播策略和传播文本几个角度，对媒体与台湾民主政治的关系进行文化层面的剖析。该书认为媒体在台湾民主政治过程中发挥了重要作用，而其根源在于台湾政治是以意识形态为主的政治，因而很大程度上依赖"传播"。

## 《陆岛网络：台湾海港的兴起》

吕淑梅著，南昌，江西高校出版社 1999 年 12 月版，342 页。杨国桢主编"海洋中国与世界"丛书之一。该书从中国海洋社会经济史和海洋人文社会学的视角出发，在中国岛屿带开发和台湾海岛开发的历史背景下，对明清时期台湾海港兴起、发展与变迁的历史过程进行考察，从中梳理台湾海港发展的一般规律和海港与台湾开发之间的密切关系，并从海港兴起对台湾开发的作用，其在整个中国岛屿带开发过程中的地位，以及在中国海洋社会发展中的地位和作用等几个方面，对台湾海港兴起的意义进行了评析。该书 2007 年 4 月由江西高校出版社再版，分上、中、下三册，441 页。

## 《论社会转型——从台湾民间社会向公民社会转化》

黄代珍著，北京，五洲传播出版社 2013 年 3 月版，360 页。该书以台湾为个案探讨社会转型问题。通过运用历史唯物主义的市民社会观，根据民众所处的政治地位，也即从民众与国家的关系角度，该书将台湾的社会转型划分为民间社会（1949—1987）、市民社会（1987—2010）两个时期，分析了不同历史时期的主要特征和向下一时期转型的过程，指出台湾开始出现从市民社会向人类社会的第三阶段也是最高阶段——公民社会转型的萌芽。在提出三阶段社会转型分析架构的同时，该书还探讨了全球化时代全球治理与社会转型之间的互动关系与原则。

## 《闽台地域人群与民间信仰研究》

刘大可著，福州，海风出版社 2008 年 12 月版，342 页。该书分群体认同与闽台族群关系、女性与闽台社会、民间信仰与闽台文化三个部分，对客家及客家民间信仰、闽台妇女、闽台民间信仰、闽台民间文学等问题进行研究。

## 《闽台客家社会与文化》

谢重光著，福州，福建人民出版社 2003 年 9 月版，388 页。该书首先对民族、种族、民系的概念进行了辨析，指出了民系是民族的分支，同样是一个文化的概念，进而对客家民系的形成过程进行了研究，分析了赣闽粤边区环境及原有居民与文化、中原与江淮汉人南迁与客家民系形成的关系，重点探讨宋代闽西在客家民系形成过程中的作用和地位，并对元明清时期闽西客家社会的变迁作了研究。该书后半部分以较大篇幅讨论大陆客家人移民台湾、在台湾艰苦创业等的情况，对客家文化在闽台两地的表征也进行了分析、研究。

## 《闽台民间习俗》

方宝璋著，福州，福建人民出版社 2003 年 7 月版，431 页。该书对闽台两地的民间习俗进行了梳理与介绍，共计 6 章，分别介绍闽台两地的衣食住与生产习俗、生育婚丧习俗、传统节日习俗、其他习俗等，在此基础上，分析了闽台民俗的主要特征，以及从中展现的雅文化与俗文化的关系。

## 《闽台民俗研究》

方宝璋著，北京，人民出版社 2013 年 9 月版，287 页。该书收入"海峡两岸文化发展丛书·闽台文化关系篇"。

## 《闽台民族史辨》

郭志超著，合肥，黄山书社 2006 年 5 月版，531 页。该书主要就闽台地区较大的两个少数民族：高山族和畲族进行研究，对高山族的族源与族群划分及识别进行了辨析，探讨高山族与汉族的经济关系及社会经济变动；对畲族的研究主要就其来源与迁徙进行了分析梳理，并就畲族与汉族的经济关系及其社会文化变迁进行了研究。除上述两个少数民族族群外，该书还对福建回族的宗教与文化以及福建疍民进行了研究。书末附有学界对高山族和畲族的学术研究综述。

## 《闽台农村转型的比较研究——从台湾农村转型看福建新农村建设》

丁中文著，北京，中国农业科学技术出版社 2010 年 1 月版，244 页。该书将台湾农村转型分为注重农业增产、注重农民增收和注重农村建设三个时期，分析了在不同时期当局的主要政策、科技创新以及科技服务组织在农村转型中的作用，继而分析了福建农村转型的主要历程与政策选择，并在将闽台两地农村转型进行比较的基础上，对福建农村转型的方向和重点，对闽台农村合作如何深化提出了建议。

## 《闽台神灵与社会》

林国平、王志宇主编，厦门，厦门大学出版社 2010 年 12 月版，366 页。该书是海峡两岸学者合作开展闽台宗教研究的成果，共计 14 章，包括对闽台民间信仰由来及其社会基础的分析，对闽台丧葬习俗与祖先崇拜、五祀孤魂信仰等的研究，对闽西客家地区妈祖信仰以及台湾竹山妈祖宫历史的研究，通过闽西武北客家社区的田野调查研究神明崇拜与传统的社区意识，对台南三山国王庙的研究，对台湾彰化福佬客的信仰研究，对保生大帝信仰、明代陈靖姑传说及台湾三平祖师信仰的研究，以大溪斋明寺为代表的斋堂研究，透过闽台《江氏族谱》的比较分析追寻祖先的社会文化意义，以及从生态学角度分析闽台地区神灵崇拜等。

## 《闽台先民文化探源》

卢美松、陈龙著，福州，福建人民出版社 2003 年 9 月版，308 页。该书对闽台先民文化的源流及其关系进行了系统的梳理，指出闽台地缘关系特殊，两地拥有共同的家园和祖先。该书首先在大量考古资料的基础上，用较大篇幅阐释了远古自战国时期闽台先民文化，继而运用文献资料，对三国至明代的两岸交往进行了梳理，并对台湾先住民的族群状况及风俗、闽台两地土著文化的共同特征做了分析介绍，揭示出闽台文化关系源远流长、不可分割的特点。该书后来收入"海峡两岸文化发展丛书"，于 2013 年 9 月由人民出版社重新出版。

## 《闽台移民系谱与民系文化研究》

林嘉书著，合肥，黄山书社 2006 年 5 月版，295 页。该书运用人类学方法研究闽台的移民问题，特别是客家文化的渊源。作者提出了"民系相对论"，即闽粤赣各汉族民系南来无先后，文化上一本同源，又有一定的时地特征。以"民系相对论"为基础，该书通过对客家方言、家族、谱牒、文化遗存等方面的研究，分析闽台各民系的文化现象，比较其共性及特点。

## 《农业合作社的模式与启示：美国、荷兰和中国台湾的经验研究》

黄祖辉、梁巧、吴彬、鲍陈程著，杭州，浙江大学出版社 2014 年 9 月版，256 页。该书介绍了美国、荷兰和中国台湾地区农业合作社的发展历史和发展现状，分析它们在面对经济环境和社会环境改变时，如何调整其内部治理和运营机制，以适应市场中的各种挑战，从而为中国农业合作社发展提供借鉴。该书共分5篇，第一篇为前言，第二、三、四篇分别介绍美国、荷兰和台湾地区的农业合作组织，第五篇探讨上述农业合作社发展的启示。其中第四篇介绍了台湾各种类型的农民合作组织，并介绍了农业合作社、农会和产销班的发展历史、组织特点、角色功能、业务经营和面临的挑战等。

## 《清代台湾城镇研究》

唐次妹著，北京，九州出版社2008年12月版，257页。该书从移民和商品经济的影响两大历史因素来考察台湾城镇的兴起，并根据城镇发展在不同时期的表现，以台湾开放对外通商为界，将清代台湾城镇发展划分为开港前和开港后两个时期，对不同时期台湾城镇的发展形态及空间与层级网络进行了分析研究，并进一步考察了清代台湾城镇的管理体系与主要功能。

## 《清代台湾高山族社会生活》

刘如仲、苗学孟著，福州，福建人民出版社1992年12月版，284页。该书利用中国历史博物馆收藏的清人所绘《职贡图》《台湾风俗图》《东宁陈氏番俗图》、高山族鹿皮风俗画，以及台湾收藏的部分图画，结合文献、文物史料，从民族学角度对清代台湾高山族的社会生活进行了研究，涉及清代台湾高山族的族源和分支、家庭与社会关系、社会经济、衣食住行、风俗习惯、宗教信仰、文化娱乐等问题。

## 《清代台湾移民社会研究》

陈孔立著，厦门，厦门大学出版社1990年10月版，293页。该书分总论、人口与人口结构、农民起义以及游民暴动与械斗四个部分，从不同层面对清代台湾移民问题进行了深入研究。第一部分是总论，从移民社会的发展进程、移民社会的特点、移民社会的发展模式、台湾历史的特殊性等几个方面，探讨清代台湾移民史的一些重大理论问题；第二至第四部分进而讨论移民与人口及社会结构变迁的关系，并考察社会矛盾与动乱问题。该书阐释了清代台湾社会变迁的诸多复杂面相，是一部研究清代台湾社会史的奠基之作。九州出版社 2003 年 8 月出版有该书增订本，2006 年 7 月增订本第 2 次印刷，与初版相比，增订版增加附录两篇。

## 《日据时期台湾社会图谱：1920—1945 台湾小说研究》

肖成著，北京，九州出版社 2004 年 9 月版，327 页。该书以日据时期台湾新文学运动中台湾作家创作的小说为研究对象，分析了日据时期台湾小说中展现出的对妇女问题、农民问题、知识分子问题、国民性问题、殖民体制问题等的批判，指出日据时期台湾作家创作的大量带有现实批判色彩的小说，是台湾人民反抗殖民暴政、追求祖国统一的文学见证。

## 《山街的记忆：一个台湾社区的信仰与人生》

王铭铭著，上海，上海文艺出版社 1997 年 10 月版，228 页。从 1966 年到 1969 年，英国人类学者王斯福（Stephen Feuchtwang）为研究中国民间信仰与民间社会，在台北附近的山区小镇石碇乡从事田野调查。1995 年，该书作者与王斯福商定由他回到山街再次进行田野调查，用他们共同或不同的眼光重新观察这个村落里人们生活的变化。该书即在这次田野调查的基础上写作而成，作者以山街庙宇即民间信仰为主要观察对象，在与三十年前田野调查所得进行对比的基础上，分析山街民间信仰变与不变背后的社会变迁。

## 《"台独"的社会基础》

彭维学著，北京，九州出版社 2008 年 4 月版，247 页。该书将 20 世纪 40 年代中期出现的"台独"运动的社会基础划分为四个发展阶段，即草创期（1945—1985 年）、壮大期（1986—2000 年）、膨胀期（2000—2004 年）、相对弱化期（2005 年迄今），按不同阶段对"台独"运动的社会基础的变迁原因、主要表现及其影响等进行了深入分析，并从省籍与族群结构，阶级与阶层结构，地域结构，性别、年龄、教育结构等几个层面，对"台独"的社会基础进行了结构性分析，进而对"台独"社会基础的演变特点做了总结，并对其发展趋势进行了预测。

## 《台湾"原住民"历史与政策研究》

陈建樾著，北京，社会科学文献出版社 2009 年 11 月版，288 页。该书首先在绪论中对大陆的相关"原住民"研究状况进行了系统介绍，接下来 7 章内容，从不同时期的"原住民"政策、20 世纪 80 年代以来的"原住民"运动、长期以来基督教尤其是长老教会对"原住民"的影响、台湾社会的"国族"认同等几个层面入手，对影响今日台湾政治生态至深的"原住民"问题进行深入研究与深度剖析，并在回应台湾学者萧新煌的相关研究的基础上，从理论与实证角度阐释了在全球化时代背景下，建立在统一多民族国家内部差异政治基础上的少数民族政策及"一国两制"的合理性。

## 《台湾城市化发展及其动力研究：基于空间 计量经济学的实证分析》

汤韵著，杭州，浙江大学出版社 2011 年 11 月版，166 页。针对现阶段台湾城市化发展不再表现为城乡之间的人口流动，而是人口在城市之间以及都会区内部的流动，该书运用计量经济学的方法，通过对台湾城市人口空间分布及其结构变化的分析来阐释台湾城市化发展的主要特征，并在此基础上深入探讨其背后的主要驱动机制。该书对影响台湾地区人口迁移的主要因素进行了分析，指出经济发展水平、经济发展支出以及与人们生活环境与质量密切相关的环境保护支出与其密切相关，而产业聚集及发展状况也影响了人口迁移，进而影响到城市化发展。

## 《台湾的都市化与经济发展》

盛九元、胡云华著，北京，九州出版社 2009 年 5 月版，176 页。该书结合经济发展考察台湾都市化的历程，揭示了台湾都市化与经济发展的基本脉络、主要成就和存在的问题，并对未来台湾都市化的发展方向进行了探讨。该书除前言、结语外，主要分 8 章展开论述，第一章是对都市圈理论和都市规划理论及其对台湾都市化影响的介绍，第二章则对历史上台湾行政区划和都市发展的沿革进行了梳理，第三到第七章分别讨论台北、高雄、台中、台南、新竹五大都会区的形成与发展，最后对台湾都市化过程中的成就与问题进行了总结，指出台湾都市化虽也存在问题与不足，但其最主要的成就，是在基本适应社会经济发展实际需要的同时，在快速都市化的过程中，基本避免了"超都市化"现象所导致的社会严重失衡状况，基本维持了社会经济公平均衡发展。

## 《台湾的中产阶级》

严泉、陆红梅著，北京，九州出版社 2009 年 5 月版，176 页。该书就台湾中产阶级的发展历程、社会背景、参加社会运动的情况、政治参与情况以及在两岸关系中的立场与表现等进行了较为全面的研究，并对台湾中产阶级的发展趋势进行了分析，认为进入 20 世纪 90 年代以后，台湾的中产阶级在人口比例上渐趋稳定，并具有较多的技术化、科层化和商业化的倾向，因而在政治倾向方面整体表现为激进性的一面更趋弱化、保守性一面趋强，并成为民主政治的稳定力量。

## 《台湾地区少数民族政策研究》

吴月刚著，北京，中央民族大学出版社 2011 年 12 月版，322 页。该书按不同历史时期，结合台湾少数民族的处境与发展状况，系统分析了从荷据台湾之前到陈水扁执政时期台湾少数民族政策的发展演变，尤其侧重从"政治发展"的视角，探讨台湾在不同发展时期的民族政策及其本质，进而探讨民族政策的发展变化对台湾少数民族社会发展的影响，指出各个历史时期帝国主义殖民政策和国内统治者同化主义民族政策的实施，是导致台湾少数民族弱化、边缘化的原因。

## 《台湾会馆与同乡会》

北京市台湾同胞联谊会编著，北京，北京大学出版社 2012 年 4 月版，

233 页。该书围绕着历史上台湾在北京的两座会馆及与之相关的人、物、事进行了深入研究。全书共四篇：第一篇探讨儒学与科举制度在台湾；第二篇探讨台湾会馆在北京的历史足迹；第三篇叙述和介绍主要在京台胞乡亲组织；第四篇介绍历史上和当今在北京的台湾人。

## 《台湾经济转型中的劳工问题研究》

黄安余著，北京，人民出版社 2010 年 1 月版，362 页。该书运用历史学、人口学、发展经济学等多学科理论与方法，在台湾经济转型的大背景下，对台湾劳工问题进行历史研究。该书除导论、结束语之外，共有 4 章，分别考察台湾劳工概况、劳工的生存状况、劳资关系、外籍劳工等主要劳工问题，展现了台湾劳工阶级的发展历程，并揭示了台湾劳资关系相对平稳、劳工阶级意识薄弱、劳工长期处于弱势地位的特点及其形成原因，指出台湾劳工问题是资本主义生产关系在台湾特定政治、经济背景下的产物，由于台湾经济的依附性，国民党政权同国际资本、官僚资本、私人资本相结合，推行以牺牲劳工利益为代价的经济发展策略，导致台湾特殊的劳工问题的产生。

## 《台湾南岛语民族文化概论》

曾思奇主编，北京，民族出版社 2005 年 9 月版，431 页。该书基于民族学或文化人类学关于民族识别与认定的基本原理，从社会历史、民族文化特质以及民族现状等角度出发，将台湾南岛语民族分为 19 个族群，并认为台湾南岛语民族的族源既与台湾特殊的战略地位有关，也与古代亚洲大陆人类的活动，特别是百越人的迁徙有关，以此为理论基础，该书以 15 章的篇幅，对台湾南岛语民族的历史渊源、语言文字、宗教信仰、风俗习惯、伦理道德、天文历法、文学艺术、教育与体育、哲学思想、部落政治与军事、建筑、商业贸易、交通通信、经济生产和台湾南岛语民族文化的变迁等问题进行了研究与介绍。

## 《台湾农会的人类学考察——以芦竹乡农会为例》

兰世辉著，哈尔滨，黑龙江人民出版社 2011 年 12 月版，207 页。该书在博士论文基础上修改完成，以桃园县芦竹乡农会为个案，运用田野调查的方式，对台湾农会组织进行了较为深入的研究，详细介绍了农会的推广、保险、供销和信用四大关键部门的业务和功能，并对台湾农会的性质，其与政府、农民的关系，进行了讨论，从而展示出台湾农会的运作及其在乡村社会乃至整个台湾社会发展中所发挥的重要作用。该书还在总结台湾农会发展经验的基础上，结合大陆农民组织的发展，强调在大陆发展综合性农民组织的必要性。

## 《台湾农渔会组织》

田晓燕、严安林著，北京，九州出版社 2009 年 5 月版，188 页。该书从分析台湾农渔会组织面临的经营环境入手，探讨台湾重要的两大农民组织农会与渔会的核心竞争力及其发展策略。该书主要内容有 8 章，分析、介绍了台湾农渔会组织的发展缘起与历史、组织功能及运作体系、主要经营业务、农渔会与政治选举及农民的关系等问题，并对民进党上台后推行金融改革对台湾农渔会产生的影响，以及农渔会面临的经营危机及革新转型进行了探讨，进而展望未来台湾农渔会组织的发展趋向及两岸农渔业合作的模式。

## 《台湾平埔族群文化变迁之研究》

罗春寒著，北京，民族出版社 2008 年 4 月版，321 页。该书综合运用历史学、民族学、语言学等多学科理论与方法，展现了 20 世纪末以前，特别是清代以前台湾汉化程度较高的"平埔族"的文化变迁史，以及贯穿其中的汉族与平埔族群的民族关系史。该书强调平埔族群和台湾山地少数民族一样，是隶属南岛语系民族群体的一部分，而民族语言的丧失，是平埔族群文化乃至族群消失的先声和关键。该书对平埔族群文化变迁过程中历代政府的少数民族政策有所评述，提出由平埔族群文化变迁过程中反映的与汉族的关系来看，两者是自然融合为主、强制同化为次，该书的这一结论客观上对"民族台独"有所批驳，并与海峡对岸的相关研究形成学术对话。

## 《台湾少数民族》

陈国强、田珏著，南昌，江西教育出版社 1994 年 6 月版，438 页。该书按照时间顺序，较为全面系统地研究了台湾少数民族的历史和传统生活文化。全书共有 8 章，分别围绕台湾少数民族的人口与分布、传说和石器时代的先民、从三国到明代台湾的少数民族、清代台湾的少数民族、日据时期台湾的少数民族、抗战胜利后的台湾少数民族、台湾少数民族固有的传统生活以及固有的传统文化等几个方面，对台湾少数民族的历史进行了梳理，并展现台湾少数民族固有的文化与社会传统。

## 《台湾少数民族——阿美》

许玉香编，北京，台海出版社 2008 年 11 月版，195 页。陈杰主编《台湾原住民丛书》之一。对阿美族的族群起源与历史变迁、社会制度与组织形态、社会经济与生产形态、语言与教育、文化与艺术、信仰与祭仪、丰年祭风俗习惯、旅游与观光等，均做了介绍。

## 《台湾少数民族——卑南》

杨洋编，北京，台海出版社 2008 年 11 月版，197 页。陈杰主编《台湾原住民丛书》之一。该书介绍了卑南族的族群起源及变迁历史、族群分布与认可、社会制度、经济形态、语言与传统教育、文化与艺术、信仰与祭仪、风俗习惯、神话与口传历史、旅游与观光等。

## 《台湾少数民族——布农》

李树义编，北京，台海出版社 2008 年 11 月版，191 页。陈杰主编《台湾原住民丛书》之一。该书介绍了布农族的族群渊源、亲族组织、经济发展、教育、文化艺术、歌谣舞蹈、信仰禁忌、深化传说、抗日战争及智慧德行等。

## 《台湾少数民族——达悟》

高鹏编，北京，台海出版社 2008 年 11 月版，193 页。陈杰主编《台湾原住民丛书》之一，主要介绍达悟人生活的兰屿的历史与自然环境、达悟人的历史传说、日常生活与经济、社会结构、居住形式与建筑、信仰与祭仪、风俗习惯、文化与艺术、语言以及旅游观光等。

## 《台湾少数民族——鲁凯》

高伟编，北京，台海出版社 2008 年 11 月版，187 页。陈杰主编《台湾原住民丛书》之一，主要讲述鲁凯族的历史发展沿革、社会组织形式、对外征战、原始信仰与祭祀、生命祈福仪式、经济与生产活动、生活艺术、传统服饰与手工艺品、神话与圣地、部落旅游等。

## 《台湾少数民族——排湾》

顾扬编，北京，台海出版社 2008 年 11 月版，174 页。陈杰主编《台湾原住民丛书》之一，主要介绍排湾族的族群历史、社会制度、经济生活、语言与教育、文化艺术、信仰祭仪、生命礼仪与风俗习惯、神话传说等。

## 《台湾少数民族——赛夏》

李晔、陈海舟编，北京，台海出版社 2008 年 11 月版，205 页。陈杰主编《台湾原住民丛书》之一，介绍了赛夏族的族群起源与历史变迁、社会制度与组织结构、作战方式与抗争事件、信仰与祭仪、巴斯达隘矮灵祭典、生活饮食、风俗习惯、神话传说、旅游观光等。

## 《台湾少数民族——邵》

　　余清梅编，北京，台海出版社 2008 年 11 月版，186 页。陈杰主编《台湾原住民丛书》之一，讲述邵族的族群起源与历史变迁，族群分布及人口、语言情况，邵族的社会制度、经济生活、教育与文化艺术、宗教信仰与祭仪、生命礼俗、饮食文化、神话传说、旅游观光等。

## 《台湾少数民族——太鲁阁》

　　鲁洪柯编著，北京，台海出版社 2008 年 11 月版，157 页。陈杰主编《台湾原住民丛书》之一，对太鲁阁族的族群概括、族群制度与组织结构、社会经济与生产形态、文化艺术、信仰和祭仪、风俗习惯和神话传说、参加抗日战争的情况以及该族的旅游产业等，均做了介绍。

## 《台湾少数民族——泰雅》

　　陈小艳编，北京，台海出版社 2008 年 11 月版，216 页。陈杰主编《台湾原住民丛书》之一，主要介绍泰雅族的族群起源与历史变迁、族群划分与分布、族群的社会制度与组织结构、社会生产活动、传统社会生活、语言、文化艺术、宗教信仰与祭祀、风俗习惯、战争和重大事件、旅游观光等。

## 《台湾少数民族——邹》

　　宋强编，北京，台海出版社 2008 年 11 月版，198 页。陈杰主编《台湾原住民丛书》之一，介绍了台湾邹族的起源与历史发展，邹族的政治社会结构、生产方式及经济生活的变迁与发展、人口及婚姻状况、宗教、文化艺术、神话故事、旅游观光等。

# 《台湾社区灾害应急管理》

李晓伟著，北京，中国社会出版社 2014 年 7 月版，189 页。该书收入 "中外社区灾害应急管理丛书"，主要内容有 5 章。该书首先结合台湾的社区发展与社区营造运动，分析社区常见灾害及其成因，继而梳理了台湾社区灾害应急管理的发展历史，作为主体部分的第三、四、五章则分别梳理了台湾社区灾害应急管理的制度体系、组织架构和运行机制。在上述实证研究的基础上，该书对台湾社区灾害应急管理的经验进行了归纳总结，并提出大陆地区社区灾害应急管理可以借鉴的地方。

# 《台湾世居少数民族研究》

张崇根著，北京，民族出版社 2002 年 3 月版，319 页。该书分为现代民族篇、古代民族篇和附录篇三个部分，既有对历史上台湾少数民族的研究，也有对现代台湾少数民族问题的分析。该书认为台湾世居少数民族不是单一民族，而是有若干个在其内部 "氏族、胞族和部落仍然完全保持着它们的独立性" 的人们共同体，与祖国大陆原来一些处于原始社会末期的民族相似。该书还通过对三国时代沈莹的著作《临海水土志》的研究，提出夷洲民是平埔族先民，以及通过对明代周嬰所著《东番记》原文的发现与研究，提出 "东番" 仅指台湾本岛西南海岸、"东番夷人" 是平埔族一部分的看法等。

# 《台湾先住民史》

史式、黄大受著，北京，九州出版社 1999 年 9 月版，253 页。该书是两岸学者合作撰写的一部有关台湾少数民族的研究著作，作者认为台湾的少数民族是中华民族的一部分，主张将其称为 "先住民"。该书第一部分对相关概念，如 "高山族""山胞""台湾土著族""台湾原住民" 等进行了辨析，并提出了 "先住民" 的概念，继而对台湾先住民的族源、历史进行了考证，将台湾先住民放在古越人的历史源流中进行考察。在该书第三部分，将台湾先住民族群分为泰雅族、赛夏族、布农族、鲁凯族、排湾族、阿美族、雅美族和平埔族，对 10 个少数民族的族源、信仰、礼俗、经济与社会生活等情况均做了介绍。该书另有九州出版社 2006 年 4 月增订版，344 页。

## 《台湾也疯狂——台湾社会问题透视》

朱庆葆主编，北京，知识出版社 1992 年 9 月版，328 页。该书共 11 章，对 1949 年以来台湾社会的十大问题进行了剖析，包括社会治安与犯罪问题、环境污染与环保问题、色情业泛滥问题、黑社会组织猖獗问题、城市化与城市问题、农村与农业问题、人口问题、家庭变迁与婚姻问题、劳工问题、文凭压力下的教育问题等，展现了台湾社会经济繁荣背后的阴暗面，指出台湾社会问题是数十年来社会与文化变迁的产物，其产生与社会转型及当局政策上的失误有关，台湾社会只有在追求物质进步的同时也追求人的进步，才能解决上述问题，社会才能健康发展。

## 《台湾原住民概论》

陈杰编，北京，台海出版社 2008 年 11 月版，242 页。陈杰主编《台湾原住民丛书》之一。介绍了台湾"原住民"的起源与族群分布，"原住民"的语言、文化、风俗习惯、祭仪信仰，"原住民"与大陆的关系，"原住民"的抗日斗争等，并对"原住民"的发展现状与存在的问题进行了分析讨论。

## 《台湾族群问题与政治生态》

杨华基主编，福州，福建人民出版社 2013 年 12 月版，286 页。在今日台湾社会，族群问题与政治生态紧密相连，此族群已非民族学"原生"意义上的族群，而是政治与意识形态影响下被建构的结果。该书收入了 9 篇相关论文，从不同层面阐述了台湾族群与政治生态以及相关问题，如刘登翰对台湾族群问题历史根源的讨论，刘传标、郭建青对台湾族群与政治生态的讨论，叶世明对台湾族群政治化的讨论，杨华基对族群问题产生的内外政治因素的分析，陈萍对族群背景下政商关系与黑金政治以及台湾传媒的考察，等等。这些研究有利于了解台湾族群问题产生的由来，有利于理解今日台湾的族群问题与政治生态，进而有利于促进两岸关系和平发展。

## 《文化研究视域下的台湾社会：音乐、电影及其他》

唐桦著，厦门，厦门大学出版社 2015 年 2 月版，214 页。该书运用文化研究理论，并以此为视角，通过影像、音乐及其他文化符号，透视台湾社会的变迁与现状。该书有 10 章，在阐述文化研究理论的基础上，对台湾的行旅文化、影像文化、流行音乐与嘻哈文化、饮食文学与饮食文化、摇滚文化、女性书写与女权运动、新青春电影等分别进行了专门研究，并透过蔡明亮、侯孝贤等文化人的作品来剖析台湾社会的现代性危机及身份认同等诸多问题。

## 《战后台湾农会研究（1945—1975）》

程朝云著，南京，凤凰出版社 2014 年 7 月版，289 页。该书在大量第一手资料的基础上，对战后台湾农会的历史进行了细致研究，重点探讨战后台湾农会的组织机制及其形成演变，强调战后初期农会改组过程中，以农复会为代表的美国式农民组织观念、国民党在大陆时期形成的农民组织观念及其迁台初期的政策考量，对台湾农会组织体制的影响。结合特定的时代背景，该书还考察了台湾农会的功能与作用，探讨 20 世纪 70 年代台湾当局修改"农会法"的原因及其影响。以农会为平台，国民党与地方势力的纠葛是该书的另一关注点，指出国民党通过控制农会将其势力深入农村基层社会，但因其对地方势力的妥协，其深入农村并不彻底，农会与农民的关系、国民党与农民的关系也有所疏离。

## 《中国人口：台湾分册》

陈永山、陈碧笙主编，北京，中国财政经济出版社 1990 年 9 月版，450 页。该书对台湾人口问题进行了全面系统研究，在梳理台湾人口的历史变迁状况（截至 1987 年）的基础上，就人口的出生与出生率、死亡与

死亡率、人口迁移与流动、人口分布与人口密度、城镇人口的变化、人口
的性别与年龄构成、劳动人口的构成状况、人口的婚姻与家庭状况、人口
的民族构成及少数民族状况、人口素质、家庭计划等各种人口问题分别进
行了深入研究，总结台湾人口具有增速快、密度高，人口迁移量大、迁移
率高，城市人口比重大，就业人口结构中农业人口比重迅速下降、工业与
服务业人口比重不断上升，人口再生产逐渐向低出生率、低死亡率、低增
长率的"三低"型转化，人口身体和文化素质提高快等特征，并对台湾
未来人口发展趋势做了预测。

# 第五篇　台湾涉外关系史

## 《“半自主”国会与台湾问题：美国国会外交行为模式》

信强著，上海，复旦大学出版社 2005 年 4 月版，375 页。该书是从美国国会外交视角来研究美台互动关系的专著。该书在导言中阐明了美国国会外交视野中的台湾问题及其分析路径，首先探讨了台湾何以成为中美关系中至今悬而未决的“问题”，随后从制度结构分析的视角入手，将国会内部制度结构析分为正式与非正式两种类型，并逐一探讨其对国会对台决策行为的影响。全书除导言外分三个部分：第一部分阐述国会外交的结构，分“国会两院结构与美台决策”“国会领袖结构与美台决策”“国会委员会结构与美台决策”“国会议员与美台决策”四章；第二部分是对国会外交的结构性解读，分三章，着重指出国会“蓝军”助理的崛起及其对美台决策的影响；第三部分是对“半自主的国会”外交行为模式研究，分“自主的国会”行为模式分析、“自制的国会”行为模式分析、“外部制衡的国会”行为模式分析，围绕国会支持台湾“加入”世界卫生组织、“台湾安全加强法案”的夭折以及 1992 年布什总统对国会的立法否决等案例，对上述三种国会行为模式进行了深入的阐释。

## 《“台独”的国际背景》

周忠菲著，北京，九州出版社 2009 年 11 月版，236 页。该书是从“台独”发展与国际关系格局变动角度研究“台独”的专著。第一章绪论，提出研究该问题的动机、立论与观点概述。第二章叙述“台湾地位未定论”与“台独”产生（1946—1972）的历史背景，指出美国的霸权战略与台湾问题产生的根源，美国炮制"台湾地位未定论""两个中国"和"一中、一台"，内容涉及《美台共同防御条约》《康隆报告》与台湾政权"本土化"等。第三章叙述日本在台湾的利益及其与"台独"的关系（1895—1978），分析蒋介石政权与日本"台湾帮"，以及日本"台湾帮"与"台独"的关系。第四章叙述中美关系正常化与台湾问题（1972—1988），指出美台特殊关系形成的特点。第五章叙述美国与台湾的民主政治运作（1986—1992）的特点，分析台湾"民主"政治运作："美三条"与"蒋三条"，叙述李登辉上台与"独台"路线的推行，以及美国与李登辉的"独台"路线。第六章叙述美国对台政策与"事实台独"的推进（1992—1999）。第七章叙述民进党的"法理台独"与美国对台政策取向（2000—2008），分析小布什政府与民进党政权的政治关系。

## 《21 世纪初期中美日安全关系中的台湾问题》

张仕荣著，北京，九州出版社 2010 年 1 月版，297 页。该书是研究当代国际关系中台湾问题的专著。作者在导言中指出应将台湾问题放在中美日安全关系框架内，将台湾问题中的美国因素、日本因素和日美同盟因素综合起来进行考察。全书分七章：前三章讨论台湾问题的历史轨迹，指出台湾问题缘起及在冷战期间的演变轨迹、后冷战时期中美日安全关系的演变和台湾问题对中美日安全关系影响的嬗变；第四章分析中美日安全框架的构建及其对中国国家统一的促进作用；第五章指出美日台"隐性安全同盟"成为中国解决台湾问题的主要障碍；第六章叙述"三国四方"安全博弈的走势及中国相关对策的调整；第七章则是作者对中国国家统一的历史思考和长远战略，并提出现实对策。

## 《百年之结：美国与中国台湾地区关系的历史透视》

肖元恺著，北京，人民出版社 2001 年 10 月版，408 页。该书系统地追溯了美国与台湾地区自 19 世纪以来的政治、经济、军事和文化关系。全书分十五章：前三章介绍美国早期对台湾的"关注"，以及美国对华政策的历史转折——从美蒋到美台的转折；第四章至第十章叙述现代美台关系，朝鲜战争与台湾、《共同防御条约》的台前幕后、金门危机、"两个中国"的"探索"、肯尼迪政府的对台政策、约翰逊与台湾、蒋经国访美隐情等内容；第十一章至第十五章叙述美国扶植"台独"的内容，分"扶植异军""台独大本营""新亚洲政策与台湾"，最后叙述美台断交的冲击和"台湾关系法"问题。

## 《穿越台湾海峡的中美较量》

宋连生、巩小华著，昆明，云南人民出版社 2001 年 1 月版，407 页。该书共十一章，以中美两国在台湾问题上的较量为主要线索，描述了半个世纪以来的台湾风云变迁，叙述了美国第七舰队驶入台湾海峡、美台签订《共同防御条约》、中国军队炮轰金门、中美签署《上海公报》、邓小平和江泽民访美，中国多兵种东海大演习、中美建交后历届美国总统的对台态度、李登辉抛出"两国论"、中国政府发表《一个中国原则与台湾问题》白皮书、陈水扁在台湾地方选举中当选台湾新领导人等一系列重大事件及其影响，并重点追踪了这些事件的来龙去脉。

## 《从世界看台湾》

吴季松著，北京，清华大学出版社 2007 年 10 月第 2 版，284 页。此书 2006 年第 1 版。该书作者以游历中国、游历世界的经历和丰富的知识，通过在中国台湾的亲身经历，从世界的角度审视台湾的历史、文化、经济，并对比外国、中国大陆的自然生态系统，专门分析了台湾的生态系统的现状，提出一个地区的经济要永续发展，必须在大系统内遵循自然规律、优势互补，与自然协调发展，走循环经济道路的思想。此书从世界看台湾的新视角，有助于对台湾的深层次认识。该书出版以来引起两岸读者的共同关注，作者在再次考察台湾之后重新修订为第 2 版，增加了许多新的知识、见闻和心得。全书分为六篇：第一篇阐述从世界看台湾的历史；第二篇至第五篇分析台湾的自然环境、经济建设、科技发展与人文社会等方面问题；第六篇是作者对台湾向何处去的思考。该书附录收集作者与国民党名誉主席连战谈话记录。

## 《敌对与危机的年代：1954—1958 年的中美关系》

戴超武著，北京，社会科学文献出版社 2003 年 10 月版，576 页。这是研究 20 世纪 50 年代两次台海危机的专著。该书以国际史的研究方法，论述了两次台湾海峡危机的起源、进程和影响。该书参考了大量中、美双方外交文献及相关资料，除广为人知的《美国对外关系文件》外，还包括散见于各种出版物中的新材料，尤其大量运用与中方有关的文稿、年谱、回忆录。全书分五个部分：第一部分中叙述了美国外交史学中的所谓"传统派""修正派"和"后修正派"的划分，指出 20 世纪 90 年代美国学术界研究的特点和趋向，以及美国学术界对第二次台海危机的研究，并叙述了中国学界对台海危机的研究；第二至第四部分着重叙述第一次台湾海峡危机、第二次台海危机和两次危机之间的历史事实，探讨了危机起源、发展过程和结束原因；第五部分是结论，分析了台湾海峡危机、中美关系与亚洲冷战之间的内在关系。

## 《钓鱼岛正名：钓鱼岛列屿的历史主权及国际法渊源》

鞠德源著，北京，昆仑出版社 2006 年 1 月版，455 页。全书分六个部分，附图版 80 种 130 余幅。作者根据中国历代所拥有的钓鱼岛史料，特别是中国、日本及西方各国所绘海图，廓清了中国台湾东北附属岛屿与历史上中国的藩属国琉球（1879 年被日本吞并）与日本之间的海权沿革，全面论述了钓鱼岛的地理概况、专属发现权、专属经营管辖权和命名权，详细列举出钓鱼岛为中国固有主权领土命名传承证据，雄辩证明中国对钓鱼岛所拥有的主权，揭示 20 世纪 70 年代日本借美国"归还"冲绳"施政权"之际，乘机侵占钓鱼岛的真相。

## 《国际法与近代中日台湾事件外交》

赵国辉著，台北，海峡学术出版社 2010 年 1 月版，350 页。该书是以近代国际法问题研究 1871 年日本侵台事件前后的专著。全书分五章：第一章叙述台湾所谓番界史地的变迁，着重指出番界的收缩问题；第二章讨论琉球与中日之间的关系，指出中琉之间的宗藩关系和日本琉球之间的诡秘关系；第三章讨论日本侵台事件中，中日两国对国际法的接受情况；第四章着重叙述公法外日本的伤害外交；第五章叙述英美的偏袒仲裁，指出两国无力遏制战争，且在调停当中毫无是非观念。在结论中，作者指出日本利用近代国际法知识，揪住清政府不谙国际法知识的弊端，利用某些国际法条款欺负中国，揭露日本利用近代文明的旗号，在台湾事件外交问题中法外施害的实质。

## 《国际形势与台湾问题预测》

阎学通、漆海霞编，北京，北京大学出版社 2005 年 6 月版，265 页。该书是一本生动的国际问题读物。共三篇十一章：第一篇分析当时（2005 年）中国的国际环境，指出世界格局与国际形势中，"一超多强"格局还将持续，未来的时代也有可能发生战争、亚太安全矛盾将加剧、遭袭击后美将调整安全战略，指出国际社会将更加关注安全利益，认为朝核谈判将提升中国地位；第二篇分析结构性的中美矛盾，指出中美之间的冲突将有所缓和；第三篇分析讨论台湾问题，从台湾政局的变化谈起，分析"台独"既定的目标，预测陈水扁将在下一任进行"公投"，以及陈水扁以"一边一国论"推进"台独"，分析美国对台政策，认为美支持台湾和平"独立"。作者提出武力遏制"台独"的策略原则等。

## 《海外台侨与台湾侨务：2000—2008》

陈文寿编著，香港，香港社会科学出版社有限公司 2009 年 5 月版，524 页。全书分两个部分：第一部分为三篇论文，"海外台侨与台湾侨务（2000—2008）""民进党政权之侨务——理念机构与实践""华侨华人与《反分裂国家法》"，对海外台侨问题做了梳理；第二部分是台湾侨务问题的资料汇集，占多数篇幅，包括台湾侨务的专题施政报告、"侨委会"的工作报告，以及台湾地区领导人的祝词等。

## 《羁绊与扶持的困境：论肯尼迪与约翰逊时期的 美国对台政策（1961—1968）》

忻华著，上海，上海人民出版社 2008 年 8 月版，620 页。该书选取冷战史中具有承前启后的过渡性特点的一段时期，即 20 世纪 60 年代肯尼迪和约翰逊当政时期，作为研究背景，分别从宏观的全球层面、中观的地区层面和微观的台湾岛内层面展开研究，对这一时间段里美国对台政策进行了系统而全面的梳理和分析。在宏观层面，美国在规划和实施其全球安全战略与对外经济战略时，必须对台湾地区进行审慎的定位。在中观层面，国共内战的僵局带来的两岸关系问题，以及与之相关的台湾"国际地位"问题，是美国处理对台政策的重要议题。在微观层面，美国决定促使国民党当局"岛国化"，使台湾地区成为脱离中国大陆母体的"独立实体"，此时的美国，既要扶持台湾，也要时时约束和限制台湾的国民党当局，常常陷入"羁绊"与"扶持"之间的困境。全书分四篇十章：第一篇分析构建肯尼迪和约翰逊时期对台政策的背景因素；第二篇分析肯尼迪和约翰逊时期对台政策的宏观层面；第三篇分析肯尼迪和约翰逊时期对台政策的中观层面；第四篇分析肯尼迪和约翰逊时期对台政策的微观层面，指出美国干预岛内演变的基本手段：一为美国对美台防卫协作框架的运用；二为美国对援台手段的运用；三为美国对"间接手段"的考虑与运用。

## 《甲午战前钓鱼列屿归属考》

吴天颖著，北京，中国民主法制出版社 2013 年 6 月增订版，225 页。该书初版为社会科学文献出版社 1994 年 8 月版，书名为《甲午战前钓鱼列屿归属考——兼质日本奥原敏雄诸教授》，初版获得学界较大关注。增订版对初版进行了必要补充和订正，不仅仅针对奥原敏雄的观点进行研究，而且增加了对若干日本学者观点的研究。该书是钓鱼岛研究学术领域一部值得关注的论著，不仅具有学术价值和理论创见，对于维护钓鱼岛主权有实践意义。该书运用史学、考据学，兼及国际法等多学科理论方法，通过对大量中外文献史料舆图的爬梳整理，为论证"钓鱼岛是我国固有领土"之立场提供了充分的历史依据。全书除序言外分五章，叙述了中国人民首先发现钓鱼列屿，论证古米山系"琉球西南方界上镇山"，讨论钓鱼岛与明清海防，指出日本侵略钓鱼岛过程，从史实和法理两个方面阐释，进而从根本上驳斥了日本在钓鱼岛问题上的若干谬论，否定了日本方面的所谓依据。

## 《近代初期中日台湾事件外交》

赵国辉著，台北，海峡学术出版社 2008 年 12 月版，392 页。该书是研究清末中日台湾事件外交的专著。作者指出日本不顾东亚体系转换的客观状况和规律，无视近代边界领土取得的实际，完全否定古代东亚朝贡体系中的规定，直接用是否有实效性这一西方国际法的领土取得方式，来衡量历史形成的中国台湾东部土地性质。全书除导言外共七章：第一章叙述和分析台湾事件前中日的外交模式；第二章叙述和讨论台湾南部船难的处理；第三、四章叙述日本对台湾番地政策的酝酿和决策；第五、六、七章叙述和讨论中日外交解决的全过程，认为由于朝贡体系的影响尚存，在台湾事件过程中，清政府仍然以传统的方式来处理新形势下的外交事件，将日本视作攻城略地的夷狄，仍以传统手段对付近代日本的进攻，并不断妥协，双方失去了体系转换处理国家间问题的契机，为中日关系预留了隐患。

## 《客观与偏见：美国主流报纸台海问题报道研究》

金勇著，北京，中国传媒大学出版社 2008 年 11 月版，246 页。该书引用英文报道原文，通过解读 1992 年以来《纽约时报》和《华盛顿邮报》的台海问题报道，揭示其对两岸报道立场的严重偏差，同时也为大陆决策部门媒体的对台宣传提出一些建议和思考。全书共有六章：第一章，台海问题的由来；第二章，美国主流报纸与台海问题；第三章，美国主流报纸台海问题报道具体案例；第四章，美国主流报纸在台海问题报道中的角色；第五章，美国主流报纸为何褒扬台湾批评大陆；第六章，对大陆对台宣传工作的思考。大陆媒体不是行政机构，自然不能拥有法定的"自由裁量权"。作者指出在不违背大陆对台政策的前提下，大陆媒体可以按照新闻规律要求，在公正、客观的基础上报道台海问题，认为在与岛内"台独"分裂势力和国外反华势力的较量中，大陆媒体还会继续碰到棘手问题，大陆媒体不仅要积极响应、配合党和政府的政策，也要善于理解和把握党和政府的政策，尽最大可能产生正面效应，最大限度地消除负面效应给祖国统一大业带来的干扰。

## 《冷战后的日台关系》

吴寄南著，上海，上海人民出版社 2009 年 8 月版，468 页。该书侧重阐述冷战结束 20 年来日台关系的发展，涉及日台关系的主要方面和问题。全书 4 编 12 章，从历史的轨迹出发，认为冷战后的日台关系就其源流而言还是冷战时期日台关系的延伸和发展。冷战后的日台关系之所以会呈现出一系列新的特征，很大程度上缘起于国际格局的变化，特别是与中国综合国力的迅速增强有密切关系。与此同时，日本、台湾各自的政治转型也给日台关系注入了若干新的内涵。就此，作者从"人文纽带——日台关系演变中的社会文化因素"的角度，分析了对维系日台关系有着潜移默化影响的文化因素和人脉关系。对日本的"台湾帮"、台湾的"日本通"进行较详细的梳理和解剖，厘清推动日台双方在冷战后相互接近的深层原因。在此基础上，对日本和台湾的当权者维系双边关系发展的战略意图及其制约因素进行分析，并对新世纪日台关系走向做出初步展望。

## 《冷战后美日欧盟与台湾关系研究》

郭建平主编，北京，九州出版社 2009 年 4 月版，470 页。该书分为三篇：上篇，冷战后的美国与台湾；中篇，冷战后的日本与台湾；下篇，美日同盟、欧盟及其成员国与台湾。全书共八章：第一章从 20 世纪 90 年代美国与台湾早期接触写起，分为冷战时期美国对台政策、冷战结束初期美国与台湾、90 年代中期美国与台湾、90 年代后期美国与台湾四节；第二章为 21 世纪初期美国与台湾，写到了小布什初期的美台关系，"9·11"反恐与美台关系；第三章为小布什总统连任后美国与台湾；第四章为日本与台湾的关系变化，涉及日本与台湾关系的历史回顾以及冷战结束后的日台关系；第五章为 21 世纪初期日本与台湾，其中写到了日本的"普通国家"战略，中国和平崛起与日本"以台制华"，日本亲台势力与

"台独"的互动；第六章为日台关系新动向及发展走向，涉及日本与台湾实质性关系新动向，以及日台关系发展走向与困境；第七章叙述美日同盟与台湾，涉及美日同盟的形成轨迹，冷战后的美日同盟与台湾因素，美日新安保机制与台湾当局的"期盼"，美日同盟与台湾局势发展走向；第八章叙述欧盟成员国与台湾，涉及冷战时期的西欧与台湾，冷战后的欧盟及其成员国与台湾，欧盟及其成员国与台湾关系现状与走向等。

## 《冷战后日本对台湾政策研究》

巴殿君著，北京，九州出版社 2010 年 3 月版，206 页。该书是一本研究国际问题的著作。作者分析了日本长期觊觎台湾，在政治、安全、经济、文化与相关领域的渗透与"介入"，勾画出其对台政策的走向，提出了应对之策。全书共五章：第一章叙述冷战后国际体系转型与日本外交政策；第二章叙述冷战后日本对台湾政策的变化过程；第三章分析日本与台湾的安全关系；第四章分析日本与台湾的经济文化关系；第五章分析日本对台政策走向与中国的对策。

## 《冷战后台湾地区与东盟各国关系研究》

王俊峰著，北京，九州出版社 2014 年 1 月版，218 页。该书是研究冷战后台湾地区与东盟各国关系演变的专著。作者指出冷战后台湾地区与东盟各国关系具有如下特点与启示：一是冷战结束后，台湾地区与东盟各国关系的主要方面依然是在经贸、人员、科技等非政治性关系；二是双方关系发展呈现出先扬后抑再扬的特点；三是中国大陆实力的增强是维护"一个中国"原则框架的坚强保障。全书共七章：第一章是理论分析框架与历史背景描述；第二章叙述李登辉时期台湾地区与东盟各国的关系；第三章叙述陈水扁时期台湾地区与东盟各国的关系；第四章叙述马英九上台以来台湾地区与东盟各国的关系；第五章叙述东盟各国的两岸政策；第六章以实例分析南海问题；第七章叙述台湾参与东亚区域经济整合，着重分析 ECFA 与两岸关系和平发展之间的关系。

# 《冷战后中美关系的走向》

　　楚树龙著，北京，中国社会科学出版社 2001 年 5 月版，681 页。该书试图通过对冷战后中美关系描述，展现冷战后及 21 世纪中美关系的长期性质、总体面貌及其发展趋势。全书分八章：第一章叙述冷战后中美关系的发展变化；第二章分析冷战后美国对华战略；第三章讨论冷战后中国对美战略；第四章分析冷战后中美战略和安全关系；第五章叙述冷战后中美政治关系；第六章叙述中美经贸关系；第七章叙述中美两国的社会文化联系；第八章展望 21 世纪的中美关系。

# 《利益的纠结：美国涉台政策解读》

　　何子鹏著，北京，九州出版社 2012 年 8 月版，597 页。该书以国际格局和中美关系发展的关键时期为界，系统地追溯了美国与台湾地区自 1949 以来的政治、经济、军事和文化关系，并就其关系的演变过程及影响作了深层探究，阐述了 60 多年来中美之间围绕台湾问题既有斗争又有合作的复杂进程。全书分上中下三篇，共十八章。上篇叙述新中国成立至尼克松访华时期中美关系中的台湾问题，系统阐述台湾问题的由来、发展和演变，从新中国成立前美国对华政策演变写起，涉及"等待尘埃落定"政策和朝鲜战争前的转变、第一次台海危机、第二次台海危机、肯尼迪与约翰逊时期的中美关系与台湾问题。中篇叙述尼克松访华至冷战结束，涉及尼克松上台之初的中美关系与台湾问题、中美建交与台湾问题、美国与台湾新关系的确立、悬而未决的军售问题等。下篇叙述冷战结束至今，分析冷战结束对中美间台湾问题的影响，叙述第三次台海危机、小布什对台政策再调整、两岸关系缓和后的美国对台政策等内容。

# 《两岸关系定位与国际空间：台湾地区
参与国际活动问题研究》

　　祝捷著，北京，九州出版社 2013 年 10 月版，348 页。该书是一本研究台湾地区参与国际活动的可行性方案著作。作者旨在为解决两岸关系定位和台湾地区参加国际活动进行理论上的预备。全书除绪言外，共七章：第一章讨论和解析"承认争议"，指出"承认争议"是"一中争议"的自然衍生，解析了政治和法律表现形式、两岸解决"承认争议"的做法，等等。第二章描述和定义两岸政治关系定位，包括政策、法制、理论等。第三章讨论两岸政治关系定位的基本思路。第四章比较分析所谓"两岸"模式与其他定位模式的区别，解析"两岸"模式的含义。第五章讨论两岸政治关系定位与台湾地区参加国际活动的关系。第六章提出台湾地区参加国际组织的"策略"及因应，介绍台湾地区学者所总结的"策略"，并以台湾地区参加 WHO/WHA 活动为例，介绍具体方案，同时介绍了大陆的因应策略。第七章讨论"两岸"模式下台湾地区有序参加国际空间的问题，除了理论上论证台湾地区参加国际空间的系列问题，还具体以WTO 为例，分析两岸应对共处一个国际组织的解决方案。最后作者提出台湾地区有序参与国际空间的机制问题，分别以指导思想、模式选择、制度设计三个层面介绍作者的主张。

## 《两岸"外交战"——美国因素制约下的 国际涉台问题研究》

黄嘉树、林红著，北京，中国人民大学出版社 2007 年 5 月版，318页。该书以美国介入台湾问题为国际大背景，分析台湾问题在不同时期对中国外交造成的困扰与挑战。全书 11 章，首先对国际视野中的台湾问题进行了纵向的历史性梳理，重点关注两岸自 20 世纪 90 年代以来在国际舞台上的抗争态势；然后对中国外交涉台问题进行了横向的结构性考察，解析台湾当局的对外策略与意图，勾画其对外关系的基本格局，同时，对中国涉台外交的决策与行为模式进行分析，探究原则性与现实性相结合的外交思想与对台战略。该书还考察了台湾当局与政府间、非政府间国际组织发展关系的基本策略与具体行为，总结了当前国际社会看待和处理台湾问题的特点与趋势。

## 《美帝侵略台湾简纪：1945 至 1950》

来新夏编著，天津，历史教学月刊社 1951 年版，46 页。该书是一本宣传美帝侵略台湾的小册子，有浓厚时代特色。全书共五章：第一章写美帝侵略台湾是为了独霸亚洲的企图；第二章写美帝进行各种恶毒的政治阴谋，以实现其独占台湾的目的；第三章叙述美帝政府及其独占企业操控了台湾的经济命脉；第四章写美帝武装力量侵占了台湾，构成了对中国的公然侵略；第五章强调中国人民坚持战斗，取得伟大的民族独立斗争的胜利。

## 《美国对华政策与台湾问题》

苏格著，北京，世界知识出版社 1998 年 6 月版，815 页。该书着重研究台湾问题的由来及其走向和美国对华政策的缘起与发展，通过对美国外交、中美关系和海峡两岸关系的深入系统分析，达到"理顺历史脉络，明辨是非曲直，着眼未来发展"的目的。该书的资料包括美国国家档案馆等处的解密美国政府外交文件。全书分为六个部分。第一部分阐述台湾历史概况；第二部分探讨台湾问题的缘起，指出战后美国外交与对华政策的调整是台湾问题的起因，美国打出遏制新中国的"台湾牌"；第三部分叙述中美紧张对峙时期的台湾问题，这期间包括两次台海危机期间的美国对台政策演变；第四部分叙述中美关系正常化时期的台湾问题；第五部分叙述冷战后的中美关系与台湾问题；第六部分则是对台湾问题的思考。作者指出，在战后美、中、苏战略大三角的国际背景之下，美国虽然极力反共，但出于遏制苏联的需要，同中国还是保持了接触。在中美紧张对峙的年代，双方仍然利用日内瓦会议、中美大使级会谈等进行互动。20 世纪 70 年代，中美关系终于走向正常化。90 年代，由于美国对外战略的调整，中美关系恶化，台湾问题再次凸显，在经历了一系列的震荡之后，基于中美仍存在共同利益的考虑，美国又表示了要同"中国改善关系"的愿望。总之，美国虽不放弃对中国的遏制，时而也会利用台湾问题大做文章，从而做出破坏中美关系的事。

## 《美国对台军售政策研究：决策的视角》

张清敏著，北京，世界知识出版社 2006 年 4 月版，466 页。该书对中美建交以来美国对台军售政策的研究，从追溯这一政策的历史渊源开始，揭示了其演变的主要特征，分析了其不变的内容，并将研究重点从历史的描述转向对决策过程的探索和追踪。作者不仅借助"理性行为者"的"概念模式"，分析了美国对台军售政策的动机和战略意图，而且借助"官僚政治"和"跨机构政治"模式，从分析总统个性的微观入手，深入研究了不同总统任期内美国外交决策机构及其运作特点、状况与官僚政治斗争对美国售台武器决策的影响，剖析了美国国会参与售台武器决策过程的方式、程度及其规律，揭示了决定和影响美国外交政策的诸多国内因素在美国售台武器决策过程中所发挥的作用。全书共八章：第一章分析美国对台军售的政治含义，介绍美国和中国学者对这一问题的研究，并建构理论框架和研究方法；第二章叙述美国对台湾军售政策溯源；第三章叙述中美建交过程中的美国售台武器问题，阐述其历史背景；第四章叙述里根政府时期对台湾军售；第五、六、七章叙述老布什政府、克林顿政府、小布什政府时期对台军售问题；第八章分析决策模式与美国对台军售政策决定因素。

## 《美国对台湾地区援助研究（1950—1965）》

杜继东著，南京，凤凰出版社 2011 年 10 月版，234 页。该书依据中英文档案资料和历史文献，系统考察美国援台的历史背景、主要内容、运作过程、发展演变和最终结局，基本理清了美国援台的历史发展脉络，并在此基础上分析了美国援台对美国的政治和外交，与对台湾的政治、军事、经济和社会，以及对美台关系、中美关系、海峡两岸关系的深远影响。全书共六章：第一章叙述美国对台援助的缘起和演变；第二章叙述美国对台军事援助概况；第三章叙述美援法案与美国对台经济援助问题，并分析"美援对台湾电力的改造"个案；第四章概述经援机构与业务流程；第五章叙述农复会与台湾农业的发展；第六章分析讨论美援的影响，以及讨论对美援影响的综合评价。

## 《美国对台政策的起源与演变（1941—1960）》

汪小平著，北京，社会科学文献出版社 2014 年 4 月版，235 页。该书主要叙述了战后美国对台政策的历史，同时也涉及抗日战争时期的中美关系与台湾光复的历史，重点论述了战后美国对台政策的起源与演变，从抗战时期中美关系史的角度探讨美国对台政策的调整，以及冷战初期两岸对峙状态下美国对台政策的演变。书中详细叙述了这一时期美国对台政策制定的成因、过程、反应与结果，同时根据具体的历史事件和相关史料，分析讨论了这一过程的历史意义。此外还讨论了此一时期的中美关系、美台关系和围绕台湾问题的国际关系史。全书共五章：第一章叙述抗日战争与美国对台政策；第二章讨论中国收复台湾过程中的美国因素；第三章叙述国民党撤台与台湾问题初现；第四、五章叙述朝鲜战争与美国对台政策的转变以及冷战初期美国对台政策与台湾问题，涉及朝鲜战争与美国对台政策、美国的海峡"中立化"政策起源、对华遏制与对台援助、两岸对峙与美国对台政策、旧金山和约与台湾问题、联合国中国代表权之争、中苏关系与台湾问题等内容。

## 《美国对台政策新解》

沈惠平著，北京，九州出版社 2010 年 7 月版，266 页。该书以美国民族主义作为理论基础，试图从美国民族主义与"改造中国"之使命的关系视角来解读美国对台政策的演化过程。全书上下篇共六章。上篇讨论美国民族主义与"改造中国"的使命问题；下篇从美国民族主义视角解读美国对台政策，具体阐述中美建交前后美国的对台政策、后冷战时代美国的对台政策等内容。在结语中，该书提出如何认识美国民族主义、如何认识美国民族主义与"改造中国"使命的关系、如何从美国民族主义与"改造中国"使命的关系视角解读美国的对台政策等问题。作者指出在中美两国交往的历史过程中，始终存在着一个美国意图"改造中国"的使命，它植根于美国的民族主义意识形态之中。这一使命在新中国成立后依然根深蒂固于美国人的思想观念里，美国对台湾的扶持成为这种"使命"的延续，即以美国的民主、自由等价值观和制度来影响和改造台湾、进而以台湾为"灯塔"促成中国大陆也发生变化，以期最终达到"改造中国"这一美国对华战略目标。换言之，美国的对台政策服从于美国的对华战略和目标，它可被解读为"改造中国"使命的体现。这一使命的作用延续至今，长期以来，美国把台湾当作移植和扩展美国式民主政体和价值观念的重要一环，更是其影响中国大陆政治进程的一个重要组成部分，或者说台湾是美国对中国大陆进行"和平演变"的工具。

# 《美国国会与台湾问题》

孙哲主编，上海，复旦大学出版社 2005 年 9 月版，417 页。该书是针对美国国会介入美台关系问题进行研究的论文集，重点对美台关系的总体发展进行梳理，对国会在美台关系中所扮演的角色和所发挥的作用进行分析，并有针对性地进行了案例研究。如孙哲的《"一个中国"政策的三方解读》，薛磊的《台湾的法律地位与国际空间》，潘忠岐的《美国对台"战略模糊"政策的三大困境》，孙哲、张春的《美国在台"特殊利益"的建构》，魏军的《后"冷战"时期的美国国会与台湾问题》，夏立平的《美国国会与中美安全关系——以台湾问题为例的分析》，信强的《美国国会"台湾联线"个案研究》，信强、贾妍的《从"中国帮"到"台湾帮"：国会亲台议员与美台决策》，张景旭、刘佳雁的《剖析美国〈与台湾关系法〉》，黄中平的《"9·11"事件后民进党当局对美"外交"刍议》，等等。

# 《美国华侨华人与台湾当局侨务政策》

孙逊著，北京，九州出版社 2012 年 2 月版，271 页。全书共分五章，从四个阶段分析了美国华侨华人的不同特点，分别是：一是国共意识形态对抗、台湾当局支配美国华人社会时期（1949—1964）；二是反国民党力量兴起、台湾当局控制削弱时期（1965—1978）；三是亲大陆力量迅速发展、台湾当局影响衰退（1979—1988）；四是"统独之争"成为主线、台湾当局分化华人社会时期（1989—2002）。该书拓展了中美关系史研究领域的学术空间，开辟美国华侨华人研究的新视野，揭示台湾当局对美国华侨华人政策的历史沿革与发展规律，探讨美国华人社会内部围绕"合法代表"与"统独之争"的博弈与较量，分析各个历史时期美国华人社会内部分化和对抗的形成与内涵，深入思考美国华侨华人在两岸政争中的角色变化与身份认同。该书对美国华侨华人与台湾当局政策的研究，是一个具有历史意义和现实意义的课题。

# 《美国侵略台湾史》

卿汝楫著，北京，中国青年出版社1955年1月版，106页。该书是一本叙述美台关系史的简明读物，带有浓厚的时代特点。全书共分14节。从19世纪中叶美国殖民者侵台阴谋的开端写起，论述"太平洋帝国的梦想与侵台阴谋的发展""五十年代美国侵台未能实现的原因""六十年代美国侵台的失败""七十年代美国用亚洲人打亚洲人的开端""美国在日本制造武装侵台事件中玩弄卖国政权及破坏中日关系的卑劣无耻的面貌""美帝国主义的成熟：制造甲午战争，迫使满清政府割让台湾""美太平洋帝国的梦想与把台湾变为联合国托管的独立国的阴谋""美国以台湾为基地，不断骚扰我东南沿海"等主题。

# 《美国侵略台湾史：1847—1895》

张雁深著，北京，人民出版社1956年版，95页。该书是一本叙述美国早期侵略台湾的通俗读物，从美国侵略台湾开始写起，叙述美国对台湾武装侵犯和粗暴干涉、美国和日本勾结侵攻台湾、美国帮助日本割占台湾等内容，主要涉及鸦片战争后直到甲午战争期间，美国对台湾的认识、行动和政策。

# 《美国台海政策的演变分析：1945—2007》

刘丽华、张仕荣著，呼和浩特，内蒙古大学出版社2007年12月版，316页。该书是一本叙述美国与两岸关系的专著。全书分四章：第一章叙述从《开罗宣言》到"划峡而治"——20世纪40—50年代美国台海政策的演变轨迹；第二章叙述从中美三个联合公报到《与台湾关系法》——20世纪60—80年代美国台海政策的演变；第三章叙述美国对台政策从"三不"到"中国是美国'利益攸关方'"——冷战后美国台海政策的演变；第四章论述美国台海政策"变"与"不变"的基本规律及台海局势的演化趋势。作者在结束语中还对有关台湾问题的六对概念做了理清界定：一是"台湾归还中国"与"中国国家统一"的联系与区别；

二是台湾问题"和平解决"与中国"和平统一"的联系与区别；三是"台湾是中华人民共和国的一部分"与海峡两岸都坚持"一个中国"的联系与区别；四是"反分裂"与"国家统一"的联系与区别；五是在台湾问题上"阻独"与"促统"的联系与区别；六是在解决台湾问题上采取"非和平"方式与"武力"方式的联系与区别。

## 《美国亚太战略调整与台海和平稳定问题研究》

郭建平主编，北京，中共中央党校出版社 2014 年 7 月版，175 页。该书通过对影响台海局势发展走向各个因素的系统分析，找出决定台海局势走向的根源性因素，并对台海局势的深层结构进行了比较系统的解析。全书共四章：第一章讨论美国亚太"再平衡"战略与台海局势，指出美国亚太"再平衡"战略的目标及其布局，分析美国亚太"再平衡"战略与台海的和平稳定之间的联系；第二章叙述美国强势推动 TTP 与海峡两岸关系发展，解析美国强势主导 TTP 及主要目的、目标和矛盾，分析台湾当局加入 TTP 的动因及障碍；第三章叙述美国亚太战略调整与对台军售问题；第四章讨论两岸维护南海（南沙）主权与美国因素，指出扩展两岸南海（南沙）合作的空间有助于两岸探讨启动建立南海安全互信机制。

## 《美国与国共关系和海峡两岸关系》

王海琳、刘宋荣主编，武汉，武汉出版社 2001 年 10 月版，397 页。该书是研究国共两党和海峡两岸关系的集体著作。全书分七章，内容包括：美国对国共两党关系的介入、美国与国民党伙伴关系的确立、美国"遏制共产主义在中国扩张"、美国与海峡两岸分裂局面的形成、中美关系的僵持和海峡两岸的武力对峙、中美关系的改善与海峡两岸关系的变化、中美建交以后美国对中国统一大业的阻碍。

## 《美蒋在台湾的残暴统治》

石楚著，北京，群众出版社 1962 年 7 月第 1 版，34 页；1965 年 10

月第 2 版，60 页。这是一本政治宣传性的小册子，其主旨是揭露美帝国主义横蛮霸占中国领土台湾，以及蒋介石集团投靠美帝国主义，残酷地搜刮台湾人民的罪行。台湾人民在美帝国主义与蒋帮的血腥统治下，过着地狱般的生活。但是，他们并没有屈服，具有爱国主义传统的台湾人民，怀着无比愤怒，进行着反美反蒋的英勇斗争。这些话语有着那个时代特别的印记。

## 《美台关系四十年：1949—1989》

资中筠、何迪编，北京，人民出版社 1991 年 1 月版，385 页。这是一部关于从中华人民共和国成立前夕到中美建交 10 周年前后美台关系的论文集，选自 20 世纪 80 年代中国大陆学者发表的有关学术论文，计 11篇。其内容涉及中美关系中台湾问题的由来、美国"两个中国"政策的起源、美台《共同防御条约》的缔结经过、台湾海峡危机时期的美台关系、美国的《与台湾关系法》、美援与台湾经济发展、1979—1988 年的美台关系、20 世纪 80—90 年代台湾的走向等。书末所附 10 余万字的《美台关系大事记》，资料翔实，弥足珍贵。

## 《美台矛盾研究（1949—2008）》

李洪波著，北京，世界知识出版社 2014 年 3 月版，533 页。该书基本上以美国总统的任期为界，对从 1949 年到 2008 年近 60 年间的美台矛盾进行了系统的归纳和分析。全书分八章：第一章，杜鲁门政府时期的美台矛盾；第二章，艾森豪威尔政府时期的美台矛盾；第三章，肯尼迪政府时期的美台矛盾；第四章，约翰逊政府时期的美台矛盾；第五章，从尼克松到卡特政府时期的美台矛盾；第六章，里根政府时期的美台矛盾；第七章，克林顿政府时期的美台矛盾；第八章，小布什政府时期的美台矛盾。全书通过系统的分析，揭示了台湾地区只是美国全球及亚太战略的一枚"棋子"的关系本质；同时还揭示出，虽然台湾当局相对于美国而言处于弱势地位，但在美台关系的发展过程中，台湾当局却拥有许多力量来左右美国政府的政策。该书不仅梳理了美台矛盾的表现及产生原因，还对美台矛盾的解决方式进行了历史的总结，有助于更加深入地理解美台关系发展的内在机制。

## 《日本国窃土源流钓鱼列屿主权辨》

鞠德源著，北京，首都师范大学出版社 2001 年版，748 页。全书附图 117 张，图表十余幅，分上中下三篇：上篇为"日本国窃土源流"，中篇为"钓鱼列屿主权辨"，下篇为"铁案如山证据说"（也即证据资料篇）。三篇相辅相成，而以中篇为主干。钓鱼列屿（包括钓鱼屿、橄榄屿、黄尾屿、赤尾屿等岛屿），原是中国领土。1894 年日本发动侵略中国的甲午战争，清政府战败求和，日本强迫清政府签订《马关条约》，割占了中国台湾及包括钓鱼列屿在内的台湾所有附属岛屿。第二次世界大战时，侵略者日本被迫接受中、美、英等国的《开罗宣言》和《波茨坦公告》，宣布无条件投降，承诺履行公告中的所有条款，包括把窃取中国领土归还中国的条款。作者对日本军国主义的贪欲与窃土的历程做系统的、历史的论述，主要是以钓鱼屿为中心主岛的东北诸岛，作为专题性的考察论证，并着重阐释中国固有领土主权的各项历史证据。

## 《日本右翼势力与"台独"：台湾问题中的日本因素研究》

孙立祥著，北京，人民出版社 2012 年 8 月版，361 页。该书系统梳理了日本右翼势力支持"台独"的历史轨迹，全面分析了日本右翼势力支持"台独"的真正原因，深入探讨了排除日本右翼势力干扰和弱化其作用的基本对策。全书共七章：第一章叙述战后初期日本右翼势力和"台独"逆流的关系，指出日本右翼势力是"台独"逆流的始作俑者；第二章叙述冷战前期日本右翼势力与"台独"大本营的形成；第三章叙述复交时期日本右翼势力乘机制造"台独"的阴谋；第四章叙述冷战后期日本右翼势力支持"台独"活动的历史；第五章叙述后冷战时期日本右翼势力支持"台独"变本加厉的形势；第六章分析日本右翼势力不遗余力支持"台独"的真正原因；第七章提出粉碎日本右翼势力"挺独"图谋的战略思考，指出制定有的放矢的对日方针是基本前提，审慎实施"中美接近"战略是必要条件，采取灵活务实的两岸政策是重要保障，迅速增强本国综合实力是坚实基础。

## 《日本与国共及海峡两岸关系》

毛传清、殷昌友著，武汉出版社 2001 年 8 月版，303 页。该书是研究日本与国共两党关系以及海峡两岸关系的专著。全书共六章：第一章追根溯源，叙述日本与国共两党的产生的历史，指出日本与国共两党的产生都有很深的渊源；第二章分析日本与中国大革命前后的国共关系，指出其助蒋反共的政策；第三章叙述日本侵略中国的政策与国共两党合作的抗日战争；第四章叙述战后初期日本与国共两党的斗争；第五章叙述国民党败退后，"日台和约"的签订与台湾海峡两岸关系，指出国共两党都反对日美片面媾和的原则立场，涉及中国共产党反对日本政府与台湾当局缔结和约的历史；第六章叙述中日建交以来日本与台湾海峡两岸的关系，涉及八九十年代中日关系的发展和李登辉的"日本情结"，并着重介绍了海峡两岸维护钓鱼岛主权的斗争。

## 《日台关系的历史和现状》

贾超为著，北京，华艺出版社 2011 年 3 月版，237 页。该书是从历史和现实的角度对日台关系研究的专著，为全面认识、了解日台关系的历史和现状提供了重要参考。全书除序言外共四章：第一章写日本对台湾的觊觎和侵占的历史，指出日本殖民统治的影响深远，揭露日本对台湾的"殖民情结"和"台独"势力的"恋日情结"；第二章分析日台政治关系，叙述中日邦交正常化之前的日台关系历史、中日邦交正常化后的日台实质性关系历史，着重介绍了日本各界对马英九执政的反应、日本政府对马英九当局的政策立场、马英九当局对日政策调整的基本趋向等；第三章介绍日台经济关系；第四章分析中、美、日、台三国四方关系。

## 《世界格局中的台湾问题：变化和挑战》

杨洁勉著，上海人民出版社 2002 年 6 月版，359 页。该书是一本研究台湾问题的国际关系的专著，主要探讨后冷战时期国际和国内问题的互动关系，分析世界多极化、经济全球化的世界格局和中国统一问题的内在联系，探索在新形势下实现中国最终统一的可能、政策和实践。全书除导论外，共十章：导论分析台湾问题的由来和发展、台湾问题的国际因素、实现祖国完全统一的国际条件；第一章分析 21 世纪初的世界格局和台湾问题；第二章讨论对台政策发展和中国现代化；第三章叙述台湾社会与政治局势的发展；第四章分析美国对台政策及其关系；第五章分析对台政策及其关系；第六章叙述台湾问题的军事安全因素；第七章提出国际社会的统一经验和启示；第八章从国际法看台湾问题，介绍关于台湾当局加入政府间国际组织的法律问题；第九章论述经济全球化和两岸经贸关系；第十章为争取早日实现祖国的完全统一的内容，叙述了三代中央领导集体的有关思想和政策，提出自己的几点看法。

## 《台湾的"务实外交"》

刘国奋著，厦门，鹭江出版社 2000 年 12 月版，210 页。"务实外交"作为台湾当局推行的重大政策措施之一，制造"两个中国"或"一中一台"，以此作为与大陆抗衡的筹码，最终达到分裂祖国的目的。全书分四章：第一章开明宗义指出"务实外交"最初为一条不同的对外政策路线铺路，叙述早起风雨飘摇的台湾对外关系及其两种不同的政策态度；第二章介绍台湾当局花钱买"外交"的"建、复交"闹剧，指出"建、复交"活动的金钱本色和"双重承认"的彻底破灭；第三章分析台美关系何去何从，叙述双方错综复杂的较量；第四章写台日关系，指出台日关系一些特点。

## 《台湾对外关系大变局（2008—2010）》

严安林著，上海，上海社会科学院出版社 2011 年 10 月版，361 页。该书是一本研究马英九执政初期的台湾对外关系著作。作者在前言中指出，从陈水扁时代的"烽火外交"到马英九 2008 年提出的"活路外交"是台湾对外关系的重大转折，这为中国大陆的涉台外交提供了新机遇和挑战，故应该予以重视。全书共七章：第一章叙述台湾对外关系大变局的背景，指出民进党"烽火外交"政策的失败，阐述台湾二次政党轮替和中国大陆和平发展的态势；第二章叙述马英九上任后"活路外交"的理念与主张；第三章分析中国台湾与美国的关系，推测中国台湾与美国关系的走向；第四章分析中国台湾与日本的关系，预测未来双方关系的走向；第五章分析中国台湾当局与"友邦"的关系，并预测"外交休兵"政策下台湾与"友邦"关系的前景；第六章叙述台湾参与国际组织活动的新进展，如 APEC 利马会议与新加坡会议、"中华台北"参与世卫组织活动、台湾参与其他国际组织与活动等；第七章论述台湾对外关系与两岸关系和平发展问题，指出"外交休兵"主张的积极作用。

## 《台湾问题：中美关系的焦点》

张景旭编著，福州，福建人民出版社 1999 年 9 月版，265 页。该书叙述美台关系近 50 年的发展史及"台湾问题"缘何成为中美关系中最敏感、最重要、最具有爆炸性的问题。除前言外，全书分十四章：第一章叙述台湾是中国不可分割的一部分的历史；第二、三、四章叙述杜鲁门政府定"冷战"为国策后的美台关系史，指出朝鲜战争为蒋介石的"救命仙丹"，"依美求存"使美蒋关系进入"蜜月期"；第五至八章分别论及炮击金门、"依美防美"、美蒋关系由热变冷、美蒋关系紧张时期等内容；第九、十章详细叙述联大"2758"号驱蒋案，指出台湾当局"依美求存"梦难圆；第十一章叙述"实质关系"的实质；第十二章分析台湾权力结构转换的过程；十三章叙述台美贸易摩擦；第十四章分析中美关系的焦点——台湾问题，叙述布什调整对台政策、克林顿与台湾、美国为李登辉胜选护航、台湾"国防精实案"与美国对台军售、台美大力发展经贸关系以及克林顿公开重申"三不支持"政策等内容。

## 《台湾问题与中美关系》

孙岩编著，北京，北京大学出版社 2009 年 8 月版，347 页。该书作为大学本科生的教材，是阐述台湾问题与中美关系基本知识的学术性读物。全书共 11 章，从历史到现实，梳理了自 18 世纪末到 21 世纪初美国与台湾长期、特殊关系的逐步演进；回顾了 1949 年后两岸关系从隔绝对抗到如今交流密切、往来频繁的曲折发展；阐述了近 60 年来中美之间围绕台湾问题既有斗争又有合作的复杂进程。该书还分析了美国政府对台政策的内容及原因；评述了中共四代领导人关于台湾问题思路、策略不断发展的成果；梳理了在蒋介石、蒋经国、李登辉、陈水扁主政时期台湾当局大陆政策的调整变化。

## 《台湾与前苏联交往秘录》

李健编，北京，中国社会出版社 1995 年版，上下册，759 页。该书选自台湾《联合报》于 1995 年 5 月 21 日至 25 日，全文连载了前台"新闻局长"魏景蒙日记《五平档案》，叙述 20 世纪 60 年代末 70 年代初，在错综复杂的变局中，台湾当局与苏联这个几乎不可能接触的"宿敌"以合作为目标的接触。全书共十章：第一章写蒋介石拍板定案，苏联"秘使"首赴台湾；第二章写蒋经国晤见路易斯，双方密谋"反攻大陆"，"秘使"称苏联可以提供军事援助；第三章写魏景蒙、路易斯密晤维也纳，蒋介石特别指示五原则，"秘使"带来莫斯科重要的答复，苏联欲对中国实施核打击，尼克松技巧"泄密"；第四章写魏景蒙衔命前往罗马；第五章写魏景蒙、路易斯再晤维也纳；第六章写魏景蒙返台报告会谈经过；第七章写林彪坠机；第八章至第十章写路易斯"访"台北，台苏关系又传"新曲"。

## 《战后美日台关系史研究（1945—1995）》

王键著，北京，九州出版社 2013 年 12 月版，275 页。全书共七章：绪论概述了研究的思路与意义。第二、三、四章阐述了美日台关系的形成和确立，论述了以下内容：战后美国在亚洲推行新殖民主义，最初拟以中国为其东亚地区最大的战略伙伴，由于国民党政权的垮台，加之朝鲜战争等的影响，美国对日政策调整为积极扶植日本，使其成为美国在东亚地区的重要战略伙伴，美国还企图与日本共同掌控东亚地区经济，为此，不惜在经济利益上对日做出让步；历经 20 世纪 50—60 年代中日民间关系的跌宕发展，日本始终保持与海峡两岸之间的经济联系；至 1972 年中日邦交正常化的实现，日本最终达到其台海政策的战略目标，公开与两岸发展政治、经济等关系，为日本的国家利益服务。第五、六、七章阐述了美日台关系的发展、演变，1972 年日台断交、1979 年美台断交之后，美日台关系有所下降，但维持了实质性的关系框架；美日对台湾的政治、经济及军事的控制依旧；台湾在与美日关系互动的过程中，实现了经济增长；日本更是成为仅次于美国的世界第二经济大国；美国扶植日台的过程中，由于过度介入越南战争等，国力下降；日本对台湾的影响，尤其是对台湾的经济控制愈加严密、严重；在冷战时期，特别是冷战后期，美日对台政策并不完全一致，以美日经济摩擦为典型的美日矛盾迭起，充满折冲与博弈；而在世界冷战格局解体与后冷战时期，美日台关系的演变、走向，中日、中美关系以及两岸关系的走向，均是不可忽视、值得高度密切关注的重大问题。

## 《战后美台经济关系概论》

林长华等编著，北京，九州出版社 2001 年 6 月版，179 页。该书专门从 50 年来美国和台湾的经济关系的形成、发展和变化的角度，分析美国在 50 年来对台湾经济发展变化的重大作用。作者在前言中指出，美台经济关系，指的是美国同台湾之间，在 50 年来建立起来的投资关系、贸易关系和其他经济关系。这种经济关系必然左右着美台的政治关系。全书共九章：第一章为绪论，叙述美台经济关系的历史背景；第二章叙述国民党当局逃台初期的台湾经济形势；第三章叙述美台经济关系形成（1951—1965）的原因和动力；第四章叙述工业化时期的美台经济关系（1996—1978），着重指出美对台投资与日对台投资的不同特点；第五章叙述台湾工业升级时期的美台经济关系；第六章叙述冷战后美台经济关系；第七、八章分析台湾集团企业对发展美台经济关系的作用、美台特殊商品贸易；第九章从美台经济关系形成和发展过程看其演变趋势。

## 《战后日台关系史：1945—1972》

陈奉林著，香港，香港社会科学出版社 2004 年版，294 页。全书分六章：第一章讨论战后日台关系的缘起，叙述了国民党政府战后初期的对日政策、台湾回归祖国、蒋介石对维护日本天皇制的基本态度、中国不参加对日占领的国内外原因等内容；第二章着重分析旧金山和会与日台关系，叙述了旧金山和会对日本的片面媾和、中华人民共和国对参加旧金山和会的态度、吉田茂外交方针与日美安保体制、"日华和平条约"与日台关系等内容；第三章叙述缔约后的日台关系，叙述吉田茂、鸠山、岸信介内阁时期日台关系；第四章叙述池田、佐藤内阁时期日台关系；第五章叙述中日邦交正常化与日台"外交"关系的终结；第六章阐述作者关于日台关系与台湾问题未来发展的基本看法，指出要从地缘战略的角度看历史上的日台关系，总结日台20年官方关系的历史，展望"断交"后日台关系的新发展。

## 《战后日台经济关系的演变轨迹》

王键著，北京，台海出版社2009年3月版，547页。该书全面论述了战后日台经济关系形成的经济基础与社会背景、战后日台经济贸易联系的恢复与演进等，内容丰富、史料翔实。全书共八章：第一章为绪论，提出研究思路与意义、研究目标与方法、研究框架与基本内容；第二章分析战后日台经济关系形成的经济基础；第三章叙述战后日台经济关系形成的社会背景；第四至七章叙述战后初期日台经济贸易联系的恢复与演进（1952—1965年）、工业化时期的日台经济关系（1966—1978年）、台湾工业升级时期的日台经济关系（1979年—20世纪90年代）、冷战后的日台经济关系（20世纪90年代—21世纪初）；第八章分析台湾企业集团对日台经济关系的影响与作用，讨论台湾企业集团的形成与发展、重要地位、台湾企业集团与日、美大企业集团（财团）的关系。

## 《战后台日关系秘史》

王俊彦著，福州，福建人民出版社2000年7月版，284页。该书为通俗读物，共十九章。从战后初期国民党对日本战犯态度说起，以中日间钓鱼岛之争结束，横跨50年。主要内容有：蒋介石包庇战犯、签订"日台和约"、岸信介访问台美、蒋介石勾结岸信介破坏中日贸易、《吉田书简》内容、左藤与蒋介石、李登辉访日闹剧、钓鱼岛之争等。

## 《中美关系中的台湾问题》

王伟男著，济南，山东人民出版社2007年5月版，211页。该书以历史的发展为线索，以有关档案资料为依据，探讨了台湾问题的形成及其含义，叙述了中美构建新战略关系过程中双方在台湾问题上的折冲，论述了中美关系的正常化和美国对台湾政策的再定型，最后阐释了影响美国对台决策的若干基本因素。作者指出，在台湾问题的形成过程中（1948—1958），同时也是美国对台政策的第一次形成过程。在尼克松政府上台执政后，美国对台政策开始调整，这个调整过程的结束以 1982 年中美发表关于美国售台武器的《八一七公报》为标志。在这个过程中，维护美国的道义声望上升为主导性考量。从新中国成立到中美关系正常化之前，这种考量主要体现在美国对台湾当局的军事保护和政治支持上；在美国对台政策的调整过程中，还主要体现在对"和平解决"台湾问题的强烈关注上。在中美关系正常化以后，这种考量更是通过《与台湾关系法》和美国对台军售来体现。

## 《中美建交中的台湾问题》

周忠菲著，上海，上海社会科学院出版社 1994 年 6 月版，97 页。该书为研究台湾问题的国际关系史专著。共三章：第一章叙述中美建交的历史背景，内容有台湾问题的产生、美台共同防御条约等，尼克松时期中美跨越分歧、结束敌对，以及上海公报的内容、一个中国的原则等；第二章则写中美合作与斗争，内容涉及"两个中国"政策、步向正常化、布热津斯基访华、中美建交的合作与斗争等；第三章叙述和分析《与台湾关系法》，阐述美国保守主义思潮的兴起、亲台保守势力的影响及其政治背景等，分析《与台湾关系法》的主要内容和实质。

## 《中美棋局中的台湾问题（1969.1—1999.12）》

唐正瑞著，上海，上海人民出版社 2000 年 4 月版，619 页。该书主要记录 1969 年至 1999 年中美关系发展史上最具历史性变化的三十年，展示了中国共产党三代领导集体围绕台湾问题展开对美斗争并取得的重大成果。全书共十章：第一章回顾中美关系正常化的背景；第二章叙述中美两国领导人跨越太平洋的握手；第三章叙述中美建交的不平常历程；第四章叙述双方建交后痛苦的磨合；第五章叙述中美在台湾问题上难解的疙瘩；

第六章叙述世纪末的中美关系的大震荡；第七章回顾第三次台海危机实录；第八章叙述江泽民主席访美纪行；第九、十章展望中美关系，期待走出历史的困局。作者最后认为台湾问题是世纪棋局中一盘未下完的棋。

## 《中日钓鱼岛争端研究》

褚静涛著，台北，海峡学术出版社 2013 年 5 月版，上下册，584 页。该书以大量不容置疑的历史文献，驳斥了日本政府所持"1895 年至 1969 年，中国人不知钓鱼岛问题"，直接回应了日本学者的若干质疑，有助于钓鱼岛问题研究的深化与细化。该书揭示了 1895 年日本窃取钓鱼岛的详细经过，这期间琉球地位悬而未决；叙述了 1972 年，美国偏袒日本，将钓鱼岛的行政管辖权交给日本，在中日间制造新的领土冲突；详细回顾海外华人发起于海外的保钓运动经过，以及从海外逐渐移至中国大陆的历程，叙述从以民间自发为主体，走向中国政府主动采取实际行动的过程；最后叙述 2012 年 9 月日本政府强行"购买"钓鱼岛，中国政府被迫做出反击等内容。作者指出，中国坚持和平发展的方针决不动摇，继续坚持有理、有利、有节的原则，应对日本的挑衅，管控好钓鱼岛危机。

## 《中日关系中的台湾问题》

张耀武著，北京，新华出版社 2004 年 9 月版，382 页。该书运用日本外交文书和其他历史资料撰写的国际问题研究著作，旨在揭示台湾问题的产生原因和中日关系中的台湾问题的发展脉络。全书共五章：第一章写战后初期的台湾问题，回顾台湾问题的历史和产生背景；第二章叙述旧金山对日媾和与台湾问题，主要讨论美日在此问题上的外交策略；第三章讨论《日台条约》对中日关系的影响；第四章叙述中日邦交正常化与台湾问题，阐述中日邦交正常化的历史背景，分析《中日联合声明》中的台湾问题，以及叙述建交后日方在台湾问题上的"不和谐的音符"；第五章叙述冷战后中日关系中的台湾问题，介绍了日本政界的亲台势力，以及台湾岛内的所谓"日本情结"和中国大陆的对台立场。

# 第六篇　台海两岸关系史

## 《"反攻大陆"密谋透析》

李健著，北京，华文出版社1996年8月版，398页。全书共分四章，第一章介绍朝鲜战争爆发后，国民党蒋介石反攻大陆的密谋；第二章介绍大陆发生三年自然灾害后，蒋介石再度铤而走险，妄图与大陆人民力量决一死战；第三章描述大陆"文化大革命"期间，蒋介石拍板定案，与苏联密谋反攻大陆；第四章着重介绍了台湾的军备，特别是20世纪80年代以来的台湾的军事装备、军事外交以及军事演习的情况。全书文字流畅，通俗易懂，具有较强可读性。

## 《"三通"潮》

谢必震、吴巍巍主编，福州，福建教育出版社2011年5月版，213页。半个世纪前，台湾海峡的纽带曾被人为地割断，相望于两岸的骨肉同胞，阻隔于咫尺天涯！但两岸民众血浓于水的亲情，是任何外力都割不断的。跨越海峡、让阻隔东西两岸的"天堑"变成通途，是渴望和平往来的两岸人民的共同愿望。自1979年《告台湾同胞书》发表以后，应势而动的"三通"潮流一浪高过一浪，承载着两岸民众满满的渴望。2008年12月15日，这是一个划时代的历史时刻——根据海协会与海基会在"台北会谈"达成的协议，海峡两岸海运直航、空运直航、直接通邮全面启动，正式宣告两岸全面"三通"时代的来临。从此，"天堑"真正变成了通途，生活在两岸的骨肉同胞，终于可以不再被海峡阻隔，可以自由漫步在对岸的街头小巷。《三通潮》共三篇，以图文并茂的形式，记录了两岸中华儿女共同谱写历史新篇章的重要进程。

# 《"一国两制"与海峡两岸关系》

张同新、何仲山主编，北京，中国人民大学出版社 1998 年版，683 页。全书共分十三讲。第一、第二讲阐明了建设有中国特色的社会主义与实现国家统一大业的紧迫性，指出台湾是中国不可分割的一部分；第三、第四讲介绍了台湾问题的由来以及中国政府"武力解放台湾"的斗争；第五、第六、第七讲介绍了中国政府对台政策的转变——"和平解放台湾"的政策及其演变；第八、第九讲阐述了国家统一理论的飞跃——"一个国家，两种制度"方针的确立及在"和平统一、一国两制"方针下两岸关系的新发展；第十、第十二讲指出各种形式的"台独"都是海峡两岸人民的共同敌人，阐明了两岸统一的复杂性、艰巨性与必然性；第十一、第十三讲介绍了江泽民八项主张对两岸关系的推动及中共十五大对台工作的宣示。书末并选编了 1950 年至 1997 年间的部分文献，为研究两岸关系提供了一定的资料基础。

# 《"一国两制"与台湾问题》

潘叔明著，北京，人民出版社 2003 年 9 月版，291 页。该书是国家社会科学基金重点项目的研究成果。全书共 6 章，内容包括：祖国统一的历史任务，"一国两制"的伟大构想，祖国统一的历史进程，继续解决台湾问题，坚持"和平统一、一国两制"，最终解决台湾的预期等方面。

# 《21 世纪初期海峡两岸经济关系走向与对策》

李非主编，北京，九州出版社 2002 年 10 月版，262 页。该书主要内容有三个方面，分三篇共 15 章。第一篇：分析加入世界贸易组织对海峡两岸经济关系的影响，包括第 1—5 章，分别论述经济全球化趋势与海峡两岸经济互动关系、海峡两岸经济分工与相互依赖、加入世界贸易组织对台湾经济及两岸经贸的影响、入世对祖国大陆台资企业发展的影响、入世后台湾经贸法制的调整及其对大陆经贸政策的变化等方面的内容。第二篇：论述 21 世纪初期海峡两岸经济关系走向，包括第 6—10 章，分别论述新世纪海峡两岸经济一体化、海峡两岸"三通"发展前景、海峡两岸科技产业合作趋势、海峡两岸农业合作趋势、关于建立"两岸经济合作区"的战略构想等方面的内容。第三篇：探索加入世界贸易组织后发展海峡两岸经济关系的对策，包括第11—15章，分别论述入世后祖国大陆涉台经贸立法的调整、对台招商引资的对策、加强两岸金融合作的对策、大陆处理涉台税收关系的原则与对策、两岸加强知识产权保护的对策等方面的内容。该书的研究目标在于，将海峡两岸经济关系作为一个有机的整体加以考察，认识、掌握加入世界贸易组织后海峡两岸经济关系发展中出现的新的条件、特点、形式与趋势，揭示台湾经济与祖国大陆经济之间的内在联系和互动关系。

## 《澳门与台湾关系发展研究》

许崇德、朱松岭著，澳门理工学院一国两制研究中心2010年6月版，136页。该书是"一国两制"文库丛书之一种，重点研究澳门与台湾之间的关系。全书共分4章，第一章强调澳门与台湾自古以来都是中国的领土，澳台关系是一国之内的地区关系；第二章分析了新中国成立后澳门地位的日益凸显；第三章回顾了澳门与台湾自1999年到2009年十年间关系变化；第四章总结澳台关系发展的经验，着重对澳台关系今后的发展提出建议。该书是研究澳台关系的专著，弥补了既往学界在这方面的空缺。

## 《船政文化与台湾》

朱华主编，厦门，鹭江出版社2010年9月版，200页。该书以船政机构、人物及其活动为基本内容，部分内容涉及船政人物的后裔，主要内容包括福建船政与台湾的渊源、福建船政与台湾的近代化、船政毕业生对建设台湾的贡献等。

## 《打破僵局：未来两岸关系的走向》

金小川主编，北京，华文出版社2000年6月版，334页。该书在长期跟踪台湾问题、占有大量资料的基础上，回顾了台湾发展的历史、国民党在台湾的发展、"台独"势力的形成、台湾中生代和新生代的兴起等过程，初步展望了 2000 年的"后李登辉时期"的台湾政局及两岸关系，指出中国统一是大势所趋。全书包括"台湾近现代简史：沧桑的历史与苦难的人民""国民党在台湾的政治起伏录：1945—2000""'台独'：中华民族肌体上的一颗'毒瘤'""善变之狐：李登辉是如何成长起来的""李登辉：一个致力于分裂国家的民族败类""剖析台湾社会：新生代和'台湾经验'评析""国际格局与台湾：国际因素对台湾的影响""历史启示录：收复和统一台湾的反思""'后李登辉时期'：未来台湾与两岸关系""僵局总是要打破的：战争还是和平？"10 章。

## 《大国格局变动中的两岸关系》

徐博东等著，北京，九州出版社 2009 年 5 月版，270 页。该书是2005 年度国家社科基金重点项目的研究成果，由来自北京联合大学台湾研究院、中国社会科学院台湾研究所、美国研究所的专家学者，经过两年多的通力合作，最终完成。全书由"冷战中的大国格局与两岸关系""冷战后大国格局的变动""冷战后中国统一的国际环境""大国格局下海峡两岸在国际上的较量与斗争""大国格局变动中的两岸博弈""大国格局变动中的两岸关系展望""台海局势发展与中国的国家统一战略"7 章构成。该书的主要价值在于从宏观视角和国家发展整体性方向上重新审视国家统一问题。通过对影响台海局势发展走向各个因素的系统分析，找出决定台海局势走向的根源性因素，并对台海局势的深层结构进行了比较系统的解析。在此基础上，充分认识大国格局变动中国际安全观转变和国际力量重新组合的新变量，以便于驾驭矛盾和利用矛盾，化不利因素为有利因素，为实现中国的国家发展战略目标服务。

## 《大陆沿海与台湾地区竞争力比较研究》

张玉冰著，北京，九州出版社 2007 年 11 月版，296 页。该书以台湾地区和大陆沿海三大经济区域作为研究对象，对这四个区域的经济竞争力定量化评价后进行比较分析，并在两岸经济合作与经济增长关系检验中，选取大陆东部沿海地区中的江苏省作为代表进入模型，试图采用"案例分析"的研究范式；而对于两岸经济趋势预测的研究对象，则主要为台湾、大陆整体以及大陆沿海三大经济区域。另外，为使预测结果更具参考性，该书还分别对大陆三大区域中经济发展最为热络、外向性相对最高、经济整体规模与台湾较为接近的四个省份（即南部沿海地区的广东省、东部沿海地区的江苏及浙江两省，以及北部沿海地区的山东省）的经济发展趋势做出预测分析。全书共计 5 章，是探讨两岸经济关系的有重要学术价值的著作。

## 《大陆与台湾的历史渊源》

林仁川著，上海，文汇出版社 1991 年 3 月版，296 页。大陆和台湾自古以来即存在着千丝万缕的关系，该书正是这一方面的研究著作。全书共计七章，从多角度论证了大陆与台湾的历史渊源。第一章从古地理学和考古学角度论证了大陆与台湾的地缘关系；第二章从人类学角度论证大陆与台湾的血缘关系；第三章从人口迁移角度论证了汉族人民的大量迁移与台湾经济的发展关系；第四章从经济学角度论证大陆与台湾的经济来往与贸易结构的关系；第五章从行政上看大陆对台湾行政管理的历史变迁；第六章从文化角度看台湾与大陆的文化渊源关系；第七章从社会学角度论证大陆与台湾风俗习惯渊源与宗教信仰渊源。全书资料丰富，具有较高的学术价值和现实意义。

## 《大战略：邓小平与祖国统一》

王红续著，北京，九州出版社 2004 年 7 月版，250 页。该书由导论和 10 章内容组成。导论用不小的篇幅回顾了邓小平对毛泽东祖国统一战略继承与调整的历程，并初步勾勒出其运用"一国两制"将解决台湾和港澳问题有机联系起来的战略思路，之后 10 章则详细展开论述。其中第 1 章阐释邓小平"一国两制"构想提出缘起及与中国特色社会主义的关系，第 2 章至第 8 章探讨邓小平运用"一国两制"解决香港问题的实践，第 9 章分析邓小平在解决澳门问题上的作为，第 10 章关注邓小平为解决台湾问题展开的对美外交及未来的战略构想，最后还专门交代了以江泽民为首的第三代领导集体对邓小平"和平统一、一国两制"思想的继承和发展。全书运用翔实的史料，吸收学界最新研究成果，全面展现了邓小平在祖国统一问题上承上启下的历史作用和为此做出的不懈努力。此书在邓小平诞辰 100 周年之际出版，对于纪念邓小平对祖国统一大业的巨大贡献，有着重要的意义。

## 《东亚经济格局变动与两岸经济一体化研究》

曹小衡著，北京，中国对外经济贸易出版社 2001 年版，298 页。该书属国家社会科学基金项目课题成果。全书介绍了东亚经济格局新特征，东亚产业结构的变动与两岸产业分工，两岸经贸关系的现状与特点，东亚经济新格局与海峡两岸经济一体化前景等方面的内容。

## 《对台经贸政策研究》

张春英、肖冬华、蒋宗伟著，北京，九州出版社 2014 年 3 月版，306 页。该书主要研究中共对台经贸政策的变迁。全书分三部分，共八章：第一部分包括第一、二章，梳理中共对台经贸政策发生发展的历史进程和阶段划分，阐述中共对台经贸政策的实践；第二部分从第三章到第六章，分别从两岸"三通"、战略、策略，以及新决策新举措等方面，进行专题研究；第三部分即第七、八章，探讨中共对台经贸政策制定实施的影响作用及经验。

## 《福建对台交流合作先行先试研究》

唐永红、刘国深主编，北京，九州出版社 2010 年 6 月版，248 页。该书在总结福建过去 30 年来发挥对台优势与作用所取得的主要成效、基本经验及其所面临的制约因素，阐明新形势下福建进一步发挥对台优势与作用面临的机遇与挑战的基础上，提出进一步发挥福建对台优势、发展闽台关系的思路与举措。全书共分六章，分别阐述新形势下拓展闽台紧密经贸联系、全面直接"三通"、农业全面合作、旅游双向对接、文化深入交流、交流合作载体平台六个方面的新作为，建议为构建"两岸经贸自由化先行区"与"两岸经济一体化先行区"，中央应准予福建在其适当区域建立自由经贸区，并赋予相应政策支持。

## 《港澳与海峡两岸关系》

孟庆顺著，武汉，武汉出版社 1999 年版，379 页。该书是"国共关系与两岸关系丛书"之一种。全书共分港澳与海峡两岸的对峙、中英香港问题谈判与海峡两岸关系、中葡澳门问题谈判与海峡两岸关系、过渡期的港澳与海峡两岸关系的突飞猛进、香港回归及其在海峡两岸关系中的重要地位五大部分。作者以时间为经，以港澳与两岸关系的不同方面为纬，将港澳与两岸的关系全面、完整地呈现在读者面前。全书资料丰富，是港澳与海峡两岸关系研究方面的一部力作。

## 《构建两岸关系和平发展框架的法律机制研究》

周叶中、祝捷主编，北京，九州出版社 2013 年 3 月版，254 页。该书着眼于构建两岸和平发展框架的一个方面，以构建这个基本框架的法律机制为研究对象，全书分为八章，作者首先从宏观方面论述了宪法机制对于构建两岸和平发展框架的意义和作用，以及宪法解释手段对两岸关系研究的方法，然后论述了构建这个基本框架所面临的法律障碍和解决机制；进而从微观入手，对构建基本框架行政合作机制及司法协调机制的意义和所面临的困境进行论述，中间穿插了包括两会协议对于克服两岸和平发展框架法律障碍方面的作用和"陆资入岛"所面临的困境和解决具体问题的论述。全书论述较为严谨，且针对现实问题，对于解决构建两岸和平发展框架面临的具体问题具有积极意义。

## 《国际法视野下的国家统一研究——兼论两岸统一过渡期的法律框架》

范宏云著，广州，广东人民出版社 2008 年 8 月版，288 页。该书是一本关于国家统一和两岸关系问题的法学专著。作者认为，"和平统一、一国两制"构想发展了国际法的和平、主权及统一理论，是解决两岸统一问题的成功方案。但是，"一国两制"毕竟是终局方案，在通过终局方案实现国家统一之前，应当有过渡方案。该过渡方案要达到的秩序目标是铲除"台独"的基础和空间，使两岸关系正常化，保证中国的主权和领土完整性不受损害。作者根据两岸关系的发展预期，提出了两岸统一过渡期这一新的概念，并认为它是两岸关系发展的未来必经阶段，并且提出了构建和平发展的两岸统一过渡期法律框架。全书分国际法上的国家、国家统一与国际法、国家分裂与国际法、与国家统一与分裂有关的国际法继承理论、两岸统一事业与国际法五个部分。

## 《海峡季风：多棱镜下两岸关系透视》

　　李义虎、王建民主编，北京，文化艺术出版社 1996 年版，340 页。20 世纪 90 年代中期以来，海峡两岸关系的演变成为举国上下高度瞩目的中心事件，台湾问题的研究亦成为一门"显学"。两岸关系的发展和台湾问题的解决，不仅是知识界倍加关注的焦点，也是民间议论纷纷的热门话题。在这样的情形下，如何较为全面、系统和有针对性地介绍及评析台湾问题和两岸关系中的各种重大问题，从比较的角度介绍和分析祖国大陆的对台政策和台湾当局的大陆政策，特别是着力介绍和宣传中共中央和中国政府的祖国统一方针和对台政策，成为学术界的重中之重。该书即是在这样的背景下，由来自北京大学、中国社会科学院台湾研究所等台研重镇的一批长期潜心研究台湾问题的专家学者，将多年研究成果贡献出来，结集成册，以便于社会各界了解两岸关系的变动轨迹。全书共分 12 章，内容涉及中共对台湾政策演变、台湾当局大陆政策演变、台独议题、两岸关系发展、岛内政局及两岸关系展望等多个方面。

## 《海峡经济区的战略构想：台湾海峡
## 两岸经贸关系走向》

　　黄绍臻著，北京，社会科学文献出版社 2005 年 12 月版，379 页。全书分理论追寻——海峡经济区的理论依据、海峡经济区的战略意义、海峡经济区战略构想的现实可行性、海峡经济区的构成和性质、海峡经济区的发展模式和发展阶段、海峡经济区的竞争优势、海峡经济区的产业分工体系、海峡经济区的合作机制 8 章。作者以马克思的区域分工和经济一体化理论为依据，汲取和借鉴西方近现代区域贸易分工理论、区域空间组织理论和区位理论的有益成分，就海峡经济区的性质、发展模式、竞争优势、产业分工和合作机制等，进行了比较深入的研究。

## 《海峡两岸港口物流对接模型研究：以闽台为例》

黄民生等著，北京，科学出版社 2009 年 4 月版，313 页。全书六章：第 1 章为绪论，第 2 章为海峡两岸港口物流因子模型分析，第 3 章为海峡两岸港口物流流量和结构预测模型，第 4 章为两岸经贸合作分析与港口物流对接模式，第 5 章为基于两岸直航的福建省综合交通网络对接模型，第 6 章为两岸直航与福建港口物流中心建设，第 7 章为世界著名港口物流发展经验及其闽台港口物流对接对策，第 8 章为结论。该书采用定量和定性结合的分析方法，建立海峡两岸港口物流指标评价模型和闽台港口物流流量和结构预测模型；分析闽台经贸合作和产业对接，构建福建省以港口为龙头的综合交通对接模式和港口物流中心建设；分析世界著名港口物流发展经验，提出闽台港口物流对接对策。

## 《海峡两岸关系40年》

马建离等主编，武汉，湖北教育出版社 1995 年版，527 页。全书共计 10 章，第一章"海峡两岸关系的历史渊源"，根据大量考古和文献史料，十分清晰地阐明了台湾自古以来就是"地缘根在大陆""血缘根在大陆"和"文化根在大陆"。又根据大量史书记载，阐述自古以来直到近现代，海峡两岸同胞共同开发台湾和海峡两岸人民为维护祖国统一共同英勇斗争的事实。第二至九章阐述了 1949 年到 1992 年两岸关系发展的轨迹，涉及从"海峡两岸对峙格局的初步形成"，经"微妙变化"到"中国共产党和中国政府关于和平统一祖国方针的提出与'一国两制'构想的初步实施"等一系列大事。第十章"为实现海峡两岸的和平统一而奋斗"以多方面的事实和理论为依据，展望了两岸关系的现在和未来，指出台湾从经济发展、政治稳定和安全来讲，需要和大陆统一，而大陆为实现社会主义的四个现代化建设，也需要与台湾统一。

# 《海峡两岸关系 60 年图鉴（1949—2009）》

余克礼、贾耀斌、陈云林主编，武汉，长江出版社 2010 年 4 月版，584 页。该书以 1949 年两岸关系的形成为起点，以祖国大陆对台方针政策的提出发展为轴，以台湾局势的演变和两岸关系发展的阶段性特征为基本线索，紧扣 60 年来两岸关系各个阶段的形势特点，比较系统地描述了两岸关系形成和发展的过程。全书分两岸对峙局面的形成、祖国大陆"和平解放"台湾的努力、两岸对峙中的接触、往来与文化纽带、新一轮"反攻大陆"两岸局部军事冲突、两岸僵持与国际场合的激烈较量、两岸交流交往的全面展开、"八项主张"的发表与两岸关系曲折发展、民进党上台与反"独"遏"独"斗争、粉碎陈水扁当局谋划"台湾法理独立"活动、牢牢把握两岸关系和平发展的主题、两岸关系呈现和平发展良好的势头等几大部分。该书是一部面向大众，富于知识性、趣味性和思想性的海峡两岸关系史读物。

# 《海峡两岸关系大事记》

陈崇龙、谢俊主编，北京，中共党史出版社 1993 年 7 月版，424 页。该书主要记录了 1949 年 10 月至 1992 年 10 月海峡两岸的关系交往大事。全书包括紧张的军事对峙阶段、和平倡议与冷战对峙阶段、隔绝往来与政治对峙阶段等几部分。全书以编年体为主，结合纪事本末体的方式，将 40 多年来的两岸交往中发生的大事编集成册，为研究台湾问题，了解两岸关系的历史提供了便利。

# 《海峡两岸关系的法律探讨》

常征、王光仪主编，成都，四川大学出版社 1992 年 9 月版，251 页。该书为"海峡两岸关系法律问题研讨会"论文集，收录了《海峡两岸关系与法律问题》《两岸关系的发展及双方政策的变化》《海峡两岸人民关系法律问题刍议》《大陆与台湾法律冲突之协调》《两岸经贸关系法制化问题刍议》《论台湾对大陆投资的法律规范》《论海峡两岸民事法律效力及其纠纷的解决》《两岸物权制度探析》《海峡两岸离婚制度比较》等论文 25 篇，内容涉及两岸交流各方面的法律问题，如两岸法律冲突问题、两岸民事法律问题、两岸经济法律问题、两岸婚姻法问题、两岸物权法问题，等等。这是较早一部探讨两岸法律问题的论著。

## 《海峡两岸关系发展简史》

于保中、陈新根著，北京，九州出版社 2014 年 4 月版，508 页。随着两岸关系的和平发展和台湾自由行的开放，越来越多的读者对台湾的历史、社会文化、政治沿革等各方面信息产生兴趣，希望获得更多的了解。该书按照两岸关系和平发展的历史顺序，探讨了台湾与大陆的历史渊源，着重记述了国民党退台后两岸关系演变的历史，在此基础上对两岸关系的现状进行分析，对未来发展的趋势进行展望。全书分台湾的开拓治理和台湾人民的爱国传统、台湾光复和"二二八"起义、蒋介石退守台湾和"共谍"案、风雨飘摇台湾岛和美国保台、金马危机和国民党"反攻大陆"、蒋经国接班主政和国民党革新、台湾党外运动和民进党成立、邓小平"一国两制"构想和两党沟通密谈、江泽民"八项主张"和"汪辜会谈"、李登辉的"台独"活动和"两国论"出笼、台湾政权轮替和李登辉被开除出国民党、胡锦涛"六点意见"和《反分裂国家法》、连战和宋楚瑜及郁慕明访问大陆、国民党重新执政和两岸关系发展等共 24 章。该书通过具体人物和事件的生动讲述，提供了一个了解台湾问题和两岸关系的大众读本。

## 《海峡两岸关系概论》

余克礼主编，武汉，武汉出版社 1998 年 1 月版，319 页。该书是"国共关系与两岸关系丛书"之一种。作者以辩证唯物主义和历史唯物主义为指导，实事求是地分析历史问题和现实问题，既从纵的方面开展"两岸关系"史的研究，又从横的方面开展"两岸关系"论的研究，以论为主，史论结合，力图从各个时期、各个领域、不同的侧面呈现"两岸关系"全貌。全书分台湾问题的由来、军事对抗时期的两岸关系（1949—1979）、和平对峙时期的两岸关系（1979—1987）、民间交流时期的两岸关系（1988—1993）、现阶段两岸关系的发展及前景展望（1993—）5部分。该书是一部融理论性、可读性为一体的海峡两岸关系史著作。

## 《海峡两岸关系日志（1949—1998）》与《海峡两岸关系日志（1999—2008.5）》

南京大学台湾研究所编，北京，九州出版社1999年5月版，878页。该书逐日列出有关两岸关系的重要事件，如实记录了1949—1998年间海峡两岸关系演变的历程，通过微观和具体的叙事，再现两岸互动的真实历史场景，从客观的历史视角，展示近50年间有关两岸关系的全面、系统和简要的资讯，为海内外关心台海局势的人士理性观察、思考和评判这一时段的两岸关系演变提供最基本的事实依据。该书面世之后，深受两岸学界、政界及关心两岸关系人士的欢迎，成为他们了解两岸关系历史进程的重要工具书。受此影响，南京大学台湾研究所又于2010年6月编著出版了该书的续编《海峡两岸关系日志（1999—2008.5）》。

## 《海峡两岸关系史》

张春英主编，福州，福建人民出版社2004年12月版，1203页。全书共4卷，从史前时期开始，以台湾考古发现的三万年前从大陆跋涉到台湾的"左镇人"为标志，一直写到21世纪到来后两岸关系的新发展。第一卷为开发—融合时期（史前—明中期），阐述了史前时期到明朝中期的海峡两岸关系，大量运用近年来台湾考古新发现，以台湾海峡的地理变迁，从语言、风俗、宗教信仰等方面，详尽地说明了台湾与大陆的密切关系，台湾文化根系大陆；从中国历代王朝对台湾的开发、经营和治理，挖掘新的史料，论证台湾自古就是中国不可分割的一部分。第二卷为变乱—回归时期（明后期—民国时期），记述了日本帝国主义割占台湾后，对台湾同胞实行残酷的殖民统治，台湾同胞以各种方式反抗殖民主义的斗争，充分体现了台湾同胞爱国主义精神，从辛亥革命到五四新文化运动，再到抗日战争，海峡两岸出现了相互激荡的革命斗争的场景。第三卷为内争—对峙时期（1949年中华人民共和国成立国民党败退台湾—1978年大陆的改革开放前），探讨了在海峡两岸对立对峙的局面下，两岸却坚持一个中国立场，形成共同反对台湾分离主义的斗争实践，充分体现了中华民族维护祖国统一的优良传统。第四卷为缓和—统一时期（1979 年大陆和平统一方针的提出—21 世纪初的两岸关系），概括了 90 年代中期以来中国人民反"台独"反分裂的三次斗争及其取得的重要成果；探讨了新世纪中国共产党反"独"促统的新战略。全书以两岸关系历史发展的过程为经线，以政治、经济、军事、文化、民族、宗教信仰等方面的关系为纬线，纵横交错、史论结合，给读者编织了一幅全方位展现海峡两岸关系发展演变的历史画卷。

## 《海峡两岸关系史》

　　唐林生等著，武汉，湖北人民出版社 1994 年版，275 页。全书论述了海峡两岸关系运行的轨迹、规律及其未来的发展趋向。

## 《海峡两岸关系舆情调研与分析》

　　李义虎、海龙、张植荣著，北京，中国经济出版社 2012 年 5 月版，185 页。该书中的舆情调研是国家社会科学基金重点项目《一国两制台湾模式》的有机组成部分。作者针对北京地区部分高校制作问卷样本，进行涉及两岸关系与"一国两制"、两岸交流与合作、两岸统一模式的思考等问题的调研，掌握了大陆地区高校关于海峡两岸关系的综合性舆情的第一手资料。在此基础上，作者对两岸关系的发展进行了分析，指出两岸关系发展中虽存在着诸多亟待克服的障碍，但两岸关系的发展必然会促进祖国的最终统一。为此，书中就两岸交流和国家统一问题提出意见和建议：要做好各方面的工作，积极加强两岸不同层次、不同领域的交流与合作，舒缓台胞顾虑；要清醒认识两岸统一所面对的国际环境，逐步完善和发展两岸统一中大陆自身的综合实力；积极做好岛内绿营人士的解释、说服工作，认可和维护台湾当局的合理权益，积极寻找两岸共同点，增强台湾民众的国家认同感，等等。全书分海峡两岸关系舆情调查分析、海峡两岸关系舆情调查问卷数据统计、海峡两岸关系舆情调查问卷样卷三部分。书中所涉调研，是大陆首次专门就海峡两岸关系所作的综合性舆情调研。这在大陆关于两岸关系的理论研究方面是一次重要尝试，调研不仅为两岸关系的学术研究提供有价值的实证材料，而且也为涉台部门制定对台决策提供一定的依据和参考。

## 《海峡两岸关系中的法律问题》

常征主编，厦门，鹭江出版社 1993 年版，223 页。该书是"台港澳法律研究系列丛书"之一种。全书共 10 章，涉及从法律角度审视两岸关系、两岸间出入境和定居问题、两岸投资贸易关系中的法律问题等内容，从法律角度考察了两岸关系，探讨了两岸交往中存在的各种法律问题，为两岸各方面的交往提供了法律参考。

## 《海峡两岸和平统一研究》

高智生著，昆明，云南民族出版社 2001 年版，252 页。该书包括两岸和平统一问题溯源；蒋介石谋求"反攻大陆"，抗拒和平统一；蒋经国转向"和平统一"；李登辉在两岸统一问题上开始蜕变；民进党历来主张台湾独立；美国是两岸和平统一的重大障碍；注重台湾民众在两岸和平统一过程中的推动作用；两岸和平统一的可能性分析；"和平统一，一国两制"是两岸统一最佳方案；人民解放军是推进两岸和平统一的坚强后盾等 10 部分内容，阐述了海峡两岸在和平统一问题上的历史演变，分析了两岸和平统一存在的各种不利因素及和平统一的可能性，最终得出"和平统一，一国两制"是两岸统一的最佳方案的结论。

## 《海峡两岸和平协议研究》

祝捷著，香港社会科学出版社有限公司 2010 年 5 月版，508 页。该书为武汉大学两岸及港澳法治研究丛书之一。全书五章，从和平协议的性质、主体、内容、谈判和实施五个方面，创建和平协议研究的理论框架，并对和平协议中的若干理论问题进行探讨。

# 《海峡两岸交流史稿》

　　李学明编著，成都，四川人民出版社 1991 年 6 月版，293 页。全书15 章，涉及和平统一与一国两制、突破"三不"与促进"三通"、"大陆政策"逐步调整、两岸民众探亲旅游、两岸经贸日益扩大、文化交流长足发展等内容。该书介绍从 70 年代末到 90 年代初（1978 年 12 月到 1990年 4 月 30 日），海峡两岸交流发生、发展的历史过程，阐述中国共产党提出的"一国两制、和平统一"的方针政策及其贯彻落实情况，剖析国民党当局提出的所谓"一国两府""弹性外交"政策及其"有所变，有所不变"的立场，论述两岸在经济、文化、科技、教育、体育和法律等各个领域交流的情况和特色，展示海峡两岸终将统一的必然趋势。

# 《海峡两岸交往中的法律问题研究》

　　陈安著，北京，北京大学出版社 1997 年版，325 页。作者把宏观综合与微观剖析相结合，把两岸交往中存在的法律问题放在两岸社会宏观背景下加以研究，不是简单地就法律问题谈法律问题，而是从政治、经济、社会、文化等诸角度的结合点上来考察法律问题。同时，把各种法律问题综合起来研究，努力探索和寻求总体上统筹解决的办法，而不是停留在单一局部上的就事论事。全书共五编十九章，分别论述两岸在社会宏观背景上的主要差异及其在法律上的影响；台湾的大陆基本政策及其引发的法律问题，台湾的大陆经贸政策及其衍生的法律问题，台商在大陆投资、两岸贸易、金融、证券、经贸纠纷调解与仲裁等方面交往中的法律问题；两岸交往中在财产、债权债务、婚姻家庭、遗产继承、民事诉讼、民事法律冲突、民事司法协作等方面的民事法律问题；两岸交往中在刑事案件管辖权、刑事法律适用、刑事司法协作等方面的刑事法律问题，以及对两岸交往诸法律问题的综合研究和有关建议，是有关两岸交往中法律问题研究的重要著作。

# 《海峡两岸经济合作问题研究》

李非著，北京，九州出版社 2000 年版，243 页。全书分 10 章，涉及海峡两岸经济合作的基本架构、国际经济发展趋势与两岸经济合作、海峡两岸经济竞争与互补问题、海峡两岸经济合作的发展进程、海峡两岸贸易关系、海峡两岸投资关系、海峡两岸"三通"问题、海峡两岸其他经济合作、台湾当局的大陆经贸政策问题等内容，将海峡两岸经济关系作为一个有机整体进行系统的考察，全面分析了两岸经济关系发展的条件、特点、形式与趋势，比较深刻地揭示了两岸经济的内在联系，探索了加强两岸经济合作、实现两岸经济资源优化配置的可能模式和途径，阐述了两岸经济关系发展的规律性和趋势。

# 《海峡两岸经贸关系》

李非著，北京，对外贸易教育出版社 1994 年版，280 页。该书分海峡两岸经贸关系导论、历史上的两岸经贸关系、新时期的两岸经贸关系、海峡两岸贸易关系、海峡两岸投资关系、海峡两岸交通联系、海峡两岸其他经贸联系、海峡两岸经贸关系发展趋势 8 章。第一章导论，论述国际经济环境与两岸经贸关系以及两岸经济的竞争性与互补性。第二章至第八章根据两岸经贸关系发展与趋势、两岸经济合作与交流形式等内容展开分析，其中第二、三章从纵向角度论述 1979 年前后，即早期与近期两个历史阶段两岸经贸关系的发展脉络及其基本特征；第四至第七章从横向角度论述现阶段两岸经贸关系表现出的各种形式，其中第四章分析两岸间接与直接形式的贸易关系；第五章论述台商在大陆投资的特征、形态以及大陆引进台资的投资环境；第六章介绍两岸航运、通信以及人员往来等交通联系；第七章探讨两岸在其他形式上的合作关系；第八章最后在分析影响两岸经贸关系发展诸项因素的基础上，对其未来走向作一基本预测。该书是作者对日益紧密两岸经贸关系进行的探讨与研究，以便为人们能够更加客观、全面地了解与认识海峡两岸经贸关系的发展状况与未来趋势提供比较可靠的信息作为参考。

# 《海峡两岸经贸关系》

李宏硕著，天津，南开大学出版社 1993 年版，229 页。该书是在国家教委第三批博士点专项科研基金资助下的研究成果。全书共分 4 章，就海峡两岸经贸关系中一些最根本的问题进行论述。第一章以新的角度和层面，从两岸经济具体特点出发，运用国际经济学理论对两岸经济互补进行理论探讨，并在两岸经济互补的实证分析基础上，提出了自己的想法。第二章对海峡两岸经贸关系的主要领域：间接贸易、直接贸易、投资及台湾对大陆工农原料的进口和两岸在国际市场上竞争五个方面以及两岸经济交流与合作的发展和现状，进行了理论概括和系统论述。第三、第四章论述大陆对台湾的经贸政策及法规，台湾当局对大陆的经贸政策及法规的基本内容、主要特点、背景及调整过程。书末附录自 1979 年 1 月至 1991 年 12 月两岸经贸关系大事记。

# 《海峡两岸经贸关系探讨》

刘映仙等著，北京，中国友谊出版公司 1993 年版，400 页。全书收录了《两岸经贸关系的现状、问题和趋势》《对两岸经贸问题的几点看法》《九十年代的两岸经贸合作》《两岸经贸关系发展的前景展望》《两岸产业结构的比较与经济分工》《海峡两岸发展微电子产业的若干比较及合作前景》《从两岸经贸关系发展看"中华经济协作系统"的建立及困难》《中国大陆同东南亚国家投资环境及吸引台资状况比较》《台湾当局大陆经贸政策之我见》《台湾当局的"大陆投资政策"述评》等文章共 15 篇，探讨了台湾、大陆经贸往来的历史、现状，介绍了与之相关的政策、理论、科技等问题，同时对两岸未来的经贸交往做了展望。

# 《海峡两岸经贸关系研究》

李宏硕等主编，北京，中国致公出版社 1994 年 11 月版，236 页。该书是"台湾经济研究丛书"之一种。全书分实证篇、现实篇、展望篇、金融篇、政策篇 5 篇，就海峡两岸潜在的贸易和投资关系、海峡两岸贸易和投资状况、海峡两岸经贸发展趋势和促进两岸经贸发展的建议、台湾金融体制改革及两岸金融关系、两岸经贸政策及其影响等内容展开阐述。该书是较早一部就两岸经贸关系进行研究的著作，其中的研究成果受到海峡两岸经济学界的好评。

## 《海峡两岸经贸合作关系研究》

龙永枢著，北京，经济管理出版社 1998 年版，367 页。全书共 5 篇 21 章。第一篇总论，论述了两岸经贸关系发展的动因、两岸经济的整合趋势、国际形势新变化对两岸经贸关系的影响、两岸经贸关系发展的前景等；第二篇海峡两岸贸易合作关系研究，阐述了两岸贸易关系发展的历史沿革和现状、区域经济合作与发展两岸贸易关系，分析了两岸贸易关系存在问题，并就两岸贸易合作关系的发展提出建议和对策；第三篇海峡两岸投资合作关系，分析了两岸经济的变迁、海峡两岸投资政策的演变、两岸投资关系现状和特点，展望了海峡两岸投资合作的发展前景；第四篇海峡两岸交通合作关系研究，分析了两岸交通合作的必要性和重要性，阐述了两岸海上运输合作、两岸航空运输合作、两岸通邮通电的现状及其发展趋势，提出了两岸交通运输合作的发展战略和构想；第五篇海峡两岸科技交流与合作关系研究，对海峡两岸科技发展状况进行了比较，介绍了海峡两岸科技交流合作的历程与特征，分析了两岸科技交流与合作的难题及其成因，最后提出海峡两岸科技交流与合作的战略构想。该书是较早研究两岸经贸合作关系的著作，为两岸经贸合作提供了理论参考。

## 《海峡两岸经贸交流研究》

温端云等著，武汉，湖北人民出版社 1999 年版，251 页。该书是"中国经济发展新探丛书"之一种。全书共 6 章：第一章世界经济区域化浪潮与海峡两岸经贸交流，分析了世界经济区域化浪潮对两岸经贸交流的影响，指出中华经济圈是世界经济形势变化发展的必然结果；第二章海峡两岸经贸交流的经济诱因，指出海峡两岸经贸交流是大陆经济改革开放的需要，也是台湾经济保持持续增长的需要，同时海峡两岸的经济互补性也是两岸经贸交流的内在诱因；第三章海峡两岸经贸交流的政策，介绍了两岸的经贸交流政策，并分析了香港回归、加入 WTO、APEC 的区域合作方式对两岸经贸交流政策的影响；第四章海峡两岸经贸交流的历史与现状，着重介绍了 1979 年以来两岸的经贸交流情况及主要特点；第五章海峡两岸经贸交流的"产业—区域"战略选择，分析了产业结构与区域结构在经济发展战略中的作用、两岸产业结构的变迁，指出大陆区域产业结构演进的方向；第六章海峡两岸经贸交流面临的挑战及未来走向，对两岸经贸交流的未来进行了展望。

## 《海峡两岸统一之路》

娄杰著，郑州，河南文艺出版社 2000 年版，476 页。全书分上、中、下三编共 13 章。上编"中共第一代领导集体的对台政策与实践"，介绍新中国成立以来至改革开放前，大陆对台政策由"武力解放台湾"到"和平解放台湾"再到"一纲四目"的演变过程。中编"中共第二、三代领导集体的对台政策与实践"，介绍改革开放以来大陆"和平统一、一国两制"的对台政策，以及两岸在这一政策下所取得的政治突破、经贸交流、文化交往等情况。下编"海峡两岸和平统一的障碍"，主要分析了两岸和平统一存在的障碍，如台湾当局的"国统纲领"、民进党的"台独路线"、美台实质关系、日台实质关系等，提出了促进两岸和平统一的措施，如增强祖国大陆的综合实力、加强海峡两岸之间的经贸交流合作和文化交流、增进海峡两岸同胞之间的理解和团结、强化"一个中国"的国际氛围，等等。该书有助于客观地了解中国共产党和中国政府的对台政策与实践，以及海峡两岸关系的历史和现实状况，理解以"一国两制"基本国策实现海峡两岸统一的必要性、可行性和紧迫性。

## 《海峡两岸直接"三通"与区域产业整合研究》

蔡秀玲、陈萍著，北京，中国经济出版社 2004 年 12 月版，467 页。该书从海峡两岸历史上的通航与通商，直至目前的"三通"现状，从两岸"三通"的曲折进展，直至"三通"的政策与主张，进行了全面的梳理。全书分"历史上的海峡两岸通航与通商""海峡两岸'三通'现状""海峡两岸因应'三通'政策与主张评述""直接'三通'对海峡两岸经济发展的影响""直接'三通'与海峡两岸产业分工整合""直接'三通'与海峡两岸劳动密集型产业的分工与合作"等9章。该书论述了台湾经济结构特点、问题与挑战，两岸经济的互补与障碍，揭示了两岸经济整合的必然与双赢前景；考察了台湾的农业、制造业、高科技产业、金融业、物流业的现状、特点及存在的问题；分析了两岸产业合作发展的现状及未来，并提出推动两岸产业合作的对策与建议。书末附录"两岸'三通'大事记"。

## 《解析台湾的大陆政策》

杨丹伟著，北京，群言出版社2007年1月版，386页。该书从公共决策的角度梳理了台湾当局大陆政策演变的脉络，对台湾大陆政策的内涵做了系统的概括和整理，提出了大陆政策的分析框架，并通过对台湾大陆政策的决策过程的考察，分析了决策过程中的各种政策主体及运作机制，论述了台湾当局大陆政策对两岸关系、国家统一的影响和作用。全书分台湾大陆政策的历史流变、台湾大陆政策的国际环境、中国政府对台政策及影响、台湾大陆政策的社会环境、社会的政党结构及政策主张、台湾大陆政策的决策系统6章，是了解台湾大陆政策的专著。

## 《经济全球化与两岸经贸关系》

刘相平著，北京，社会科学文献出版社2005年12月版，367页。该书在博士论文的基础上修改完成，通过历史学、经济学、国际关系等多学科的交叉研究方法，从全球化角度，对两岸经贸关系进行深入研究。该书分为7章，首先界定了经济全球化理论及实践的意义，并根据经济全球化理论论述世界经济发展的主要特征。然后，借助经济全球化理论及世界经济体系理论，界定祖国大陆与台湾地区在当代经济全球化中的"节点位置"，厘清其对经济全球化的态度和对策。在对海峡两岸的经贸政策及实践进行实证分析后，从经济全球化视角观察两岸经贸关系，认为祖国大陆对台湾经贸政策与其对待经济全球化的态度是一致的，而台湾当局的大陆经贸政策与其对经济全球化的态度是背离的，是"管制性"的。不过，台湾当局对大陆的经贸"管制"将在当代经济全球化的冲击下，效果越来越弱小。两岸经贸交流将冲破这种"管制"而从"功能性一体化"走向"制度性一体化",实现两岸经济的融合。

## 《九十年代两岸关系》

杨荣华主编,武汉出版社 1997 年 10 月版,328 页。该书是"国共关系与两岸关系丛书"之一种。全书分"九十年代两岸关系的新启动""促进两岸关系发展的新政策""汪辜会谈""九十年代两岸经贸关系的新发展""两岸科学、文化、体育等领域的交流交往""两岸'三通'的曲折发展""反分裂、反'台独',努力发展两岸关系"等 8 个部分,介绍了 20 世纪 90 年代两岸在政治、经贸、科技、文化、体育等各方面交往的发展,对于研究和了解当时两岸关系的发展,具有参考价值。

## 《两岸"三通"与闽台经贸合作》

林卿、郑胜利、黎元生著,北京,中国经济出版社 2005 年 8 月版,434 页。全书 14 章,涉及闽台农业合作的可能性与必要性、闽台农产品贸易、闽台农业资源整合提高农产品竞争力、福建制造业及产业集群发展现状、闽台风险投资业的合作与前景等内容。该书把握区域经济分工与合作的新趋势与新特点——资源要素流动与整合,从农业、制造业、服务业三方面,对闽台经贸合作的历史轨迹、现实进程、合作模式与未来趋势进行深入的分析,总结了闽台经贸合作的成就,剖析了闽台经贸合作中的问题,提出了进一步推进闽台经贸合作的思路和对策建议。

## 《两岸关系的法学思考》

周叶中、祝捷著,香港社会科学出版社有限公司 2010 年初版;北京,九州出版社 2014 年 8 月增订版,622 页。该书分为四个专题:一是台湾问题的宪法学思考,从宪法学的角度思考台湾问题的本质和解决途径,对《反分裂国家法》的立法目的、特点、法理基础进行分析,探讨宪法资源在两岸关系中的运用,并对十六大以来中央对台工作的理论创新进行论述；二是构建两岸关系和平发展框架的法律机制，分析两岸关系和平发展框架的提出背景、概念、内涵以及法律机制的构建方法和主要内容，提出并论证"两岸法制"的概念，并就两岸关系和平发展中的两岸交往机制、行政机关合作机制、海洋权益保障、投资权益保障等具体问题进行研究；三是海峡两岸和平协议研究，研究和平协议的性质、基本原则和主体等关键问题，和平协议的内涵及其实现路径；四是台湾地区法律制度研究，对台湾地区的"违宪审查""宪法解释""政府改造"、族群问题和"国族认同"等问题进行了探讨。

## 《两岸关系和平发展制度化理论研究》

严安林著，北京，九州出版社 2013 年 10 月版，326 页。该书以"两岸关系和平发展制度化"为研究主题，在考察和平发展思想提出过程与背景、和平发展局面面临机遇与挑战的基础上，探讨两岸关系和平发展时期的内涵、阶段、特征、任务、矛盾、动力、主体等相关理论概念。重点探讨了两岸关系和平发展的制度化框架，认为两岸关系和平发展的制度化建设基本任务是要建立起经济、社会、文教、政治与军事安全五大支柱，分析两岸关系和平发展制度化框架建构的路径，提出"巩固与深化两岸政治互信""构建两岸和平制度化的机制""推进两岸社会一体化工程"与"营造两岸关系和平发展的环境"是推进制度化框架建设的有效与可行路径选择。其次该书还对和平发展制度化框架建设中需要解决与处理的两岸政治定位问题进行详尽的考察与研究，提出两岸间政治定位问题的解决既急迫又棘手，在较长时间里，似难真正、彻底得到解决，但基于两岸关系和平发展时期的"阶段性"特征，可对和平发展阶段两岸政治定位问题做务实"处理"，寻找一个过渡性处理方案以保持"创造性的模糊"。最后探讨两岸关系和平发展制度化框架建设中需要处理的台湾国际参与问题，提出和平发展时期两岸如何"共享一中"主权的理论思考，包括台湾的国际参与和两岸合作的路径与模式。

## 《两岸关系史纲》

田鹤年等编著，北京，华文出版社 2006 年 4 月版。该书采用多方面

的有关历史文献资料和学术研究成果，客观介绍了台湾问题概况以及重要
历史事件、社会变迁发展，阐述了两岸关系发展脉络，反映台湾人民光荣
的爱国主义传统，记载两岸交流新动态，是一部研究两岸关系史的通史性
著作。

## 《两岸关系与祖国和平统一问题研究》

刘金祥等编著，沈阳，辽宁大学出版社 2005 年 4 月版，179 页。全
书分"台湾政治的演变和社会结构""台湾经济与科技""台湾文化与教
育""台湾军事""海峡两岸关系"等 8 章，从多方面论述了搞好两岸关
系的重要性和迫切性，争取祖国早日和平统一是台湾当局的唯一选择。该
书是普及台湾问题知识的通俗读本。

## 《两岸关系中的交往理性》

唐桦著，北京，九州出版社 2011 年 9 月版，245 页。该书主要是梳
理交往理性的理论，同时探讨交往理性理论适用于两岸关系研究的适当
性。作者认为，哈贝马斯建构交往理性用以对抗工具理性，此一思路很适
合当前两岸关系的研究，尤其是将两岸关系界定为大陆和台湾两个行为主
体之间的互动。全书分十章：第一章，交往理性：两岸关系研究的新视
角；第二章，从"独自"到"对话"：两岸关系的认识论转向；第三章，
"对话"，还是"独白"：两岸关系的现实嬗变；第四章，"交往"与
"仁"的契合：两岸共同的儒学传统；第五章，理性的共识何以可能：走
向商谈型两岸关系；第六章，两岸理性交往的制度分析；第七章，两岸合
作的行动资源；第八章，培育两岸理性交往的公共领域；第九章，和平发
展时期两岸青年的交往实践；第十章，主观博弈论与两岸政治互信。

## 《两岸关系纵横论》

胡公展著，上海，学林出版社 2006 年 12 月版，379 页。全书共 8 章，
以两岸的统、"独"斗争的历史为切入点，坚持史论结合，揭露了"台
独"分裂势力是如何以历史的悲情操弄台湾民众，挑动族群争斗，制造

省籍矛盾，离间台湾民众对祖国的认同，在"去中国化"的道路上渐行渐远。该书对中国共产党三代领导核心的对台方针、政策的延承与发展作出了理论的探讨，对以胡锦涛为首的领导集体的对台新思维、新理念、新举措进行了系统阐述与总结；又对李登辉攫取国民党主席 12 年中的劣迹进行清算，并对民进党的"台独纲领"和陈水扁的"法理台独"进行揭露；还正面评价了两蒋对"台独"的立场和连战对国民党进行的"党务改造"，分析了泛蓝三党先后赴大陆的"和平之旅"将会对两岸关系产生的积极影响。

## 《两岸谈判研究》

黄嘉树、刘杰著，北京，九州出版社 2003 年 10 月版，261 页。全书共分四章，包括两岸谈判总论、两岸事务性谈判历程、对两岸事务性谈判的整体评价以及两岸围绕政治谈判的斗争。第一章总论是对两岸谈判类型、谈判主体及谈判基础和前提的分析和界定。第二章介绍了两岸的事务性谈判，包括：应急性谈判，如两航谈判、两岸关于台湾奥会名称谈判、两岸红十字会商谈与金门协议等；和两岸专题性商谈，如国台办与台湾海基会的初次商谈、海峡交流基金会与海峡两岸关系协会就"文书查证"及"挂号函件"问题的商谈、"汪辜会谈"、海基会和海协会后续商谈、台港航运谈判等。第三章是对两岸事务性谈判的评价，包括谈判模式、谈判的困扰和难点等的分析。第四章介绍两岸围绕政治谈判进行的斗争。该书是专门就两岸谈判问题进行的专题研究，填补了学术界这方面的空白。书末附有"两岸谈判大事记"。

## 《两岸投资与产业合作研究》

张厚明著，北京，九州出版社 2014 年 1 月版，290 页。全书分三篇：第一篇为大陆赴台投资，第二篇为台商投资大陆，第三篇为两岸产业合作。该书运用较前沿的经济学理论，结合两岸经济合作的最新形势，不仅对大陆赴台投资和台商投资大陆的形势都做了系统的研究，而且较深入地分析了两岸产业合作问题，给出了多个层面的建议，对投资者乃至决策者都可以提供一定的启发和借鉴。

# 《两岸政治互信研究》

张文生主编，北京，九州出版社 2011 年 10 月版，356 页。海峡两岸间的政治互信是两岸关系和平发展的重要基础，也是两岸关系和平发展持续化、永久化的政治保证。2008 年 5 月以来，两岸间的政治互信开始有所建立，但互信的基础还是相当地脆弱。因此，巩固与增进两岸之间，包括官方、民间等各层面的政治互信是确保两岸关系和平发展持续向前的根本，既有利于两岸人民的共同利益，也有利于台海地区的和平稳定。该书是有关两岸政治互信研究的论文集，包括《试论海峡两岸间的政治互信及政策建议》《两岸"信心建立措施"（CBMS）的起步》《增进两岸政治互信的理论思考》《海峡两岸增进政治互信的现状与思考》《两岸政治互信：概念、路径与管控机制》《两岸政治互信与台湾民众的政治认同》等27 篇论文。

# 《闽台关系》

蒋伯英主编，武汉，武汉出版社 2002 年 9 月版，442 页。该书包括闽台地缘关系与历史渊源、一脉相承的血缘关系、交汇相融的闽台文化、闽台民间信仰与神缘关系、闽台政治关系、闽台经济关系、闽台关系的前景展望 7 章。其中，第一、第二章从地缘和血缘角度分析闽台之间的历史渊源关系；第三、第四章从文化和宗教信仰角度阐述闽台文化和宗教信仰之间的传承关系；第五、第六章从政治和经济角度看闽台之间密切的政治、经济交往；第七章则是展望闽台关系发展面临的新形势、新格局、新趋向，并分析了闽台关系发展在海峡两岸和平统一中的积极作用。

# 《闽台海上交通研究》

王耀华、谢必震主编，北京，中国社会科学出版社 2000 年 7 月版，397 页。在远古时代，福建与台湾地域相连一体，后来才有台湾海峡把福建与台湾隔离开来，然而地域的分离并不能阻断闽台地域经济、文化的密切关系，海上交通的发展，乃是闽台关系紧密相联、割舍不断的集中表现。该书正是以闽台海上交通为研究对象，全面介绍了各个时期闽台海上交通情况及其对海峡两岸社会的影响。全书包括闽台海上交通发展，荷据时代的台湾海上交通，郑氏时代的闽台交往，明清福建、琉球、台湾关系考，鸦片战争前闽台对渡贸易，外国人与清末台湾，民国时期闽台关系等10章。该书是了解闽台海上交通史的必读之作。书末附有"明清时期闽台海上交通文献举要"，为研究闽台海上交通问题提供方便。

## 《闽台行政建置关系》

许维勤著，福州，福建人民出版社2008年12月版，352页。该书是"闽台文化关系研究丛书"之一种。全书分"闽台地缘衍生的天然政治关系""福建行政管辖向台澎地区的早期延伸""郑氏政权与台湾建置""清朝统一台湾与台湾建置""战后台湾回归与建置"等9章。台湾与祖国的文化亲缘关系，最先、最直接的就体现为台湾与福建的关系。这是历史发展决定的。福建和台湾，都是以中原南徙的移民为主体而建构起来的社会。稍有不同的是，在福建，中原移民南徙入闽，至宋代已基本完成；而在台湾，则是自明末清初开始，才由南徙入闽的中原移民后裔再度大规模迁入台湾的。其文化的传播，也随同移民一起，从中原经由福建的本土发展，再度播入台湾。因此，闽台社会都先后经历了一个共同的内地化、文治化，实质也就是中原化的过程。虽然在台湾的社会发展进程中，源自中原的闽文化经历了其在台湾本土的不同发展，但未能改变其源自中原的本质。该书从闽台历史上的政治建置关系的角度为闽台两岸关系提供文献见证、田野证明和论述体系。

## 《闽台教育的交融与发展》

黄新宪著，福州，福建人民出版社2003年7月版，219页。该书是"闽台文化关系研究丛书"之一种。同时也是国家社会科学"九五"规划重点项目课题和"十五"国家重点图书出版规划项目。全书分"明郑时期闽台教育的内在联系""闽台府县儒学的历史渊源""闽台书院的历史渊源""福建官绅与台湾基础教育的发展""闽台科举考试制度的交融""日据时期的闽台教育关系""抗战胜利后闽台教育关系的发展""新时期的闽台教育交流和福建学者对台湾教育的审视""闽台教育结缘对台湾社会的影响"9 章，讲述了闽台两岸的教育交融与发展的关系和过程，强调指出即便在日据时期，闽台两岸的教育交融也不曾中断，依然有台湾同胞在福建接受教育，同样也有福建师生赴台学习、工作、参观和实习。正是这种闽台教育的结缘，对台湾社会产生了重大影响，台湾学校教育获得长足发展，台湾社会形成一批有影响力的士绅阶层，台湾民众的爱国思想与反侵略意识得到培植。

## 《闽台经济合作研究》

福建师范大学闽台区域研究中心编，严正、蔡秀玲主编，北京，中国社会科学出版社 2000 年 7 月版，370 页。该书是"闽台区域研究文丛"之一种。全书包括历史上的闽台经济交往、新中国成立后福建经济的发展、台湾经济的崛起、台商在福建的投资、福州台商投资区、厦门经济特区台商投资区的发展、闽台农业交流与合作、海峡两岸"三通"问题、闽台劳务贸易与旅游合作、闽台贸易关系的发展、闽台金融合作探讨、闽台经济互补性和互动可能性等 11 章。第 1—3 章介绍了历史上闽台经济交往情况及福建、台湾经济发展情况；第 4—6 章介绍了台商在福建的投资情况及存在的问题和对策；第 7—10 章介绍了闽台经济各方面的交流情况，包括农业交流、劳务贸易与旅游合作、贸易交流、金融合作等，并就其中存在的问题及未来的发展趋势进行深入的分析；最后一章就闽台经济的互补性、互动性进行探讨，指出祖国统一是实现闽台经济合作的基础。

## 《闽台科技交流与合作》

陈喜乐主编，福州，福建人民出版社 2006 年 6 月版，314 页。该书是"台湾研究丛书"之一种。海峡两岸同根共祖，在文化、经济上存在着彼此密不可分的联系。该书从科技交流的角度入手，着重研究了闽台科技交流的发展历程、范围、种类、难点及未来趋势和对策。全书分闽台科技发展状况、闽台科技交流与合作的历程和特征、闽台农业科技交流与合作、闽台化工科技的交流与合作、闽台海洋科技的交流与合作、闽台信息科技的交流与合作、闽台科技交流与合作的困境及其成因、闽台科技交流与合作的战略构想 8 章，从科技交流上说明海峡两岸之间密不可分的联系。

## 《闽台儒学源流》

陈名实著，福州，福建人民出版社 2008 年 12 月版，402 页。该书是"闽台文化关系研究丛书"之一种。20 世纪 50 年代以后，台港新儒家提倡新儒学，以发扬儒学中优良传统为宗旨。60 年代中期，台湾当局提倡中华传统文化，使儒学中的合理成分得以发扬。当前，儒学仍是台湾民众道德的主要规范，对台湾的社会文化有重要的影响。80 年代后，随着福建思想文化的拨乱反正，闽台儒学思想在两岸民间交往中相互影响，其中的民族认同、大一统等思想对祖国的统一大业正发挥越来越重要的作用。该书正是以闽台儒学为研究对象，阐述了闽台儒学源与流的关系，分析了不同时期闽台儒学的发展变化及其特点。全书共分 4 章，依次是：宋元明时期的福建儒学、郑成功收复台湾后闽台儒学的传承、清朝统一台湾后闽台儒学的发展和鸦片战争后闽台儒学的演变。

## 《闽台文化交融史》

林仁川、黄福才著，福州，福建教育出版社 1997 年 11 月版，360 页。福建与台湾，仅一水之隔，语言相通，习俗相同，骨肉相亲。台湾的居民绝大部分是从福建迁徙过去的，他们把福建的生产技术、文化教育、文学艺术和风俗习惯移植台湾，促进了台湾经济文化的发展，因此，闽台文化具有非常密切的交流和融合关系。该书从文化交融的角度说明了闽台之间的这种密切关系。全书共 10 章，从移民与文化传播开始，全面介绍了闽台之间在文化领域各方面的交流和融合，涉及科学技术的交流、语言文字的交融、文学的交融、艺术的交融、教育科学的交融、宗族家族的交融、宗教信仰的交融、风俗习惯的交融等方面内容。

## 《闽台文学的文化亲缘》

朱双一著，福州，福建人民出版社 2003 年 7 月版，478 页。台湾与祖国的文化亲缘关系，最先、最直接的就体现为台湾与福建的关系。福建和台湾，都是以中原南徙的移民为主体而建构起来的社会。稍有不同的是，在福建，中原移民南徙入闽，至宋代已基本完成；而在台湾，则是自明末清初开始，才由南徙入闽的中原移民后裔再度大规模迁入台湾。其文化也随同移民一起，从中原经由福建的本土化发展，再度播入台湾。因此，闽台社会都先后经历过一个共同的内地化、文治化，实质也就是中原化的过程。该书从文学方面探讨了这种亲缘关系。全书共分六章，论述了台湾和福建两地的种族、环境、时代要素与区域文学特征，明郑前后闽台文学的初步遇合，清代中叶闽台文学的深层对接等，从而有力地论证了福建和台湾两地文化之间的亲缘关系。

## 《前途：再论两岸经济关系》

刘震涛、江成岩、王建芬著，北京，九州出版社 2012 年 6 月版，212 页。该书重点分析两岸经济关系中的"制度创新"，指出它是决定两岸经济关系发展前途的关键因素。为了争取实现和平统一的光明前景，大陆方面决定从两岸"三通"开始，首先以经济交流与合作为起点，开辟两岸经济关系发展的道路，并逐步对两岸关系的发展前景、中华民族的伟大复兴产生了深远的影响。全书分九章：第一章涉台机构应运而生，涉台法律、法规相继出台；第二章台资"比照外资"——智慧的创举；第三章两岸接触商谈机制的形成和发展；第四章两岸特色经济合作机制的建立；第五章两岸经济关系发展中的力量分析；第六章两岸经济关系的"被依存"和"相互依存"性；第七章台资企业的转型升级；第八章两岸农业合作；第九章制度创新是台资企业生存和发展的关键因素——昆山调查。

## 《日据时期台湾与大陆关系史研究（1895—1945）》

陈小冲著，北京，九州出版社 2013 年 6 月版，234 页。该书对台湾与大陆关系史中日据时期的此一断层进行研究，填补了该研究领域的若干空白点，有助于对这段历史的整体了解。针对前期研究偏向于台湾义勇队、台湾籍民的状况，增加譬如两岸人员往来、经贸联系、文化交流等方面的探讨，从总体上把握该阶段海峡两岸关系的各个领域的特点；在书中作者还搜集藏于各地的稀见史料，包括原始档案、报章杂志等，提出了对日据时期海峡两岸关系发展史的看法：尽管日本殖民当局的隔离政策使得海峡两岸的往来受到种种限制，但在两岸同胞的共同努力下，台湾与大陆的关系仍然在夹缝中求得了生存和发展。全书包括割台后台湾与大陆关系的新变化，台湾总督府的"对岸经营"，台湾籍民问题，两岸经贸、人员及文化往来，台湾人的抗日活动5章。

## 《台海大交流》

耿军主编，广州，暨南大学出版社2006年3月版，465页。在两岸关系发展史上，2005年是值得浓墨重彩书写的一年，在这一年里，中华民族在实现伟大复兴的历史进程中又迈出坚实的一步，"台独"分裂势力得到有效遏制，两岸经济、文化交流频密，人员往来络绎于途。该书从中新社2005年所发约一百六十七万字的涉台文字通稿、数千张新闻图片中，精选了约二十万字、七十张图片。分为审视度势、包机对飞、和平之旅、搭桥之旅、民族之旅、缅怀之旅、文化之旅、祭祖之旅、水果登陆、民间热动、汪辜仙逝等14部分，记录了2005年两岸间的良性互动，两岸民众的血脉情缘，以及对台海和平的共同期盼和美好愿景。

## 《台陆关系通史》

周文顺著，郑州，中州古籍出版社1991年11月版，313页。全书分"远古时代至东汉末年""东汉末年至明末清初""明末清初以降"三编共13章。第一编包含前3章，分别从地缘关系、民族渊源、考古发现等，介绍了公元前3万年左右至公元220年之间的台陆关系；第二编包含第4—10章，介绍了220年至1661年间的台陆关系，包括吴隋时期的大规模接触、唐代汉人零星移台及大陆政权对台统辖、宋代澎湖与祖国大陆关系的全面建立、元代台湾与祖国大陆关系的进展、明代台陆关系的曲折发展、荷兰殖民者无法割绝的台陆关系等；第三编包含第11—13章，介绍了1661年至1945年间的台陆关系，包括台陆关系与明郑浮沉，台陆一体、荣辱与共，台湾的再度沉沦与回归等内容。该书是一部关于台陆关系的通史性著作。

# 《台前幕后：1949—1989 年的国共关系》

马振犊编，广州，广东人民出版社 2002 年 9 月版，411 页。该书包括"国民党兵败退孤岛　解放军部署攻台湾""蒋介石痛定思痛　解放军炮轰金门""蒋介石反攻梦破灭　两岸仍怀一致共识""共产党号召'和平统一祖国'蒋经国最终'欲向历史交待'"等 7 章。作者经过多年搜集素材，将从各种报刊书籍中探寻到的点滴资料，贯穿一气，集中介绍了1949—1989 年这 40 年海峡两岸国共关系发展史。该书此后经过修改，由北京九州出版社于 2012 年 9 月再版，计 360 页。

# 《台湾地区对大陆经贸事务立法研究》

彭莉著，厦门，厦门大学出版社 2011 年 12 月版，216 页。该书采寻"法律—经济—政治"的研究路径，对台湾地区大陆经贸事务立法的历史与现状进行以法律为主，兼及经济、政治的系统、深入的研究。其核心内容包括：参照法律发展主体理论分析台湾地区大陆经贸事务立法的演进路径及其动力；参照行政立法的审查理论研究台湾地区大陆经贸事务立法框架构成中"法律—法规"的配置，以及行政立法的扩张与不作为，亦即"泛化"与"缺位"问题；参照涉外经济法"适度"管理及"非歧视原则"探寻台湾地区大陆经贸事务立法中存在的种种投资贸易壁垒；参照区域贸易协定相关理论探讨两岸经济合作框架协议中的法律问题。此外，该书还从法律价值的角度就台湾地区大陆经贸事务立法进行了客观的评析。

# 《台湾电影与大陆电影关系史》

谢建华著，北京，人民文学出版社 2014 年 10 月版，425 页。该书是一本描述两岸电影关系史的著作，作者致力于把电影看作一个文化产品和社会文本，在大"中国电影"的格局中，用一种由外（社会）而内（电影）的方法，从历史研究和文化研究的双重视角，观照两岸电影的历史关系，考察 1924 年大陆电影到台湾以来，两岸电影 80 多年的关系发展史。全书分上中下三编，依据大陆、台湾两岸电影关系呈现的特征和规律，将两岸电影关系史分为三个较大的历史跨段：政治意识形态的对峙和对话（1924—1978），历史文化经验的互动与共鸣（1979—1995），电影工业生产的汇流与分流（1995—2010）。全书以文化研究的角度剖析了电影背后的政治文化原因，是研究台湾电影和华语电影的重要著作。

## 《台湾各党派与海峡两岸关系》

沈骏、赵玉南主编，武汉，华中师范大学出版社 1994 年 8 月版，437页。全书包括"早期的政党与团体""抗战时期台湾人士在大陆组织的政党、团体""美国支持'第三势力'，民、青两党在台初期的活动""七十年代的'党外运动'""'抢滩组党'民进党的成立""'开放党禁'，政党林立""两岸各党派团体人士的接触与交往"等 11 章，以台湾各党派作为研究对象，从 1897 年 12 月兴中会台湾分会、1927 年 7 月台湾第一个政党即民众党及次年 4 月台湾共产党等政党和政治团体的相继成立，一直写到 1992 年台湾地区现有的 70 个政党的活动，对这些党派与主要政治团体的历史与现状，做了比较全面系统的介绍，并结合海峡两岸的关系进行动态的全面的宏观的考察，深入地研究了它们兴衰的原因及其规律性，深刻地分析了它们对台湾前途、海峡两岸关系的影响，以及国共两党对台湾各党派的方针、政策。书末附有"台湾各党派与两岸关系大事记"。

## 《台湾祸福：梳理大陆与大洋之间的历史流变》

倪建中主编，北京，中国社会出版社 1996 年 5 月版，1378 页。该书是"国是论衡"丛书之一种。全书分上下两册，共六部：第一部为台湾说话；第二部瀚史烟云；第三部海峡两岸；第四部政坛嬗变；第五部统独之辨；第六部台湾命运。作者以恢宏的气势，梳理了大陆与大洋之间的历史流变，梳理了海峡两岸之间的历史关系、现实关系和未来关系，梳理了台湾岛内的"统""独"思潮，指出台湾的出路在于回归祖国怀抱，强调在和平和发展已经成为主流的当今世界，面对充满挑战和机遇的 21 世纪，两岸人民骨肉相连，利益相关，经济互惠，优势互补，具有广阔的合作领域和巨大的发展潜力，应大力加强经济上的交流与合作，携手共创中华民族的未来。

# 《台湾问题与两岸关系史》

张春英编，福州，福建人民出版社 2014 年 12 月版，842 页。该书分上下两册，共五卷，包括第一卷开发·融合，从地理、人文的角度，阐述台湾根系祖国大陆，祖国大陆汉人与台湾现民的融合，中国历代王朝（明朝中期以前）对台湾的经略、开发和管辖；第二卷变乱·回归，在两岸关系进一步加强的同时，台湾不断遭到外敌的入侵乃至被割占，时间跨度从明朝后期到 1949 年蒋介石退据台湾止；第三卷内争·对峙，从国民党退据台湾写到 20 世纪 70 年代末，这一时期两岸处于内争与对峙的局面，但双方始终坚持一个中国的立场；第四卷缓和·交流，从 20 世纪 80 年代两岸关系开始缓和，写到 2000 年世纪之交，两岸关系的缓和、交流以及和平进程中的曲折，两岸关系面临新的局面；第五卷和平·发展，21 世纪以来，在两岸人民的共同努力下，两岸关系展现出和平发展的新前景。全书以时间为经，以海峡两岸关系中的重大历史事件和重要现实问题为纬，追溯了海峡两岸关系发展的历程，展现了海峡两岸在社会、文化、经济、政治、军事等关系的全景图画。通过对海峡两岸关系自古至今发展历程的考察，作者总结出海峡两岸关系中的五大历史经验和规律：相依相存的不可分割性；融合和统一、交往和交流是海峡两岸关系发展的主流；台湾同胞具有光荣的爱国主义传统，是发展两岸关系的重要力量；合则两利，分则两损的利益相关性；"一国两制"是海峡两岸统一的最佳方式。全书以其丰富的内容，为正确了解和认识海峡两岸关系的历史和现实提供了范本，从而服务于祖国统一大局。

# 《台湾问题与中华复兴》

王在希著，北京，九州出版社 2014 年 4 月版，324 页。该书是"台湾研究系列"丛书之一种。本书作者致力于台湾问题研究已有 40 余年，并亲身参与两岸关系发展的重大事件。全书客观清晰地评述了 1990 年李登辉上台直到马英九当政后的两岸关系现状和岛内政局的发展演变，包括一些重大历史事件，内容涉及台湾政治、历史、经济、社会到两岸关系、美台关系等，对台湾问题产生的背景由来，台湾问题的演变过程，台湾问题的实质和不同阶段特点，"台独"分裂的危害和两岸统一的前景，都能够从战略高度和历史眼光进行较深入的理性分析，提出自己的看法。其中不少见解，有一定的前瞻性。

## 《台湾与大陆风云四十年》

高文阁著，长春，吉林文史出版社 1991 年 7 月版，374 页。全书分"武力互讨时期（1949—1955.3）""紧张对峙时期（1955.4—1966.5）""政治冷战与外交抗衡时期（1966.6—1978.11）""缓和交往时期（1978.12 以来）"四部分，以纪事本末体的形式，回顾了自 1949 年以来海峡两岸 40 年来经历的风风雨雨，有助于了解这段时期海峡两岸关系历史。

## 《台湾与大陆文学关系简史（1652—1949）》

杨若萍著，上海，上海文艺出版社 2005 年 3 月版，234 页。随着本土意识的高涨，"台湾文学研究"在台湾已成为一门显学，不但在出版台湾本土作家的作品集上态度十分积极，同时在研究工作上也投入了大量的人力和金钱，举办各种各样的学术研讨会，成立"台湾文学系"或"台湾文学研究所"等。然而这种"繁荣"背后，却刻意回避一个问题，即台湾文学与大陆文学除了源头相同外，数百年来，两岸文学究竟存在着怎样的互动？两岸文学与文人交涉的真实情形到底如何？产生过怎样的影响？等等。该书即是弥补这方面的不足，对台湾文学的缘起及其与大陆文学的关系进行了系统的正本清源的探究。全书共分五章，基本上按照时代先后，分别叙述明郑时期、清朝统治时期、日据时期以及台湾光复后四年台湾文坛的概况及其与大陆文学的关系，为两岸文学关系史研究提供了参考。

## 《台湾政治经济与两岸关系》

彭付芝著，北京，北京航空航天大学出版社 2013 年 5 月版，477 页。

全书分台湾政治、台湾经济、海峡两岸关系三篇，将 1949 年以后台湾的政治、经济与海峡两岸关系的总体情况分为五个时期，即以蒋介石、蒋经国、李登辉、陈水扁、马英九时期为线索，全面系统介绍了台湾政局的演变情况、台湾的政党政治与选举、台湾的经济发展、两岸关系发展的历程及两岸关系和平发展的理论与实践。

## 《台湾政治生态的变化与两岸关系》

孙云著，厦门，厦门大学出版社 2009 年 1 月版，216 页。在国民党败退到台湾的几十年里，岛内政治生态不断变化，这种变化对两岸关系影响深远。在两蒋时期，国民党是岛内的主导力量，垄断着岛内的政治权力和资源。国共双方仍延续着对中国统治权和代表权的争夺。两岸在军事、政治、外交上长期对抗。20 世纪 80 年代中期，台湾开始政治转型，快速地走向民主化。岛内政治生态出现了剧烈的变化，两岸关系受到巨大冲击。2000 年台湾实现第一次政党轮替，具有"台独"色彩的民进党上台执政，致使两岸关系的发展潜伏着深刻的危机。民进党上台后，岛内蓝绿两股势力的此消彼长，岛内制约"台独"的力量有所弱化。陈水扁上台后，加紧推行"台独"路线。尤其不断利用"公投"等进行"台独"活动，不断把两岸关系推向危险的边缘。2008 年的"立委"和"总统"选举，国民党大胜民进党，台湾实现了第二次政党轮替，在野 8 年的国民党重新夺回执政权，这种变化对两岸关系的发展产生了非常深远的影响，"台独"的危险性大大降低，两岸关系出现了多年来难得的良好氛围和发展机遇，构建和谐、合作与互惠双赢的两岸关系有了更加现实的可能性。全书共分 5 章，从台湾政治生态变迁的脉络中，剖析了上述岛内蓝绿的势力消长与变化的轨迹，分析其对两岸关系的发展所带来的冲击和影响。

## 《台湾政治转型及其对两岸关系的影响》

刘景岚著，长春，东北师范大学出版社 2010 年 7 月版，289 页。该书以台湾政治转型与两岸关系发展的互动关系为研究视角，综合运用了政治学、历史学、社会学、民族学等多学科的理论与研究方法，对台湾政治转型的进程、转型对岛内政治生态变迁的影响及其对两岸关系的影响进行了全方位的审视，系统揭示了台湾政治转型的发生、发展及其影响，特别是对转型给岛内政局和两岸关系带来的冲击进行了系统探讨。全书分五章：第一章为台湾政治转型的成因，第二章为台湾政治转型进程与新政治体制的构建，第三章为台湾政治转型引发的岛内政治生态衍变，第四章为台湾政治转型对两岸关系的影响，第五章为台湾"民主化"观察。

## 《台湾政治转型与两岸关系》

　　姜南扬著，武汉，武汉出版社 1999 年 3 月版，240 页。该书是"国共关系与两岸关系丛书"之一种。台湾政治转型和海峡两岸关系，一直以来都是台湾研究中的两个热点问题。不但本身既复杂又重要，同时两者之间还有着十分紧密的内在联系，两岸关系是影响台湾政治转型的因素之一，而台湾的政治转型反过来又对两岸关系产生重要影响。该书即是对这两者内在关系进行研究的专著。全书包括二元政治体制的建立、两岸关系的对抗与隔绝、政治转型的开启、两岸关系的二元格局、"法统"危机与"宪政改革"、台湾解严后的两岸关系、民主运动的消退与蜕变、90 年代两岸关系的变动 8 部分。分三个时期：1949—1979 年为第一时期、1979—1989 年为第二时期、1990 年至今为第三时期，对台湾的政治转型和两岸关系及两者之间内在关系进行考察。作者运用动态分析和静态分析相结合的方法，深刻把握和说明台湾政治转型和两岸关系变化的过程、原因和结果。

## 《台湾政治转型与两岸关系的演变》

　　林冈著，北京，九州出版社 2010 年 8 月版，322 页。该书共十章。其主题是台湾政治转型对两岸关系的影响，内容涵括台湾政治转型的全过程和两岸关系的发展脉络，以 1986 年到 2008 年间发生的事件为主，同时在论述时作必要的前后延伸，以探寻历史缘由和未来走向。鉴于台湾的政治转型与台湾涉外关系，特别是美台关系，有难解之缘，而台湾的涉外关系又直接影响到两岸关系的起伏变化，该书也对这些问题进行了探讨。作者运用政治转型理论中的"条件论"和"过程论"来解释台湾政治转型的内外因及转型过程，梳理了台湾政治转型与嬗变，台湾政治转型与涉外关系，特别是美台关系，介绍了台湾政治转型与美国对台政策、大陆对台政策的因果关系。最后，作者从台湾政治转型对两岸关系和平发展的影响与表现的角度论述了两岸"民间"和政治层面的交流，同时对中国和平统一的途径做了探讨。

## 《统一与整合：新时期解决港澳台问题的理论与实践》

齐鹏飞著，北京，中国传媒大学出版社 2008 年 8 月版，275 页。该书是"社会科学前沿"丛书之一种。全书分上下两编：上编是研究成果，通过对新时期中国共产党和中国政府解决港澳台问题的理论与实践的历史脉络、历史规律、历史经验进行全面、系统的梳理和阐释，提供具有借鉴意义的现实启示；下编是历史文献，选辑了改革开放 30 年中国共产党和中国政府有关港澳台问题的基本历史文献 20 余篇。

## 《统一之路：两岸关系五十年大事记》

王永钦著，广州，广东人民出版社 1999 年 12 月版，523 页。该书是编年体大事记。全书按时间分成五个阶段：1949 年至 1954 年为第一阶段、1955 年至 1965 年为第二阶段、1966 年至 1978 年为第三阶段、1979 年至 1989 年为第四阶段、1990 年至 1998 年为第五阶段，将自 1949 年至 1998 年 50 年间两岸关系发展的大事逐一搜录，为台湾史研究提供了一定的资料基础，也为一般大众了解海峡两岸关系史提供了便利。

## 《推进祖国和平统一大业》

曾润梅著，北京，中共党史出版社 2013 年 4 月版，161 页。该书是"科学发展小丛书"之一种。该书重点阐释了以胡锦涛为总书记的党中央对"一国两制"方针的发展及在此基础上提出的两岸关系和平发展新思想，展现了两岸关系实现历史性转折，由此迈入和平发展新阶段的历程。全书共 6 章：第一章，"一国两制"在香港的成功实践；第二章，"一国两制"在澳门的成功实践；第三章，两岸关系和平发展思想的形成；第四章，"反独遏独"斗争卓有成效；第五章，两岸政党交流呈现新局面；

第六章，两岸关系迈入和平发展新时期。该书是一本宣传党的方针政策的通俗读物。

## 《文化亲缘与两岸关系：以闽台为中心的考察》

刘登翰著，北京，九州出版社 2003 年 7 月版，324 页。中华文化始终是维系海内外全体中华儿女的精神纽带，是中华民族赖以生存和发展的重要基础。闽南文化作为中华文化的重要组成部分，更有着独特的内涵。它不光将中原文化弘扬、发展，而且上接中原、吴楚，下续台湾、海外，联系、滋养、影响着海峡两岸的同胞。该书正是通过对福建与台湾的文化交流进行研究，对闽台文化亲缘关系进行历史考察与现状分析，对其在两岸关系发展中所具有的地位和可能发生的影响进行评估以及建议。全书包括两岸文化亲缘的历史见证，闽台文化的地域特征，闽台社会心理的历史、文化分析，闽台教育的历史交融与两岸互动，闽台宗教的历史联系和现实交往，闽台民间信仰的形成和发展，闽台文学的历史亲缘和精神传衍，闽台民间戏曲的传承与变迁，海峡两岸文化交流的现状与趋势等共12 章。

## 《香港模式与台湾前途》

潘国华、李义虎、张植荣主编，北京，世界知识出版社 2010 年 5 月版，382 页。该书考察了中国统一问题的历史演变，香港问题解决过程中所逐步形成之"香港模式"的基本内涵、特征和历史地位及其对解决台湾问题的重要借鉴意义，阐述了台湾政治生态的演变，以及国民党、民进党两党大陆政策对两岸关系和祖国统一的影响。在总结和甄别海内外各种"统一方案"的基础上，重点分析了"一国两制之台湾模式"的原则性内容，结合香港问题和台湾问题产生的历史和国际背景，重点分析了国际因素对中国统一问题的影响。其结论认为，必须从实事求是和解放思想这些邓小平理论的精髓出发，探讨香港模式及其成功经验对台湾前途的启示。这样方可拓展祖国和平统一问题的视野。

# 《一国两制与台湾前途》

　　杨建新著，北京，华文出版社 1989 年 5 月版，246 页。该书是较早一部研究"一国两制"与台湾前途的著作。全书分 12 章，包括："一个国家，两种制度"；割不断的历史；美国与台湾问题；两个谈判对手；今日台湾；统一论的联奏；和平与发展；分合论；台湾反对党；改革中的中国；竞争与互利。全书阐述了"一国两制"的概念、含义、特征，梳理了海峡两岸的历史渊源、台湾问题的由来、国共分合的历史，分析了海峡两岸现实的发展情况，批驳了台湾岛内产生的多种统一模式和分合论，多角度论述了"一国两制"与台湾前途的关系，指出"一国两制"是解决台湾问题的最佳方式。

# 《与祖国同生：台湾同胞在大陆的抗战足迹》

　　陈小冲著，北京，九州出版社 2013 年 6 月版，236 页。该书是"日据时期台湾史研究丛书"之一种。日本殖民统治时期，不屈不挠的台湾人民开展了轰轰烈烈的抗日运动，他们除了在岛内组织武装斗争及非暴力政治抵抗外，还有一批人来到了祖国大陆，发起组织抗日团体，积极参加祖国的反帝爱国斗争。该书讲述这一时期台湾同胞积极奔赴大陆，支持祖国抗战事业的英雄事迹。全书共分五章：第一章，义勇队；第二章，台湾革命同盟会；第三章，台湾党部；第四章，东区服务队；第五章，中国共产党对台胞抗日斗争的支持。书中包含有丰富的历史资料，包括大量馆藏解密档案和 160 幅珍贵的历史图片，以及历史人物的诗文和书信等，具有较高的史料价值。

# 《漳台关系史》

　　邓文金著，厦门，厦门大学出版社 2011 年 5 月版，344 页。该书是"漳州与台湾关系丛书"之一种。自古以来，漳台两地人民的交流、交往源远流长，两地政治、经济、文化关系密切，具有相依相存的不可分割性。一方面，漳州人民不断地向台湾迁移，带去了大陆先进的生产技术和文化，他们与台湾少数民族一起，在交往融合的过程中，共同开发了台湾，促进了台湾社会经济和文化的发展，成为开发台湾的一支重要力量；另一方面，台湾的发展反过来也深刻地影响了漳州地区社会生活的方方面面，举凡政治、社会、经济发展，文化变迁，民风习俗，无不受到台湾发展所带来的影响。在历史发展的长河中，漳台两地所形成的这种紧密联系是大陆其他地区所罕见的。该书即是考察漳台之间这种源远流长的密切关系史。全书共6章，主要研究和考察史前、宋元、明代、清代、晚清至民国时期的漳台关系形成、发展及演变的全过程。作者采取纵向考察与横向分析、宏观把握与微观探讨相结合的方法，对漳台关系的发展、演变做了综合性的探讨与梳理。全书资料翔实，在原有的漳台关系史研究基础上有所创新，具有一定的学术参考价值。

## 《中共和平解决台湾问题的历史考察》

李松林、祝志男著，北京，九州出版社2012年4月版，275页。该书是"台湾研究系列"丛书之一种。全书包括中国共产党和平解放台湾口号的提出、第二次"台海危机"与"一纲四目"主张的提出、中国共产党"一国两制"战略构想的提出与实践、中国共产党第三代领导集体和平解决台湾问题的主张、中国共产党两岸关系和平发展思想的理论与实践等共5章，对中共在各个时期和平解决台湾问题的方针政策进行了全面的考察，分析其提出的原因，阐述其内涵，介绍其实施的情况等。

## 《中共三代领导集体与祖国和平统一》

沈骏著，武汉，华中师范大学出版社2002年5月版，520页。该书是国家社科基金研究课题的成果。全书分三编，对中共三代领导集体在祖国和平统一问题上所作的努力进行详尽的考察。从纵的方面，把60年来中共中央的决策与活动放在特定的环境中去考察，揭示了中共对台方针的发展、变化及其阶段性，阐述了每个阶段的内容并概括其特点；从横的方面，论述了各个阶段与中共中央决策及其活动有关的党派社团、人物、政治、经济、军事、外交，以及国际关系、国际形势变化等。全书内容丰富，既有较高的学术价值，又有较强的可读性，是适合一般大众的学术性普及读物。

# 《中国政府的对台方针政策》

台轩编，北京，五洲传播出版社 2002 年 8 月版，98 页。该书是介绍中国政府对台政策的宣传小册子。全书分为四部分：第一部分介绍台湾问题的由来及其实质，指出台湾自古以来为中国领土之一部分；第二部分介绍中国政府对台政策的来龙去脉，叙述了"和平统一台湾"方针出台的历史背景和趋向；第三部分着重介绍"和平统一、一国两制"基本方针的内容和意义；第四部分介绍中国政府处理国际事务中的涉台问题的基本态度等。

# 《中华文化与闽台社会——闽台文化关系论纲》

刘登翰著，北京，人民出版社 2013 年 9 月版，212 页。该书是"海峡两岸文化发展丛书"之一种。全书分 8 章：第一章介绍该书写作的方法论，以文化地理学和文化史学交叉的视野和观念展开讨论；第二至四章，追溯闽台文化关系的历史渊源，论述随着中原移民的南徙和东延，中原文化的播入，成为福建社会和台湾社会形成的人口主体和文化基础；第五章简述闽台文化的诸种外在表现形式；第六章在历史叙述的背景下讨论闽台文化的地域特征，提出了闽台文化既不是内陆文化，也不是海洋文化，而是从内陆走向海洋的多元交汇的"海口型"文化，这一提法曾受到一些台湾问题研究者的肯定和引用；第七章从闽台特殊的地理环境和历史遭遇，分析闽台社会的文化心态和特殊心理，其中触及诸如祖根意识与本土认同的认识分歧、拼搏开拓与冒险犯难的特殊性格、族群观念与帮派意识的社会心理等问题，都对今天正确认识和处理台湾现实和两岸关系有一定影响；第八章介绍日本割据台湾以后闽台社会同步发展的中断和闽台文化同质殊相的发展。最后结束语提出了"以文化的整合促进民族和国家的统一"的观点，强调了在两岸和平发展中文化的深远意义。

# 《中华文化与祖国和平统一》

娄杰主编，武汉，武汉出版社 1999 年 1 月版，283 页。该书是"国共关系与两岸关系丛书"之一种。全书共 6 章，内容涉及中华文化概论、海峡两岸文化的血缘关系、海峡两岸文化观的历史渊源、海峡两岸政治文化——国家统一观比较、海峡两岸经济文化——经济政策与经济互动评析、海峡两岸文化交流的新格局等。全书对上述几方面问题做了较为系统的研究和客观评述：中华文化在海峡两岸统一中起着不可替代的重要作用，它是联结全体中国人的精神纽带，是实现两岸和平统一的重要基础；"台独"作为政治文化中的一个毒瘤，与国家生存利益、国家安全利益冲突，危害国家主权和领土完整，是两岸和平统一的最大内部隐患；海峡两岸的经济政策是经济文化的核心内容，通过两岸间经济互动得到充分体现；两岸经济政策与经济互动的发展程度，是两岸两种社会制度能否和平共处的标志，是两岸经济文化价值判断和价值取向的重要尺度，必须充分认识两岸经济政策与经济互动对于两岸和平统一的重要意义，不断改善祖国大陆的投资环境，加强两岸经济协作，进一步促进两岸的经济互动；两岸文化关系对于在一个中国原则下两种社会制度和平共处，实现两岸和平统一，具有十分重要的意义，在抵制台湾当局分裂意识的同时，必须采取措施大力加强两岸文化交流，以增强两岸同胞的情感和共识。

# 第七篇　台湾宗教、思想与文化史

## 《"台独"理论与思潮》

孙云著，北京，九州出版社2007年12月版，211页。该书是"台独研究丛书"之一，共分9章。第一章说明"台独"的缘起与嬗变；第二至六章分别考察"台湾民族论""台湾托管论""台湾地位未定论""住民自决论""中国主权过时论"等说法的由来，并对这些说法的荒谬性进行了批驳；第七章对台湾意识的历史发展作了阐述，并指出其与"台独"有本质的区别；第八章讲述李登辉上台后以"宪政改革"为"台独"铺路，并大力推动思想文化的"脱中国化"，推行"务实外交"，其提出的"两国论"是其推行分裂主义的顶点；第九章阐述陈水扁早期的"台独"轨迹及其上台后在岛内大搞"台独"活动的情况。书末有附录《"台独"活动大事记（1945—2006年）》。

## 《〈自由中国〉与台湾自由主义思潮：
## 威权体制下的民主考验》

何卓恩著，台北，水牛出版社2009年版，560页。该书所揭示的台湾自由主义思潮的政治哲学问题，主要集中在三个方面：一是人权与国权的关系问题，二是自由与平等的关系问题，三是政治与文化的关系问题。这三个问题，既是20世纪50年代台湾自由主义着力生发的哲学内核，同时也是其与三民主义、现代新儒学等思潮相激相荡的焦点。作者不仅对环绕这三个问题所展开的台湾自由主义理论进行了梳理、解释，肯定了其间的积极内容与合理意义，而且对台湾自由主义思潮在这些问题上的困境与误区进行了剖析，说明这一思潮的局限性。

# 《八闽数学思想史稿》

郭金彬、刘秋华、刘明建著，福州，福建人民出版社 2006 年 6 月版，537 页。该书是福建省社会科学研究规划项目成果之一。全书共分 14 章：第一章通过对"算经十书"的介绍，阐述八闽数学思想是祖国数学思想的组成部分，是最能显示中华民族特征的传统数学思想；第二至十章阐述宋代和宋代之后的八闽数学思想，涉及刊刻算经、天文数学和工程数学、律吕数理、炮法炮术、珠算算法和级数展开式研究等内容，显示了八闽传统数学思想的丰富多彩和显著特色；第十一至十四章通过对李俨、萨本栋、方德植、陈景润等人数学思想的介绍，阐述了 20 世纪上半叶的福建数学思想，表明这段时期的数学思想，是八闽传统数学思想的延续，又是现代数学思想的开始。全书发掘、整理了许多八闽数学思想史的新史料，有助于推进八闽数学思想史研究。

# 《宝岛诸神：台湾的神话历史古层》

叶舒宪、陈器文编，广州，南方日报出版社 2011 年 8 月版，409 页。全书共 21 章，包括：神圣玉山：从自然史到文化史；矮黑人祭——台湾神话历史之开篇；原住民与南岛语族的文化联系；原住民口传史官制度；郑成功：从英雄到圣神；玄天上帝：从大陆到台湾；日月潭神话：邵族的祭典仪式；西王母信仰；原住民乐园神话；沐浴仪式：台湾孟姜女故事的探究；太岁信仰："安太岁"源流考；台湾孔庙流变；妈祖的神话；保生大帝神话；台湾轩辕教：浓郁的中国意识；乩童——神明的代言人等。全书集中梳理了台湾古往今来的历史神话，通过一些重要的历史片段的横截面，展示了台湾文化史的复杂层次性和台湾精神世界的多元化。

# 《被殖民者的精神印记——殖民时期台湾新文学论》

计璧瑞著，厦门，厦门大学出版社 2010 年 11 月版，262 页。该书共 5 章，包括殖民地处境与台湾新文学、殖民时期台湾新文学的文化想象、文学书写与殖民现代性、殖民时期文学的语言问题、从殖民记忆到战后论述。全书从台湾历史的"殖民地处境"切入，探讨日据时期殖民社会与台湾新文学的关系，不但探讨殖民处境下文学写作题材、主题等方面的变异，而且进一步探讨殖民社会政治、文化对被殖民者精神的压抑和渗透、对写作者身份认同和心理的影响，以及这些影响在不同时期的不同文化想象及其表征形态。

## 《当代港台电影研究》

孙慰川著，北京，中国电影出版社 2004 年 12 月版，271 页。该书是"随园影视论丛"之一种。全书分上下两篇，共 9 章。上篇 6 章包括：香港电影史概论、香港新浪潮电影、九七回归前后的香港电影、重要的电影人及其作品、当代香港类型片、当代香港电影中的黑色浪漫，论述 1978—2004 年香港电影发展和演变的历史。下篇 3 章包括：台湾电影发展史概述、台湾新电影运动、重要的电影人及其作品，论述 1982—2004 年台湾电影发展和演变的历史。作者站在文艺美学的高度，审视和剖析了当代港台华语电影的思想内涵和艺术风貌，研究了港台华语电影的发展脉络，实事求是地阐述了它们的优长和缺憾，表明自己的学术见解，有较高的学术价值。

## 《当代台湾宗教信仰与政治关系》

林国平主编，福州，福建人民出版社 2006 年 6 月版，330 页。该书是"台海研究丛书"之一种。全书共分十章，依次是：战后台湾佛教的重建、戒严时期的"中国佛教会"与国民党当局、威权体制下台湾佛教的政治参与活动、解严后台湾佛教主体性的展现、解严后台湾佛教的政治关怀、威权体制下的台湾民间宗教信仰、解严前夕台湾民间宗教信仰与政治关系、解严后台湾民间宗教信仰与政治互动、战后台湾基督教的发展及其对台湾政局的影响、台湾基督长老教会与台湾政局。自古以来，台湾的宗教信仰与政治存在着复杂而密切的联系，无论是外来殖民者，还是封建统治者、国民党当局和民进党当局，都采取各种手段利用宗教信仰维护自己的统治，宗教信仰对台湾的社会历史产生不可磨灭的影响。过往的研究多注意台湾宗教信仰的历史，关注的焦点是台湾宗教信仰与祖国大陆的源流关系，而对当代台湾宗教信仰的研究极为薄弱。该书对台湾当代宗教信仰展开研究，特别是加强有关台湾宗教信仰对台湾政局的影响进行研究，具有较高的学术价值和重要的现实意义。

## 《隔岸观火：泛台海区域的信仰生活》

陈进国著，厦门，厦门大学出版社 2008 年 11 月版，472 页。该书是"厦门大学国学研究院资助出版丛书"之一种。全书共分三篇 12 章：第一章，骨骸的替代物与祖先崇拜；第二章，福建买地券习俗考略；第三章，闽台买地券习俗的考现学研究；第四章，理性的驱驰与义利的兼容——宋明理学与东南家族社会经济变迁简论；第五章，日本创价学会在台湾的早期布教活动略论；第六章，巴哈伊教（大同教）在台湾早期的传教活动略论；第七章，外儒内佛——C 县归根道（儒门）经卷及救劫劝善书概述；第八章，困境与再生——泰国华人空道教调查；第九章，日据时期台湾佛教的日本化现象；第十章，自我与他者——人生佛教思潮与台湾佛教革新运动；第十一章，胡适与《虚云和尚年谱》的一段公案——以《辟胡说集》为讨论中心；第十二章，台湾当代佛教的入世转向刍议。全书结合文献和田野、考古与考现，细致地剖析了闽台区域祖先崇拜、民间宗教、佛教等信仰生活的某些截面，以个案描述和图像叙事，勾勒出区域历史之多元共生的信仰文化景观，有助于以"礼失求诸野"的视野和"文化自觉"的精神，来反观中国人整体性的观念系谱和文化取向。

## 《光影时代：当代台湾纪录片史论》

李晨著，北京，社会科学文献出版社 2014 年 5 月版，250 页。该书是"中国社会科学院研究生学术文库"丛书之一种。纪录片作为一种综合性的艺术表现形式，多角度、多侧面地反映了社会发展状况，其拍摄手法、剪辑技巧、制作流程、题材取舍、内涵发掘，乃至美学诉求和社会影响，都从不同层面展现了社会环境和重大社会议题。近年来，纪录片已成为台湾报告文学和社会文化运动的重要载体。该书对台湾纪录片的研究实际上就是对社会发展史和文学艺术的综合性研究，也是对台湾文学和文化研究所做的探索和开拓。全书共 4 章：第一章，从拍摄到纪录；第二章，早期台湾纪录片的发展状况；第三章，当代台湾纪录片中的现实观照；第四章，当代台湾纪录片中的历史反思。作者选取当代台湾纪录片作为重点文本分析对象，对当代台湾社会转型过程中的文学、文化、影像生产及其美学形式，台湾政治变革导致的社会生态变化，以及这些现象背后隐藏的社会历史结构性问题做了深入和系统的考察。全书以文化研究为理论基础，结合历史学研究方法，加强研究的理论性，同时结合社会学的田野调查，既坚持对台湾纪录片发展宏观视野上的把握，更注重对文本的细读与分析，具有较高的学术价值。

## 《海峡两岸青年生活观比较》

何培忠著，北京，经济管理出版社 1998 年 7 月版，167 页。全书由两篇 8 章构成。第一篇是"海峡两岸高中生生活观调查"，在海峡两岸首次统一问卷调查的基础上，对海峡两岸高中生生活观进行了分析，指出海峡两岸的高中生对许多问题的看法一致或基本一致，在同其他国家青年的比较中，海峡两岸青年表现出了共同的有别于其他国家青年的特色，说明海峡两岸虽然长期阻隔，但血浓于水，传统文化对两岸青年的影响同样强大，是两岸青年进行交流的良好基础。第二篇是"台湾青少年研究"，介绍了台湾青少年人口、教育、生活、就业及犯罪等方面的情况，并在某几个方面同祖国大陆的相关情况做了比较。该书是有关海峡两岸青少年比较研究的第一部著作，为进一步研究提供了一些基础资料。

## 《后解严时代的台湾电影》

孙慰川著，北京，商务印书馆 2014 年 11 月版，330 页。该书首先对"后解严"时代台湾电影发展的脉络进行史的检视，继而对一系列重要问题予以专题研究，深入研讨了辅导金政策的嬗变、商业电影的发展、纪录片的探索、电影评论和理论的演进、胶片里的"国族认同"表述、海峡两岸的电影交流与合作、女性银幕形象的流变等问题，有助于了解该时期台湾电影的流变以及诸多重要问题，并且从台湾华语电影在本土化与全球化博弈和互动过程里的得失中获得启迪，亦更明晰地体认华语电影今后发展和整合的方向。

## 《抗战时期福建崇安县的台湾籍民——
## 心态史视域下的考察》

　　黄俊凌著，北京，九州出版社 2010 年 6 月版，251 页。该书分为九章。第一章绪论部分解释了选题的缘起和研究意义，对相关的学术史进行了概括性的回顾，提出了该书的研究思路与写作框架。第二章系统考察了 1895 年至 1937 年福建地区台湾籍民的基本状况。第三、四章介绍了抗战爆发后福建省台湾籍民的基本动向，分析了非沦陷区台湾籍民被集中迁移崇安县的原因及其心态变化。第五章至第七章详细论述了 1938 年至 1947 年间崇安县台湾籍民的生产、生活状况以及心理情绪。第八章阐述了崇安县台湾籍民参加台湾义勇队的基本情况，分析多数台湾籍民克服"亚细亚孤儿"意识，投身抗战的原因。最后一章再次揭示了福建台湾籍民问题产生的根源，并以崇安县台湾籍民为中心，对"亚细亚孤儿"意识的产生、发展和升华进行简要的回顾。全书运用心态史学的研究方法，从民国时期的档案出发，重点研究了抗战时期福建崇安县台湾籍民的聚居缘由，生产、生活状况及其心态变化，强调"以史为鉴"，吸取"亚细亚孤儿"意识产生的历史教训，主张客观理性地看待这段特殊的历史，为化解两岸同胞间的历史"心结"提供一些新的思路。

## 《妈祖的子民：闽台海洋文化研究》

　　徐晓望著，上海，学林出版社 1999 年 12 月版，468 页。该书是"中华地域文化研究丛书"之一种。全书包括海洋文化理论的定位、海洋与闽台区域文化的形成、闽台经济海洋化的内因、闽台航海文化的发展、闽台海外贸易的发展、闽台与沿海诸省的贸易等共 10 章。

　　中国海洋文化发展史，是一门跨学科研究的新兴学科，没有现存的模式可以参考。该书创造了一个模式，阐述了闽台这个区域的海洋文化，也涉足了有关海洋的主要领域。作者首先阐述了闽台与海外世界的交往首先是物质性的，也就是海外贸易的发展，而海外贸易造成闽台商人集团的兴起，促成了闽台与海外交往的第二个内容——人的交往。闽人因为经营商业而留居海外，便形成了最初的华侨，而后随着经济的发展，尤其是近代以来世界航运事业的巨大变化，福建人到海外谋生的越来越多，构成一张广泛的网络，遍布海内外。作者认为，若要探索中国海洋文化的特点，只有探索闽台民众信仰的海神，从中探讨他们的文化精神。至于在文化交流方面，自古以来，闽台与海外的来往就是最多的，其中包括印度佛教对中国沿海的影响，福建佛教对日本、朝鲜等国的影响，福建、台湾本土摩尼教、伊斯兰教、基督教的传播，闽台文化对东南亚的影响等内容。闽台曾是历史上中国海洋文化最发达的地方，不论在物质、人员、文化的交流等方面，闽台的发展都与海外世界有较深的关系，长期以来，它作为中国海洋文化的代表，在海洋发展方面具有较高的成就。该书是对中国海洋文化发展史这一新兴学科的一次有益探索，为此后进一步研究提供了有价值的参照。

## 《闽南与台湾民间神明庙宇源流》

段凌平著，北京，九州出版社 2012 年 9 月版，374 页。该书是"印记·两岸血脉"丛书之一种。闽南地区与台湾地区有着较为相似的生活习俗和神明信仰。长期以来，分别致力于闽南与台湾地区民间神明庙宇单项研究的学术著作较多，而将二者加以比较的研究却很少。该书即以两者的比较作为研究课题，在大量搜寻相关研究成果并结合田野调查的基础上写成。全书共十二章，主要内容分为三部分：第一部分介绍闽南与台湾民间庙宇神明文化的起源、发展、繁荣以及发展现状；第二部分以佛教、道教两大教派俗神为切入点，论述闽台之间庙宇文化的异同；第三部分则从民间神明开始论述，分别列举了民间先贤、水神、财神、鬼魅等为模型，剖析闽台之间庙宇神明文化的异同。全书着眼于闽台两地民间信仰，在十数年辛苦的田野调查基础上，用严谨审慎的态度追古溯今，考证了两地民间神明及庙宇的起源、发展和演变，同时用轻松的口吻将生动的民间传说融入其中，不仅论述了闽台文化信仰的差异，更揭示出两地民间信仰的传承流变且互相交融的事实。

## 《闽台传统茶生产习俗与茶文化遗产资源调查》

蔡清毅著，厦门大学出版社 2014 年 5 月版，375 页。该书是"闽台历史民俗文化遗产资料调查"丛书之一种，也是"2013 年厦门社科丛书"之一种。全书包括闽台茶文化的自然和人文地理、闽台茶类及茶种培育习俗、闽台茶生产与制作习俗、闽台茶叶品饮习俗、闽台茶俗文化、宗教与闽台茶缘、闽台茶叶与文学艺术、闽台茶文化的传播和影响等 11 章。内容主要涉及三方面：第一方面以田野调查资料为主，呈现翔实的调查资料及图片佐证；第二方面梳理闽台各地各类型茶叶生产习俗和茶文化资源，对闽台茶叶习俗进行分类；第三方面是在资源、习俗和历史中思考两岸茶叶品牌的建构和合作。全书从文化习俗的角度阐述了闽台茶叶生产的缘起、发展、概貌以及形成的文化基础和种种民俗形态，开拓了区域性茶习俗和茶文化研究领域，具有较高的学术价值。

## 《闽台传统方言习俗文化遗产资源调查》

林寒生著，厦门，厦门大学出版社 2014 年 5 月版，386 页。该书是"闽台历史民俗文化遗产资料调查"丛书之一种，也是"2013 年厦门社科丛书"之一种。随着现代化进程的加快，各地方言正逐步萎缩，某些方言甚至接近濒危境地。福建方言也面临着萎缩的局面。在台湾，随着国语的普及，与之俱来的也是岛内方言地盘的日趋萎缩。地域文化的保护和抢救面临着重重障碍。该书包括闽东方言、闽南方言、莆仙方言、闽北方言、闽中方言、闽客方言、闽西北赣语、福建特殊土语、闽台少数民族语言等 10 章，在查阅大量文献和大量田野调查的基础上，对闽台地区的方言按地域分布进行语音、语法、词汇和篇章语料的记录，分析各地方言内部异同，具有较高的学术价值。

## 《闽台传统服饰习俗文化遗产资源调查》

和立勇、郑甸著，厦门，厦门大学出版社 2014 年 5 月，277 页。该书是"闽台历史民俗文化遗产资料调查"丛书之一种，也是"2013 年厦门社科丛书"之一种。该书包括福建传统汉族民间服饰及其习俗、福建少数民族畲族服饰及其习俗、客家人的服饰及其习俗、福建海洋服饰类型及特点、福建传统戏曲服饰及特点、台湾传统服饰及其习俗、闽台传统服饰习俗的保护与传承等 8 章。全书在田野调查的基础上，结合历史服饰习俗的历史记载，同时参照各地博物馆收藏的服饰实物，梳理了闽台各地各类型传统服饰及其习俗的历史，是一部有创意的闽台服饰著作。全书有翔实的调查资料及大量新图片，为研究者提供了资料基础。

# 《闽台传统居住建筑及习俗文化遗产资源调查》

李秋香、张力智、庄荣志等著，厦门，厦门大学出版社 2014 年 5 月版，394 页。该书是"闽台历史民俗文化遗产资料调查"丛书之一种，也是"2013 年厦门社科丛书"之一种。全书共分 4 章，包括综述、闽南传统居住建筑历史演变与文化内涵、闽台传统居住建筑特色个案分析、闽台居住建筑的建造工序与民俗禁忌。第一、第二两章旨在从福建地理历史、移民文化、经济环境等大背景方面进行综合概述和重点个案陈述，对本省内不同地理环境、文化形态下形成的居住建筑特点差异有总结性的概述，实际上是对该地区传统建筑及习俗成因的分析。第三、第四章列举了福建、台湾、金门三地居住建筑的几个案例，具体而细致地分析建筑的形成、形制的演变、建筑材料的使用、结构做法、装饰特点、风格特色、建筑工序以及民俗文化活动、信仰与禁忌等。全书在历史发展的整体框架之下，从社会学、人类学和文化学角度，解读居住建筑与居住习俗的关系，认识居住建筑的多元性和丰富性，将以往的学术研究成果向前推进和深化，有较高的学术价值。

# 《闽台传统人生礼仪习俗文化遗产资源调查》

黄金洪著，厦门，厦门大学出版社 2014 年 5 月版，306 页。该书是"闽台历史民俗文化遗产资料调查"丛书之一种，也是"2013 年厦门社科丛书"之一种。全书分为 5 章：第一章，概述；第二章，闽台传统的婚嫁礼仪；第三章，闽台传统的生养礼仪；第四章，闽台传统的丧葬礼仪；第五章，闽台传统人生礼仪中的禁忌。全书通过对闽台地区的自然地理环境和社会历史背景进行分析，探讨了闽台传统人生礼仪的民族、区域与特点，并通过田野调查，详细记录了闽台汉族和少数民族的传统婚嫁礼仪、传统生养礼仪、传统丧葬礼仪和人生礼仪的禁忌等方面，为闽台传统人生礼仪习俗的传承与保护提供了重要的资料，有较高的学术价值。

## 《闽台传统手工技艺文化遗产资源调查》

刘芝凤著，厦门，厦门大学出版社 2014 年 5 月版，314 页。该书是"闽台历史民俗文化遗产资料调查"丛书之一种，也是"2013 年厦门社科丛书"之一种。全书分为 11 章：第一章，综述；第二章，闽台民间石雕、砖雕与泥塑技艺；第三章，闽台木雕与木作技艺；第四章，闽台竹雕与竹、藤编织技艺；第五章，闽台玉雕与骨雕、角雕、角梳传统技艺；第六章，闽台传统陶瓷制作技艺；第七章，闽台漆艺；第八章，闽台工艺画、纸扎技艺、造纸术与印刷术；第九章，闽台刺绣、印染与神装制作技艺；第十章，闽台金属工艺品制作技艺与行业手工制作技艺；第十一章，闽台传统手工技艺行业习俗。全书比较系统地对福建全省以及台湾的手工技艺进行了一次田野调查，对前人成果和地方文化部门上报的民间文化遗产资源进行了梳理、考实和勘误；同时整理历史文献，寻找当今散落在民间几近消失的珍贵手工技艺，并将所有调查到的民间手工技艺的工具及技术制作流程、工序等都做了详细的调查笔录，方便了日后的复核，为以后寻找手工技艺的实地出处提供了第一手资料。该书对闽台历史民俗文化遗产传承中存在的现实问题的研究，尤其是对海峡两岸民间手工技艺生产性保护的比较研究，具有一定的创新和开拓意义。

## 《闽台佛教亲缘》

何绵山著，福州，福建人民出版社 2010 年 5 月版，412 页。该书是"闽台文化关系研究丛书"之一种。全书共 4 章，包括 1895 年前闽台佛教的发展、1895—1945 年的闽台佛教关系、战后至今的闽台佛教关系、闽台佛教的文化交流。全书将闽台佛教亲缘关系分两部分进行阐述：第一部分从其渊源进行梳理，将闽台佛教交流的历史分为 1895 年前的明清时期、1895 年至 1945 年的日据时期、1945 年战后到解严这三个阶段；第二部分从闽台的文化交流切入进行论述，以闽台佛寺建筑和闽台佛教艺术这两个方面为例展开分析，通过比较得出结论。该书有助于推进闽台佛教亲缘关系研究。

## 《闽台经济与文化》

何绵山主编，厦门，厦门大学出版社 2001 年 8 月版，350 页。全书分上下两编，共 12 章。上编"经济篇"，涉及古代闽台经济关系、近现代闽台经济关系、当代闽东南海峡西岸对台经济关系、当代福建内陆地区对台经济关系、闽台经济关系特点、闽台经济关系展望等方面内容，介绍自古以来到当代的闽台经济关系，分析闽台经济关系的特点，并对未来闽台经济交往进行展望。下编"文化篇"，涉及闽台宗教关系、闽台民俗渊源、闽台民间信仰源流、闽台建筑交融、闽台文学交流、闽台艺术互动等方面内容，对闽台文化交流的多个方面进行介绍。该书曾被评为中央电大精品课程，2011 年又被评为福建省精品课程，自出版后的十多年来，曾多次重印。2011 年 9 月，为适应两岸关系的最新变化，编者在原有的基础上，对该书进行了重大修改，由厦门大学出版社再版。

## 《闽台客家宗教与文化》

刘海燕、郭丹著，福州，福建人民出版社 2009 年 10 月版，333 页。该书分为八章，包括闽台客家源流概说、闽台佛教信仰、闽台道教信仰、闽台客家基督教信仰、闽台客家生命礼俗及其文化内涵、闽台客家岁时习俗及其文化内涵、闽台客家建筑与音乐文化、闽台客家饮食习俗与服饰文化等内容，对闽台客家宗教信仰与文化习俗进行了详细的介绍，是有关闽台客家宗教与文化的通俗读本。

## 《闽台民间传统器具》

林蔚文著，福州，福建人民出版社 2009 年 1 月版，269 页。该书是"闽台文化关系研究丛书"之一种。全书包括衣食住行传统器物、农业生产传统器具、商业和手工业传统器具、民间宗教与传统文化器具、闽台民间传统器具相关问题的讨论 5 章，全面介绍了闽台民间包括农业、商业、手工业、宗教与文化及日常生活中所用的传统器具及其用途，是首部系统论述闽台民间传统器具的专著。全书配有多达 400 多幅的图片资料，大体上可以比较直观地印证闽台民间传统器具的丰富多彩和物脉相连，有较高的学术价值。

## 《闽台民间传统饮食文化遗产资源调查》

欧荔著，厦门，厦门大学出版社 2014 年 5 月版，305 页。该书是"闽台历史民俗文化遗产资源调查系列"丛书之一种，也是"2013 年厦门社科丛书"之一种。该书共分为六章：第一章，综述；第二章，闽台历史饮食的特点；第三章，闽台饮食习俗；第四章，闽台传统饮食名优精选；第五章，闽台酒与饮料文化；第六章，闽台历史饮食习俗的调查分析与思考。全书以两年多的田野调查为基础，结合大量历史文献，论述了闽台饮食的历史渊源和地域渊源，详细记录了闽台历史饮食特点、饮食习俗、传统名吃和闽台酒与饮料文化，深入分析思考了闽台食俗的传承和发展，并进行了个案的研究，为闽台文化溯源及传统饮食文化传承保护提供了可靠依据。

## 《闽台民间节庆传统习俗文化遗产资源调查》

郭肖华、林江珠、黄辉海著，厦门，厦门大学出版社 2014 年 8 月版，246 页。该书是"闽台历史民俗文化遗产资源调查系列"丛书之一种，也是"2013 年厦门社科丛书"之一种。全书分六章：第一章，综述；第二章，闽台民间岁时节俗；第三章，闽台传统生产、生活习俗节日；第四章，闽台民间祭祀和纪念节日；第五章，闽台民间宗教性节日；第六章，闽台民间传统节日习俗调查与分析。作者从民俗学角度进行研究，全面介绍了闽台的节庆情况，而且把节日仪式、活动程序以及作用的具体细节挖掘了出来，补充了相关文化史；同时还揭示了闽台传统节庆的一些特点，如闽台民间传统节庆活动的参与群体，以老人和妇女为主，但重大节庆活动时社会精英阶层参与度高，闽台传统节日与民间信仰、祖先崇拜和宗族文化结合密切等。

# 《闽台民间美术》

　　李豫闽著，福州，福建人民出版社 2009 年 3 月版，260 页。该书是"闽台文化关系研究丛书"之一种。全书包括闽台民间美术的文化意涵、闽台民间美术的主要门类、闽台民间美术传承人及其口诀、闽台民间美术运作机制与模式、闽台民间美术的行业习俗及行会行例等 7 章。作者以福建地区（尤其是泉州、漳州、厦门等地）与海峡对岸的台湾汉族居住区作为重点考察的地域范围，对民间美术的发生与发展进行综合考察，按民间美术分类的方法展开比较研究。首先，对民间美术的题材内容、施作技艺、工匠身份、材质选用等进行逐一比对、分析；其次，通过对区域性民间美术的田野调查，结合史料、文献记载的佐证，研究民间美术传承人的传承谱系、传承人口诀和技艺特点，并采集民间美术的行会行例习俗的范例，探讨福建与台湾地区民间美术生产的运作机制与模式。全书既从宏观的视野考量民间美术的整体脉络，探其源流，同时又从微观的视角对鲜活的个案加以剖析。

# 《闽台民间体育传统习俗文化遗产资源调查》

　　方奇著，厦门，厦门大学出版社 2014 年 5 月版，185 页。该书是"闽台历史民俗文化遗产资源调查系列"丛书之一种，也是"2013 年厦门社科丛书"之一种。全书分为 9 章：第一章，综述；第二章，健步体能类民间体育项目；第三章，竞速体能类民间体育项目；第四章，杂耍表演类民间体育项目；第五章，操舞表演类民间体育项目；第六章，游戏竞赛类民间体育项目；第七章，武术健身类民间体育项目；第八章，瞄准投掷类民间体育项目；第九章，棋艺娱乐类民间体育项目。作者通过较为细致的田野调查，收集到涉及体育内涵的民俗相关内容 70 余项，同时积极寻找相关项目的传承人，采用问卷、访谈研究方法了解当事人民俗活动开展状况及原住居民的生活状态，对前人已调查过的许多情况进行了重要补充与考证，同时对当前民俗活动随着社会发展所发生的变化进行了分析，揭示了闽台民间体育产生与形成和传统文化的历史渊源关系。

# 《闽台民间戏曲的传承与变迁》

　　陈耕著，福州，福建人民出版社 2003 年 9 月版，265 页。该书是"闽台文化关系研究丛书"之一种，也是国家社会科学"九五"规划重点项目成果和"十五"国家重点图书出版规划项目。全书共分四章：第一章介绍福建民间戏曲的形成及其对台湾的传播，描述和论证了台湾的戏曲全都是由福建，主要是闽南传播而来的历史事实；第二章描述了闽南民间戏曲在台湾的落地生根和变迁发展，重点描述了中国三百六十多个剧种中唯一诞生于台湾的歌仔戏，其发生、发展和穿梭于两岸的生动历史；第三章描述 1949 年以后台湾民间戏曲和福建民间戏曲的不同发展轨迹；第四章描写改革开放以后闽台民间戏曲在推动两岸交流与合作中所起到的积极作用。全书通过民间戏曲的研究，揭示闽台文化同根共源的密切亲缘关系，既具有一定的学术价值，也有重要的现实意义。2013 年 3 月，人民出版社在组织编纂"海峡两岸文化发展丛书"时，将该书列入丛书之中，予以再版，内容略有增加。

# 《闽台民间信仰传统文化遗产资源调查》

　　林江珠、段凌珠等著，厦门，厦门大学出版社 2014 年 5 月版，353 页。该书是"闽台历史民俗文化遗产资源调查系列"丛书之一种，也是"2013 年厦门社科丛书"之一种。民间信仰是当代社会文化生态的重要组成部分。在新形势下，民间信仰场所能否成为地域文化网络的联结点，其信仰活动能否有助于慰藉民众的心理需求，有利于家庭和睦、社会安定，日益成为政府和人民群众关注的热点。积极引导民间信仰与人类文明诉求相适应，成为构建和谐社会的议题之一。该书采取学术资料科学梳理与田野考察紧密结合的方法，选取典型样本，调查民间信仰活动的程序和过程，宫庙的历史与现实状况，以及信众的主观信仰体验等。其中，重点考察当代社会的民间信仰，重视普通大众的生命体验，从中看出闽台民间信仰是一种原生态的乡土文化，也是一种流动、迁转与融合的社会文化，它有泛宗教文化的内涵因素，在海峡两岸民间中有悠久的历史渊源和深厚的民众基础，至今仍生生不息。全书分为八章，包括综述，闽台民间自然与地理神灵崇拜调查，闽台开基始祖崇拜调查，闽台民众俗信崇拜调查，道教和佛教俗神崇拜调查，闽台客家与少数民族神灵崇拜调查，神灵系统与闽台民间信仰的仪式活动等，以多学科相结合的视角，对闽台民间信仰从民俗事项的具体描述、对象的历史溯源、信仰的社会功能与影响等多维度地进行调研，内容丰富，有较高的学术价值。

## 《闽台民间信仰源流》

林国平著，福州，福建人民出版社 2003 年 7 月版，514 页。该书是国家社会科学"九五"规划重点项目、"十五"国家重点图书出版规划项目，也是"闽台文化关系研究丛书"之一种。全书 12 章，分别研究了闽台民间信仰的由来与社会基础，自然崇拜，祖先与行业祖先崇拜，医药神与瘟神崇拜，海神与功臣圣贤崇拜，道教与佛教俗神崇拜，斋醮普度、迎神赛会与庙际网络，符咒与民俗疗法，扶乩跳神与灵签，风水术与民间禁忌，神明传说与宫庙壁画、媚神歌舞、酬神戏剧，闽台民间信仰的特征与社会历史作用等。全书内容丰富，论证了闽台文化一脉相承的关系，展现了民间信仰研究的中国风格。该书在初版后曾多次重印。2013 年 9 月，人民出版社在组织编纂"海峡两岸文化发展丛书"时，将该书列入丛书之中，予以再版，内容略有删减。

## 《闽台民间艺术传统文化遗产资源调查》

曾晓萍、刘芝凤、林婉娇等著，厦门，厦门大学出版社 2014 年 5 月版，256 页。该书是"闽台历史民俗文化遗产资源调查系列"丛书之一种，也是"2013 年厦门社科丛书"之一种。全书共分为五章：第一章，综述；第二章，闽台民间戏剧艺术；第三章，闽台民间曲艺艺术；第四章，闽台民间音乐艺术；第五章，闽台民间舞蹈艺术。作者采访了上百个艺人及相关保护人员。调查内容包括闽台民间曲艺，如答嘴鼓、讲古等；民间音乐，如南音、北管、笼吹、十音八乐、食闹音乐、莲花褒歌等；民间舞蹈，如拍胸舞、车鼓弄、牛犁阵、龙舞、道情（民间二人转）等；民间戏剧，如闽剧、梨园戏、潮剧、高甲戏、歌仔戏等。通过对福建和台湾地区的代表性文化事象进行田野调查，摸清了闽台地区现存的艺术种类及现存状况，理清了闽台民间艺术之间的渊源与联系，进而分析民间艺术面临的困境，探讨保持民间艺术生命力的有效途径。全书收集保存了大量珍贵的民俗文化遗产资源，具有较高的学术价值。

## 《闽台民居建筑的渊源与形态》

戴志坚著，福州，福建人民出版社 2003 年 9 月版，320 页。该书是"闽台文化关系研究丛书"之一种。全书共 9 章：第一章，南方民系与闽海系民居建筑；第二章，自然条件对闽台民居建筑的影响；第三章，闽台社会形态与闽台民居建筑的关系；第四章，闽台民居建筑的类型与流派；第五章，泉州民居建筑与台湾泉州派民居；第六章，漳州民居建筑与台湾漳州派民居；第七章，客家民居建筑与台湾客家派民居；第八章，台湾原住民居建筑；第九章，闽台民间匠师与民居建筑工艺。全书以现存的闽台民居建筑遗构为实证，综合运用建筑、社会、历史、语言、地理等学科的观点和方法，分析研究并介绍了闽台建筑文化的渊源、闽台传统民居的建筑形式和风格，图文并茂，丰富和发展了中国建筑历史和闽台地方建筑史，具有史实资料收藏与学术研究价值。2013 年 9 月，人民出版社在组织编纂"海峡两岸文化发展丛书"时，将该书列入丛书之中，予以再版，内容略有增加。

## 《闽台闽南语民歌研究》

蓝雪霏著，福州，福建人民出版社 2003 年 10 月版，443 页。该书是"闽台文化关系研究丛书"之一种，也是国家社会科学"九五"规划重点项目、"十五"国家重点图书出版规划项目。全书共分三章：第一章，闽南民歌研究，通过对闽南民歌与至迟 7 世纪已在当地生息繁衍的畲族民歌的关系，与始自 4 世纪前后及 7 世纪、9 世纪三次大规模移民所不断带来的"北"方音乐文化的关系的探究，在闽南民歌的渊源问题上进行了较为详细的探讨，并以地理、历史、方言、民俗等多项综合指标，对闽南民歌的音乐区划及其艺术特点进行了详细论述；第二章，台湾福佬系民歌研究，详细论证了台湾福佬系民歌对闽南民歌的承袭、衍化及产生的变异，揭示了台湾福佬系民歌的发展轨迹；第三章，闽台闽南语民歌音乐的理论研讨，主要就闽台学界关注的某些重要问题展开研讨，从宏观的角度系统梳理了闽台闽南语民歌音乐的源流，又立足微观，提出了闽台音乐学界尚未讨论或虽有讨论却一直含混不清或值得再深入研讨的问题。全书不但发挥音乐学科的本体优势，又综合运用地理学、历史学、民俗学、方言学等多学科知识，将闽台闽南语民歌放在其文化背景中加以全面透视，使得海峡两岸的闽台民歌研究进一步走向深入，具有较高的学术参考价值。

## 《闽台农林渔业传统生产习俗文化遗产资源调查》

刘芝凤、徐苏、王文静等著，厦门，厦门大学出版社 2014 年 5 月版，315 页。该书是"闽台历史民俗文化遗产资源调查系列"丛书之一种，也是"2013 年厦门社科丛书"之一种。生产民俗是在各种物质生产活动中产生和遵循的民俗。这类民俗伴随着物质生产的进行，多方面地反映着人们的民俗观念，在历史上对保证生产的顺利进行有一定的作用。该书即是对闽台地区的农林渔业生产民俗进行考察。全书六章，主要内容涉及农林渔业的传统器具、技艺的传承、发展和现存状况；农林渔业的传统生产习俗与禁忌；农林渔业的传统民间信仰；农林渔业的民间文学艺术四个方面。全书采取学术考察和田野考察相结合的方法。学术考察以闽台地区考古成果及历史文献、地方史志、族谱为考察对象，厘清闽台农林渔业生产习俗文化的渊源和演变过程。田野考察采取参与考察法、全面考察法和比较法，对闽台地区相同的习俗和不同的表现形式进行实地调查记录与比较分析。

## 《闽台区域文化》

何绵山主编，厦门，厦门大学出版社 2004 年 3 月版，313 页。全书共 12 章，介绍了闽台历史渊源、闽台文化、闽台宗教、闽台民俗、闽台文学、闽台艺术、闽台民间文学、闽台建筑、闽台教育、闽台方言，以及闽台法律等闽台文化的多个方面，是有关闽台区域文化的通俗读物。

# 《闽台区域文化研究》

林国平主编，北京，中国社会科学出版社 2000 年 7 月版，525 页。该书为国家社会科学"九五"重点规划项目"闽台区域文化研究"的最终成果，也是"闽台区域研究文丛"之一种。闽台文化是指生活在闽台两地人民所共同创造的，以闽方言为主要载体的区域文化，既是中国传统文化的重要组成部分，同时又富有鲜明的区域文化的特色。加强闽台区域文化的研究，既有学术研究的意义，也有促进祖国和平统一大业的现实意义。该书即是这样一部区域文化研究的著作。全书共 9 章，在中华文化的大背景下，分别从民族、移民、教育、文学、音乐、戏曲、歌舞、宗教、民间信仰、民俗等文化的各个层面，论述闽台文化的历史源流及彼此的关系，以具体生动的历史事实来说明中华文化无论是过去、现在和将来都是维系海峡两岸的精神纽带，是实现和平统一的重要基础之一。

# 《闽台文化探略》

何绵山著，厦门，厦门大学出版社 2005 年 1 月版，241 页。全书分为上、下篇：上篇为"福建篇"，内容包括福建的自然地理与历史文化、近代教会学校与福建女性、研究保护妈祖文化的意义、福建的书院教育、福建的金石、福建的古代书画等；下篇为"台湾篇"，内容包括台湾的自然与历史、台湾文化的多元性、台湾当代佛教、台湾民俗活动的频繁性、台湾民俗博物馆、台湾的美术等。作者对闽台文化的诸多方面进行了系统的评析和深入的研究，揭示了福建、台湾历史文化的各自特点和内涵，描述了福建、台湾绚丽多姿的深厚文化。

# 《闽台文化志》

方宝璋、方宝川著，上海，上海人民出版社 1998 年 10 月版，610 页。该书是"中华文化通志"丛书之一种。全书上溯原始社会下至民国时期，将悠久灿烂、丰富多彩的闽台文化总揽博收。全书共分 11 章，举凡闽台历代教育、学术思想、文学与方言、科学技术、美术、戏剧、音乐、宗教、民间信仰、民俗，以及闽台文化在中华区域文化中的地位，闽台文化与移民、经济、政治、地理环境的关系等，都做了简明、生动的叙述。全书兼顾学术性与普及性，既吸收总结了当代闽台文化史研究的成果，又全面系统地叙述了闽台文化史知识。该书于 2010 年 12 月，由上海人民出版社再版，内容未有增删。

## 《台港澳宗教概况》

李桂玲著，北京，东方出版社 1996 年 1 月版，481 页。全书共分上、中、下篇三部分，分别就台湾、香港和澳门三地的宗教基本概况、宗教的社会影响、政教关系和未来宗教的发展趋势做了专题论述。上篇主要介绍台湾宗教，就台湾的佛教、道教与民间信仰、天主教、基督教新教各派、伊斯兰教、一贯道、天帝教、巴哈伊教、理教、轩辕教、犹太教、东正教、天德教以及新兴宗教中的现代禅、新使徒教、摩门教等 17 个宗教与教派历史与现状进行了详细介绍。中篇介绍了香港现存的各种宗教，如佛教、道教、民间信仰、天主教、基督教新教各派、伊斯兰教、孔教、印度教、袄教、巴哈伊教、犹太教、锡克教和新兴宗教国际克里希那知觉会、天德圣会创价学会。下篇是有关澳门的宗教情况，介绍了澳门的佛教、天主教、基督教新教、巴哈伊教和伊斯兰教等。该书除了介绍三地宗教的历史外，主要论述了当代台港澳的各种宗教的现状、特点及发展趋势，是一本台港澳三地宗教现状的知识手册，又是一本宗教学术著作。

## 《台湾"国家认同"问题概论》

刘红著，北京，九州出版社 2013 年 10 月版，297 页。该书是"台湾研究系列"丛书之一种。在两岸关系完成历史性转折、和平发展取得突破性进展情况下，影响和引导台湾的"国家认同"，增加"一个中国认同"，对于和平统一来说是一项具有战略意义的工作。该书从台湾"国家认同"问题切入，分析论证了台湾"国家认同"的概念、内涵、特点和现状等问题，进而深入探讨了影响台湾"国家认同"变化的各种因素，着重研究台湾"国家认同"对于两岸关系的影响。在理论探讨和实证基础上，提出了影响和引导台湾民意、"国家认同"朝着"增加一个中国认同"方向变化的路径和要点。全书共 6 章,包括台湾"国家认同"特殊性分析、影响台湾"国家认同"变化的因素分析、台湾"国家认同"的现实难点、中华文化与台湾"国家认同"、和平发展巩固和深化背景概述、影响和引导台湾"国家认同"的路径。

## 《台湾出版史》

辛广伟著,石家庄,河北教育出版社 2000 年 12 月版,461 页。该书共 21 章,包括光复前的台湾出版、光复至 50 年代的图书出版业、60 年代的图书出版业、70 年代至解严前的图书出版业、解严至 90 年代的图书出版业、少儿图书出版业、漫画出版业、光复初及 50 年代的杂志出版业、60 年代的杂志出版业、70 年代至解严前的杂志出版业、解严至 90 年代的杂志出版业、光复至 50 年代的报纸出版业、解严至 90 年代的报纸出版业、有声出版业、通信业、印刷业与出版社团、台湾的书刊发行、书展、出版研究、著作权、两岸出版交流等内容,全面系统地对台湾近 200 年来,特别是光复以来的图书、报刊、音像出版及与出版相关的发行、印刷、著作权等领域和两岸十年来的出版交流与合作进行了清晰扼要的论述,是大陆第一部有关台湾出版历史研究的专著,具有较高的学术参考价值。

## 《台湾传统文化探源》

徐博东、张明华著,北京,商务印书馆 1996 年 12 月版,192 页。该书是"中国文化史知识丛书"之一种。全书共 6 部分,包括序篇、开发篇、习俗篇、文娱篇、技艺篇、结语。介绍了台湾汉文化的萌芽、形成和发展的历史;描述了台湾汉文化的内容,包括语言文字、生活习惯、岁时节俗、婚俗丧礼、宗教信仰、地方戏剧、南管北管、民歌野调、民间体育、民间工艺、神像雕塑、庙宇装饰等;分析了台湾传统文化的特点,指出海峡两岸本同源,大陆与台湾是根连着根。全书文字简明,是一本普及台湾传统文化知识的通俗读物。

# 《台湾当代戏剧论》

彭耀春著，北京，中国戏剧出版社 2003 年 3 月版，290 页。全书分为四章：第一章，台湾当代小剧场论；第二章，台湾当代代表剧作家论；第三章，台湾当代代表戏剧作品论；第四章，海峡两岸戏剧交流评述。作者在 20 世纪中国文学、中国戏剧的背景下，以历史的、美学的、比较的研究方法，论述台湾当代戏剧，梳理了台湾当代小剧场运动，分析了台湾当代代表剧作家及其代表剧作，描述了 20 世纪台湾与大陆的戏剧交流，基本上反映台湾当代戏剧的全貌。

# 《台湾电视发展史》

陈飞宝、张敦财著，福州，海风出版社 1994 年 7 月版，318 页。全书共 9 章：第一章，台湾电视事业发展概况；第二章，台湾电视的功用和社会影响；第三章，台湾电视节目的特性和困境；第四章，台湾电视新闻的发展及其特点；第五章，台湾电视剧艺术；第六章，台湾的电视教学；第七章，台湾电视广告；第八章，台湾电视现代化、多元化和台湾社会政治经济的关系；第九章，海峡两岸电视文化的交流和影响。介绍了 30 多年来台湾电视的发展概况、技术更新、电视资本结构、电视政策、电视教育、广告等各方面的内容；论述了台湾电视剧发展历史，电视剧内涵上、艺术手法上与中国传统文化、传统艺术的渊源关系，以及自身发展特点，台湾电视现代化、多元化与台湾政经的关系，海峡两岸电视交流和影响；分析了台湾电视节目功用及其影响、节目尤其新闻发展的特色。该书是大陆第一部研究台湾电视发展史的专著。

# 《台湾电影三十年》

宋子文编著，上海，复旦大学出版社 2006 年 1 月版，304 页。该书是 "影响" 丛书之一种。全书共 8 章：第一章，琼瑶式文艺片的盛与衰；第二章，时代之魂——台湾乡土电影；第三章，社会写实冲击主流；第四章，未在台湾形成气候的武侠电影；第五章，新浪潮势力的到来；第六章，80 年代台湾电影的旗手；第七章，台湾电影走入低迷；第八章，新千年以来仍在产业边缘挣扎的台湾电影。该书全面介绍了台湾电影自 1973 年至 2004 年间的发生发展及其走衰落的过程，客观评价了各种艺术流派的追求和风格，书末附有"台湾电影三十年大事记"。

## 《台湾佛教》

何绵山著，北京，九州出版社 2010 年 5 月版，472 页。全书共 9 章：第一章，台湾佛学院与台湾僧教育；第二章，台湾佛教与台湾社会教育；第三章，台湾佛教的寺院经济与社会；第四章，台湾佛教的社会弘法；第五章，台湾社会变迁中的法师；第六章，台湾佛教四大道场的崛起与台湾社会；第七章，台湾佛教艺术与台湾社会；第八章，台湾佛教的学术研究及学术活动；第九章，台湾佛教的现状与走向。作者选择最能代表台湾佛教的八个方面进行系统的分析和阐述，对台湾佛教的僧才培养、寺院经济、社会弘法、法师特点、佛教艺术、学术研究、四大道场及佛教教育诸问题，都有资料翔实的说明和理论分析。全书将当代台湾佛教的发展，放在台湾社会变迁的动态环境中进行研究，阐明了台湾佛教的特点与台湾社会互动的关系，是大陆学界第一部全面研究当代台湾佛教的专著。

## 《台湾基督教史》

林金水主编，北京，九州出版社 2003 年 7 月版，459 页。该书分为 4 个部分：荷据时期（1624—1662）、清朝统治时期（1858—1895）、日据时期（1895—1945）、战后时期（1945—2001）。全书按照历史发展的脉络线索依次描述、分析了基督教（新教）在台湾的存在与发展，以及当时教会在台湾社会中的处境、作用、倾向和角色，有助于推动海峡两岸宗教史、社会史和文化史的研究。该书于 2007 年 4 月由九州出版社再版，内容略有增加。

## 《台湾民间信仰》

陈小冲著，厦门，鹭江出版社 1993 年 12 月版，213 页。该书是"台湾研究丛书"之一种。全书 6 章，涉及台湾民间信仰的历史渊源、台湾民间信仰中的全国性神明、民间信仰中的祭神与娱神等内容。作者把台湾民间信仰作为移民社会中的一种文化现象进行考察，从早期移民渡海、开拓、与原住民的争夺、与大自然的搏斗以及社会动乱等方面，说明台湾民间信仰发生发展的历史背景；同时还从商业的发展和郊商、富户的资助以及地方官员的支持等方面，分析促进民间信仰发展的各种因素，指出台湾民间信仰的历史，与台湾移民史、台湾开发史是同步前进、平行发展的，台湾民间信仰往往带有移民社会的烙印，同时也保留着母体文化深刻的影响。该书比较详细地介绍了台湾民间诸神的由来、传播、信仰与现状，既是一部严谨的学术著作，又是一部知识性读物。

## 《台湾文化》

胡友鸣、马欣来著，沈阳，辽宁教育出版社 1991 年 5 月版，231 页。该书是"中国地域文化丛书"之一种。全书共 9 章，包括"天空海阔任婆娑"——最初的拓荒者、"唐山流寓话巢痕"——明清时期的移民浪潮、"黑海惊涛大小洋"——台湾的海盗与郑芝龙、"比屋鸡豚见古风"——民间饮食与文化传统、"薜荔为衣带女萝"——民间服饰与文化渊源等内容。全书从文化史的角度，通过流畅的文字，系统地对台湾的最初移民、大陆对台湾的早期经营、明清时期的移民以及台湾地区的民间饮食与文化传统、服饰、婚姻、丧葬、宗教、神话、歌舞、戏剧等一系列相关的问题作了有益的探讨。该书 1995 年 4 月重印，1998 年 6 月由辽宁教育出版社再版。

## 《台湾新闻事业史》

陈扬明等著，北京，中国财政经济出版社 2002 年 9 月版，364 页。该书是国家"七五"期间社科规划重点课题成果，也是"厦门大学新世纪教材大系"丛书之一种。全书分 9 章：第一章，日本殖民统治时期的台湾报业（1895—1945）；第二章，抗日战争胜利初期的台湾报业（1945—1949）；第三章，20 世纪 50 年代的台湾报业；第四章，20 世纪 60 年代的台湾报业；第五章，20 世纪 70 年代的台湾报业；第六章，

"报禁"解除后的台湾报业（1988—20 世纪 90 年代）；第七章，台湾广播业；第八章，台湾电视业；第九章，台湾新闻通讯业。全书系统地分析了台湾新闻事业各个发展时期的特点，研究台湾新闻事业的演变规律，让祖国大陆了解台湾大人传播媒体——报纸、广播、电视、通讯社的历史和现状。

## 《台湾舆论议题与政治文化变迁》

邹振东著，北京，九州出版社 2014 年 8 月版，315 页。该书是"海峡两岸新闻与传播研究丛书"之一种。全书共 4 章：第一章，"省籍议题"——台湾政治文化的情感符号；第二章，"台湾意识/中国意识议题"——台湾政治文化的政治认知符号；第三章，"统独议题"——台湾政治文化的政治评价符号；第四章，台湾的舆论议题与政治文化。全书以政治文化的符号为切入点，通过考察光复以来台湾舆论议题的演变，将台湾舆论议题分门别类予以细化研究，探讨台湾舆论议题转化为政治文化符号的转换机制，考察与梳理"省籍议题""台湾意识/中国意识议题""统独议题"作为台湾政治文化三大符号的历史缘起、发展演变、当代特征及其对台湾政治文化的影响，从台湾舆论的长期变化观察台湾政治文化的长期变迁，用台湾政治文化解读台湾舆论的本质，探讨台湾政治文化与台湾舆论互动关系的长期演变，并从台湾的个案研究中概括出舆论与政治文化互动的一般模式。全书将历史学和舆论学结合起来，将舆论研究与政治文化研究结合起来，是对台湾问题研究的一次有益探索。

## 《台湾语文政策概述》

许长安著，北京，商务印书馆 2011 年 4 月版，247 页。该书概述台湾地区各个历史时期的语文政策，重点是台湾光复以后的语文政策。全书分为两个部分：第一部分简要概述中华语文在台湾的传承，内容包括明郑和清朝时期中华语文在台湾的传承，以及荷兰和日本殖民化语文政策的失败。第二部分详细叙述光复以后台湾地区的语文政策，内容包括：国民党执政时期，延续民国时期的"国语运动"，出台一系列语文标准；民进党执政时期，推行"去中国化"的语文政策，受到广大台湾同胞的反对；

国民党重新执政以后，语文政策新的变化和发展情况。

# 《现代台湾与传统伦理文化》

李世家著，贵阳，贵州人民出版社 2001 年 9 月版，278 页。全书分上下两篇，共 6 章。上篇"危机——'时代病'的产物"，包括现代台湾伦理文化的一般、现代台湾社会条件下的伦理文化两章，介绍了当今的台湾社会是一个现代性的资本主义社会，也是一个深患"时代病"的社会，这种"时代病"的严重表现，就在它的社会伦理文化领域发生了严重的危机和遇到了严重的挑战。下篇"回到传统伦理文化中去"，包括重道德实践的伦理文化、以儒为本的伦理文化、赋予传统伦理新内容的伦理文化、利用近现代研究方法的伦理文化 4 章，指出当今台湾社会，也是一个相当重视政治上层建筑和思想上层建筑的社会，面对这种"时代病"在社会伦理文化领域所造成的严重威胁，在惊慌的同时，也开出了一纸药方，也想出并制定了一些对策，力图扭转台湾社会伦理道德不断下滑的局面，其中具有根本性或战略性的选择，就是回到传统伦理文化中去。当然，这种"回到传统伦理文化中去"，并不是简单地机械地绝对地回到传统伦理文化中去，而是立足现代，从现实出发，弘扬传统或取舍传统。作者同时指出，台湾的"时代病"在大陆也有体现，因此台湾的伦理文化建设也值得大陆借鉴参考。

# 第八篇　台湾教育与学术史

## 《百年中华文学中的台港文学》

陶德宗著，成都，巴蜀书社 2003 年 4 月版，420 页。该书以时间为经，以文学潮流为纬，对 1895 年至 2002 年百年中华文学中的台湾文学和香港文学进行了多维度的叙述与分析。全书共 28 章，第 1 至 4 章首先从 20 世纪中国文学的整体性出发，概述了两岸文化之间的渊源与勾联；第 5 至 21 章主要叙述了台湾从民间文学、反共文学、怀乡文学、现代派文学、漂流文学、乡土文学、女性文学到通俗文学的思潮流变；第 22 至 27 章叙述了香港文学的发展历程；第 28 章对全球化时代的"两岸三地"中国文学面临的严峻挑战和未来出路进行思考，提出了在大中华文化观的指导下，整合"两岸三地"文学，并注意发挥各自文化的区域特色的思路。该书广泛搜集了有关台湾和香港文学的新史料，进一步完善了台港文学的研究领域，对"两岸三地"文化的良性互动发展模式建构具有一定的启发意义。

## 《彼岸的缪斯：台湾诗歌论》

刘登翰、朱双一著，南昌，百花洲文艺出版社 1996 年 12 月版，510 页。该书分为上下篇两部分，上篇"诗潮论"包括 5 章，概括地介绍了近半个世纪以来台湾诗歌的发展状况。第 1 章介绍台湾当代新诗发展的艺术基础、生存环境和存在形态；第 2 章介绍 50 年代初期台湾"战斗诗"由遽起到几乎垄断整个诗坛，不利于艺术创造，进而引起诗人艺术突围的过程；第 3 章介绍 50 年代中期现代主义诗潮逐步取代了"战斗诗"的复苏与发展的历程，现代主义诗潮的观念、特征、论争、批评与调整；第 4

章概述现实主义诗潮 60 年代中期逐渐抬头至 70 年代形成高潮的发展过程、观念取向和艺术特征；第 5 章介绍 80 年代中期以后，现实主义诗潮转向"大中国诗观""本土关怀"、与世界文化思潮接轨的三种价值取向。下篇"诗人论"部分以余光中、席慕蓉等 70 位诗人为个案，介绍代代相续的主要诗人的著作。该书规模宏大，是当时大陆介绍台湾诗歌最全面的一部著作。

## 《传统文化影响下的台湾教育》

黄新宪主编，福州，福建教育出版社 1993 年 12 月版，361 页。鉴于台湾与大陆文化同根同源，学界对台湾文化与大陆母体文化的勾联、中国传统文化对台湾社会变迁的影响、台湾教育等问题关注较多，但对于中国传统文化与台湾教育之间的相互关系却缺乏系统研究，甚至部分学者对两者之间是否存在关联持有疑义，该书就此问题展开研究。全书共 13 章，首先从传统文化与台湾教育关系的历史演变整体勾勒出两者之间的关系；继而分别从儒学与"行的教育"、人格主义与"伦理教育"、传统文化与"民族精神"、当代新儒家与台湾教育、台湾学界对道家教育思想现代转化的探讨、台湾教师群体与传统文化的弘扬、传统文化影响下的台湾国文教育、传统文化与台湾大学联考的改革、传统文化与台湾学界的反"出国主义"思潮、文化扎根与台湾的社会教育、文化变迁与台湾的家庭教育、传统文化负面对台湾教育的影响等方面，运用丰富的史料，宏观和微观相结合的方法，通过多角度的论述，肯定了传统文化与台湾教育之间存在的双向关系。通过研究，该书认为传统文化对台湾教育的影响十分深远、宽泛，呈现出不同的发展态势。台湾教育在传承传统文化方面也起到了突出的作用，这是台湾教育文化的一个突出特色。囿于资料，该书对传统民族文化、传统区域文化、神秘宗教等对台湾教育的影响未能展开论述，但问题的提出为未来研究指明了方向。

## 《当代台湾女性小说史论》

樊洛平著，郑州，河南人民出版社 2005 年 2 月版，432 页。在台湾文学史建构过程中，女性小说创作没有引起足够的重视。有鉴于此，作者撰写了《当代台湾女性小说史论》，意欲加强该领域薄弱地带的研究。全书共 5 篇 16 章，以时间为序，梳理和阐释了 20 世纪 50 年代至 90 年代以来的台湾女性小说发生、成长、发展、高潮、分流的演变脉络。该书作为一部专门研究台湾女性小说创作的史论，从特定的小说角度深入关照台湾女性文学，从女性批评视角和文学史论方面进行系统考察，重点凸显女性小说书写的复杂面貌和独立价值、文学传承、风格流变和女性创作地位变迁，并注意参照台湾文学发展的历史对女性小说创作被遮蔽的文学现象进行再发掘。该书不仅为海峡两岸女性文学创作提供可资借鉴的文学视野，也为人们多角度了解台湾文坛，提供了一个新的视角。该书另有台湾商务印书馆股份有限公司 2006 年 4 月版。

## 《当代台湾文学研究》

傅蓉蓉著，北京，九州出版社 2014 年 1 月版，221 页。作者认为当代台湾文学的发展大致分为以下三个阶段：早期台湾文学（从大陆到台湾）、中期台湾文学（从阻隔到汇流）、近期台湾文学（从主潮轮换到多元共生）。据此，作者以台湾 60 年来的文学创作和文学思潮为研究对象，以时间为经，以文学思潮更迭为纬，分 6 章展开论述。第 1 章"去国怀乡这十年（1949—1959）"，因国民党退居台湾，在台湾强力推行"官方文学"的同时，怀乡文学也风行起来；第 2 章"全盘西化这十年（1960—1969）"，在全盘西化和西方现代主义思潮的影响下，现代主义文学逐渐发展为台湾文坛的主流；第 3 章"在争论中前进的十年（1970—1979）"，在反现代主义、反全盘西化中成长起来的以回归乡土、面向现实为旗帜的乡土文学渐成大观；第 4 章"多元文化风潮涌现的十年（1980—1989）"，表现当代社会生活"经济观念"和"精神状态"的小说、涉及社会敏感问题的小说、带有强烈台湾地方色彩的小说风起云涌、多元共生；第 5 章"新价值与新标准初构的十年（1990—1999）"，随着台湾步入后工业社会，文学与大众传媒、多媒体结合，成为一种新的文化思潮；第 6 章"这些年——21 世纪以来的台湾文学"，随着多种传播手段和两岸资讯联系的频繁，台湾文学多元化成为必然。该书条理清晰，叙事简洁明了，是了解当代台湾文学状况与走向的一扇窗口。

# 《多元文化教育视域下穗港台小学社会科教科书内容比较研究》

姚冬琳著，北京，中国社会科学出版社 2013 年 12 月版，259 页。全书包括绪论、"研究基础""多元文化教育内容分析表及评价标准设计""小学社会课程标准多元文化教育内容比较""小学社会教科书多元文化教育内容的比较""小学社会科多元文化教育实施主体的调查""小学社会科科教书多元文化教育内容优化策略" 7 章，依据全球多元文化教育理论、中华民族多元一体格局理论、文化自觉理论等基础理论，对穗港台三地全套小学社会科教科书课程标准和教育内容进行比较研究，静态呈现出三地教科书内容异同及特色，并通过实地调查与访谈，动态揭示三地教科书教育效果，总结经验，分析不足，进而提出沿海开放城市小学社会教科书多元文化教育内容的优化策略，具有一定的学术与现实意义。

# 《多元文化与台湾当代文学》

方忠主编，北京，文化艺术出版社 2011 年 12 月版，365 页。该书系教育部人文社会科学基金项目研究成果，主要从文化生态学的视角来观照台湾文化。全书共 8 章，以开放的视野分别从儒家文化、佛教文化、"五四"新文化、现代主义文化、后现代主义文化、后殖民文化、原住民文化以及大众文化等台湾文化生态的不同层面切入台湾当代文学，主要探讨了台湾当代文学各种文化构成因素；中国传统文化、现代文化、台湾原住民文化、西方现代主义、后现代主义文化和大众文化对台湾当代文学的影响等。该书既从宏观的角度探讨了当代台湾文学"中国情意结"的"共相"，又深入剖析了台湾文学的"殊相"。在此基础上，将台湾文学的文化研究模式由单纯的文学研究推向复合的文学——文化研究，并尝试将文化生态学的方法运用到当代台湾文学的研究领域，从而刷新了学界对当代台湾文学的阐释。

# 《20 世纪台湾文学史论》

方忠著，南昌，百花洲文艺出版社 2004 年 10 月版，368 页。全书共
7 章，重点阐释台湾文学在汉语言文学现代性建构方面的意义。第 1 章整
体勾勒了 20 世纪台湾文学发展的历史进程，包括各种文学思潮的此消彼
长，旧诗向新诗发展过程中呈现出的现代意识和民族意识，以及小说和散
文在不同时期的类型和风格；第 2 章首先以白先勇为个案剖析了 20 世纪
50 年代后期台湾小说受西方文化影响，在转型过程中遭遇的母体文化与
西方文化之间的冲突，继而以欧阳子等人的小说为个案，展示台湾文学转
型后所呈现的现代派特征；第 3 章分别以陈映真等乡土派作家为代表，呈
现 20 世纪 70 年代的台湾文学强烈的民族意识和浓厚的乡土气息；第 4、
第 5 章分别以余光中和梁秋实等人为个案呈现台湾诗坛和散文的现代性特
征；第 6 章主要呈现台湾散文汲取大陆母体文学的营养并与之走向整合的
情况；第 7 章介绍了 60 年代至 80 年代台湾言情小说、武侠小说和历史小
说等通俗文学的发展成就。该书不同于宏大架构的文学史叙述，而是在把
握台湾文学历史发展脉络的同时，注重深化个案研究，注重将两岸文学进
行整合研究，开拓了台湾文学研究的新格局。

# 《20 世纪台湾文学史略》

陆卓宁主编，北京，民族出版社 2006 年 5 月版，321 页。全书共 8
章，第 1 至 3 章为上篇，叙述了从五四时期台湾文学继承五四精神产生了
一批具有爱国精神的文学勇士，到光复时期台湾新文学掀起的以振兴民族
文化为核心的光复热潮。第 4 至 8 章为下篇，叙述了 1949 年至新世纪交
替期台湾主流文学由偏狭到拓展的发展过程。该书以宏大叙述为主，辅以
个案解读，系统、全面地梳理、阐释了自五四时期到新世纪之交的台湾文
学的发展脉络。在关注台湾文学与大陆母体之间存在深刻关联的同时，又
注意挖掘台湾社会历史的政治、文化、道德和审美意识变迁对台湾文化发
展的影响，并由此呈现出的特殊、多元的文学景观，是一部全景式呈现台
湾 20 世纪文学发展的专著。

## 《港澳台高校通识教育比较研究》

梁桂麟、刘志山主编，北京，中国社会科学出版社 2008 年 9 月版，252 页。全书除导论外共 5 章，首先在导论部分诠释通识教育的内涵，以及对高校德育的借鉴意义，继而介绍通识教育在美国诞生、发展、演变的历史过程，分析美国高校通识教育的启示，进而分 3 章具体探讨港澳台三地通识教育的历史和现状；对通识教育与素质教育、高校德育的异同进行比较；对如何完善中国高校人才培养模式进行思考，最后对三地通识教育的理念及实施状况进行了比较，总结了三地通识教育的理念与方法对内地高校德育教育改革的启示。该书对内地高校德育改革具有一定的借鉴意义，系大陆第一部对港澳台高校通识教育进行系统比较研究的专著。

## 《港澳台公民教育比较研究》

刘志山、梁桂麟主编，北京，中国社会科学出版社 2012 年 7 月版，224 页。这是作者继《港澳台高校通识教育比较研究》后，又一部关于三地公民教育的比较研究。全书除导论外共 5 章，首先在导论部分阐释了公民教育的内涵，与高校德育在目标、内容、方法上的异同，对高校德育教育的借鉴意义，继而追溯了公民教育的缘起，在英美国家的发展历程，对香港和台湾的影响，进而分 3 章论述港澳台三地公民教育的历史沿革与现状，面临的挑战及对内地公民教育的启示，最后对港澳台三地公民教育进行比较，分析其共性和个性特点，指出其与内地高校德育教育的相通性，对如何丰富和完善内地高校德育提出可行性建议。该书有利于推动港澳台三地教育的比较研究和内地高校的德育改革，系大陆第一部对港澳台高校公民教育进行系统比较研究的专著。

## 《海峡两岸汉语词汇差异研究》

徐红进著，上海，文汇出版社 2014 年 4 月版，227 页。全书共 7 章，主要对两岸语言社区中同形异义词、同义异形词和单方特有词三类汉语差异性词汇，以及网络词汇进行分类研究，探究其在构词思维、派生模式和取向等方面的规律性特点。第一章概述了两岸汉语差异；第二章梳理了两岸汉语词汇差异的表现形式；第三章分析了两岸汉语词汇差异的原因；第四章呈现了两岸汉语词汇的构词思维与派生模式；第五章探讨了两岸汉语词汇差异的影响；第六章考察了两岸词汇差异的趋同与整合；第七章为两岸网络词汇及差异性初探。该书从语言的经济性和实用性原则出发，篇幅虽不大，但对缩小两岸汉语词汇差异，方便两岸交流和语言的国际推广，大有裨益。

## 《海峡两岸日常生活词语差异及其原因研究》

许蕾著，北京，中国国际广播出版社 2014 年 10 月版，197 页。全书共 5 章，深入、系统地对海峡两岸此有彼无或彼有此无的词语，两岸共有的同形同义词语、同形异义词语、同义异形词语，以及同中有异的日常生活词语进行了比较分析。第 1 章首先介绍了台湾地区的语言概况和推行普通话的历史与现状；第 2 章从词语的有无、词形、词语来源、词语新旧等方面归纳了两岸词语差异的类型；第 3 章从历史和文化两方面探讨了两岸词语差异形成的外部原因；第 4 章从两岸构词法、词义性质、词义成分构成、词语来源、使用范围、使用频率和语法功能等方面总结了形成差异的内部原因；第 5 章结语部分在总结前文的基础上，对未来缩小两岸词语差异，顺利开展交流进行了展望。该书将研究重点定位在对日常生活具有较大影响的差异词语上，体现了学术性与实用性的有机结合，有利于减少两岸交流中因词语差异造成的不便。

## 《海峡两岸文学：同构的视域》

陆卓宁著，北京，中国文联出版社 2001 年 8 月版，227 页。全书以整合的观念、同构的视角论述两岸文学的民族精神品格、人道主义情怀、审美态势、同一民族文化根性的同一心理态势。为克服同构视角难以反映台湾文学整体风貌的弊端，该书以整合观念论述两岸文学关联的同时，也十分注意突出台湾文学自身的特性。在论述台湾与大陆母体文化异同时，一反"孤儿意识"和"乡愁"的惯用手法，另辟蹊径地从"整体性的民族反思与高扬、台湾的变异承传与大陆的坚持与迷失、反思与重铸等方面"展开论述，探寻出了一条观察两岸文学的新路。

## 《海峡两岸新文学思潮的渊源和比较》

朱双一、张羽著，厦门，厦门大学出版社 2006 年 3 月版，577 页。该书为厦门大学《南强丛书》之一。目前学界对台湾文学的研究已取得了丰硕成果，但有些问题仍存在分歧，两岸新文学的关系就是分歧之一。该书试图对两岸新文学思潮的渊源进行爬梳、比较，以解决相关学术分歧。全书共分为 16 章，以时间为序，从清末民初两岸文学"现代性"的发生开始论起，一直写到"后现代"文学时期，对台湾新文学是否为中国新文学的支流；台湾新文学的产生与"五四"新文学的关系，以及日本文学与中国文学对台湾文学影响孰轻孰重等问题，进行了深入思考与严密论证，明确指出两岸文学是一种"交缠共生"的关系，"台湾文化是在祖国新文学的巨大影响下产生和发展的，这种关系远远超过日本文学、文化的影响"。该书广泛占有第一手资料，运用"影响研究"和"平行研究"方法，在对两岸进行对比的基础上，探寻台湾新文学的特点与经验，"为读者呈现了一幅 20 世纪中国新文学思潮发展的完整图像"。

## 《教育改造与改造教育——教育部审定高中台湾史课程纲要及教科书研究》

李理著，台北，海峡学术出版社 2010 年 3 月版，389 页。全书共 9 章，首先在导言部分系统爬梳了台湾"去中国化"的中学历史教育大变动；第 1 章对台湾《高中历史》课程纲要修订的历史进行回顾，对 2004 年版高中历史"课程纲要"修订理念、"教材纲要"和教科书进行研究；第 2 至 10 章分别依据早期的台湾、清朝统治时期的台湾、日据时期的台湾、当代的台湾与世界的历史真实，逐一驳斥教科书纲要及教科书的错误说法。书末附有台湾教育部高级中学课程标准修订重要大事纪要一览表，为读者查阅提供了资料之便。该书是大陆首部对台湾高中历史课程纲要及教科书进行专题研究的著作，书中大量运用两岸宝贵的原始史料，努力恢复台湾历史的真实，有助于海峡两岸全面了解台湾近年历史教科书编纂的真实情况，使"台独"利用"去中国化"的教科书改造台湾教育，培育青少年"台独意识"的用心昭然若揭，既有弥补相关研究薄弱环节的学术意义，也有维护两岸统一的现实意义。

## 《近 20 年台湾文学创作与文艺思潮》

朱立立、刘小新著，镇江，江苏大学出版社 2012 年 9 月版，363 页。该书系《当代台湾文化研究新视野》丛书系列成果之一，分上下两编。上编以近 20 年来台湾文坛的王文兴、郭松棻、李渝、朱天心、朱天文、李永平、李昂、林耀德、张大春、王幼华等重要作家作品的内涵与艺术追求为研究对象，从个案入手，解读文本，从而呈现当代台湾文学的情感结构、精神世界、文化与美学价值。下编重点关注 20 世纪 90 年代后复杂多变的理论思潮，梳理并探究了台湾"解严"以来的文学本土论、左翼文学思潮、以后现代、后殖民主义为主体的"后学"思潮、女性主义思潮以及多元文化思潮等当代理论思潮的发生语境、发展演变、内蕴价值及问题症结等复杂面相。与当时多从宏观角度呈现台湾文学创作与文艺思潮不同，该书侧重作家个体和文学文本的个案研究，以点带面，别开生面。

## 《近二十年台湾文学流脉："战后新世代"文学论》

朱双一著，厦门，厦门大学出版社 1999 年 8 月版，529 页。该书结构安排上采取上下篇，上篇 9 章，主要呈现 80 年代以来的"新世代"文学运用多元社会的广阔视角，着重于历史和现实的探究与描写，呈现出 70 年代乡土文学思潮的特点。下篇 11 章，主要概述 90 年代"新世代"文学着重于研究资讯时代的现代都市，刻画现代或后现代都市社会运作情形和人的表现与心态，继承了 60 年代现代主义的特点，但更多地显现为强烈的创新实验性。研究方法上采取"世代"而非"流派"研究的特殊视角，联系台湾当时的时代和社会背景，考察 20 世纪 80 年代以来的近 20 年台湾文坛"代"现象，以及新世代作家的"代"特征，勾勒出近 20 年来台湾文学的思潮流变，呈现其丰富多彩的艺术思维和成果。同时也从文学的视角呈现出 20 年来台湾社会宏观的政治、经济、文化环境的变迁。由于文坛的多元化，在"世代"特征之外，不可避免的有"派"的呈现，因此作者在把握台湾文坛"代"的特征时，也没有忽略"新世代""派"

的意义，将台湾新世代作家分为互有交叉的两拨，进行分别但又相互联系的研究，为战后新文学研究提供了独特的视角。

# 《近现当代传媒与澳港台文学经验》

朱寿桐、黎湘萍主编，北京，社会科学文献出版社 2012 年 7 月版，276 页。该书系《澳门研究》丛书之一。2010 年 4 月 27 日至 28 日，在澳门召开了由中国社会科学院文学研究所、澳门基金会与澳门大学中文系联合主办的"现代公共媒体与澳港台文学经验"国际学术研讨会，主要讨论近代公共媒体与澳港台三地的文学研究经验。会后收录会议论文 19 篇集结成书，详细地介绍了近现当代澳门、香港、台湾三地的主要文学媒体和三地文学的发展史，集中讨论了中国近现代关系，外国文学对中国传统文化以及港澳台地区文化的影响等问题，并对东亚文学、文化现代性等问题进行了深入思考。该书为读者提供了一个了解港澳台文学，以及其与传媒关系的独特视角。

# 《镜像台湾：台湾文学的地景书写与文化认同研究》

张羽著，福州，福建人民出版社 2014 年 1 月版，206 页。该书为《海峡文化研究》丛书系列成果之一，采用"地景书写"方式，运用文学与地理学交叉研究方法，主要选取那些与文化认同密切相关的地景，结合不同历史时段的文学作品，阐述地景变迁与叙事者之间的双向关系，呈现近二十年来台湾人的集体记忆和认同变迁。全书共分为 5 章，第 1 章介绍日本殖民统治时期台湾文学的空间、记忆与认同；第 2 章为光复初期两岸知识分子的地景书写与文化认同研究；第 3 章为外省第二代作家家族、族群小说的家族叙述、两岸书写与身份认同；第 4 章主要研究台湾少数民族文学的部落地景与文化认同；第 5 章对近二十年来台湾文学史、文化论证与身份认同研究进行总结，弥补了学界对地景书写与文化关系研究的不足。

# 《闽台方言的源流与嬗变》

马重奇著，福州，福建人民出版社 2002 年 12 月版，510 页。该书系《闽台文化关系研究》丛书之一。学界对两岸闽南话和客家话的源流，以及多方面的比较研究已取得了一定成果，但像《闽台方言的源流与嬗变》一书那样对两岸闽南话和客家话进行全方位的、多角度的比较研究，尚系首次。该书共分为 5 章，重点讨论闽台的闽南方言源流嬗变，同时兼顾闽、粤、台两岸三地的闽南话和客家话。首先从闽台方言史说起，详细讨论了闽南话的形成和发展，闽南话和客家话在台湾的传播和发展。进而对闽台两岸的闽南方言音韵、语法和词汇的各个方面进行了历时性和共时性的纵横比较。最后一章对闽、粤、台三地的客家方言的异同进行了专门的比较和总结研究。国内外享有盛誉的著名汉语方言学家张振兴对该书评价颇高，认为"全书纵论两岸方言古今，材料翔实丰富，论述深刻入微，而且重点突出，杂而不乱。不但是闽台方言比较研究的一部力作，同时也是汉语比较方言学的一部重要作品"。该书后收录进《海峡两岸文化发展》丛书，2013 年 9 月由人民出版社再版，356 页。

# 《闽台考古》

陈国强、叶文程、吴绵吉主编，厦门，厦门大学出版社 1993 年 8 月版，291 页。该书系国家教委"七五"规划重大项目研究成果。全书共 7 章，分别为闽台旧石器时代考古、新石器时代考古、青铜器时代考古、福建秦汉考古、闽台三国至五代考古、宋元考古、明清考古，集中反映了闽台两地不同时代的考古发现、文化关系及研究概况，不仅有助于了解闽台两地古代历史知识，也从考古成果证明了两地久远的密切渊源关系，有助于促进海峡两岸的文化交流和祖国统一大业。

# 《闽台民间文学》

夏敏著，福州，福建人民出版社 2009 年 7 月版，223 页。该书系《闽台文化关系研究》丛书成果之一。全书共 6 章，分别从闽人入台后大陆口承文学在台湾的传播；两岸政治隔绝导致的民间文学文本变异与传承；两岸闽南人、客家人、少数民族民间文学面貌、母题、民间叙事文学、民间文学与文化关系、民间文学类型等方面进行比较。两岸民间文学虽然循着各自的传承脉络不断被变异、被改造，但闽台之间的文化亲缘关系始终不曾中断。该书注重总结民间口述文化发生、发展与变异过程中的规律，并尝试分析了两岸民间文学口述传统背后鲜为人知的变异性，为研究口语文化找到了一个显而易见、可供分析的个案。

# 《闽台闽南方言韵书比较研究》

马重奇著，北京，中国社会科学出版社 2008 年 9 月版，505 页。该书系国家"十五"社会科学基金规划项目研究成果。全书分上中下 3 篇，共 19 章。上编中国大陆闽南方言韵书部分，主要对闽南泉州方言韵书、闽南漳州方言韵书、兼用漳泉二腔的韵书、闽南潮汕方言韵书进行比较研究。中编中国台湾闽南方言韵书部分，在介绍台湾史略及闽南客家诸方言在台湾的传播和发展之后，辟专章宏观比较现代台湾闽南方言音，继而分 6 章逐一分析《台湾十五音字母详解》音系、《增补汇音宝鉴》音系、《台湾十五音辞典》音系、《台湾话大词典》音系、《台湾十五音字母》音系、《台北闽南话音档》音系。下篇主要介绍了闽南方言韵书与闽东方言韵书的音系情况和闽南方言与海外闽南方言韵书。其中重点介绍了新加坡闽南话词典的音系情况，并将新加坡闽南话和现代福建闽南话的声韵调加以比较。该书总结了中国大陆和台湾两地闽南方言语音的异同，探寻闽台闽南方言发展的线索和规律，爬梳了闽台闽南方言韵书的源流关系，富有开创性，对于理解闽南话发展演变的历史进程，解释今天闽南话的统一性与多样性意义重大。该书从立项到出版广受好评。中国社会科学院语言研究所研究员张振兴教授评价说：该书"所涉及的韵书多达二十来种，几乎囊括了目前已经知道的、所能见到的所有祖国大陆地区和台湾地区的闽南方言韵书。其规模之大，涉及之广，在闽语方言音韵研究史上是首次的，在中国方言音韵研究史上也是不多见的。仅就此而论，该书的研究及其成果就值得引起学术界的高度重视。"全国哲学社会科学规划办公室如此评价这项科研成果："该成果首次全面系统地展示了目前所能见到的 20 多种闽台两地闽南方言韵书的音系面貌与历史源流关系，丰富和发展了闽台一体、闽台同源的学说，不仅对汉语语音史研究具有重要的学术意义，而且对驳斥'台湾语独立论'具有重要的现实意义。"

## 《闽台文化教育史论》

黄新宪著，北京，海洋出版社 2010 年 4 月版，282 页。该书系福建师范大学闽台区域研究中心的《闽台区域研究论丛》成果之一。书中收录 32 篇论文，分别对姓氏如早期闽台姓氏源流、清代福建移居台湾姓氏、移民姓氏分布与闽台社会交往等进行考证；对不同时期闽台基督教、佛教、民间信仰等进行探讨；对欧阳詹、陈瑸、蓝鼎元等人物的政治贡献进行介绍；对严复、林白水、傅斯年的教育思想与贡献；对乡学、庙学、书院、海洋文化与留学教育、华侨华人捐资办学等教育方面展开阐述。虽然题材各异，但都主要围绕闽台地区的文化教育这一主题进行研究，对于洞悉闽台文化教育发展，推进两岸文化交流意义重大。

## 《日本侵华教育全史·台湾卷》

庄明水著，北京，人民教育出版社 2005 年 7 月版，518 页。该书系宋恩荣、余子侠主编的《日本侵华教育全史》第四卷，主要研究日本在台湾的侵华教育史，为全国教育科学"九五"规划教育部重点研究课题成果之一。全书共包括 10 章，分为三个方面展开论述。首先从日本占据台湾与台湾人民的抗日斗争论起，继而对台湾教育体制与教育政策的演变和日本实施"国语同化论"奴化教育后，台湾学前教育与初等教育、普通中学教育与大学教育、师范教育、职业教育、高等教育与留学教育等发生的变化进行深入研究，最后呈现台湾知识分子对日本殖民统治的抵制与斗争。该书充分利用各种日伪档案卷宗的原始文献以及日本侵华时期出版的各类报刊、图书，坚持论从史出，实事求是地揭示了日本在台湾推行的奴化教育的侵略本质，有力地驳斥了将日本统治美化为推进了台湾教育现代化的谬论，是大陆第一部全面研究日本侵略台湾教育史的专著。

# 《儒学与当代台湾》

张文彪著，福州，福建人民出版社 2010 年 1 月版，224 页。该书系杨华基、刘登翰主编的《海峡文化研究》丛书之一。全书共 5 章，系统论述了明清时期儒学传入台湾；日据时期儒学的反殖民意识；蒋介石退台后三民主义与儒学共同成为台湾意识形态领域的两大支柱；现代社会转型期新儒学的产生、流派、代表人物、学术性格、面对的新课题，以及在回应西方文化的冲击，重建中国哲学与学术中的作用；台湾儒学在改造和转化中发展的问题。该书在研究台湾儒学的过程中既坚持了中国意识，又结合台湾社会历史发展的具体脉络和具体环境，考察了儒学在台湾的特殊性和区域性特点，是儒学区域研究的一个重要推进，并提供了一个用儒学观点诠释台湾现代发展的分析视角。

# 《社会变迁与学科发展：台湾民族学人类学简史》

哈正利著，北京，民族出版社 2009 年 10 月版，226 页。该书收录于《中南民族大学民族研究文库》，全书除"导言"外共 8 章。前 4 章主要分阶段介绍民族学、人类学在台湾发展的总趋势；第 5 和第 6 章主要以台湾民族学、人类学的两个主要的研究对象为核心，集中讨论了汉人社会研究和高山族研究发展趋势，并结合台湾社会变迁的背景分析了学科发展与社会背景的互动情形；第 7 章主要讨论了平埔研究和客家研究的发展情形及其兴起、发展的社会因素；第 8 章专门结合社会学理论尝试分析民族学、人类学在台湾发展中的社会因素，成功经验，学科发展中存在的不足，其中重点分析了学术传承和转型中社会因素的作用及影响。该书旨在结合台湾社会的历史发展，从研究机构、研究者、研究主题、田野工作、论著、理论方法等方面来呈现人类学在台湾发展的主要脉络。同时，在此基础上进一步揭示人类学作为社会科学的一个分支，在台湾地区的发展中，如何在学科自身和社会实践的互动中，获得开拓和进展的机会与延伸发展的路径。该书尤为侧重探讨人类学实践和台湾社会变迁实践之间的关系，注重考察社会变迁和人类学实践之间的关系，以及这种互动关系如何影响到人类学家的研究。作为国内目前首部关于台湾民族学、人类学学科史的著作，该书在汇集海峡两岸在该领域主要研究成果的基础上，首次以专著的形式，系统研究台湾的民族学、人类学发展与社会变迁的关系，介绍台湾的学术经验和发展成果，为中国哲学社会科学领域的创新研究提供了台湾经验。

## 《台湾当代文学》

王晋民著，南宁，广西人民出版社 1986 年 9 月版，498 页。全书共22 章，采取点面结合的写法，对六十多年的台湾文学进行了系统爬梳。第 1 章对明清以来的台湾文学的特色、分期与成就、经验与教训进行概述；第 2 至 5 章对"五四"至 70 年代的台湾文学发展流变进行梳理；第6 章对留学生文学分期和代表人物进行专章介绍；第 7 至 17 章对各个时期著名的小说家和散文家文风、代表作和艺术技巧进行个案研究；第 18、19 章对台湾现代诗和散文的分期、风格与流变进行宏观概述；第 20 至 22章对 20 世纪 80 年代的台湾文学概貌、特色和未来发展趋势进行总结。该书将对台湾文学历史发展介绍的宏观研究，与各个历史时期的代表作家的思想艺术风格的微观研究相结合，使读者对台湾文学的了解既系统又有重点，不仅拓宽了台湾文学研究的领域，也增强了两岸的了解与交流。

## 《台湾当代文学理论批评史》

古远清著，武汉，武汉出版社 1994 年 8 月版，925 页。全书共分为 3篇，包括 27 章，基本上以年代为序，对丰富而庞杂的台湾当代文学理论批评史料和现象做初步的梳理，对各种不同类型的评论家作初步的定位。在写法上，结合叙述性文学史和诠释性文学史的长处，既清晰地勾勒出各种文学思潮嬗变的基本线索，历次重大文学论战的来龙去脉，各类文体评论研究与发展情况的清晰轮廓，各类理论批评家的理论主张、评论道路、理论作品的基本情况，又在叙述过程中结合台湾当代文论的环境和生态，探讨台湾当代文学理论批评发展演变的内外因，揭示台湾当代文学理论批评规律、特征、总结、检视其时代意义及局限。该书是研究台湾光复后文学理论批评演变发展历程及其规律的第一部专著，纠正了以往学界认为一个时代的文学是以那个时代的作家成就为标志的认识偏差。

## 《台湾的书院与乡学》

黄新宪著，北京，九州出版社 2002 年 11 月版，217 页。全书分书院和乡学两篇。书院篇主要探究了自施琅收复台湾以来的台湾书院的历史沿革、组织结构、教学活动、经费来源与支出、建筑、匾额与楹联、习俗、人物等，并对台湾各地著名的书院进行个案考察。乡学篇主要考察了荷据时期以来的台湾私塾、义学、番社学等乡村教育的历史状况，包括台湾的乡学概况、人物与乡学、乡学费用开支与经费来源、各地乡学的具体情况、乡学教材等，有助于对台湾书院、乡学发展历史和发展概况的全面了解，弥补了台湾乡村教育研究中的不足。

## 《台湾地区公民教育发展中 "文化认同" 变迁之研究（1945—2008）》

尚红娟著，上海，上海人民出版社 2014 年 8 月版，401 页。该书系国家社会科学基金教育学青年项目的研究成果。全书共分为 6 章，运用历史学、教育学、政治学、社会学等多学科交叉的研究方法，通过大量史料的梳理，以大陆学者的视野，按照时间顺序，全景式地追溯了台湾自1915 年至民国时期、光复时期、"解严" 后的公民教育的发展历史，并对教育目标、内涵、效果做出评价。但作者并不仅限于此，而是以强烈的现实关怀，从教育层面引导人们关注台湾光复以来公民价值取向的变化，特别是 "戒严" 前后 "国家认同" "文化认同" 在公民教育中的演变，同时对公民教育、国家认同、文化认同三者之间的关系做了全面深入的剖析，就促进两岸公民教育、增进文化认同提出了可操作性建议与对策。该书有助于全面了解台湾当局通过教育确立 "大中国认同" 至构建 "台湾认同"，塑造 "中华文化认同" 至营造 "台湾文化认同" 的过程，有助于认识 "台湾问题" 的本质，区分 "中国意识" 与 "台湾意识"，"中华文化" 与 "台湾文化" 的异同及其关联性。

## 《台湾地区教育体系与大学概览》

潘慧斌著，北京，九州出版社 2011 年 9 月版，436 页。该书是一部全面介绍台湾教育体系与大学概况的著作。全书共 5 章，第 1 章较为详细地介绍了台湾学前教育、义务教育、高级中学教育、高等教育、特殊教育、社会教育、"原住民"教育、侨民教育、信息教育、环境教育、语文教育的发展沿革；第 2 章介绍台湾高等教育现状，包括教育种类、师资、学制与学位、私立高等院校以及正在高校中实施的"卓越教学计划"和"迈向顶尖大学计划"的情况；第 3 章、第 4 章介绍了台湾认可大陆学历、招收大陆学生的相关法规和限制；第 5 章介绍台湾 159 所大学和独立学院的概况。书末附有台湾大学、独立学院的系所名称、系科名称、校舍面积和学生人数等资料。

## 《台湾高等教育评鉴研究》

蒋华林等著，重庆，重庆大学出版社 2012 年 5 月版，404 页。该书系吴言荪教授牵头承担的"台湾高等教育评鉴的研究"成果。全书共分 12 章，按照"历史—现状—未来"的逻辑思路和"总—分—总"的顺序依次展开。第 1、2 章概述台湾经济社会和高等教育发展状况；第 3、4、5 章全面梳理了台湾高等教育评鉴内涵、类型、理论基础、主要原则、管理体制、运行机制以及发展历程；第 6 至 10 章重点介绍了学门评鉴、校务评鉴、系所评鉴、专案评鉴以及高等技职教育评鉴的具体实践；第 11 章探析了台湾高等教育评鉴的特色与问题；第 12 章对台湾高等教育评鉴未来发展趋势及发展形态进行了展望。该书以教育评鉴为切入点，全景式地呈现了台湾高等教育体制和机制，弥补了学界研究的不足，也为大陆高等教育的发展完善提供了有益借鉴。

## 《台湾高山族语言》

陈康编著，北京，中央民族学院出版社 1992 年 11 月版，481 页。全书共分 4 章来讨论，将高山族语言分为三大语群：泰耶尔语群、邹语群、排湾语群，每个语群包括不同的分支。前 3 章对泰耶尔语群、邹语群、排湾语群的语音、词汇和语法进行介绍；第 4 章词汇部分，分别用 3 种语群包含的 13 种语言表示同一个词语。书末附有词汇含义的拼音索引、采番语《诸罗县志》《小琉球漫志》、17 世纪高山语词汇。该书用编著结合的方式，将搜集到的材料综合、摘编在一起，在每种语言前的概述中注明编写根据和出处，同时也结合材料谈论自己的看法，将高山族语言研究推向更深的境界。

## 《台湾光复初期教育转型研究（1945—1949）》

吴仁华著，福州，福建教育出版社 2008 年 12 月版，303 页。该书是从教育转型的视角系统研究台湾光复初期这一特定时期和特定区域教育历史变革的专著。全书共分为 8 章，主要包括台湾光复初期教育转型的社会和教育基础；教育转型面临的政治制度和政治文化等生态的变化；教育方针与计划的制定和贯彻；国民教育、普通中学教育、职业教育、高等教育、社会教育制度的变革；教师师资结构的变化；教育语言及内容的转换等方面。运用教育转型理论，系统梳理了台湾光复初期教育转型的变革历程，重点分析了变革成因、特点、成效、影响以及教育转型与政治、经济、文化及社会转型之间的相互作用，有助于深入、客观了解台湾光复初期教育转型机制，弥补了台湾光复初期教育转型研究的不足。

## 《台湾简牍研究六十年》

郑有国著，福州，福建人民出版社 2011 年 10 月版，208 页。该书是一部对台湾简牍六十年研究历史回顾与展望的专著。全书共 4 章：第 1 章在总结学界对台湾简牍研究分期认识的基础上，提出台湾简牍研究大致应划为 1949—1947 年、1947—1991 年、1991 年至今三个阶段。第 2—4 章则分别对三个阶段展开具体论述。其中第 2 章介绍劳干在研究居延汉简方面的成就，及在其影响下台湾各界研究简牍的力量滋生、汇拢，催生出简牍学的概念框架；第 3 章主要探讨马先醒及其弟子对汉简研究的贡献，以及马先醒和吴福助等学者对秦简研究的推动；第 4 章主要介绍了台湾中研院史语所等机构和组织简牍研究的成就和贡献，以及两岸携手推动简牍研究的新气象。末尾附有两则简牍研究报告，以方便读者从中了解研读方法和特点。该书采用广义上的"简牍研究"概念，将简、牍、帛书统称为简牍，全方位地展现了简牍学研究在台湾不同历史时期的发展状况。

## 《台湾教育：从日据到光复》

黄新宪著，上海，上海人民出版社 2012 年 12 月版，310 页。该书以日据和光复时期的台湾教育史为研究对象，分为上下篇两部分。上篇为全书研究重点，用 16 章内容分别对日据时期教育的发端、"皇民化"运动与"皇民化"教育、书房教育、公学校、小学校、女子教育、职业教育、少数民族教育、籍民教育、音乐、体育、图画教育、台湾学生留学日本、求学大陆等展开横向论述；下篇用 2 章内容论述光复后的台湾教育史，主要对两岸学人致力于新的台湾教育体系的建立，以及对光复转型期教育的去殖民化、台湾与大陆教育的迅速整合、自由主义教育初露端倪的初始形态，进行某种层面的梳理和再认识。该书不仅呈现了台湾从日据时期的殖民教育向光复时期爱国主义教育的转变历程，且驳斥了一些学者违背历史史实，美化日本学者和教育家对台湾教育作用的观点，对于正确认识日本在介入日据时期教育时的殖民主义动向，具有重要的现实意义。

## 《台湾教育的历史转型》

黄新宪主编，上海，上海人民出版社 2010 年 4 月版，260 页。该书由福建省教育科学研究所所长黄新宪主编，研究所 15 位同仁分章撰写而成，是研究所集体劳动的成果。全书共 14 章，分别从台湾教育观念、教育制度、教育行政、幼儿教育、中小学教育、师范教育、职业教育、成人教育、高等教育、留学教育、少数民族教育、科学教育、国文教育、道德教育的历史转型层面，深入探讨了台湾光复后教育转型的成因，分析了转型的主要特点、历史走向和客观成效，总结了其中蕴含的经验和教训。该书并没有停留在客观描述和简单解读上，而是注意到了不同的教育类别转型之间存在着密切的关联性和显而易见的延续性。从以往学界关注较少的教育观念的转型中，看到教育观念转型与社会转型相辅相成，是教育转型乃至社会转型的重要风向标，从幼儿教育的转型中，看到其与政治、经济的发展紧密联系，并与社会、文化的变迁密切互动，从中小学教育的转型与师范教育的转型中，看到台湾教育转型大致循着改造、移植、创新的路径展开，每一阶段既独立进行，又紧密衔接，有助于从新的视角认识台湾教育的转型历程。

## 《台湾教育改革纵论》

崔萍著，北京，首都师范大学出版社 2006 年 6 月版，237 页。该书是当时大陆首部系统论述台湾教育改革的专著，被收录于《首都师范大学学术文库》。全书分为上下篇，上篇"教育改革之路"部分共包括 11 章，以时间为序，系统梳理了 1995 年到 2005 十年间，台湾教改的起步、配套方案、重点项目的确定、行动方案的提出、教育体制和结构的变化、方案的调整、遭遇的挑战等方面的发展脉络；下篇"教育改革评论"部分共包括 12 章，分专题对台湾高等教育界"整并""考研"两大突出现象；高等教育质量失衡及应对；师资培育制度的变革；公民教育目标、内涵及特点；教育对国家认同影响等问题进行探讨。其中第 7 章至 12 章教育对国家认同影响部分是下篇重点评述的对象，主要从台湾中学教材变革、教育本土化的推进、台湾教育环境的变化等角度考察教育对青少年"国家认同"的影响，同时对岛内民众国家认同观的演变和状态亦进行了深入分析，对台湾当局以"台独"主导教育，大力推行"去中国化"的分裂行径提出切实合理的对策和建议。该书没有就事论事，而是将台湾教育改革纳入台湾社会政治生态中加以综合考察，并与大陆教育进行对比，有助于对两岸教育规律的把握，和深入了解教改中出现的问题。同时，研究教改对台湾"国家认同"的影响，有助于准确把握台湾民众特别是青少年的心态和认同观。

## 《台湾教育简史》

庄明水等著，福州，福建教育出版社 1994 年 7 月版，344 页。该书为《台湾教育研究》丛书之一，与当时学界多数从横向角度或以专题的方式来论述台湾教育不同，该书从历史发展的角度对自荷西占据时期以来的台湾教育纵向展开探讨。全书将台湾教育分为荷西时期、明郑时期、清代、日据时期、初步发展时期、快速发展时期、稳步发展时期七个部分，对不同时期的教育行政制度、书院教育、考试制度、学前教育、国民教育、高中教育、职业教育、师范教育、高等教育、社会教育等分门别类爬梳，并在书末附有台湾现行学制图、台湾各级教育学生人数增长情况、台湾教育发展重要指标、台湾就业人口按教育程度分配和台湾教育大事年表，有助于全面了解台湾教育发展的脉络，更好地把握台湾教育现状。

## 《台湾教育四十年》

郑旦华、于超美编著，长沙，湖南教育出版社 1992 年 6 月版，346页。该书包括综述、幼儿教育、国民教育、中等教育、职业教育、专科教育、高等教育、师范教育、特殊教育、成人教育、留学教育 11 章，以专题形式对台湾各级各类教育的制度、法规、管理、课程、师资、校舍等作了简明、系统的介绍和分析，总结了台湾教育发展的经验和不足。在当时两岸交流不多，对台湾教育研究缺乏的情况下，该书的出版成为当时大陆了解台湾教育不可或缺的重要参考，对大陆教育发展具有可资借鉴的意义。

## 《台湾近代文学丛稿》

汪毅夫著，福州，海峡文艺出版社 1990 年 7 月版，184 页。正文共包括十二部分，分别为鹿耳听鼓浪，菽庄望鲲涛——记台南南社暨厦门菽庄吟社，《窥园留草》识小录，《后苏龛合集》札记，《台南市志·艺文篇》订谬，近代学人游台事迹杂考，台湾近代文学若干史实考，台湾的科举和台湾的文学，台湾竹枝词风物记，台湾近代楹联小札，击钵吟：演变的历史和历史的功过，略谈台湾近代文学的分期，台湾近代文学史事编年。书后附有在福建发现的台湾近代作家之佚文遗物、主要作家索引、主要书刊索引、主要社团索引，列该书所论台湾籍和入台作家 76 人，作家别集、合集、诗话等 44 种，"浪吟诗社""台湾文社"等社团 12 个。该书重视史料搜集和考证，凭借台湾近代作家的家乘、佚文、遗物等珍贵史料，对施士洁、丘逢甲、陈浚芝、汪春源、许南英等人的生平史实，以及台湾近代文学史上重要社团崇正社、斐亭吟社、浪吟诗社、牡丹诗社、标社、南社及菽庄吟社的基本情况和文化背景做了重要补订并提出新说；对主要作家的作品详加整理、深入解读；对中国科举制度与台湾近代文学的关系、台湾竹枝词和台湾楹联所表现的民俗、方言等全面分析，证明台湾与大陆文化密不可分。该书篇幅虽小，却考证严密，见解独到，为台湾近代文学史的编述奠定了初步基础。

## 《台湾少数民族作家文学论》

　　李瑛著，北京，民族出版社 2007 年 5 月版，259 页。该书以台湾世居少数民族（台湾原住民）作家文学为研究对象，介绍了台湾少数民族概况，台湾少数民族作家文学的兴起、发展、特点，与台湾文学的相通之处，以及台湾少数民族作家的小说、诗歌、散文创作成就。重点选取了布农族作家拓拔斯·塔玛匹玛、霍斯陆曼·伐伐，泰雅族作家游霸士·挠给赫、瓦历斯·诺干，鲁凯族作家奥威尼·卡露斯，达悟族作家夏曼·蓝波安，排湾族作家莫那能、利格拉乐·阿乌等人的作品作专题式研究，既沿用了传统研究手法对作品的语言风格、作品主题、社会背景和社会意义进行分析，也引入了西方叙事学关于人物与情节的研究方法，对作品情节结构、叙事视角进行文本分析，较为全面、客观地展现了当代台湾民族作家文学的风采。该书是当时大陆学界首部将西方叙事学运用于少数民族作家文学研究的专著，也是首部较为完整、客观地评介当代台湾少数民族作家创作面貌和艺术特点的专著。

## 《台湾省方志论》

　　李秉乾主编，长春，吉林省地方志编纂委员会、吉林省图书馆学会 1988 年 3 月版，77 页。该书由多名图书馆学、目录学专家和地方志专家们通力合作而成，是《中国地方志详论》丛书之一。全书共三部分。第一部分对台湾清代、日据时期和光复后修志情况进行概述；第二部分对台湾历代疆域沿革进行梳理；第三部分分四节分别对台湾府志、通志、市志、县志、乡志、厅志的情况进行深入、具体的评析和介绍，第五节是关于台湾县等九地的采访册。全书围于材料，篇幅并不大，但力求用宏取精、辨章学术、考镜源流，根据丛书编辑体例的要求，抓住台湾方志的特点，评介志书价值，弥补了台湾方志学研究的薄弱现状，有助于从方志学的角度增进对台湾历史的了解。

## 《台湾文学的母体依恋》

古继堂著，北京，九州出版社 2002 年 9 月版，444 页。20 世纪 80 年代之后，随着"台独"势力日渐猖獗，"文学台独"也日渐抬头，大肆宣扬"本土文化""本土文学"，妄图否定台湾文学与祖国母体文学的关系。该书正是为驳斥"文学台独"谬论而作。全书分"总论篇""史论篇""人物篇"三部分。由于该书既不是文学史，也不是作家论，因而不着重分析作品的艺术方法和成就，不受史的发展的约束和限制，而是遵从主题论的精神，将台湾文学三百年历史中最能体现中华民族特色、性格、形象和反抗精神的文学史实、文学作品和作家集中进行叙述，以翔实的资料，出色的文笔，强烈的现实关怀，科学地论证了台湾文学自古以来就是祖国母体文学的一部分，是经两岸文学工作者共同交流创造而发展、壮大至今的。即便是在两岸政治分离的时期，祖国母体文学对台湾的影响也从未中断。该书对两岸读者正确认识台湾文学与祖国大陆文学的关系，对推动两岸文学正常交流、祖国统一大业的顺利发展有积极意义。

## 《台湾文学史》

刘登翰等主编，福州，海峡文艺出版社出版，分上下册：上册 1991 年 6 月版，644 页；下册 1993 年 1 月版，948 页。该书系福建省"七五""八五"社会科学规划的重点研究项目成果。全书按照台湾文学发展的历史划分为古代文学、近代文学、现代文学、当代文学四篇，叙述了台湾文学自远古以迄 20 世纪 90 年代各种文学思潮、文学流派此消彼长的过程。该书总论，将分散在各编各章之中的普遍性问题，如台湾文学与中国母体文化的关系，台湾文学发展的内部文化基因和外来文化影响，台湾文学的历史情结，台湾文学思潮更迭的基本形态等问题予以理论诠释。在具体章节安排上，则兼顾文学自身的审美发展和作家个人的艺术创造。该书将台湾文学的区域研究和中国文学的整体研究相结合，将文学发展与时代背景相联系，将各个时期的文学思潮与具体作家、作品相联系，依据台湾当代文学发展的实际情况，将"雅""俗"等各类作家作品一并纳入考察范围，从而突破了原先比较狭窄的文类概念和文学史框架，多角度呈现了台湾当代文学的多元性和丰富性，有助于深入了解台湾文学与中国母体文学的渊源关系，及其共性与特性，正确把握其在中国文学中所占据的特殊地位。该书被海内外媒体及学术界誉为"空前的台湾文学通史""我国文学史上的一部重要著作""海峡两岸文化交流的一座里程碑"。该书后被收录《中国文库》，由北京现代教育出版社于 2007 年 9 月出版，分 3 册，1593 页。

## 《台湾文学思潮与渊源》

朱双一著，台北，海峡学术出版社 2005 年 2 月版，342 页。该书共分为三辑，对百余年来的台湾文学思潮进行系统爬梳、考订。第一辑"日据时期台湾文学"，以文学视野中的郑成功等人和吕赫若、杨逵等人的文学作品中所呈现的民族主义，论证日据时期汉民族意识和祖国认同并没有因日本的殖民统治而泯灭；第二辑"光复初期台湾文学"，以《和平日报》副刊、《新知识月刊》《文化交流辑刊》《文艺春秋》《南侨日报》等报刊舆论论证光复期台湾社会当时的矛盾主要是"阶级"矛盾而非"族群"矛盾，台湾人民的斗争史是中国民主革命运动的组成部分；第三辑"当代台湾文学"，以新文学思潮脉络的延续、台湾诗论的演变、70 年代以来台湾社会文化思潮发展的脉络、乡土小说的四大类型、中华文化属性等宏观论述证明，乡土文学的发展依然体现了中华文化的属性，并没有阻断台湾文学和祖国文化密切的渊源关系。该书最大的特点是不囿于成说，对前人论及过的"反共文学"思潮、现代文学思潮、乡土文学思潮进行再探讨，揭示它们的渊源和特点；对支持认同陈芳明"新文学史观"的错误的文学思潮予以批判纠正；对尚未论及的日据时期的"文化民族主义"思潮、彰显郑成功的文学思潮、揭露和否定日本殖民者为台湾带来"现代化"的思潮、反映"二二八"事件及"白色恐怖"的思潮、自由人文主义思潮、后殖民文学思潮，则加以补充完善，丰富了读者对台湾文学思潮的认知，有助于推动台湾文学研究进展。

# 《台湾文学新论》

陆士清著，上海，复旦大学出版社 1993 年 6 月版，355 页。该书收录文章 26 篇，系作者台湾文学研究成果的结集，客观呈现了六十年来台湾新文学发展的全貌。作者将台湾新文学划分为日据时代和抗战胜利后的当代文学两个时期，系统梳理了新文学在各个时期不同发展阶段发生、发展的内外因和特点，廓清了台湾新文学与祖国文化的关系，评述了杨华、杨逵、白先勇、郭枫、三毛等作家的作品风格、写作技巧、创作过程和历史地位。该书亮点之一为，不是简单地以派来划分台湾文坛的思潮，而是以文学本身的现象为依据，以不同的标尺来衡量不同的问题；亮点之二为，宏观的全景观照与微观深入相结合，既将台湾文学置于整个中国文学乃至世界文学发展的大背景中进行整体考察；又对个别作家艺术创作特点，个别文艺思潮及作品，进行个案研究。亮点之三为不囿于成说，对歪曲台湾新文学传统和新文学界前辈和精英的不当言论，进行考辨，言人之所未言。被香港评论家黄维梁博士誉为"先锋学者"的部分研究成果的结集。

# 《台湾现代文学简述》

包恒新著，上海，上海社会科学院出版社 1988 年 3 月版，178 页。全书按照台湾现代文学的发展脉络分为 8 章进行叙述。第 1 章从国际、大陆和台湾三方面交代了台湾现代文学运动的历史背景；第 2 章介绍了台湾现代文学运动思想动员阶段的概况；第 3 章介绍了台湾现代文学从理论的推进到创作发展的过程；第 4 章、第 5 章分别从宏观和微观个案角度重点介绍了台湾现代文学发展的黄金时代；第 6 章则为衰落期；第 7 章为承前启后的光复期台湾文学；第 8 章分析总结了台湾现代文学的成就与不足。很显然，该书与台湾学界一般将台湾现代文学发展划分为四个时期的做法不同，而是根据台湾现代文学运动的内部发展规律，将之划分为动员（1919—1925）、推进（1926—1930）、高潮（1931—1936）、衰落（1937—1945）、光复（1945—1949）五个时期，这样不仅便于论述，而且同整部中国现代文学史的上下年限也一致起来。囿于资料和两岸交流制约，当时学界出版的中国现代文学史，缺少台湾现代文学部分，该书虽篇幅不大，却是大陆研究台湾现代文学发展史的拓荒之作，有助于构建台湾文学述史框架，促进两岸学术交流。

## 《台湾乡土教育历史与模式研究》

吴杰著，北京，民族出版社 2013 年 2 月版，390 页。该书系《教育人类学研究》丛书第 4 辑。全书分为"台湾乡土教育的内涵""台湾乡土教育的发展历程"（三个时期）、"台湾乡土教育历史与现状的田野调查""台湾乡土教育的模式比较与理想展望"6 章，以台湾乡土教育为研究对象，将台湾乡土教育放在特殊的时空背景下，运用乡土教育的相关文献，和田野调查时获得的访谈问卷等一手资料，系统分析了台湾乡土教育单独设科前期、单独设科时期与融入各领域三个时期的教育内涵、目标、内容和教学方式的演变过程，对比了单独设科时期与融入各领域时期两种发展模式下的课程设置、乡土教材开发、教学方式的优缺点，检视了台湾乡土教育的特点、架构、规律与趋势，总结了台湾乡土教育的成效与不足，有助于对台湾乡土教育发展的整体认识，为中国乡土教育的发展提供可资借鉴的经验。

## 《台湾乡土文学八大家——乡土意识与爱国主义》

赵遐秋主编，北京，台海出版社 1999 年 11 月版，241 页。该书不同于当时学界以文学思潮为主线宏观研究台湾文学发展脉络的写法，而是从台湾文学中乡土文学这个层面切入，选取赖和、张我军、杨逵、吴浊流、钟理和、吕赫若、陈映真、黄春明代表不同时期、不同风格的八位台湾文学作家进行个案研究，通过对其作品进行解读和反思，以点带线，阐发了台湾现当代文学发展中的爱国主义传统，呈现了台湾文学发展的历史脉络和时代特色。该书书稿完成之际，正值李登辉"台独"行径愈演愈烈之时，文学中的分离主义倾向也日益显现，该书大力弘扬台湾现当代文学发展中的爱国主义传统，可谓正当其时，有助于遏制文学"台独"。

# 《台湾、香港、澳门学位制度与研究生教育研究》

　　王忠烈主编，北京，中国人民大学出版社 1997 年 10 月版，449 页。该书系哲学社会科学"八五"项目国家重点课题"学位制度比较研究和我国学位制度总体设计"的一个子课题的研究成果。全书共 5 篇 11 章，分别对台湾、香港、澳门的学位制与研究生教育进行了系统论述。第 1 篇为总论，从宏观上对港澳台的教育概况、学位制度与研究生教育发展沿革、现状、特点、问题、趋向进行概述；第 2—4 篇同样首先从宏观上概述台湾、香港、澳门的研究生教育及学位制度，继而选择一些港澳台各知名高校作为个案分别具体论述；第 5 篇则是对主要的教育法规及条例进行介绍。该书不仅拓宽了港澳台教育的区域研究领域，也有助于对台、港、澳学位与研究生教育基本情况的全面了解，为大陆学位与研究生教育的改革与发展提供参照。

# 《台湾小说发展史》

　　古继堂著，沈阳，春风文艺出版社、辽宁教育出版社 1989 年 11 月版，435 页。全书共除绪论外共 10 编 53 章，以台湾小说自身发展的流向为线索，梳理了台湾 60 年的小说发展史。第 1 编考察台湾小说诞生的背景；第 2 编为台湾小说的萌芽期，重点介绍了赖和、杨云萍等小说；第 3 编为台湾小说的发展期，选取杨逵、王诗琅、吕赫若、张文环、翁闹、龙瑛宗等代表性的小说；第 4 编为"日据末期和光复初期的台湾小说"，通过吴浊流、钟理和、叶石涛等个案呈现该时期小说的特点；第 5 编概述 50 年代的小说；第 6 编至第 8 编描述 60 年代台湾小说概貌，审视了现代派作家的创作主张、小说成就与不足；第 9 编为"七十年代台湾乡土小说大崛起"；第 10 编为"多元化的八十年代台湾小说"。该书可贵之处在于尝试从文体发展史的角度探讨台湾文学的发展道路，台湾小说文体叙述方式的变革，以及台湾小说与中国古典小说的渊源关系，注重梳理小说文体自身的变迁过程和内在规律，既注重总结台湾小说发展的总体特征，又选取不同时期的作家、作品和小说现象等个案予以深入分析和客观评价，是系统研究台湾小说发展史的拓荒之作，颇受海峡两岸学界的好评，曾被台湾辅仁大学作为"正式教材"。另有繁体竖排版本，收录在《文学丛刊》中，台北，文史哲出版社 1996 年 10 月版，624 页。

# 《台湾新诗发展史》

古继堂著，北京，人民文学出版社 1989 年 5 月版，427 页。该书不同于台湾学界将台湾新诗发展划分为新诗传统奠定阶段（1923—1945）、由日文到中文的过渡（1949—1970）、寻求现代化阶段（1970—1986）、回归本土阶段（1970—1986）四个阶段，而是遵循新诗发展的自身特征，将其划分为诞生和成长阶段（1923—1945）、省思、恢复和融合期（1945—1955）、"西化"期（1956—1970）、回归期（1971—1986）四个时期，篇章结构安排上，将第一、第二阶段纳入上篇，第三阶段纳入中篇，第四阶段纳入下篇，共 14 章内容。该书以丰富的史料，结合当时的历史和社会背景，梳理台湾新诗的发展历程，介绍台湾新诗在我国新诗史上的地位，以及对台湾诗坛的概观、展望，总结两岸新诗发展的共同规律、流向和成败经验，是当时大陆和台湾学界第一部系统研究台湾新诗发展史的专著，颇受学界好评，分别在海峡两岸同时出版，既填补了台湾新诗研究的空白，也有利于推动两岸诗艺的交流。台湾版为繁体竖排，收录在《文学丛刊》中，台北，文史哲出版社 1989 年 7 月版，507 页；1997年文史哲出版社再版，614 页。

# 《台湾新士林哲学研究》

樊志辉著，哈尔滨，黑龙江人民出版社 2001 年 1 月版，526 页。该书为《黑龙江大学博士文库》丛书之一。全书以"同情的理解、客观的分析、批判的超越"为方法论原则，从台湾新士林哲学的内在逻辑结构出发，系统梳理和分析了台湾新士林哲学的思想资料、思想特征、义理规模和基本精神方向。全书分上下两编：上编包括 6 章，分别从台湾新士林哲学的缘起、形上旨趣、自然神学、理性与信仰的关系、人文主义建构、基督教与中国文化的比较及会通六方面，来阐释台湾新士林哲学的基本特征、内在义理结构和思想实质；下编包括 5 章，分别为"台湾新士林哲学的初期发展""完整体系的建构：创造与创性——罗光的生命哲学"

"存有与上帝：李霞思想发微""多元的融合与创造""反省与开拓"，选取罗光、李震、吴经熊、项退结、邬昆如、傅佩荣、沈清松等较有代表性的个案，具体呈现了台湾新士林哲学家思想演进和个性特征。该书采取宏观审视与个案分析相结合的研究方法，有助于读者较为全面、深入地了解台湾新士林哲学，弥补了台湾新士林哲学思潮研究的不足。该书后被收录于《台湾新士林哲学研究》丛书，由黑龙江人民出版社 2014 年 1 月再版，385 页。

## 《台湾新文学理论批评史》

古继堂著，沈阳，春风文艺出版社 1993 年 6 月版，452 页。该书系研究 20 世纪 20 年代初至今的台湾新文学领域的文学理论批评的专著。全书共包括"台湾现代新文学理论批评的历史沿革和基本内涵""台湾当代新文学理论批评的发展概况和走向""台湾文学史的研究""台湾的小说理论批评""台湾的新诗理论批评""台湾散文理论批评"6 篇 17 章，内涵十分丰富，包括文学理论、文学批评、美学理论，乃至于文学史研究也被囊括其中，从而拓展了文学理论批评的内涵。该书从中国文学的整体观念出发，将台湾文学理论批评纳入中国文学批评的长河，在系统梳理、剖析、论证、总结了台湾新文学理论批评的历史沿革、内涵、特征和走向的同时，也详尽地呈现了台湾新文学理论批评对中国文学批评传统的继承和发展，以及在中国文学和中国新文学理论批评中的状况和地位，为中国文学理论批评的发展，提供了有益借鉴。该书另有台湾秀威资讯科技股份有限公司 2009 年版本，446 页。

## 《台湾新文学思潮史纲》

吕正惠、赵遐秋主编，北京，昆仑出版社 2002 年 1 月版，453 页。这是一部探讨 20 世纪 20 年代以来的台湾新文学思潮发展历史的佳作。全书将台湾文学思潮发展历史划分为 8 个阶段，分 9 章进行论述。第 1 章主要交代了台湾文学革命和新文学诞生的历史大背景，重点关注台湾文学革命受到的大陆五四新文学革命的影响；第 2 章从国际和台湾内部来重点探讨 30 年代"乡土文学和台湾话文"提出的历史根源；第 3 章主要以反抗

"皇民文学"的现实主义思潮澄清日据时期并非"皇民文学时期";第 4 章为台湾新文学的重建与发展方向;第 5 章分析了国民党 50 年代掀起"战斗文艺"逆流的过程、运作模式及失败原因;第 6 章分析了现代主义文学产生的背景、贡献及缺失;第 7 章主要探讨乡土文学兴起背景及其理论内涵中的民族主义与现实主义色彩对当时台湾文学的影响;第 8 章主要说明八九十年代台湾后现代文学思潮的种种面相;第 9 章重点分析了"台独"势力将"乡土文学"打造为"本土文学""台湾文学"论的过程。该书系两岸学者首次共同合作撰写而成,史料丰富,论证严密,科学阐释了台湾新文学思潮与大陆和世界文学思潮的关系,不同文学思潮之间的矛盾和斗争,文学思潮对文学创作的影响,文学思潮发展过程中的规律、特点和经验教训,驳斥了"文学台独"的谬论,填补了台湾新文学发展思潮史研究空缺,是重构台湾新文学思潮发展史学科体系的一个有益尝试。后被收入《台湾新文学史论》丛刊,2002 年 6 月由人间出版社出版,繁体,527 页。

## 《台湾新闻传播教育初探——从社会变迁与学科发展角度的观察》

黄东英著,北京,社会科学文献出版社 2014 年 8 月版,356 页。该书系教育部人文社会科学研究青年基金项目"两岸新闻教育比较研究"成果修改而成。全书按照台湾新闻传播教育的发展顺序划分章节,分为台湾新闻传播学学科发展的基本历程和特点,以维护"党国"统治为主导的新闻传播教育(1951—1973),以经济建设为主导的新闻传播教育(1974—1991),市场与技术引导下的新闻传播教育(1992 年至今),共 4 章,运用大量历史资料及对台湾多所高校的田野调查,从社会变迁角度和学科发展角度对台湾新闻传播教育进行了专门研究,对每个时期主要系所设置、课程设置基本情况及特点、教育者研究、受教育者研究、新闻学的学科特征,以及学科理智与学科制度关系几个方面进行探讨。最后回顾了台湾新闻传播教育研究历程,展望了其发展趋势,并提出前瞻性建议,试图为大陆当前的新闻传播教育改革提供借鉴。

# 《台湾语言政策和语言状况研究：1945—2006》

　　熊南京著，北京，民族出版社 2013 年 7 月版，294 页。该书共 8 章，从社会语言学语言政策和语言规划角度，梳理了台湾近百年语言政策的演变过程。第 1 章为绪论，介绍研究动机、成果综述、整体框架；第 2 章为"光复以前台湾的语言政策"；第 3 章介绍战后台湾语言政策的历史背景；第 4 章系统梳理了战后台湾语言政策的历时演进，分析了国语推行各个阶段的政策、内容、措施和效果；第 5 章探析战后台湾语言生态的变化；第 6 章介绍了当前台湾语言政策的核心——母语教育；第 7 章通过实地调查，以台东县阿美族国中生个案研究来透视当前台湾的语言状况；第 8 章评述与思考了战后台湾语言政策的功绩、不足与新趋势。该书有助于从社会语言学的视角，审视台湾社会文化的发展变化，了解台湾不同历史阶段各个族群的语言能力和语言使用情况，从学理上探析台湾当局现行语言政策的本质。书中关于台湾国语运动和对濒危语言进行保护的措施与策略，具有重要的参考价值。

# 《台湾原住民族语言政策与语言教育研究》

　　袁辰霞著，北京，中央民族大学出版社 2013 年 6 月版，358 页。该书是一部探讨台湾山地原住民语言政策与语言教育情况的专著，被收录进《中央民族大学青年学者文库》。全书共 7 章，采取文献分析与问卷调查结合的研究方法，系统梳理和反思了台湾自古至今的语言政策与语言教育发展历史。在语言政策方面，重点分析政策制定背景、主要内容、形成过程和实施效果。在语言教育方面，重点关注教育政策、师资、课程设置、教材和教育效果。在此基础上，概括台湾原住民语言政策与语言教育的基本特征，总结基本规律和经验，并针对不足，提出未来发展的对策。目前大陆学者对台湾原住民族语言政策与语言教育的理论研究较为薄弱，该书以此为研究对象，且尝试运用了问卷调查及电话访谈的方法，取得了有关族语教育方面的第一手的数据和资料，有助于进一步激发学界对台湾原住民族语言研究的重视。

# 《 “文学台独” 面面观》

赵遐秋、曾庆瑞著，北京，九州出版社 2001 年 12 月版，274 页。鉴于 “台独” 势力在政治上日益猖獗的同时，又加快了在精神文化各个领域炮制 “文学台独” 的步伐，作者本着彻底粉碎 “台独” 势力 “文学台独” 的阴谋，维护两岸统一的高度历史责任感，撰写了此书。全书共分为 8 章，第 1 章主要揭露 “文学台独” 论的 “两国论” 本质；第 2 章主要从美、日反华势力、台湾岛内依附反华势力的大资产阶级和国民党统治三个方面来剖析 “文学台独” 论滋生的政治、历史和社会土壤；第 3 章则系统爬梳了 “文学台独” 恶性发展的历史，廓清了 “文学台独” 论的脉络和真相；第 4 章至第 8 章则分别就 “文化台独” 论者用台湾文学 “本土论” 和 “主体论” 对抗中国文学属性，歪曲中国新文学对台湾新文学发展的历史影响，美化台湾皇民文学，以台湾闽南语作为独立的民族语处理台湾新文学，以及在台湾新文学史体系构建中为文学分离主义炮制 “台独” 观点等问题，进行了深入、尖锐的剖析与批判。该书有力地驳斥了 “文学台独” 的谬论，有助于读者认清 “文学台独” 的危害性和两岸批判 “文学台独” 斗争的具体形势，维护了海峡两岸文学、文化的统一。2003 年 7 月，台北人间出版社将该书收入《台湾新文学史论》丛刊，并改名为《台独派对台湾文学论批判》，用繁体字印行。2007 年 11 月，该书被收录进《中国现代文学史学科论》，由中国传媒大学出版社出版。

# 《文学台湾：台湾知识者的文学叙事与理论想象》

黎湘萍著，北京，人民文学出版社 2003 年 3 月版，420 页。该书系《猫头鹰学术文丛》成果之一。全书共 2 编 10 章。第 1 编 “台湾知识者的文学叙事” 部分共 5 章，是对台湾日据时期至 90 年代的文学作品的研究，内容涉及两岸知识者的精神联系、日据时期台湾小说另类 “现代性”、战后国内民族分裂的 “双城记”、“现代消费社会的另类叙事” 以及 “新生代的文学救赎”；第 2 编 “台湾知识者的理论想象” 部分共 4 章，是对战后台湾美学、文学理论的研究，内容包括理论想象的新旧范式、语言美学的方法论、本体论、理论想象的语境分析，探讨了"纯文学"的美学理论共同体的成因，影响文学理论和美学构建的内外因素。书后附有陈映真谈台湾"后现代"问题。该书选择与"经济台湾"或"政治台湾"含义不同的"文学台湾"作为研究对象，提供了一个解读台湾的新视角。

## 《现代台湾文学史》

白少帆等主编，沈阳，辽宁大学出版社 1987 年 12 月版，931 页。该书编写初衷是满足北方部分高校"台湾新文学"课程的需要，由吉林师院和吉林大学中文系牵头，东北三省有关院校联合编写而成。全书共 35 章，在充分吸收海内外学者研究成果的基础上，以宏观研究和微观研究结合的方法，首先列专章对每个时期的文学进行宏观概述，然后选取在特定历史阶段，以其文学实践做出过重大贡献，推动了台湾文学事业发展，并且作为重要文艺流派与思潮的五十余位杰出代表作家，列专章进行个案研究，有利于呈现台湾现代文学的发展脉络，是一部"大陆研究台湾文学始创阶段的开拓型教材"，推动了台湾文学教学与研究工作的发展。

## 《引进海外高科技人才比较研究——以新加坡和我国香港台湾上海为例》

汪怿著，上海，上海社会科学院出版社 2012 年 3 月版，242 页。该书是一部对新加坡和中国香港、中国台湾、上海等地引进海外高科技人才进行探究的专著。全书共 7 章，首先从产业结构调整与新加坡和中国香港、中国台湾、上海引进海外高科技人才关系谈起，进而就四地在引进海外人才中的角色和作用、计划与项目、政策举措、载体平台、环境因素五方面进行了对比研究，也对高科技人才引进后的工作状况、发展状况、主要贡献几个方面进行了深入探讨，最后就高科技人才引进过程中，政府职能定位、科研院所作用、各类企业应该扮演的角色、社会民间组织、作为等方面提出了对策。从学术意义上看，该书有利于弥补引进海外高科技人才的比较研究，从现实意义上看，该书有利于借鉴海内外高科技人才资源吸引和利用模式，具有构建有效人才引进模式的现实意义。

## 《原乡的面影：20世纪台湾文学中的原乡意识》

帅震著，北京，九州出版社2014年2月版，277页。这是一部研究20世纪台湾文学中"原乡意识"的学术专著。全书除绪论外共5章，首先在绪论部分对原乡的丰富内涵进行多角度解读，继而分别探讨日据时期台湾文学、五六十年代"怀乡"题材小说、现代派小说、乡土写实小说、新世代小说中的原乡意识。该书立足"中国文化中的台湾文学"，从广阔的时代、社会背景下的"原乡意识"概念出发，选取具有原乡情结的典型文本，考察原乡意识在台湾文学中的发生和演变，探讨作家在时代变迁中对原乡精神的追寻与建构的过程和努力，整合20世纪台湾文学中纷繁复杂的原乡意识，寻找相互之间内在的联系，进而证明大台湾文学是中国文学的一部分，和大陆文学共生互动，为完善和加深对台湾文学史的理解提供了一个有力的视角。

## 《中国文化的"外在超越"之路：论台湾新士林哲学》

耿开君著，北京，当代中国出版社1999年9月版，370页。"台湾新士林哲学"是现代中国哲学史上一个独立的、有特色的学派，大陆哲学界当时对其研究却十分薄弱，该书以台湾新士林哲学为研究对象，运用中西哲学比较方法，坚持"同情地了解，客观地评价，批判地超越"的原则，系统考察，可谓拓荒之作。全书共5章，主要探讨台湾新士林哲学学派的形成，对传统中国哲学的解释、重构和开拓，如何应对西方哲学的刺激，对中国传统文化资源和基督教的意义，如何对中国哲学和文化进行改造诠释等问题，揭示了新士林哲学所作学术之文化意义。台湾新士林哲学对"中国文化之出路"问题有自己独特的解答，对其进行研究，不仅有他山之石可以攻玉的作用，而且可以拓展我们审视中国文化的视野和对话的领域。该书还从台湾新士林哲学的研究中引发出现代中国哲学体系的建构问题，现代汉语学术语言的规范问题，中国基督宗教学术的存在价值问题，以及在中国建立学院派哲学的可能性等问题，为今后台湾新士林哲学研究提供了新的研究方向。

# 《在文学的现场——台港澳暨海外华文文学在中国大陆文学期刊中的传播与建构（1979—2002）》

颜敏著，北京，中国社会科学出版社 2011 年 4 月版，227 页。该书系《台港澳及海外华文文学与华文传媒研究》丛书之一。全书包括绪论、大陆文学期刊与"台港澳暨海外华文文学"之关联、传播活动的基本阶段与主要趋势、期刊的受众策略与"台港澳暨海外华文文学"的传播模式、期刊的话语构型与"台港澳暨海外华文文学"的结构模式 5 章。从文学传播的视角，以大陆文学期刊的传播活动为切入点，在系统梳理文学期刊的具体运作的基础上，重新审视了 20 世纪 70 年代末以来"台港澳暨海外华文文学"在大陆的生成历史、传播模式、传播效应及跨语境传播的"制度性"想象，深入剖析了大陆文学期刊对"台港澳暨海外华文文学"乃至整个汉语文学的发展产生的影响与作用等问题，为媒介研究提供了丰富的数据资料和新颖的研究思维。

## 《战后台湾高等教育》

陈家声等编著，厦门，厦门大学出版社 1993 年 8 月版，187 页。这是大陆第一部系统介绍战后台湾高等教育工作的著作，系《台湾研究》丛书之一。全书共 10 章，从师资、教材、经费、课程设置、招生、学位授予等角度，分别对台湾高等教育的发展历程、发展原因、发展特点、高等教育的分类及行政组织机构、教学工作、科研工作、社会服务、研究生工作、学生管理等方面进行梳理，还介绍了公私立大学和独立学院的简况，以及专科教育情况。作者结合大陆高等教育的经验对台湾高等教育存在的问题进行了反思，为大陆教育工作者全面了解当代台湾高等教育基本情况打开了一扇窗口，对推动两岸教育交流和发展高等教育均具有借鉴意义和参考价值。

## 《战后台湾高等教育与经济发展》

李泽彧、武毅英等著，厦门，厦门大学出版社 1996 年 12 月版，251

页。该书除绪论外，分专题研究和相关研究两部分。绪论概述了台湾高等教育与经济发展的特点和相互关系。专题部分共9章，其中第1、2章分别介绍了台湾高等教育与经济发展情况；第3、4章分析了台湾教育、教育机制与经济发展之间的关系；第5章总体论述了台湾高等教育与经济发展的演进与互动；第6至10章分别以专科教育、高等职业教育、研究生教育和成人高等教育为例，具体而微地分析了高等教育与经济之间的相互影响。相关研究共8章，其中第11章概述了大陆的台湾高等教育研究现状；第12至14章分析了人力资源对教育的影响；第15章为台湾经济增长分析；第16至18章分别探讨了台湾研究生教育和私立高等教育，并对比了两岸学位制的异同。该书深入考察了战后台湾经济发展与高等教育发展的特点、发展历史、相互关系等问题，有助于加深对影响教育外部因素的认识，促进经济与教育的良性互动发展，推动两岸的教育、学术交流。

## 《挣扎中的儒学：论海峡彼岸的新儒学》

黄克剑著，福州，海峡文艺出版社1995年2月版，252页。与同时代从宏观、整体上研究新儒学的著作不同的是，该书选取了方东美、唐君毅、牟宗三、徐复观、张君劢5位新一代儒学代表人物，分5章从微观个案角度探讨他们的哲学思想，如何继承和超越第一代儒学家，以及如何处理"返本"与"开新"的难题，在此基础上总结出新儒学的特征和局限，多有前人未发之见，力图对新儒学思想做出反省和超越。书中收录的几篇文章，原为作者主编的"当代新儒学八大家集"中的《张君劢集》《方东美集》《唐君毅集》《牟宗三集》《徐复观集》所写的编序，虽然独立成篇，但相互之间不无内在联系。附录中的两篇文章论述的是新儒学思潮中的另一代人，与前几篇文章结合起来，即成一部"当代新儒学"思潮史。该书系《台湾文化研究》丛书之一，是研究台湾新儒学的一部重要著作。

## 《中国大陆与台湾乡土小说比较史论》

丁帆等著，南京，南京大学出版社2001年5月版，503页。该书收录于《南京大学学术文库》，共6篇22章。第1篇共5章，关注启蒙视野下与左翼思潮中二三十年代的乡土小说；第2篇共5章，关注战争语境下

40 年代的乡土小说；第 3 篇共 3 章，分析了 50 年代乡土小说的主流话语
与民间话语的互斥与互融；第 4 篇共 3 章，探讨了 60 年代乡土小说风情
的萎缩与乡情的变异；第 5 篇共 4 章，论述了 70 年代到 20 世纪末的乡土
小说在转型期所体现出来的批判精神与乡土守望；末篇共 2 章，分别介绍
了新世纪两岸乡土小说的新变化。该书具有历史和美学的开阔视野，研究
方法上则注重两岸乡土小说的异同比较，在总结各自发展规律的基础上，
进一步思索了 20 世纪两岸文学与文化问题的本质。该书于 2013 年 1 月由
南京大学出版社再版，423 页，章节目录和书中内容略有调整。

## 《中国文化中的台湾文学》

杨匡汉主编，武汉，长江文艺出版社 2002 年 10 月版，392 页。该书
是国家"九五"科研重点课题研究成果。全书共 11 章，站在"台湾文学
是中国文学的一环"的立场，从中国文化这一整体文化背景下对台湾文
学发展变迁进行了深度与广度相结合的梳理、探究，介绍了民族战争时期
文学、光复初期文学、乡土文学、现当代台湾文学，以及台湾文学中的原
住民文化和宗教情结，探讨了台湾文化发展中形成的独特特征，台湾文学
与民俗、方言的关系，与中国传统文化的关系等，是学界宏观梳理各个历
史阶段的台湾文学，驳斥"台独""本土文学"论的又一部重要著作。虽
然学界对台湾文学研究取得了不少成果，但作者能够突破文学的限制，从
文化的视角来研究台湾文学，从而赋予了台湾文学研究更丰富的文化学价
值，对于深入分析台湾文学的文化构成和影响因素，凸显台湾文学的文化
品格和文化内涵，有着十分重要的意义，对海峡两岸进一步加强文化和文
学交流具有积极的促进作用。

## 《自然是最好的学校：台湾环境教育实践》

周儒著，上海，上海科学技术出版社 2013 年 10 月第 1 版，2014 年 1
月第 2 版，237 页。全书共 10 章，第 1 至 3 章首先介绍了台湾环境教育产
生的背景、本质、定位及发展蜕变的过程；第 4 至 9 章以台湾"环境学习
中心"的发展和实践为蓝本，结合案例，分别从环境教育人员、环境教
育方案、经营管理模式和场所、设施四个方面系统介绍规划、建立、发

展、评估环境教育实践平台的理论、方法、策略及步骤；第 10 章对台湾环境教育进行总结、反思与展望。该书可读性强、可操作性强，弥补了环境教育实践研究的薄弱，对大陆地区建立环境教育基地，开展环境教育活动，鼓励社会参与环境保护，具有较强启发性。

## 《祖国大陆与香港、台湾地区语文教育初探》

倪文锦、何文胜著，北京，高等教育出版社 2001 年 6 月版，494 页。该书共包括论文 29 篇，系教育部"九五"课题《港台与大陆语文教育比较》的研究成果，并收录了一些相关语文教育改革的论文。该书共包括语文课程、语文教材、语文教学、语文考试、语文教师 5 部分，从学科课程教材的微观角度切入，运用比较研究法，在介绍两岸三地语文教育的历史沿革、课程目标定位，以及改革和发展趋势的基础上，重点对比了教材提纲、文言文教学、所用教科书、教材编选、教科书信息库、教学设计、教育效果、考试内容、教师进修等方面，历时描述与共时剖析相交融，对两岸三地相互借鉴先进的语文教育理念和教学方法具有指导意义，一定程度上弥补了教育领域中比较研究和微观研究的不足。

# 第九篇　台湾历史人物

## 《百年宋美龄》

　　杨树标、杨菁著，南昌，江西人民出版社 2002 年 1 月版，325 页。全书共 12 章，按照时间顺序，用珍贵的历史照片，翔实的资料，生动地诠释了宋美龄的一生。该书对宋美龄大陆时期的活动着墨较多，分别从她的家世、婚姻，协助蒋介石北伐、反共、开展新生活运动，为和平解决"西安事变"多方奔走，在前线与大后方的抗日活动，1942 年、1948 年的两次美国外交方面进行介绍与评论。台湾时期的活动则相对单薄，除了继续关注她的反共与"夫人外交"之外，对她的妇女工作，与蒋经国的母子之情，晚年生活也有所探讨，多方位地呈现了宋美龄的政治面向与内心情感。该书 2002 年 8 月第 2 次印刷。

## 《陈诚晚年》

　　孙宅巍著，合肥，安徽人民出版社 1996 年 2 月第 1 版，293 页；杭州，浙江大学出版社 2012 年 3 月第 2 版，331 页。全书共分 9 章，除第 1 章对其在大陆时期东北督战、病休上海及从排长到参谋总长的经历进行追溯以外，其余 8 章均研究其台湾时期的活动。主要包括接掌台湾、厉行"白色恐怖"、出任东南军政长官的东山再起；首任"阁揆"、就任"副总统"、出现连任闹剧的宦海生涯；改革经济、发展经济、发展教育对台岛的苦心经营；推行"地方自治"、改造国民党、整顿军队、反共复"国"的政坛事迹和军旅生涯；与美国、西贡、菲律宾的对外交往；家庭、生活、病逝等方面，凸显出陈诚在作风上踏实、清廉、雷厉风行和政治上忠蒋、反共、爱国的特点。

第 2 版在吸收学界最新研究成果的基础上，对第 1 版内容略作修订，在章节安排上也略作调整，第 5 章增加了"坚持'一个中国'"部分，考察其如何坚决反对"台独"和由联合国"托管台湾"，致力于开发边疆和发展民族经济。为方便读者查考，在书末附录"陈诚生平大事年表"和研究陈诚的相关资料及研究成果。该书结合台湾当时的政治、经济状况，深入探讨并客观评价了陈诚晚年的活动，是迄今为止学界研究晚年陈诚最为详细、全面的一部著作。

## 《陈水扁现象透视》

李家泉著，北京，台海出版社 2007 年 6 月版，537 页。此书为徐博东、孙玉海主编《冷观"台独"》丛书系列之一，是由作者根据近几年对台湾政坛和社会的追踪观察所撰写的已公开发表和部分尚未发表的文章、文稿汇集而成。该书共包括"台岛风云""综合论述""两岸态势""专题探讨""媒体采访""形势短评""政党评述""两岸政策""对外关系"及由"新书评论"和"文章评论"组成的附录十部分。不仅有力地驳斥了陈水扁的"台独"谬论，系统分析了陈水扁主政时期台湾的"陈水扁现象"产生的背景、原因、过程，也深度探讨了这种现象的各种表现，它们之间的内在联系和本质所在，指出"陈水扁这个人以及陈水扁现象都不是孤立的，它和台湾的历史和现状，台湾的政治和政党，以及整个台湾社会的内外环境等都是分不开的"。并在此基础上对"后陈水扁时期"的种种趋向进行预测和展望。该书另有台湾海峡学术出版社 2007 年 8 月繁体竖排版，369 页。

## 《陈水扁与台湾民进党》

陈峰强、范玉周著，北京，群众出版社 2000 年 11 月版，402 页。全书分 8 章：第 1 章介绍民进党成立前的政治背景；第 2 章探讨民进党组建原因和台湾政治运动跌宕的局面；第 3 章梳理民进党的"台独"历程；第 4 章为民进党的转型之路；第 5 章叙述民进党的执政之路；第 6 章介绍民进党走上权力巅峰的过程；第 7 章概述民进党派系生态的演变；第 8 章介绍民进党重要人物。该书通过翔实的历史资料，勘查民进党的发展足迹，通过深入的研究剖析，透视民进党的"台独"理念，通过"听其言，观其行"，认识他的过去，了解他的现在，预见他的未来，有助于正确理解反"台独"斗争的现实意义和历史意义。

# 《陈仪全传》

严如平、贺渊著，北京，人民出版社 2011 年 12 月版，488 页。全书共分为 13 章。第 1 章辛亥革命时期的陈仪，留学日本、加入光复会立志反清；第 2—4 章北伐时期的陈仪，参加国民革命杀出北洋军阀营垒、致力于国家国防建设；第 5—6 章主政福建时期的陈仪，推行新政、前线抗日，褒贬不一；第 7 章重庆陪都岁月时期的陈仪，惨淡经营，筹划台湾回归；第 8—9 章执掌台湾时期的陈仪，接收、治理台湾，却因二二八事变，黯然离台；第 10—13 章再主浙省时期的陈仪，举义反蒋，血溅轩辕。该书广泛搜集档案文献、报纸杂志等各种资料，结合近现代社会的大背景，详尽记述和评析了陈仪跌宕起伏的传奇人生。对于难以作出明确结论的史事，作者一一列出不同史料的记载，并尽可能提出自己的研究心得和观点，体现了严谨求实的科学态度，是近年来研究陈仪的一部力作。

# 《富阳历史名人与台湾》

富阳市史志办公室编，杭州，西泠印社出版社 2013 年 5 月版，265 页。2010 年 3 月，时任国务院总理温家宝在两会中外记者会上回答记者有关两岸关系问题时，以《富春山居图》回答："我希望两幅画什么时候能合成一幅画。画是如此，人何以堪。"此言在海内外引起了强烈反响，富阳作为《富春山居图》的原创地和实景地，也受到了前所未有的关注。以此为契机，富阳市史志办公室编辑出版了《富阳历史名人与台湾》一书。全书共包括 5 个部分，分别选取富阳历史上不同时期与台湾渊源深厚的孙权、施肩吾、黄公望、周凯、郁达夫 5 位名人，首先介绍他们的生平，然后选录他们的诗文，最后通过转载或引用相关著作与文章呈现出他们的台湾情结、对台湾发展的贡献，有助于进一步了解大陆与台湾的历史渊源，以及台湾与富阳的不解之缘。

# 《光复初期赴台知识分子初探——以许寿裳、黎烈文、台静农为中心的考察》

　　王小平著,上海,上海书店出版社 2011 年 10 月版,208 页。该书选取了光复台湾初期赴台知识分子中具有代表性的许寿裳、黎烈文、台静农为研究对象,论述他们赴台后通过宣传鲁迅精神、学术研究、诗文创作、教书育人等多种形式传承五四新文化精神,进而高度肯定了他们对战后台湾文化建设所做出的贡献。全书分为 5 章:第 1 章介绍了光复初期台湾文化界的整体状况。第 2、3、4 章分别对他们三人在台湾文化建设中的角色定位给以清晰的评判,认为许寿裳是"五四启蒙精神的坚守者"、黎烈文是"五四自由理念的一种传承"、台静农是"五四精神多重面向的体现"。第 5 章阐释了赴台知识分子的文化意义。该书不仅使读者了解了赴台知识分子的一些思想,和战后他们参与台湾文化建设的过程,也促使读者去思考知识分子在面临政治动荡和社会转型时如何定位自己的价值取向。该书史料丰富,分析精致,视角新颖,是一部学术性较高的著作。

# 《胡适与蒋介石》

　　陈漱渝、宋娜著,武汉,湖北人民出版社 2011 年 1 月版,244 页。全书共 11 章,运用已经解密的台湾蒋介石"大溪档案"和美国斯坦福大学胡佛研究所的《蒋介石日记》手抄本部分资料,对蒋介石和胡适交情与冲突进行了全方位的论述。书中将两者关系划分为 5 个阶段。第一阶段,1927 年 4 月至 1930 年 5 月。胡适对蒋介石刚刚建立起来的政权性质认识不清的时候对其表示同情,1928 年 5、6 月间认识到其背离了五四新文化运动的宗旨后,态度开始发生变化,1929 年 5 月与国民党交恶。第二阶段,1930 年 5 月至 1937 年 9 月。"九一八事变"爆发后,与蒋介石一样主张妥协、退让、争取国际联盟支持的胡适为蒋所用,被委以重任。第三阶段,1937 年 9 月至 1945 年 8 月。这一时期前四年,胡适成为蒋介石的"过河卒子"为其争取美援,但由于政绩不佳,1942 年 9 月被免去大使之职。第四阶段,1945 年 9 月至 1949 年 4 月。1948 年之前,胡适力求以在野身份充当蒋介石政权的诤臣诤友,之后拥蒋立场鲜明。第五阶段，1949 年 4 月至 1962 年 2 月。1958 年 4 月之前胡适一直以道义的力量支持蒋介石，此后回台定居，因反对蒋介石连任"总统"与之关系彻底破裂。该书鉴于胡适与蒋介石在身份、经历、学识等方面存在诸多不同，没有对两人关系做平行研究，只就二人之间发生联系的事件，进行整理和梳理，力求在接近历史真实的同时，对他们的行为进行有意义的探索。

# 《蒋介石传》

严如平、郑则民著，北京，中华书局 2013 年 7 月版，上下册，771 页。该书是在《蒋介石传稿》的基础上吸收学界最新研究成果，并大量采用新公布的档案史料和美国胡佛研究所的《蒋介石日记》重新修订而成。不仅字数增加近一倍，且调整章节和革命史观为先导的立论，令全书结构和观点焕然一新，弥补了《蒋介石传稿》受限于资料，不能对某些史事深入研究，在写作上不得不以宏观叙事为主的缺憾。修订后的《蒋介石传》共 24 章，与《蒋介石传稿》一样，此书也是按照时间顺序来论述蒋介石在近代中国各个不同历史阶段的历史作用，所不同的是，每个历史时期时间起止有所调整。第一部分青少年时期由 1887 年 10 月至 1911 年 9 月调整为 1987 年至 1906 年，将东渡日本学军一节放入了第二部分，但增补了"少年娶妻，相伴求学"一节；第二部分辛亥革命时期由原来的 1911 年 10 月至 1922 年 8 月调整为 1906 年至 1922 年，并充实了加入同盟会的过程和反袁护法过程，增补了婚姻家庭变异方面的内容；第三部分建军黄埔与北伐出征时期由原来的 1922 年 8 月至 1927 年 7 月调整为 1923 年至 1927 年，章节由原来的 2 章 10 节调整为 4 章 17 节，更为详细地记述了蒋介石逐渐掌握全国党政军大权的过程；第四部分南京十年统治时期由原来的 1927 年 7 月至 1937 年 7 月调整为 1928 年至 1937 年，内容上除了补充大量史料，更为全面地记述了蒋介石先后征服各个军事集团，维持国家统一，"围剿"红军和主政国民政府的内政举措；分析了蒋由"攘外必先安内"转向抗战的过程之外，又增补了蒋介石与宋美龄结合和南京国民政府的外交政策方面的内容；第五部分八年抗战时期时间起止不变，内容上则细化了蒋介石在抗战各个时期的表现，并增补了抗战后期与英美等大国的外交关系；第六部分全面内战时期由原来的 1945 年 9 月至 1949 年 12 月调整为 1946 年至 1949 年，内容上增加了对美国的依赖与屈让、对台湾二二八事件的处置及三大战役失败的详细过程；第七部分退居台湾时期，由原来的 1 章内容扩充为 4 章，对蒋介石在台重建极权统治、坚持一个中国，图谋"反共复国"、强化专权统治和传位交权给蒋经国，均辟专章进行论述，令蒋介石退台后的晚年生活情形更加充实、饱满。该书"以国家独立、民族统一、社会发展、人民安康与否，作为评论功过是非的标准，历史地、辩证地考察蒋介石的言行，钩玄提要，理智、客观、全面地审视他八十八年的一生，探求他在中国近代历史发展进程中的地位与作用，而不囿于成见和防止偏见"，在史料选择上亦下了一番去伪存真的功夫，体现了努力追求历史真相、实事求是的严谨态度。

# 《蒋介石传》

杨树标著，北京，团结出版社 1989 年 6 月版，506 页。这是大陆第一部专门研究蒋介石的学术著作；全书共 5 章，按时间顺序展开，论述了蒋介石在大陆的前半生活动。第 1 章论述蒋介石是如何获得江浙财团支持、孙中山信任及发动反革命政变逐渐跃居国民党党政军高位等过程；第 2 章探讨蒋介石如何结束军阀割据混战局面，实现了全国形式上的统一；第 3 章论述蒋介石在国内"反共反人民"的"法西斯统治"；第 4 章论述抗日战争时期的蒋介石是如何抗战、妥协和反共的；第 5 章论述蒋介石在大陆垮台的过程。尾声"蒋介石在台湾"部分用寥寥数语概述了蒋介石退台后提出的施政重点及对失败原因的分析。受时代所限，该书对蒋介石的评价没有摆脱"革命史观"的窠臼，虽然主张对不同时期的蒋介石要结合中国社会基本矛盾的变化分阶段地评价，对不同时期的蒋，尤其是抗日战争时期蒋的表现与作用有肯定和基本肯定之处，但总的观点是认为"蒋介石是一位逆历史而动的人物""阻碍了中国历史的前进"。尽管如此，该书一经刊出就为史学界和海内外广泛关注，连续重印 11 次，发行达 30 多万册。

2007 年，浙江大学蒋介石与近代中国研究中心成立后，成为大陆第一个专门研究蒋介石的学术机构，《蒋介石传》略作修订。由于全书涉及台湾时期的蒋介石仅有寥寥数笔，因此，修订时将书名改为《蒋介石传（1887—1949）》。同时，由于第 4 章采用了杨菁与作者合著的、广西师大出版社出版的《中国战区的"最高统帅"——抗战时期的蒋介石》中的部分材料，故再版由杨菁与之共同署名，2008 年 1 月由浙江大学出版社出版，466 页。修订版除个别篇章增加了一部分新史料外，章节目录和研究观点几乎维持原貌，未能及时汲取学界对蒋介石研究的最新成果。

# 《蒋介石传（1950—1975）》

杨树标、杨菁著，杭州，浙江大学出版社 2011 年 4 月版，457 页。此书实乃《蒋介石传（1887—1949）》的续本。作者早在出版《蒋介石传》后，就开始陆陆续续收集蒋介石在台湾的史料，2000 年之前已经完成了 30 多万字的书稿，并拟定书名《晚年忧思录》。后多次赴台交流，查阅当地大量图书资料及档案，对蒋介石在台湾的活动有了较为客观的认识后，将《晚年忧思录》重新修订，更名为《蒋介石传（1950—1975）》，2011 年正式出版发行。该书共分为四部分：第一部分交代蒋介石退台前安排陈仪接管台湾、陈诚平息"二二八"事件并准备退台后事、出访菲律宾、韩国等一番内外部署，及蒋介石在台复职经过；第二部分论述蒋介石通过改造国民党、排除异己、控制群众团体、召开国会与地方自治、整顿经济、重建"情治"与革新"军制"、争取美援七方面来巩固在台统治；第三部分讲述蒋介石反攻大陆、强化"家天下"统治及外交危机；第四部分讲述蒋介石连任"总统"闹剧、革新保台举措、"外交战线"溃决及病逝等方面，并以妻子、儿子、基督徒、侍卫的观察视角展现了蒋介石政治以外的生活及情感面相，体现了蒋介石研究回归本人，开始关注其本人个性与心理等"私领域"的趋向。该书对蒋介石的评价标准与《蒋介石传（1887—1949）》的"革命史观"一脉相承，虽然不乏具体问题具体分析的求实态度，但仍着重凸显蒋介石的反共和独裁面貌。

# 《蒋介石传稿》

严如平、郑则民著，北京，中华书局 1992 年 12 月版，630 页。早在研究中华民国史时，作者就开始注意收集和积累蒋介石各个时期的言论和事迹资料。在撰写了比较简明的蒋介石传记和一些论文后，开始对他的生平及其统治进行较为系统的研究，在此基础上形成了《蒋介石传稿》。全书共 13 章，按照时间顺序根据蒋介石在各个历史时期的不同特征，分为

7 个阶段进行叙述。第 1 章是 1887 年 10 月至 1911 年 9 月的青少年时期，系统考证了蒋门家世及蒋介石早年求学经历，否定了他不是蒋家血统的讹传；第 2 章是 1911 年 10 月至 1922 年 8 月的辛亥革命时期，记述并评价了蒋投身反清革命运动和民主革命等一系列活动，对以往定性蒋为"投机家"的论断予以纠正；第 3、4 章为 1922 年 8 月至 1927 年 7 月从参加第一次国共合作到清党反共时期，系统记述了蒋介石创办黄埔军校、开创广东革命根据地的作为及争权状况；蒋介石出师北伐到实行清党反共的过程，并着重剖析蒋介石在政治上发生变化的主观原因是企图建立个人独裁统治，客观原因是帝国主义和大地主大资产阶级需要寻找新的代理人；第 5 章至第 8 章为 1927 年 7 月至 1937 年 7 月南京十年统治时期，这一部分是全书论述的重点，占全书近三分之一的篇幅，用大量史料对这十年的全国经济状况、蒋介石推行的特务统治、保甲制度、文化"围剿"、新生活运动及蒋由九一八事变后对日妥协退让到西安事变后被迫抗日的情况与实质进行系统记述，意在揭示蒋介石南京国民政府的性质是依靠帝国主义支持的大地主大资产阶级专政；第 9、10 章是 1937 年 7 月至 1945 年 8 月八年抗战时期，对蒋坚持抗日的民族大义进行肯定的同时，也批评了他战略战术的失误、抗战态度曾一度消极动摇及不放弃反共的立场；第 11、12 章是 1945 年 9 月至 1949 年 12 月全面内战时期，认为蒋为在全国范围内建立专制独裁统治，发动全面内战，最终导致败退台湾；第 13 章是 1949 年 12 月至 1975 年 4 月退据台湾时期，以具体事实叙述蒋介石在台湾统治 25 年的基本状况，对其镇压"台独"势力，维护国家统一的立场给予肯定。该书将蒋介石一生的言行和事迹置身于当时的社会历史背景和国际、国内矛盾冲突中加以考察、分析，意在"实事求是地记述和评价蒋介石的一生"，以及"反映中国近现代史的一个侧面，用历史事实说明半殖民地半封建社会旧中国的终结和社会主义新中国诞生的历史必然性"。该书出版后，颇受学界好评。

# 《蒋介石的宠将陈诚》

孙宅巍著，郑州，河南人民出版社 1990 年 10 月版，345 页。该书为《中华民国史丛书》之一，共 15 章，基本按照时间顺序来记述陈诚每个时期的政治、经济、军事等活动。第 1 章概述其出身家世和保定军校生涯；第 2、3 章介绍其投身革命后因战绩逐步擢升的过程和治军方策；第 4 章记述其"围剿"红军及婚姻情况；第 5 章交代其在两广事变和西安事变前后的表现；第 6 章交代其抗战初期的表现；第 7、8、9 章为其在武汉时期的军政活动及主政湖北后的作为；第 10、11 章交代其抗战后期在云南指挥远征军、取得"鄂西大捷"及抗战胜利前后在战区的军事部署和整编军队；第 12 章为解放战争时期全面指挥内战和败绩东北的情况；第 13、14、15 章为其退居台湾后经营台湾、反攻大陆、两次组阁、出访美国、菲律宾、越南等军政外交生涯和病逝后事。作者大量引用两岸三地的史料，寓论于史，致力于体现陈诚一生中"反共、忠蒋、爱国"三个最鲜明的特点，对于陈诚的婚姻、家庭、性格等情感世界也有专门叙述，完整地呈现了陈诚一生的风貌。该书 2005 年 7 月再版，295 页。除了在第 13、14、15 章陈诚退居台湾后的军政生涯部分增加了调查孙立人"兵变"案、发展教育、病逝后葬礼情况等内容外，其余均保持了第 1 版的原貌。

# 《蒋介石的后半生》

陈红民、赵兴胜、韩文宁著，杭州，浙江大学出版社 2010 年 3 月版，576 页。全书共 18 章，以时间为序，以事件为线索，完整、细致地爬梳了蒋介石退居台湾 26 年间的思想、活动与生活。第 1 章记述蒋介石退居台湾后重掌台湾党政军大权的过程；第 2 章呈现蒋在军事和经济上对抗解放军以"保卫大台湾"的应对举措；第 3 章记述朝鲜战争对蒋介石政权起死回生的作用；第 4 章介绍蒋对国民党的全面改造过程及效果；第 5 章探讨蒋如何架构"反共抗俄"理论体系，并动员青年、妇女积极参与；第 6 章讨论蒋推行的"地方自治"与"土地改革"措施对早期建设台湾的影响；第 7、8、10 章介绍蒋在外交上完成与日本关系重建的过程、争取"美援"及"国际空间"的种种努力；第 9 章记述蒋对"吴国桢案""孙立人兵变"等事件排斥异己的过程；第 11 章介绍蒋在 20 世纪 50 年代末遇到的新的内外冲击及应对过程；第 12 章通过"雷震案"反映蒋对民主与"反对党"的强硬态度；第 13 章记述蒋如何维持台湾军民"反攻大陆"的热情；第 14 章探讨蒋如何瓦解"台独"势力，扩大统治基础；第 15 章分析蒋发动"中华文化复兴运动"的原因、经过与结果；第 16 章介绍蒋被逐出联合国，被美国、日本"遗弃"的外交大溃败；第 17 章讲述

蒋如何通过"政治革新"来支撑危局；第 18 章呈现蒋晚年生活、病逝与
后事等。该书利用台湾的《联合报》等报刊资料及首次将斯坦福大学胡
佛研究所藏《蒋介石日记》1949 年至 1955 年间的宝贵资料纳入书中，披
露了台湾时期的蒋介石许多鲜为人知的细节，揭开了"白团"的神秘面
纱，纠正了以往学界对蒋介石与美国、日本关系，对"中华文化复兴运
动"评价等问题的认识，弥补了学界对台湾时期的蒋介石研究薄弱的现
状，客观再现了一个血肉丰满的历史人物，出版后颇受史学界好评。

# 《蒋介石年谱初稿》

万仁元、方庆秋主编，中国第二历史档案馆编，北京，档案出版社
1992 年 12 月版，884 页。《蒋介石年谱初稿》（下称《初稿》）为《中华
民国史档案资料丛书》之一，最初由毛思诚所撰，原题为《蒋公介石年
谱初稿》，是蒋介石亲自审定修改的原稿秘本。由于原稿 1888 年以前及
1926 年 11 月以后的记述残缺，所以编录《初稿》时与 1937 年印行经陈
布雷修饰过的《民国十五年以前之蒋介石先生》一书互相校对，凡蒋介
石删改的重要文字，均照录原文，并加以说明；原稿残缺部分，则以
《民国十五年以前之蒋介石先生》的有关记载补足。《初稿》在编录时，
采用"个人纪年史传"的体例，根据蒋介石的文电、函稿、演说词等记
述蒋介石的重要言行。《初稿》按照时间顺序，共分为三编：第一编为
1887 年至 1923 年 12 月的"韬晦时期"；第二编为 1924 年 1 月至 1925 年
12 月的"黄埔训练时期"；第三编为 1926 年 1 月至 12 月的"北伐开始时
期"。为保持原貌，《初稿》均按原文照录，具有较高的史料价值。

# 《蒋介石全传》

张宪文、方庆秋主编，郑州，河南人民出版社 1996 年 5 月版，上下
册，491 页。与之前的个人专著不同，这是一部由南京学者集体完成的著
作。早在 1979 年，《蒋介石研究》就被列为史学发展的第六个五年计划，
1987 年，国家教委又将该研究列入博士点基金项目。以张宪文为代表的
南京学者接受计划之始就开始收集中国第二历史档案馆等处的材料，花费
数十年之功，撰写了该书。该书虽然也是按照时间顺序展开研究，但与之

前研究成果不同的是，并没有套用中国近现代史的基本历史分期，采用章节结构对蒋介石进行分阶段的研究与评价，而是选取与蒋介石成长密切相关的重大事件，分为 56 个专题分门别类论述蒋介石复杂曲折、耐人寻味的人生历程，从而突出了蒋介石个人成长与生平的特殊性。同时，鉴于以往对台湾时期的蒋介石研究不足的现状，该书试图呈现蒋介石一生的历史脉络。因此全书用了 16 个专题，近三分之一的篇幅，较详细地介绍了蒋介石在台的政治生涯及其巡视各地、出国访问、经济举措、其他经历等一些重要的鲜为人知的活动，是大陆第一本较为详细地呈现蒋介石在台湾统治时期面貌的专著。但囿于当时的学术环境和资料匮乏，该书在评价体系上依然延续了以往的革命史观，在叙事方式上依然以宏观叙事为主。1997年，台湾的"大溪档案"开放后，张宪文先睹为快。因此，2004 年该书重版时，得以补充大量的《大溪档案》等新史料，对全书内容进行部分修订，对蒋介石的性格、作风、为人处世的态度和手段等方面进行了细致深入的探讨。修订后的《蒋介石全传》由河南人民出版社 2004 年 10 月再版，共 638 页。2010 年 10 月，该书被收录《人民联盟文库》丛书中，由人民出版社再版。再版时又补充了大量新开放的《蒋介石日记》和其他文献资料等，仍分为上下册，共 1003 页。

## 《蒋介石晚年》

李松林著，合肥，安徽人民出版社 1993 年 6 月版，501 页。全书共13 章，按照时间顺序记述了蒋介石 1949 年兵败退台、重登大宝、改造国民党、保卫大台湾、依美求存、偏安自保、清除异己、"反攻"梦破灭、终身"总统"、"外交"危机、晚年情趣、逸事以及去世和死后情形的 26年在台历史，并附录了蒋介石晚年大事纪要和有关他的重要书目。该书后来又将书名变更为《蒋介石的晚年岁月》，由团结出版社 2014 年 1 月再版，543 页，内容与 1993 年版相比，略作调整，增加了一些新史料，由原来的 13 章调整为 14 章，增加了坚决反对分裂与"台独"部分内容，其余每章标题维持原貌，每节目录名称调整较大，但主要内容则变动不大。

# 《蒋介石与美国》

谭一青著，北京，中国青年出版社 2003 年 11 月版，376 页。全书共 10 章：第 1 章，蒋宋联姻蒋介石由亲日、亲苏走向亲美；第 2 章，在夫人外交的作用下，蒋介石得以联美抗日；第 3 章，蒋介石在开罗会议前后与美国就战后安排等问题的外交；第 4 章，史迪威与蒋介石之间的冲突；第 5 章，美国确立扶蒋反共政策的过程及失败；第 6 章，蒋介石退台后，美国对华政策两种不同声音之间的争论及蒋介石被抛弃；第 7 章，美国欲寻找新的代理人取蒋而代之；第 8 章，蒋介石迫于现状依美保台；第 9 章，蒋介石与美国在台湾问题上的较量；第 10 章，蒋介石反对美国分离台湾、镇压岛内"台独"，外交进入"雪崩"时代。该书虽然是以蒋介石的历史活动为主线，对当时的中美关系没有进行系统的总结分析，但书中对蒋介石与美国之间控制与反控制，既联合又斗争的关系，对美国对台政策和国民党外交政策等多方位展开观察，对于全面了解蒋介石与美国之间的关系不无裨益。该书另有中国青年出版社 2012 年 4 月版，324 页。

# 《蒋经国传》

肖如平著，杭州，浙江大学出版社 2012 年 6 月版，423 页。全书共 22 章。第 1 章，少年时代的蒋经国；第 2 章，在苏联的岁月；第 3、4、5、6 章，蒋经国在多种岗位上的历练，才干大大增强，声名鹊起；第 7 章，蒋经国开始涉足军界；第 8 章，描述蒋经国在莫斯科谈判和东北交涉的表现；第 9 章，记述蒋经国为稳定上海局势所采取的措施；第 10 章，记述败退台湾的过程；第 11 章，着手改造国民党；第 12 章，重建政工制度；第 13 章，掌控情治系统；第 14 章，组建反共救国团；第 15 章，担任退辅会主任；第 16 章，记述接班过程；第 17 章，外交面临的困局；第 18 章，励精图治革新保台；第 19 章，出任党魁，当选总统；第 20 章，党外势力的崛起；第 21 章，介绍"向历史交代"的内容，即总统不传蒋家人、吹响革新号角、从戒严到解严、开放党禁等；第 22 章，病逝于台北。该书在占有最新资料和吸取前人研究成果的基础上，客观公正地论述了蒋经国从出生到逝世的完整一生，并对当时的重大历史事件进行深入阐述，还涉及蒋氏家族情况和家庭生活，呈现了一个真实完整的蒋经国。

## 《蒋经国大传》

李松林、陈太先著，北京，团结出版社 2011 年 6 月版，上下册，832 页。该书是一本真实完整记述蒋经国一生留学、工作、生活的传记文学，共分 15 章。第 1 章，风华少年；第 2 章，留苏十二载；第 3 章，初出茅庐；第 4 章，建设新赣南；第 5 章，稳定上海局势；第 6 章，协同蒋介石撤守台湾；第 7 章，蛰伏历练时期；第 8 章，清除异己，包括吴国桢放逐海外、孙立人长期囚禁、雷震下狱、与陈诚分手；第 9 至 13 章，主政台湾后，从政治、经济、外交等方面改变台湾的困顿局面；第 14 章，病逝后台湾政治局势；第 15 章，身后蒋家族人的命运。该书全面考察了蒋经国复杂而矛盾的一生，并深入细致地刻画了主人公的内心世界，在描述主人公经历的同时，也论述了与其有关联的代表性人物；在对蒋经国深入剖析的同时，该书对台湾政局的变化及与大陆的关系也有细致分析，为深化对台问题的研究提供了诸多借鉴。

## 《蒋经国的一生和他的思想演变》

茅家琦著，台北，商务印书馆 2003 年 6 月版，486 页。全书共分为 12 章，以时间为序，对少年时代、留苏二十年、赣南时期、抗战时期、上海"打虎"时期、退居台湾后的蒋经国展开全方位研究。其中退台后的蒋经国是全书的研究重点，用 6 章内容展开论述。与以往蒋经国研究相比，该书注重利用为人所忽略的蒋本人的大量言论和著述，通过丰富的史料和深入考证，厘清了一些有争议性或模糊不清的问题；对蒋经国的生平进行介绍的同时，注重考察其思想发生、发展的演变过程；注重深入挖掘蒋经国个人活动对社会发展的影响和作用，对蒋经国在台湾实施的民主宪政改革和经济建设予以肯定，对其经验教训予以总结。是一本"兼具准确度、深度与广度"的佳作。

# 《蒋经国全传》

刘红著，北京，中国言实出版社 1996 年 12 月版，693 页。全书分为 8 章。第 1 章，介绍蒋氏家族史，家谱悠悠不见经传；第 2 章，描述留学苏联的艰辛岁月；第 3 章，记述在赣南实施新政的情况及败退台湾的过程；第 4 章，记述在接班之前的种种努力；第 5 章，继位成功，完成了蒋家王朝权力的正式交接；第 6 章，主政后全面革新官场，包括新任"院长"推出新政、党外势力崛起政坛、冲破党禁闯关组党、开放探亲民心所向、"实质外交"难以奏效；第 7 章，介绍"台湾经验"的价值所在；第 8 章，突然辞世，蒋家王朝得以终结。该书详细描述了蒋经国不平凡的一生，对进一步开展蒋经国研究和台湾问题研究有着重要的参考价值。

# 《蒋经国全传》

王全海、佐思著，长春，吉林人民出版社 1989 年版，565 页。该书是较早记述蒋经国生平事迹的人物传记，全书分为 43 节，以特定时间内发生的标志性事件为每节标题，从出生地溪口镇一直到蒋家王朝的终结，清晰明了地勾画出蒋经国复杂多变的人生轨迹。书中刊有大量的珍贵影像图片，帮助读者加深对主人公的认识，书末附有蒋经国年谱和征引的报刊、书目及资料。该书的出版有助于了解蒋经国其人，同时也为后来研究者深化研究做出了有益尝试和探索。

# 《蒋经国晚年》

李松林著，合肥，安徽人民出版社 1996 年 2 月版，374 页。该书详细梳理和考察了蒋经国的晚年活动和生活。全书分为 15 章。第 1 章，协助蒋介石撤守台湾；第 2 章，描述了处于蛰居时期的蒋经国的所作所为，包括统一情治部门、重建政工制度、跻身党务决策机构等；第 3 章，记述了蒋经国借助其父权威清除异己，包括逼走陈立夫、放逐吴国桢、囚禁孙立人、收监雷震、诀别陈诚；第 4 章，揭示出任"阁揆之谜"；第 5 章，解析蒋经国主政下台湾经济起飞之谜；第 6 章，记述台湾外交在夹缝求生存；第 7 章，详细叙述蒋经国接班的过程；第 8 章，用三民主义统一中国来对抗"一国两制"；第 9 章，蒋经国为接班人问题忧虑重重；第 10 章，介绍政治革新的举措；第 11 章，解除戒严，开放党禁的新气象；第 12 章，开启大陆探亲之旅；第 13 章，叙述了蒋经国的身体状况和李登辉的巧妙接班；第 14 章，交代了蒋经国病逝后台湾的政局；第 15 章，讲述了宋美龄、蒋纬国的动向。该书有助于全面了解和把握蒋经国晚年活动的概况，为开展对蒋经国及台湾问题的研究打下良好基础。

## 《蒋氏父子在台湾》

李松林著，北京，中国友谊出版公司 2001 年 5 月版，668 页。该书详细描述和分析了蒋氏父子在台湾的活动，并进行了客观公正的评价。全书分为上、下部：上部是蒋介石在台湾时代，分为 12 章。从政治、经济、军事、外交、生活等方面全方位、多角度考察了蒋介石晚年在台湾的统治，并对重点问题进行了精要论述，如对蒋介石晚年在台统治的历史作用的分析、总结蒋介石在台统治独裁专制变本加厉的几个方面等。下部是蒋经国在台时代，分为 11 章。主要描述了蒋经国接班的过程、执政后的改革举措及对台湾未来产生的重大影响、蒋氏家族在台政治格局中的地位及作用的变化等，也对一些重大问题进行了深入论述，如概括了政治革新的措施、总结了蒋经国晚年向"历史交代"的原因及主要内容、深入探讨了向"历史交代"所产生的重大作用、分析了蒋经国为何能主动进行政治体制改革的原因等。该书内容丰富、论述全面，是一部可读性较强的著作，不仅有助于了解蒋氏父子在台湾的活动内容，也能从中认识各项活动开展的前因后果，对于吸取历史教训有着积极的作用。

## 《角色与命运——胡适晚年的自由主义困境》

杨金荣著，北京，生活·读书·新知三联书店 2003 年 9 月版，392 页。该书全面考察和研究了胡适晚年的学术和社会生活，淋漓尽致地剖析了胡适的悲剧性特征。全书分为 7 章。第 1 章是重新认识一个完整的胡适，回顾了两岸三地对胡适、胡适思想、晚年胡适的研究状况；第 2 章探讨了胡适晚年从北大校长到"中研院"院长职业角色的转换；第 3 章解析了胡适晚年的政治边际人角色，包括对世界文化趋向的判断、与蒋介石政权和与中国共产党的关系；第 4 章探讨了胡适晚年的学者角色，并客观评价了胡适晚年学术之路；第 5 章是从胡适与吴国桢事件的关联来审视胡适与国民党自由派的分野；第 6 章探讨了胡适与《自由中国》杂志的关系，又将胡适与雷震、殷海光进行比较研究。第 7 章深刻剖析了胡适晚年"左右挨打"的无奈命运结局。该书是专门研究胡适晚年的学术性著作，弥补了胡适晚年研究极为薄弱的缺憾，观点独特、资料丰富，采用社会学角色理论解读了胡适晚年的心理路程、思想感情和社会生活，有助于全面认识一个完整的、血肉丰满的胡适，对于进一步深化对胡适的研究有着较大的推动作用，同时也有助于了解那个时代中国知识分子的思想和命运变化。

## 《军旅沧桑——孙立人》

黄亦兵著，兰州，兰州大学出版社 1996 年 4 月版，224 页。该书为《民国人物大系》系列丛书之一，全面考察了孙立人富有传奇色彩的军旅生涯，展现了其独特的个性特征和悲情结局。全书分为 5 章。第 1 章介绍了孙立人的家世、学生时代生活和在抗日战场上初露锋芒。第 2 章叙述了孙立人赴缅作战的原因及经过。第 3 章详细描述了孙立人在缅甸作战的情况。第 4 章叙述了孙立人在东北内战中未立战功，后又跟随蒋介石逃到台湾的经过。第 5 章介绍了孙立人在蒙冤辞职后过着幽居生活。该书以时间为序完整地描述了孙立人的一生，可读性较强，有助于加深对孙立人在台生活的了解和对中国远征军赴缅作战的原因及经过的认识。

## 《雷震传：民主在风雨中前行》

范泓著，桂林，广西师范大学出版社 2013 年 4 月版，549 页。该书按时序描述了一个从坐而论道到起而行之为民主和自由而奋斗终生的斗士——雷震。全书共分为六个部分。第一部分描述了少年时代的雷震（1897—1916）。第二部分叙述了雷震在日本求学的经历（1916—1926）。第三部分是雷震从政时期（1927—1949）。第四部分描述了雷震通过创办《自由中国》杂志，践行其理想信念，使得他与威权体制渐行渐远。第五部分叙述了雷震遭遇政治构陷的过程（1960—1970）。第六部分描述了雷震最后的人生岁月（1970—1979）。该书是第一部研究雷震的传记，观点鲜明，史料丰富且新颖，不仅有助于了解雷震为台湾民主宪政而奋斗终生的性格鲜明且充满悲剧色彩的人生，也可通过其个人政治生命的浮沉看到台湾政治民主进程的艰难，对自由知识分子在威权体制下艰难处境也有所认知。

## 《黎景嵩与乙未反割台斗争》

康化夷、康咏秋著，湘潭，湘潭大学出版社 2011 年 11 月版，216页。该书详细描述了黎景嵩在 1895 年强烈反对日本割据台湾而进行的英勇斗争。全书分 5 章。第 1 章介绍黎氏的家族、家风及在台湾的官誉。第2 章讲述了黎氏力主废约，平息内乱的过程。第 3 章叙述了黎氏挥师北上，保卫台北的过程。第 4 章描述了黎氏激战台中，转战台南的过程。第5 章黎氏被罢免赋闲在家，痛定思痛开始著述。书后附录有：《台海思痛录》《致萧夫人书》《诰授通议大夫黎公墓志铭》和参考资料。该书资料翔实，内容丰富，为继续深入研究黎景嵩与乙未反割台斗争提供了重要参考。

## 《李登辉主政台湾之后》

李家泉著，北京，中国言实出版社 1997 年 2 月版，646 页。该书详细梳理和解析了李登辉主政台湾后，台湾政治经济发展状况及与大陆的关系。全书分为 6 章。第 1 章介绍和分析了台湾岛内的政局及派系势力发展趋向。第 2 章是以李登辉上台后，其代表的台湾新兴地方资本势力开始谋求"独立主权地位"的企图日渐显现，使得两岸关系更加复杂。第 3 章论述了"一国两制"是解决两岸和平统一问题的最佳办法。第 4 章论述了台湾两种"台独"势力，一种是以彭明敏为代表的"显性台独"，一种是以李登辉为代表的"隐性台独"，两种"台独"，一脉相承。第 5 章评述两岸经贸关系现状及发展趋势。第 6 章记载了著者针对两岸共同关心话题的答记者问。该书对于认识和了解李登辉主政台湾后岛内政局及派系势力的变化及两岸关系的现状与未来趋势助益颇多，也为发展两岸关系，早日解决台湾问题提供了诸多启示。

# 《李国鼎与台湾财经》

　　茅家琦著，福州，福建人民出版社 1998 年 9 月版，126 页。该书是《看台湾丛书》之一，描述的对象是对台湾经济发展做出重要贡献的经济学家李国鼎。全书分为 11 章。第 1、2 章介绍了李国鼎的青少年时代的经历和国外求学情况；第 3 章叙述了李国鼎投笔从戎，回国参加抗日的爱国壮举；第 4 章介绍了李国鼎在沪、台从事制造业的情况；第 5 章是李国鼎作为尹仲容的主要助手，参与推动台湾工业的发展；第 6 章介绍李国鼎在"美援会秘书长"任内所做的事情；第 7 章介绍李国鼎在"经合会副主任委员"及"经济部长"任内制定了"出口导向"经济发展战略，大大推动了经济发展；第 8 章介绍李国鼎在"财政部长"任内力求成长与稳定、正义与自由的平衡发展；第 9 章叙述了李国鼎在辞去财政部长之后，开始关注台湾科学技术的发展；第 10 章交代了李国鼎的身体状况；第 11 章介绍了李国鼎退休以后的家庭生活，并评析了他对台湾经济社会发展提出的三个颇有学术价值的理论观点。该书详细梳理和解析了李国鼎的经济策略，高度肯定了他对台湾经济社会发展的贡献，不仅深化了对李国鼎其人及其思想的认识，也有助于从中了解了台湾经济发展概况，为研究台湾经济提供了重要参考。

# 《李万居评传》

　　杨锦麟著，厦门，厦门大学出版社 1992 年 8 月版，292 页。该书以李万居这一台湾早期反对派人士的代表作为线索而展开，全面介绍和考察了李万居的生平事迹及所做的三大事项：问政、办报、组党；同时还描述了战后台湾政治生态及台湾政治各反对势力的发展概况；另外还深入探讨了台湾政治发展中的重大历史事件。全书共分 18 章 5 个部分：第一部分介绍了李万居坎坷的青少年时代；第二部分介绍了李万居在抗日的烽火硝烟中的所作所为；第三部分探讨了"二二八"事件对台湾政治的冲击；第四、五部分详细描述了李万居生平所做三项大事（问政、办报、组党）的经过及结果。该书不仅有助于全面认识和了解李万居这位个性鲜明的历史人物，也为了解 20 世纪 50、60 年代台湾政局状况提供了重要参考，有助于对台湾党外运动的发展及当今台湾政坛局势准确把握。

## 《李友邦与台胞抗日》

陈正平著，福州，福建人民出版社 1998 年 9 月版，149 页。该书详细描述了李友邦及其所直接组织领导的台湾义勇队的抗日爱国英雄事迹。全书共 13 章。第 1 章介绍了李氏家族源流和在日本殖民统治的高压之下，李氏族人及少年李友邦继承先烈的忠孝爱国传统，对日本侵略者进行坚决反抗；第 2 章描述了学生时代的李友邦在大陆如何走上了爱国抗日的革命道路；第 3 章描述了李友邦回到台湾进行革命活动，但二度入狱；第 4 章至第 10 章详细叙述了在抗战爆发后，李友邦及其所组建的抗日义勇队发扬优良革命传统，不屈不挠地反抗日本侵略者；第 11 章阐释了李友邦的主要革命理论和策略构想；第 12 章交代了李友邦为了台湾的前途和命运鞠躬尽瘁，但却遭到了国民党冤杀的悲情结局；第 13 章高度评价了李友邦为台湾解放、国家统一、人民幸福所做出的重大贡献，并分析了台湾和大陆对其评价的动机。该书对于全面了解李友邦其人和台湾人民的抗日运动都有较大的帮助。

## 《连战与宋楚瑜》

刘方志著，北京，九州出版社 2005 年 7 月版，238 页。该书详细描述了连战和宋楚瑜之间所走过的"合久必分，分久必合"道路。全书共 6 章：第 1 章追根溯源，介绍了连、宋祖籍都是中国大陆；第 2 章介绍了连、宋鲜为人知的故事，包括他们各自的背景和相似的人生经历；第 3 章介绍了连、宋所置身的台湾政治生态状况，描述了他们在台湾政党政治模式下，为实现各自的政治抱负所经受的痛苦与得失；第 4 章介绍了 20 世纪 70 年代连、宋关系的发展变化，重点描述了他们在政界的发展状况；第 5 章描述了 20 世纪 80 年代以来连、宋之间的合作与断裂，重点介绍了 2000 年、2004 年台湾大选，并分析了连、宋选择与李登辉、陈水扁决裂的原因；第 6 章介绍了连、宋访问大陆的盛况。该书不仅系统爬梳了连、宋的政治经历和他们之间错综复杂的关系，而且呈现了台湾政治生态以及与大陆的关系，为开展大陆与台湾关系的研究提供了诸多启示。

# 《刘铭传传——首任台湾巡抚》

姚永森著，北京，时事出版社 1985 年 9 月版，294 页。该书分为 6章，基本按时序叙述了刘铭传的官宦生涯。第 1 章介绍了刘铭传的早年经历；第 2 章是刘铭传在担任淮军将领期间，跟着李鸿章参与镇压了太平军和捻军；第 3 章是刘铭传丢官赋闲时期；第 4 章详述了刘铭传抗法保台的过程；第 5 章着力描述了刘铭传在担任首任台湾巡抚后，对台湾的治理情况及对台湾现代化所做的贡献；第 6 章交代了刘铭传悲愤的晚年生涯。该书是研究刘铭传其人的开拓性之作，它以较大篇幅详述了刘铭传对维护台湾统一和治理、开发台湾所做出的历史性贡献，有助于认识刘铭传奇特的官宦生涯和个性特征，以及了解台湾现代化的历史进程及其所遭受的挫折，为深化刘铭传和台湾现代化研究奠定了基础。

# 《刘铭传与台湾建省》

徐万民、周兆利著，福州，福建人民出版社 2000 年 8 月版，256 页。该书详细叙述了刘铭传与台湾建省始末。全书分为 7 章。第 1 章介绍了近代以前台湾建置沿革状况；第 2 章叙述中法战争之前台湾建省十年徘徊现状；第 3 章叙述了刘铭传荣膺首任台湾巡抚的过程；第 4 章叙述了刘铭传与台湾建省设计的实施；第 5 章论述了刘铭传对台湾现代化所做的贡献；第 6 章论述了刘铭传对台湾吏治的治理；第 7 章评价了刘铭传的历史功绩。该书有助于了解台湾郡县制的起源及建省的过程，认识刘铭传对台湾建省的历史性贡献；同时，该书还具有强烈的现实意义，它以确凿的事实，有力驳斥了台湾岛内部分人士想通过淡化台湾省制达到否定台湾是中国一个行省的目的。

# 《六十年风云：郑氏四世与台湾》

张仁忠著，北京，九洲图书出版社 2000 年版，222 页。该书基本上按时序详述了从郑芝龙、郑成功、郑经、郑克塽祖孙四代开拓经略台湾的过程。全书共 6 章。第 1 章扼要陈述了古代台湾与大陆的关系，并介绍了台湾岛的地理状况；第 2 章记述了郑芝龙开拓台湾及降清的过程；第 3 章详述郑成功从事的抗清复明的斗争，包括第一次南下勤王、大战漳州、第二次勤王、北伐南京等几次重大军事战役；第 4 章详述郑成功从决策、兴师到建设台湾的全过程，并从永历帝蒙难、郑芝龙被杀、清廷施行迁海政策和留守在金、厦两岛的诸将抗命四个方面分析了郑成功之死；第 5 章详述郑经继续抗清斗争的过程和建设台湾所取得成就，其成就包括调整行政区域、拓垦土地发展农业、制定土地和赋税制度、积极通商裕用、建孔庙、设学校等；第 6 章详述康熙帝统一台湾的决策过程和施琅在台湾统一及弃留之争中的关键作用。该书追述了从远古时期台湾是如何一步步纳入中国版图的过程，不仅进一步增进了读者对台湾自古以来就是中国神圣领土一部分的历史认同感，而且也再现了郑氏家族从兴盛到衰落过程，是一本既具历史参考价值又可读性较强的历史读本。

## 《民族英雄杨泗洪》

政协江苏省宿迁市宿城区委员会编，北京，中国文史出版社 2012 年 12 月版，243 页。全书分为四个部分。第一部分"传论汇要"，汇集《重修台湾省通志》等史籍所载杨泗洪传记及若干篇研究杨泗洪的论文 12 篇；第二部分"史海钩沉"，辑录近代史籍中有关杨泗洪事迹的文字 18 篇；第三部分"缅怀英烈"，收录海峡两岸有关纪念杨泗洪的文字 12 篇；第四部分"讴歌雄风"，收集歌颂杨泗洪英雄事迹与民族精神的诗歌、剧本 9 篇。这些文字从不同侧面反映了抗倭保台民族英雄杨泗洪的生平业绩。

## 《清初儒臣陈瑸在台湾》

龙鸣著，北京，北京燕山出版社 2011 年 10 月版，276 页。该书选取备受海峡两岸人民推崇的清代儒臣陈瑸为研究对象，共分 53 个章节，由"廉能为最，舆情悦服"切入，至"精神不朽，源远流长"止，以翔实的史料，从政治、经济、军事、文化教育、日常生活、为人点滴，多角度、全方位详述了陈瑸三次主政台湾的经历；分析了陈瑸治理台湾取得重大成就的三点原因：勤政、善政与廉政，又指出了民本思想是取得成就的总根源，并给其以恰当的历史定位；阐述了他对台湾经济文化发展的奠基作用；高度评价了他为开发台湾和为大陆与台湾经济文化交流所做出的巨大贡献。该书具有强烈的现实关照和人文关怀，有利于增进海峡两岸的文化交流。

# 《清代林贤总兵与台海战役研究》

王遵旺、方遥、刘婷玉编著，厦门，厦门大学出版社 2008 年 12 月版，218 页。该书研究对象是施琅统领下的总兵林贤，描述了林贤在平定台湾的各大战役中的卓越表现，并高度评价了林贤在统一台湾中的历史功绩。全书分为 7 章。第 1 章介绍了郑氏家族统治台湾时的情况；第 2、3、4 章分别记述了林贤在定海之战、收复金厦和平定台湾战役中的出色表现；第 5 章概述了林贤在平定台湾中的功绩；第 6 章高度赞颂了林姓子孙后代秉承比干忠义精神为中华民族所做的历史性贡献；第 7 章是把林氏族谱主要文献资料公之于众。该书以新发现的史料《马平霞殿林氏本房族谱》为研究基础，并广泛搜集其他相关史料，从不同角度深入研究了康熙年间的台海战役和林贤一生的主要事迹，有助于把清代历史研究、闽台地方史研究、台海战役研究向前推进一步。

# 《丘逢甲传》

徐博东、黄志平（萍）著，北京，时事出版社 1987 年 4 月版，304 页。该书是大陆最早出版的丘逢甲传记，按时序详细记述了丘逢甲的生平事迹，对其作出了客观公正的评价，并对丘逢甲主谋筹划的"台湾民主国"这一学界比较有争议的活动进行了认真辨析，澄清了事实，还原了真相。全书共 5 章。第 1 章介绍了丘的家世源流及成长的环境和时代（1864—1893）；第 2 章详细记述了丘在血与火的洗礼中进行抗日护台的全过程（1984—1895）；第 3 章记述了丘在台湾抗日失败，内渡大陆所从事的教育活动（1896—1905）；第 4 章详述了丘的政治立场从支持改良到倾向革命，最终成为了顺应时代潮流的民主革命派的朋友（1906—1912）；第 5 章介绍了丘的诗歌创作情况。书后附有《关于丘逢甲生平中若干问题的考评》《丘氏五代简表》《丘逢甲生平大事简表》《丘逢甲诗文目录》《丘逢甲研究论著目录》。该书较好地吸收了海峡两岸学者研究的最新成果，全面、系统、客观地记述了丘逢甲作为爱国志士、进步教育家和杰出诗人的光辉一生，是一本学术性和可读性兼具的佳作。

该书还有另外三种版本，分别为：

一是时事出版社 1996 年 1 月修订版，355 页。该修订版以 1987 年版为底本，吸收利用了学界最新研究成果，全书框架和基本观点没有变化，只是在内容上有所变化，即在第 4 章增加了一节：漫游罗浮，寂怀国家。书后增加了一则附录：《丘逢甲传》出版后新闻媒体的部分报道和学术界的评论。另外，对比较明显的讹传进行了订正，补充了一些重要史料，对文字进行了技术性处理，使读者能够了解研究的最新进展。

二是台湾海峡学术出版社 2003 年修订版。该版以繁体竖排进行编排，保持了原版的基本观点、结构框架和文字风格，但也做了一些改动，体现在以下几个方面：一、评介了新发现的丘氏佚作；二、补充了丘氏生平事迹中的若干史实和交代了人物关系的变化；三、突出了丘氏在抗日保台活动中的作用，考评了近些年贬损台湾民主国和台湾军民抗日保台斗争的论断；四、订正了旧版中的错讹文字。

三是九州出版社 2011 年增订版。该版在保持原貌的基础上，吸收学界最新成果和新史料，对丘氏的生平、家世，丘诗艺术特点和诗中的台湾情结，对丘氏所谓"卷饷内渡"的不实指控等方面做了若干补充修正。附录部分收录了论文《试论 1895 年"台湾民主国"的民主性》，将《丘氏五代简表》扩充为《丘氏七代简表》；增补了台湾出版发表的有关"台湾民主国"和"乙未抗日"研究论著目录。

# 《沈葆桢》

林庆元、罗肇前著，福州，福建教育出版社 1992 年 5 月版，240 页。沈葆桢是中国近代史上著名的洋务派官僚，过去史学界对此重要人物未能给予充分重视，因此此书的出版受到了史学界的极大关注。该书分 35 节按时序详细描述了沈葆桢的生平事迹，每节都以八字高度概括了沈葆桢不同阶段所做的不同事情，言简意赅，清晰明了。全书客观、公正地评价了沈葆桢的历史功绩和历史地位，指出了他为中国近代海防做出的贡献，为中国近代海军的起步发展起到的开荆辟榛的奠基性作用，同时也高度赞扬了他为官清廉的一面。另外，作者也指出了因其阶级属性而造成他思想保守的一面。该书是一本有关沈葆桢的通俗传记，有助于全面了解沈葆桢的生平事迹。

## 《沈光文研究》

张萍、戴光中、张如安等著，杭州，浙江大学出版社 2014 年 11 月版，260 页。沈光文有"海东文献初祖""台湾古典文学之祖"之誉，因此，"宁波文化研究工程·历史名人研究"将其列为研究之列。全书由传记篇、诗文篇、研究篇三部分组成。传记篇全面论述了对沈光文生平及其为台湾文化拓荒贡献；诗文篇按题材内容分为"复国之思""怀乡之愁""羁旅之穷""孤高志节""逃禅归隐""台湾风物"六类，对沈光文留存的全部诗文进行详尽解读与评析；研究篇包括大陆与台湾学者的论文选编、论文论著摘要、研究资料索引，有助于读者对沈光文研究的学术成果与研究动态的把握；书末附有季麒光《蓉洲诗文稿》选录、蓉洲诗稿、蓉洲文稿。该书弥补了对沈光文诗文研究的不足，立体地呈现了沈光文的思想、诗文成就及其对台湾文化的贡献。

## 《施琅年谱考略》

施伟青著，长沙，岳麓书社 1998 年 7 月版，780 页。该书是在作者早年所著的《施琅评传》的基础上完成的。内容包含两大部分：一、大事记，逐年或逐月记述施琅事迹及国家发生的大事；二、对所附史料进行考订并阐述有关问题。作者在该书的前言部分详细概述了施琅的生平事迹，高度评价了施琅对国家和民族的巨大贡献，指出"宁海靖疆，统一台湾，在施琅一生中是最大辉煌，是他对国家民族最大的贡献"。这可视为全书写作的总基调。前言中还以施琅为典型人物，阐述了如何客观、公正地评价历史人物问题，尤其是处于民族矛盾和阶级矛盾中有争议人物的评价问题，认为施琅身上也存在缺点和弱点，但这与他所建立的功勋相比，"只能放在次要的地位上去认识和看待，不应当喧宾夺主，刻意渲染"。该书广泛搜集史料，是一部具有较高史料价值和参考价值的学术著作，对施琅研究具有开拓之功。

# 《施琅评传》

施伟青著，厦门，厦门大学出版社 1987 年 7 月版，361 页。全书分为 6 章。第 1 章介绍了施琅家世和早年加入郑芝龙军的情况；第 2 章记述了施琅从追随郑成功到与郑成功反目，并再次投靠清朝的过程及原因；第 3 章描述了施琅降清后从副将到水师提督的经历和两度征台阻风的经过及其原因；第 4 章介绍了施琅内调京师十三年的情况及复任水师提督的经过；第 5 章详述了血战澎湖的经过、分析澎湖海战获胜的原因、招抚郑氏集团以及不杀郑氏的原因；第 6 章高度评价了施琅对台湾的贡献。书后附有参考文献目录及日本学者森田明教授的两篇译文：《明末清初的福建晋江施氏》《福建晋江施氏与台湾的八堡圳》。该书在体例上进行了大胆尝试，采用了将传记、考辨与评论三者融为一体的写作手法，详细论述了施琅的生平事迹。此外，还征引了许多前人未曾使用过的族谱、档案、专书等珍贵史料，吸收了当时台湾和国内外研究的最新成果，是一本搜集史料全面、详述事迹广泛、考证史实精确的学术专著，可视为研究施琅的奠基之作。

# 《宋美龄传》

林家有、李吉奎著，郑州，河南人民出版社 1995 年 9 月版。全书分为 10 章。第 1 章家世与教养，介绍了她家庭环境对其性格和思维方法的影响，以及早年赴美求学的情况；第 2 章叙述蒋、宋之间的感情历程，以及评价了蒋宋联姻对中国产生的影响；第 3 章介绍了宋在蒋剿共战争中所发挥的得力助手的作用；第 4 章描述了宋在西安事变中营救蒋介石所扮演的角色；第 5、6 章叙述了宋在抗战中的活动，展现了中国女性的风采；第 7 章叙述了宋新疆之行、访美宣传抗战、参加开罗会议等外交活动；第 8 章记述了国共内战时期宋美龄的表现，以及宋氏家族分崩离析的过程；第 9 章记述了退居台湾岛的宋美龄政治活动及生活状况；第 10 章记述了蒋去世后宋的晚年生活。全书征引了国内外有关宋氏家族的新史料，并吸收了学界众多学者的研究成果，采用叙事的写作手法详尽地展示了宋美龄不平凡的一生，不仅增进了读者对宋美龄本人的认识和了解，也使读者从中看到了四大家族的发迹史和衰败史，以及蒋、宋、孔、陈之间错综复杂的关系及对当时中国社会产生的影响。

## 《宋美龄传》

杨树标、杨菁著，杭州，浙江大学出版社 2010 年 1 月版，245 页。《民国人物传记丛书》之一种。该书是在杨树标独著《宋美龄传》（江西人民出版社 1995 年 9 月版，285 页）基础上增改而成。新书吸收了杨菁近几年出版的《宋子文传》《宋子文家事》《孔祥熙家事》中的有关宋美龄的人与事，并将全书的编排做了增加或合并调整，由原来的 9 章调为 8 章，章节的名称也随之改动，在保持原貌的基础上又吸收了新材料、新成果。增改后的《宋美龄传》内容如下：第 1 章介绍了宋美龄的家世；第 2 章叙述了蒋宋联姻的过程；第 3 章宋开始涉足政坛，包括跟随蒋介石"南征北战"、推行"新生活运动"、西北之行、筹建空军等；第 4 章描述了宋美龄在西安事变中的表现；第 5 章梳理了宋美龄投身抗日活动；第 6 章叙述了抗战中的宋美龄和兄弟姐妹；第 7 章评介了抗战中的"夫人外交"；第 8 章介绍了宋赴美求援，黯然返台的过程。该书资料翔实，全面叙述与剖析了宋美龄的家世、婚姻、政坛起伏、晚年政治活动、亲情与生活等方面。并附有大量珍贵的照片，生动地呈现了宋美龄富有传奇色彩的一生。

## 《宋美龄评传》

刘毅政编著，北京，华文出版社 2000 年 9 月版，467 页；2015 年 12 月再版。全书以时间为序依次写了少女时代、蒋宋联姻时期、南京国民政府建立后、抗战时期、内战时期、退守台湾时期、蒋介石逝世前后、寓居美国和黄昏路上的宋美龄，生动地展示了这位在中国现代史有着重要地位且富有传奇色彩的女性。全书广泛引用了大陆、港、澳、台等地有关宋美龄的文献资料，吸收了学界研究的最新成果，使得该书有些内容有别于其他传记，如对抗战时期宋美龄与中国共产党及妇女领袖们之间既联合又斗争的复杂关系的记述，宋美龄访美过程的描述，鲜为人知的蒋介石与宋美龄之间的婚恋秘闻以及宋美龄晚年寓居美国的凄凉晚景的记述等。全书不仅多角度展现了宋美龄的性格特征、精神风貌、情感历程、生活状况、情趣逸事以及与中国历史其他重要人物复杂而微妙的关系，而且以其跨世纪的不平凡的一生生动再现了中国近现代历史上发生的重大事件和重大活动。

## 《孙立人传》

汪泗淇、戴健、钱铭著，合肥，安徽人民出版社1998年9月版，299页。该书是一部详细描述著名抗日爱国将领孙立人的人物传记，全书分为12章。第1章至第3章，介绍了孙立人的家世和青少年时期；第4章至第10章详细叙述了孙立人的军事生涯，包括淞沪抗战期间英勇表现、长沙组建缉私队，练就一支劲旅、在缅甸作战创造一系列出奇制胜的战役而声名远播、参与内战后兵败东北，遭明升暗降的处分；第11、12章，描述了孙立人在台岛的岁月，包括他与美国人的瓜葛、与蒋氏父子的恩怨，最终被幽禁台中，抱憾而终。该书吸收了当时海峡两岸史学界的最新研究成果，占有了丰富的文献资料，内容编排上对其在缅甸作战的情况着墨较多，用多个生动的战役，凸显了他善出奇兵，足智多谋的军事才能和勇敢果断、雷厉风行的行事作风，同时对于他作为蒋介石的爱将，参与东北内战也有客观描述，显示出他忠蒋、反共的一面，揭示了他既有抗日救亡的爱国情操，又持有打内战反人民立场的矛盾的性格特征。全书有助于认识孙立人传奇的军事生涯和鲜为人知的性格，增进对中国远征军开赴缅甸作战那段历史的深刻了解，也为开展孙立人研究打下良好的基础。

## 《孙立人将军传》

薛庆煜著，呼和浩特，内蒙古大学出版社2000年5月版，404页。该书作者是孙立人麾下的军医幕僚，曾亲历过中国远征军第二次赴缅作战的全过程，作为历史的见证人，作者在其晚年写下这部著作，向后人昭示新一军和孙立人在第二次缅战中的历史功绩。全书分为20章。第1章是孙立人将军的生平简历；第2章叙述了孙在"八一三"淞沪保卫战中英勇抗击的过程，并介绍了新三十八师的来历；第3章至第18章详细描述了孙立人带领的新三十八师在缅甸作战的过程，总结了二次缅战的经验教训和战果，重点介绍了几次大的战役如横扫胡康河谷、荡寇孟拱河谷、围攻密支那、攻克八莫、南坎、芒友会师等；第 19 章叙述了孙在东北内战中的表现；第 20 章介绍了孙在台湾的情况及与蒋介石之间的恩怨。书末有附录四则：孙立人数则逸事、孙立人冤案产生的余波、孙立人年谱、原始战图集录。该书详尽叙述了孙立人一生的光辉业绩，并以大量篇幅描述了中国远征军在缅作战的情景，既是一部人物传记，也是一部富有爱国主义精神的历史著作。

## 《台湾的忧郁：论陈映真的写作与台湾的文学精神》

黎湘萍著，北京，生活·读书·新知三联书店 1994 年 10 月版，251 页。该书是第一部以台湾著名作家陈映真为研究对象的学术著作。全书分为三部分。第一部分是导言，从文学和历史的角度勾勒台湾小说发展的历程，为后面的评析作铺垫，也是写作的背景性交代。第二部分是苦难之诗意表现与理性话语，以三章内容分别论述了陈映真写作的意义、诗意叙事的特征及风格、写作策略。第三部分是苦难之传统母体与台湾形态，以两章内容分别论述了中外文学对陈映真文本的渗透、陈映真身上所体现的台湾性格。该书选择了台湾作家中具有相当代表性的陈映真作为研究对象，体现了作者眼光独到之处；研究方法上采取了历史分析与逻辑分析相统一的原则，避免了内容与形式的割裂，既有宏观叙述，又有微观分析；内容写作上抓住了陈映真身上所表露的深沉的忧患意识大做文章，使得该书的主题更加鲜明，寓意更加深刻，另外还把他与台湾前辈、后辈作家进行比较研究，这样就更加突出了陈鲜明的写作风格及作品的象征性意义，体现了作者独特的学术个性，为陈映真研究开创了一个新的视野。

## 《台湾近代三大诗人评传》

丘铸昌著，武汉，华中师范大学出版社 2011 年 7 月版，327 页。丘逢甲、许南英、连横是台湾近代著名的爱国诗人，该书从台湾近代诗坛中选择这三位最富时誉的诗人作为代表来全面客观地评述他们的爱国事迹和诗歌创作。作者以时间为序介绍了他们的家世及青少年时代的生活经历，中年时代所经历的重大事件及在事件中的表现，晚年的生活状况，最后一章单独介绍了他们的诗歌创作情况。丘逢甲评传分为9章：第1、2章是家世及青少年时代；第3章是在抗日保台运动中的表现；第4章是粤东乡居时期；第5、6章是讲学活动及为创办新学而奔波；第7章是在广州培育先进青年；第8章是在辛亥革命暴风骤雨的冲击下，思想渐趋革命；第9章是诗歌创作。许南英评传也分为9章：第1章家世及青少年时代；第2章是科举之路；第3章是甲午前后的表现；第4章是南洋之行；第5章宦游南粤；第6章是借居闽南；第7、8章是两次渡台及生命中最后时刻；第9章是诗歌创作。连横评传分为8章：第1章是家世及青少年时代；第2章为甲午战争前后的表现；第3章是寓居厦门；第4章继续服务于台湾报界；第5章是漫游神州；第6章是潜心著述的17年；第7章是定居祖国大陆；第8章是诗歌创作。全书评介三人的生平事迹和诗歌创作，不仅有助于了解他们的生平与思想，还可从中了解台湾近代诗坛的大致状况。该书还对施士洁等一批有显著成就的台湾近代诗人，以"小传"的形式加以简介，附于书末。

## 《汤恩伯年谱》

王文政著，上海，上海人民出版社2009年1月版，287页。该年谱通过丰富的史料，详细呈现了汤恩伯的人生经历。为了使读者更深入地了解汤恩伯，年谱还交代了其生活背景，即列入了20世纪前50多年的大事，并介绍了谱主的上司、僚属、亲友等，供读者参照阅读。在谱后还附有检索目录，谱中还穿插着汤在各个时期不同的照片和图片，读来生动形象。该书为深入研究汤恩伯及其与蒋介石、陈仪等人物的关系提供了丰富的史料。

## 《晚年蒋介石》

李松林著，北京，九州出版社2006年6月版，385页。该书分为14章。第1章兵败退台，交代了蒋介石在大陆的最后岁月，以及美国采取的"弃蒋政策"；第2章重登大陆，介绍了蒋与李宗仁之间的恩怨，并上演了罢免李宗仁的闹剧，开始起用陈诚；第3章是改造国民党；第4章保卫大台湾，介绍了蒋采取各种措施保卫台湾，防止台湾陷落；第 5 章依美求存，介绍了美国调整对蒋政策，台美关系进入蜜月期；第 6 章偏安自保，介绍了蒋通过多种举措欲把台湾建设为"反攻复国"的基地；第 7 章铲除异己，蒋为了继续坚持他的独裁统治，对与其意见不一致的吴国桢、孙立人、何应钦、白崇禧等一一排除出政局；第 8 章是蒋介石反攻大陆梦想的破灭；第 9 章揭露蒋始终坚持一党独裁，反对民主政治，并非台湾当局亲蒋派所鼓吹的实施民主政治的楷模；第 10 章从对日媾和、反美浪潮、联合国被逐、台日交恶等方面描述了台湾当时面临的外交困局；第 11 章探讨了蒋介石在反对"台独"维护国家统一中的作用；第 12 章介绍了蒋晚年的生活及情趣逸事；第 13、14 章介绍了蒋遗恨台岛及蒋氏家族的动向。该书以时间为轴详细描述了蒋介石从 1949 年败退台湾后，至 1975 年遗恨台岛近三十年间所经历的重大事件，内容上秉承实事求是的原则，既有对蒋独裁专政的政治体制的揭露，也有对其在反对"台独"势力活动中所发挥作用的中肯评价，结构上既有以时序为主线的对蒋后半生活动的详尽描述，也有横向上对台湾当时的政治、经济、外交等方面的概述。全书资料翔实，对深入研究蒋介石的晚年生活和当时台湾社会生态具有参考价值。

# 《晚年蒋经国》

李松林著，合肥，安徽人民出版社 2001 年 9 月版，501 页。全书共分为 14 章。第 1 章介绍了蒋氏父子败退台湾的过程；第 2 章叙述了蒋经国逐渐掌握军特大权，爬上"阁揆"宝座的过程；第 3 章介绍了蒋经国主政台湾岛之后，倡导维新运动，进行行政革新和社会革新活动；第 4 章介绍了蒋经国主政期内，通过"台湾经验"、土地改革、十大建设等措施，台湾经济实现了经济腾飞，并分析了创造经济奇迹的原因；第 5 章分析了蒋经国如何摆脱外交困境，在夹缝中求生存；第 6 章呈现蒋经国处理中坜事件和"美丽岛案"的态度；第 7 章比较了中国共产党提出的"一国两制"和蒋经国政府提出的用"三民主义"统一中国方案；第 8 章是蒋经国在接班人问题上的筹划和对策；第 9、10 章介绍了蒋经国晚年全力推展的"政治革新运动"包括解除戒严和开放党禁；第 11 章介绍了台湾岛内史无前例的探亲热；第 12 章介绍了蒋经国晚年病魔缠身直至病逝；

第 13 章叙述了李登辉上台后逐步走向"台独"，使台湾政局发生了前所未有的变化；第 14 章描述了蒋经国病逝后蒋氏家族成员的基本动向。该书详细描述了蒋经国晚年所经历的重大事件和主政台湾时期台湾的政治、经济、外交等情况，并对其坚持祖国统一、推动政治革新和台湾经济腾飞予以肯定。该书是一部全面、系统研究晚年蒋经国的专著，对深入了解蒋经国晚年境况和台湾 20 世纪后半叶的政治、经济与外交不无裨益。

## 《晚清一个外交官的文化历程》

李华川著，北京，北京大学出版社 2004 年 4 月版，255 页。该书选取在晚清文化史、外交史和中西文化交流中颇有建树的陈季同作为研究对象，分 5 章展开论述。第 1 章介绍陈季同的文化史坐标，结合晚清中西文化冲突的背景，考察陈季同早年文化经历；第 2 章辨析了三桩公案，对陈季同的史实进行了详细考证；第 3 章描述陈季同在欧洲努力发出中国声音的姿态；第 4 章介绍了陈季同归国之后的作为；第 5 章深入剖析和总结了陈季同的文化观念及态势，并高度了评价其在中西文化交流中的文化史地位。该书从文化的角度，在多维空间下以较大篇幅完整而清晰地解析了陈氏的文化心态，弥补了以前对其研究薄弱的现状。该书部分内容涉及陈季同在"台湾民主国"时期的史事。

## 《吴国桢》

许有成、徐晓彬著，兰州，兰州大学出版社 1996 年 4 月版，215 页。该书分为 10 章。第 1 章介绍吴国桢生于山乡，留学美国的情况；第 2 章为吴受蒋介石知遇之恩，从此平步青云；第 3 章吴受蒋介石和宋子文的器重，逐渐倚为股肱；第 4 章吴与蒋经国龃龉渐生；第 5 章吴陪蒋出访菲律宾等国，并出任台省主席；第 6 章吴屡次向蒋进谏不成，愤而辞官；第 7 章吴与蒋矛盾逐渐升级，远赴美国；第 8 章吴蒋之间开始对骂，胡适卷入，导致吴与胡割席绝交；第 9 章吴迁居美国开始著书立说，但与《亚洲研究》产生笔墨官司；第 10 章吴虽在海外，但仍心系祖国，心愿未了，抱憾终生。该书是海内外第一本吴国桢传记，真实反映了他从政二十五年，执教笔耕三十年的生涯，客观追述了他与蒋氏父子之间的恩怨纠葛以及晚年对新中国的态度。该书的出版，也是对因写《吴国桢传》而惨遭枪杀的作家江南的最好纪念。

# 《谢雪红与台湾民主自治同盟》

张传仁著，广州，广东人民出版社 2004 年 5 月版，195 页。全书共 9 章，按时间顺序依次展开论述。第 1 章是台湾同胞反侵略反压迫的斗争历史；第 2 章是谢雪红早期的反日活动；第 3 章是谢雪红与台湾"二二八"起义；第 4 章是台湾民主自治同盟的筹备与建立；第 5 章为台盟建立后反"托管"、反"台独"的斗争；第 6 章是谢雪红参加新政协，筹建新中国；第 7 章是台盟为解放台湾和建设新中国而奋斗；第 8 章是在整风和反右派及文化大革命中的谢雪红与台盟；第 9 章是台盟在新历史时期开创的工作新局面。书附有"谢雪红生平年表""台盟重要历史文献"。该书详细介绍了谢雪红的一生及台盟建立与发展的过程，是一部叙事清晰、观点明确的台盟简史。

# 《殷海光与近代中国自由主义》

何卓恩著，上海，上海三联书店 2004 年 5 月版，372 页。该书以台湾自由民主运动史上的重要人物"自由思想者"殷海光为研究对象，在吸收前人研究成果的基础上，又从自由主义研究角度分析了当前殷海光研究存在的一些不足。全书共 5 章，基本按照时序介绍其生平事迹并深入探讨了其思想发展脉络。第 1 章描述殷海光成长的时代背景、地域背景、家庭背景和求学经历等人格性情的养成过程；第 2 章梳理了殷海光自由主义思想的发展脉络，探析了殷海光实现思想转轨走向自由主义的原因；第 3 章从思想表达方式、内涵及框架结构等方面阐述了殷海光在《自由中国》时期自由主义思想的表达，并与前代中国自由主义代表人物进行比较；第 4 章论述了殷海光在"后《自由中国》时期"所面临的困境及在艰难处境中的反省和取得的主要成绩；第 5 章在充分肯定"殷海光赋予自由主义以道德价值"所蕴含的意义基础上，详细阐释了他在近代中国自由主义思想史上继往开来的意义。书后附录殷海光生平、著作年表及主要参考文献。该书不仅清晰地描述了殷海光思想发展的进程，还透析了 20 世纪中国自由主义思想演变的趋势，进而深入思考殷海光思想与中国自由主义传统之间的关系。

## 《章太炎、连横民族文化思想之比较》

孙风华著，北京，九州出版社 2013 年 12 月版，289 页。全书分为 7 章，分别比较了章太炎和连横对"春秋大义"民族思想的态度；两者民族历史思想的内涵；两者在现代化思潮中的民族语文思想，并以民族共同心理—伦理为视角比较了两者的"群学"思想，最后论述了两者关于民族文化宣传思想的共同之处。该书采用比较研究方法，分析了两人在面对空前严重民族文化危机下既注重消化吸收西学养分，又坚持中国文化的独特性质和独立价值观念，详细论述了两人民族文化思想的差异及原因，重温了章太炎、连横在海峡两岸思想文化交流史上的传奇和佳话。该书史料扎实，生动地再现了两位先贤为继承、捍卫和弘扬华夏民族文化做出的卓越贡献。

## 《郑成功评传：逆子忠臣》

毛佩琦著，南宁，广西教育出版社 1995 年 4 月版，278 页。该书分 4 章，基本上按时序评述了郑成功从出生直至病逝辉煌传奇的一生。第 1 章交代了郑成功的家世及其当时所处的内忧外患的时代背景；第 2 章叙述了郑成功与其子郑芝龙不同的政治追求；第 3 章叙述了郑成功为抗清复明大业从闽南鏖兵到泪洒金陵以失败告终的悲剧历程；第 4 章介绍了郑成功将台湾作为完成中兴大业的根据地，驱逐荷兰殖民者，收复台湾的过程。该书探讨了郑成功无法恢复大明江山的悲剧结局，并高度赞颂了郑成功身上所表现的浩然正气和崇高品格。

## 《自由之魂——20 世纪后半叶的在台知识人》

刘台平著，桂林，广西师范大学出版社 2013 年 9 月版，227 页。该书从历史和文化的角度，在充分利用历史档案的基础上，以胡适、傅斯年、蒋梦麟、梅贻琦、雷震、于右任、殷海光 7 位大家 1949 年移居台湾的前因，以及此后在台湾的境遇为主线，进行了一次全面的历史与文化解读，真实地勾勒出 7 位知识人的命运剪影，透视出在特定时代背景下一代知识人的命运悲歌与文化乡愁。作者以亲历者的身份揭示或还原历史真相，具有资料性、可读性、现场感。

## 《自由主义的新遗产：殷海光、夏道平、徐复观政治经济文化论说》

何卓恩著，北京，九州出版社 2013 年 4 月版，279 页。该书选取了湖北赴台哲人中知名的殷海光、夏道平、徐复观 3 人，从自由主义这一独特视角考察了他们各自的思想。全书分为 4 章。第 1 章分别概说了殷海光"自由主义者"，夏道平"自由经济的传道者"，徐复观"勇者型新儒家"的思想特征；第 2 章论述了殷海光的政治思想，包括从三民主义到自由主义的演变、政教关系认识的变化、所经历的两场论战、"五四"情结和"五四"观念；第 3 章论述了夏道平的经济思想，包括《自由中国》时期夏道平对政经关系的反思、对自由市场经济的证成、对自由的厘定与阐发、论自由主义与宗教信仰；第 4 章论述了徐复观的文化哲学思想，包括对中国思想文化的阐释、与牟宗三思想的比较、徐复观的新儒学思想与殷海光自由主义思想的比较。书末附录殷海光、夏道平、徐复观生平年表。

# 第十篇　台湾史论文集

## 《"一国两制"与台湾前途　中国海峡两岸关系探讨》

李家泉著，北京，人民日报出版社 1991 年 2 月版，223 页。从 1973 年起，李家泉一直从事台湾研究，先后任中国社会科学院台湾研究所业务组长、研究室主任、副所长、研究员。他的台湾研究是从经济开始的，后来逐渐扩展到政治和社会等各个方面。该书收集了作者在 20 世纪 80 年代中期以来为向台、港、澳同胞介绍和阐述"一国两制"这一方针政策而发表的一些文章，总计 19 篇，着重介绍了"一国两制"这一方针政策及其与台湾未来的关系。

## 《长共海涛论延平：纪念郑成功驱荷复台340 周年学术研讨会论文集》

杨国桢主编，上海，上海古籍出版社 2003 年 7 月版，407 页。2002 年 4 月 17 日至 19 日，由福建省社会科学界联合会、厦门市社会科学界联合会主办，台湾民主自治同盟厦门市委员会、厦门大学台湾研究中心联办，厦门市郑成功研究会等单位承办的"纪念郑成功驱荷复台 340 周年学术研讨会"在厦门召开，共同纪念、研讨两岸人民共同景仰的民族英雄郑成功，共收到论文近 50 篇，该书为此次会议论文选集。全书立足"郑成功驱荷复台"这个主题，收录的论文围绕近年来在郑成功研究领域内提出的新课题进行讨论，特别探讨了郑成功与海洋的关系，对于弘扬爱国主义精神，推动祖国和平统一大业，具有重要的现实意义。

# 《大陆赴台知识分子研究：殷海光
## 夏道平纪念会论文合集》

　　何卓恩、张斌峰、夏明编，北京，九州出版社 2011 年 10 月版，434页。2007 年 10 月和 2009 年 12 月，分别是夏道平先生诞辰 100 周年和殷海光先生诞辰 90 周年的日子，由华中师范大学中国近代史研究所牵头，分别与湖北经济学院、大冶市人民政府和中南财经政法大学理论法学系、团风县人民政府联合举办了两次海峡两岸专题学术研讨会。该书系两次学术研讨中"大陆赴台知识分子"部分的论文结集。该书收集论文 29篇，内容大致分为三个部分：第一部分探讨了殷海光生平及思想，主要包括其人生哲学思想、宗教观、言论自由观、道德观及晚年思想动向等；第二部分探讨了夏道平自由思想，主要包括其自由市场经济论、经济自由思想、自由观及与殷海光自由主义思想的比较等；第三部分介绍了其他赴台知识分子的思想，如论胡适的国学研究和自由权利思想、徐复观的儒家自由主义、钱穆的考据方法论述、周德伟的自由主义思想等。该书的出版有助于深刻认识殷海光、夏道平其人及其思想，也了解了其他大陆赴台学人的思想，同时该书对于深化战后台湾思想文化研究和加强海峡两岸的学术交流有着积极意义。

## 《当代台湾研究》

　　姜殿铭主编，全 4 册，909 页。此为关于当代台湾政治、经济、文化、教育、社会风俗及两岸关系研究的论文集。

　　第一辑，北京，华艺出版社 1992 年 11 月版，284 页。收录论文 10篇，涉及两岸经济合作、直接"三通"、李登辉与蒋经国政策比较、民进党的性质及其变化、终止"动员戡乱时期"与台湾政治演变及其对两岸法律关系的影响等问题。

　　第二辑，北京，华艺出版社 1993 年 11 月版，204 页。收录论文 9 篇，涉及台湾"宪政改革"及其对岛内政局与两岸关系的影响、"台独"与"独台"问题、台湾"国家建设六年计划"、两岸经贸关系与两岸交流、评《台湾人四百年史》等问题。

第三辑，北京，华艺出版社 1994 年 10 月版，193 页。收录论文 12 篇，涉及李登辉的大陆政策及其思想性格与"国家观"、台湾"政党政治"与"宪政改革"、台湾中生代与新生代、台湾"实质外交"、新党发展前景与岛内政局走向、台湾法律上的正当防卫、台湾第三产业发展等问题。

第四辑，北京，九洲图书出版社 1997 年 8 月版，228 页。收录论文 11 篇，涉及 2000 年台湾经济及两岸经贸关系预测、台湾加入 WTO 问题、两岸产业合作与分工、台湾公营事业及其民营化、台湾对外投资及其发展趋势等问题。

## 《当代台湾研究文汇》

崔之清主编，南京，东南大学出版社 1995 年 6 月版，第 1 辑，293 页。该书主要汇集江苏学者研究当代台湾的论文，也有少数几篇北京、上海、广州等地学者的论文，共 20 篇，另有译文 1 篇，主要有四部分内容：台湾经济研究，台湾政治研究，两岸关系研究，尹仲容、李国鼎经济政策思想研究。论文集重在近期台湾与海峡两岸关系之动态考察，涉及台湾金融、贸易、经济体制等等层面的变革，朝野两党现况与选战策略，两岸关系及台湾当局现阶段大陆政策等重要问题，并有专题研究台湾经济建设的主导官员尹仲容、李国鼎的经济思想与政策，深入剖析台湾经济发展的战略与策略，厘清其快速增长的重要动因。

## 《当代台湾经济研究论丛》

李宏硕主编，太原，山西经济出版社 1993 年 5 月版，372 页。该书是一本论文集，收录了南开大学台湾研究所的 11 篇研究成果，包括该所研究生的优秀毕业论文。南开大学台湾研究所以当代台湾经济为主要研究对象，该书收录的论文有：《1991 年的台湾经济》（李宏硕）、《1992 年的台湾经济》（李宏硕）、《台湾经济转型论析》（李宏硕、曹小衡）、《从纺织业看台湾产业的升级与外移》（李宏硕、伍朝阳）、《台湾在 90 年代成为国际金融中心的可行性研究》（何杰）、《试析台湾证券市场的国际化》（何杰）、《台湾对外直接投资研究》（曹小衡）、《台湾产业结构变动分析》（左克鑫）、《台湾农业的现状及其九十年代走势探讨》（武建军）、《经济增长和环境——台湾个案研究》（徐斌）、《台湾经济发展的阶段》（孙志伟）。这些论文总体上研究"当下"的台湾经济现象或发展趋势、存在的问题等，有些论文也不乏从历史角度的梳理，如《台湾经济发展的阶段》一文依据罗斯托经济发展阶段论对台湾经济特别是战后台湾经济发展进行分期，将 1945 年以前作为台湾经济的传统社会阶段，1945 年至 1952 年是为起飞创造前提条件阶段，1952 年至 1973 年是起飞阶段，1973 年以后作为成熟阶段。

## 《当代台湾政治研究》

朱天顺主编，厦门，厦门大学出版社 1990 年 7 月版，469 页。该论文集是"国家社会科学研究基金七五规划"中"台湾政治研究"的阶段性成果，收集了课题组成员在研究期间的成果。因该课题是综合性研究，该论文集涉及专题广泛，包括台湾政党体制、政党问题、政策理论、台独运动、对外关系及两岸关系多方面。所收论文如：《台湾当局的"法统"困扰》《试析国民党的"党务革新"》《试析台湾当局"三民主义"的涵义和实质》《对近年来台湾政党政治现象的初步考察》《试论"十三大"后国民党内的主要派系》《国民党与中国统一》《国民党的政治改革及对其大陆政策的影响》《"一国两制"与台湾政党政治》《也谈中国经济圈》《1954—1955 台湾海峡紧张局势的分析》等多篇。

## 《多学科视野中的客家文化》

周雪香主编，福州，福建人民出版社 2007 年 1 月版，438 页。该书是"台海研究丛书"之一种。客家民系及其社会文化，是海峡两岸学界共同关注的一个学术热点。2006 年元月，厦门大学人文学院和台湾师范大学地理学系在厦门市共同举办了"全球客家区域文化学术研讨会"，该书即是这次研讨会论文的选集。全书共收录了论文 24 篇，包括《宋明理学在客家地区的传播》《血胤相承的坚持：从台湾地方祠堂看中原文化的播迁》《客家围龙屋的历史与文化刍议》《空间构造与家族变迁：明清闽西客家聚落中的风水传统》《从历史及地理背景探讨元明清客家族群移垦之路线》《清末韩江沿岸妇女集体自杀的历史人类学分析》《客家方言分类的语言社会学考察》《两岸客家民居大灶空间的文化内涵》，等等。书中包含了人类学、民族学、经济学、社会学、宗教学、语言学、文学等不同学科的学者从各自关心的角度，考察了客家区域文化的方方面面，丰富多彩地反映出客家区域文化的整体形象。

## 《割让与回归：台湾光复60周年暨海峡两岸关系学术研讨会论文集》

中国社会科学院台湾史研究中心主编，中国社会科学院近代史研究所台湾史研究室编辑，北京，台海出版社2008年8月版，632页。2005年8月23—24日，中国社会科学院台湾史研究中心与湖南省人民政府台湾事务办公室合作，在湖南长沙举办"纪念台湾光复60周年暨两岸关系学术研讨会"。该书是此次研讨会的论文集，收录了《李仙得为日本政府提出的"攻台计划书"》《日本割占台湾与列强》《〈马关条约〉与近代中日条约关系》《帝国调查事业之统合》《日据末期台湾的工业化及其影响》《日据时期台湾之教育与社会》《日本殖民统治下的"同化"教育与近代民族国家之认同》《日据时期台湾总督府对南洋华侨的调查》《台湾抗日斗争的特点和意义》等论文40篇，内容涉及日本割占台湾与列强、台胞抗日斗争的特点和意义、台湾建省以来和大陆的文化关系、两岸关系的展望等多个方面。

## 《固始与闽台渊源关系研究》

张新斌、金平、崔振俭主编，北京，人民出版社2009年9月版，630页。固始位于河南省东南部，豫皖两省交界处，北临淮河，南依大别山，县域面积2946平方公里，辖32个乡镇601个村街，是河南第一人口大县、农业大县、劳务大县，又是中国柳编之乡、中国书法之乡、国家级生态示范区。固始根亲文化底蕴丰厚。固始历史悠久，上溯西周时期，固始属英、蓼、蒋、番诸国地，秦汉时期先后为蓼、期思、阳泉、寝等县地。东汉建武二年（26），光武帝刘秀取"事欲善其终，必先固其始"之意封开国元勋、大司农李通为"固始侯"，从此，便得名"固始"，并沿袭至今。据专家考证，闽台与固始同根同祖，历史上因朝代变迁、战争纷乱、生活逼迫，固始人有四次较大规模的人口南迁。晋怀帝永嘉二年（308），衣冠之族借水运之便入闽者有林、黄、陈、郑、詹、邱、何、胡八姓。唐高宗总章二年（669）固始籍将领陈政率府兵 3600 人赴泉、潮二州平乱安抚，陈政子陈元光后来开建漳州，被誉为"开漳圣王"。唐僖宗光启元年（885），王审知三兄弟在黄巢起义影响下，率农民义军 5000 多人入闽，创建闽国，被封为"闽王"。北宋末年至南宋末年，固始乡民为避战乱，纷纷南迁投亲靠友。历次入闽的固始人不仅在闽台之间流动，而且渐次南迁东南亚诸国。因此，固始成为部分海外侨胞的乡关祖地，并造就了"台湾访祖到福建，漳江思源溯固始"的根亲文化现象。2008 年 10 月20—22 日，在河南固始举办"固始与闽台渊源关系研讨会"，该书是此次研讨会的论文结集，共收录论文 66 篇，内容涉及固始与闽台文化研究、开漳圣王文化与侨民社会、固始与闽台人物研究、固始与闽台姓氏研究、固始寻根资源开发与研究等多个方面，较系统地研究了固始与闽台文化渊源关系。

## 《观察台湾》

陈孔立著，北京，华艺出版社 2003 年 12 月版，335 页。该书收录作者观察台湾问题的 61 篇文章，分为五部分：陈水扁的言论 10 篇，"一个中国""九二共识"11 篇，李远哲、谢长廷、吕秀莲、李登辉 9 篇，台湾政局 13 篇，两岸关系 15 篇，另有附录 3 篇。这是作者在台湾 2000 年"政党轮替"两年来正式发表文论的结集，体现了一位知名台湾研究学者对时局的敏锐观察，也是后来者研究这一时期台湾政局变迁的历史证言。

## 《光复初期台湾的社会与文化》

杨彦杰主编，福州，福建教育出版社：2011 年 9 月版，472 页。该书是"闽台缘研究丛书"之一种，是"光复初期台湾的社会与文化"学术研讨会论文集。全书分 4 编，共收录 26 篇论文。第一编"两岸视野下的台湾政局"，收录 7 篇论文，是从两岸的角度研究光复初期台湾的政局或重要历史事件，包括"二二八"事件、"台湾光复致敬团"的任务、三青团台湾区团、台干班与闽台、在福建的台民问题等，从中可以看出在台湾刚光复的时候，两岸正处在相互了解和密切交流接触的时期，此时两岸交往甚密，互动十分频繁。第二编"台湾社会文化重建"，收录 5 篇论文，重点讨论光复初期台湾社会文化重建的相关问题，诸如陈仪与台湾文化重建、许寿裳与台湾省编译馆、国语运动等。第三编"台湾文学与文化论述"，收录 7 篇论文，重点从文学史料的角度宏观把握光复初期台湾文坛所折射的社会思潮及各种思想的碰撞。这组文章有别于历史学者常用的档案、笔记等史料，从文学史的角度，运用新的理论和方法进行材料解读，因而能够很好地呈现当年台湾社会复杂而丰富的思想文化样貌。第四编"作家社群与台湾文化重建"，收录 7 篇论文，则是从具体个案的角度，从作家个人和作家社群等不同视野，研究在两岸频繁互动交流的背景下大陆作家在当年台湾文坛的活动及其影响。这部分研究的重点主要集中在大陆左翼作家，从中也可以看出光复初期台湾文坛的一个侧面，它受到大陆新文化运动的强烈影响。全书内容丰富，视角多元，有助于了解台湾光复初期历史文化研究的动态。

## 《国共关系的历史回顾与"一国两制"理论研究》

黄修荣主编，北京，中共党史出版社 2005 年 8 月版，529 页。2004年是第一次国共合作建立 80 周年，也是邓小平完整提出"一国两制"科学构想 20 周年。当年 9 月 8 日至 10 日，由中国中共党史学会、中共中央党史研究室和中共陕西省委党史研究室在西安联合举办了"国共关系的历史回顾与'一国两制'理论研讨会"，并最终结集出版了此次研讨会的论文集《国共关系的历史回顾与"一国两制"理论研究》。该书共收录论文 35 篇，内容涉及国共关系历史回顾，陈独秀、毛泽东、宋庆龄等历史人物在第一次国共合作中的作用，"一国两制"方针政策的由来、形成、基本内涵及重大意义等方面。

## 《国际百越文化研究》

魏桥主编，北京，中国社会科学出版社 1994 年 2 月版，491 页。该书收入了 1990 年 8 月在杭州召开的首届国际百越文化学术讨论会的 40 余篇参会论文，其作者来自海内外，是国内第一本具有较高代表性的国际百越文化研究文集。

## 《海峡两岸纪念刘铭传逝世一百周年论文集》

《海峡两岸纪念刘铭传逝世一百周年论文集》研讨会组委会、学术委员会编，合肥，黄山书社 1998 年 5 月版，526 页。为纪念刘铭传逝世一百周年，由安徽省社会科学院、安徽大学、安徽省海外文化交流协会、安徽省地方志编撰委员会、安徽省文史资料研究委员会、安徽省台属联谊会、安徽省刘铭传研究基金会等单位联合发起主办的"海峡两岸纪念刘铭传逝世一百周年学术研讨会"于 1995 年 11 月上旬在合肥召开。该书是在此次会议提交的 48 篇论文基础上结集而成。主要围绕刘铭传在抗法保台期间的功过以及撤基（隆）援沪（尾）具体决策的是非；刘铭传抚台期间在建置、防务、吏治、"理番"、工商、财政、交通、教育等各方面作为；刘铭传与李鸿章、翁同龢、桐城派以及其他人物的关系；刘铭传在湘淮派系之争中的角色与作用，等等。论文选题丰富，拓展了刘铭传研究的视野和深度。

## 《海峡两岸经济持续发展与资源环境问题——海峡两岸（含港澳）青年学者研讨会论文集》

中国自然资源研究会青年委员会编，北京，中国科学技术出版社 1992 年 12 月版，147 页。1992 年 7 月 21—25 日，中国自然资源研究会青年委员会在北京发起并组织了"海峡两岸（含港澳）经济持续发展的资源与环境青年学者研讨会"，共同探讨有关"中国经济圈"、两岸经济合作、资源与环境的开发利用与持续发展等重大问题，该书即以此次研讨会参会论文中的 35 篇论文结集而成，内容涉及中国经济圈的形成与发展、两岸经济合作前景分析与预测，以及两岸人口、资源、环境与经济持续协调发展等诸多问题。

## 《海峡两岸地方史志比较研究文集》

郭凤岐主编，天津市地方志办公室编，天津，天津社会科学院出版社1998年10月版，264页。1997年12月29日至1998年1月3日，在天津召开了首次大型海峡两岸地方史志比较研究讨论会，海内外著名专家学者共聚一堂，就两岸地方史志学建设、方志理论研究创新、方志文献资料的学术价值、天津与台湾修志异同、古今民俗入志异同，及两岸方志其他具体问题进行了广泛、深入的交流。该文集收录了会上的讲话、总结、纪要、研讨会纪实4篇文章和20篇论文，并附有与会学者参观考察记实，有关会议报道及会后反应等重要资料。该书如实记载了此次研讨会的盛况，有助于推进两岸史志文化的交流。

## 《海峡两岸首次台湾史学术交流论文集》

厦门大学台湾研究院台湾历史研究室编，厦门，厦门大学出版社1990年7月版，294页。1988年8月，厦门大学台湾研究院与台湾民间学术团体台湾史研究会在厦门共同举办"台湾研究学术交流会"，这是海峡两岸学者首次在大陆举办的学术交流会。该书汇集了这次会议计划讨论的14篇论文，其中厦门大学学者8篇，台湾史研究会学者6篇，另有在计划外提交会议的2篇论文为附录。交流会没有固定的主题，论文涉及清代台湾开发史、移民史、土地文书、鹿港民居与巡台御史制度，日据时期日本南进政策、台湾农民运动、民主运动及台湾义勇队，战后台湾政治、台海局势与对美工业品出口需求形态，以及历史人物郑成功、王忠孝、简吉、李友邦、李万居等台湾史研究多个方面。

## 《海峡两岸文化与传播研究》

许清茂主编，厦门，厦门大学出版社2005年3月版，434页。该书为厦门大学新闻传播学系组织的有关海峡两岸新闻传播状况研究的论文汇编，收录相关论文68篇。全书以海峡两岸文化传播为架构，内容涉及两岸政治、经济、社会、文化等方面的传播研究，从文化传播的角度剖析两岸关系，别有新意。

## 《海峡两岸新闻与传播研究》

　　张铭清主编，北京，九州出版社 2009 年 5 月版，741 页。全书收录论文 34 篇，涉及台湾执政党更替对媒体生态之影响、台湾报纸新闻评论、"解禁"后台湾报纸版面革新、台湾媒体素养教育的发展与困境、十年来台湾报纸中的大陆形象建构（1996—2006）、从台湾受众的角度探索电视领域的对台宣传工作、竞争下的两岸报业等多方面的问题。

## 《和平发展视角下的台湾问题》

　　胡文生著，北京，九州出版社 2012 年 6 月版，251 页。该书是作者多年来所做关于台湾历史与现状研究论文的合集，有的已经发表，有的是内部课题未曾发表。根据这些文章的主要论题可将其分为四部分：台湾历史研究、台湾政局研究、台湾选举研究和两岸关系研究。台湾历史部分包括台湾民众对国家认同问题的由来、历史及现状，中国历史上三次收复台湾之异同比较及其启示，论儒学传统与台湾本土化运动，论台湾中学历史教科书的修订问题等。关于当代问题的分析方面，文章大多保持了写作当时的原貌，因而也有一些与后来现实不太符合的预测。该书记载了新生代研究者的成长经历，显示了其治学使命感。

## 《合则两利：两岸经济关系研究论文集》

　　海峡两岸关系研究中心编，北京，九州图书出版社 1998 年 1 月版，286 页。该书是一本论文集，收录了《1997 年以来的台湾地区经济金融概况和两岸经贸关系》《台湾经济走势及两岸经贸关系前景研究》《两岸间"三通"问题的现状及趋势》《台湾建设"亚太营运中心"的由来、主要内容及可行性分析》《台湾近年经济状况与发展趋势预测》《简论台湾"亚太营运中心"及其"经贸特区"》《海峡两岸实现直接"三通"研究》《"三通"对两岸三地经济的影响》等论文 13 篇，内容涉及台湾的经济问题、台湾建设"亚太营运中心"及"经贸特区"问题、两岸"三通”及其影响问题，等等。

## 《回顾与展望：论海峡两岸关系》

中国社会科学院台湾研究所编，北京，时事出版社 1989 年 9 月版，369 页。该书是一部论文集，汇集了海峡两岸学者关于两岸关系的论文 20 篇。内容涉及两岸政策研究，如“中共对台政策的历史发展及其趋向”“台湾当局在两岸关系上的政策趋向”等；两岸关系研究，如“对十年来两岸关系发展的估评与前景展望”“十年来海峡两岸关系发展之分析”等；两岸经贸关系研究，如“十年来两岸经贸关系的回顾与前瞻”“试析国民党大陆经贸政策的调整”等；影响两岸关系的外部因素研究，如“略论美国对两岸关系的政策”“两岸关系发展中的美台关系”等；两岸和平统一问题研究，如“台湾与大陆关系及统一模式的再探讨”等。书末附录 1979 年至 1988 年的两岸关系大事记。

## 《回眸台湾十五年》

董玉洪著，北京，华艺出版社 2001 年 3 月版，590 页。这是作者 1986—2000 年 15 年间观察与研究台湾问题部分文字的结集。全书收录 50 篇文章，以时间为序，分上篇（1986—1990）、中篇（1991—1995）、下篇（1996—2000）三个部分，涉及台湾政局发展、政党政治、朝野党派、两岸关系等方面内容。透过本书，可以看到 15 年来台湾政治发展的轨迹，看到国民党是怎样地从执政党沦为在野党，而民进党又是如何地一步步走上执政之路；更可以看到，虽然台湾当局百般阻挠，海峡两岸文化、经济交流及政治接触却已是不可阻挡的趋势；尤其是两岸统一尽管路途崎岖，阻力重重，但民心思统，中国人民实现祖国完全统一的目标，必将要实现。这些文章通过对 20 世纪 80 年代中期以来台湾政局重大变化的回眸，有助于加深认识台湾局势演变的前因后果，进而准确地把握其发展趋势。

# 《积淀·跨越·创新——中国社会科学院台湾研究所成立卅周年纪念文集》

　　周志怀主编，北京，九州出版社 2014 年 6 月版，586 页。该书选录中国社会科学院台湾研究所研究人员有代表性的学术论文 56 篇，分 5 组：两岸关系 13 篇，台湾政治 17 篇，两岸经贸与台湾经济 9 篇，台湾对外关系 9 篇，台湾社会文化历史综合 8 篇。这些论文，既有对"和平统一、一国两制"大政方针的理论探讨，也有对两岸政治、经济关系重点、热点问题的学术探索；既有对台湾政治现象、经济发展、对外关系的动态观察，也有对"台独"、中间选民、国际因素对台湾问题的影响等所进行的深入研究。此纪念文集的选编，集中展示了中国社会科学院台湾研究所绝大部分研究人员的研究旨趣和历年研究精品。

# 《纪念沈光文论文集》

　　朱素珍主编，宁波，宁波出版社 2014 年 8 月版，222 页。该书收录了《吾甬先贤沈光文》《开台先师沈光文的文化成就及其当代价值》《论东吟社的浙地因子》《沈光文的乡情》等文章。

# 《建国后台湾海峡两岸关系新论》

　　邓家倍著，广州，中山大学出版社 1997 年 9 月版，171 页。该书是作者多年来在海内外各种研讨会上发表的学术论文和国内报刊发表的文章的合集，也是一部客观地研究 1949 年后两岸关系的专著。全书收录了作者有关两岸关系文章 11 篇，包括：《建国初期国共隔海对峙格局的形成及其对两岸关系的影响》《两次"台海危机"中国共间的默契与共识及其对两岸关系的影响》《论 70 年代的国际形势与台湾海峡两岸的关系》《80年代海峡两岸对话与谈判》《"和平统一、一国两制"方针的形成及其对两岸关系的影响》《"汪辜会谈"及其对两岸关系的影响》等。全书较客观地评述了 1949 年后两岸关系的历史与现状，国共两党各自方针政策的调整，各自的实践活动以及由此引起的两岸关系发展变化与前景，提出了有一定参考价值的个人见解。

## 《经济全球化格局下的两岸产业分工与合作》

胡军、冯邦彦、陈恩主编，北京，经济科学出版社 2006 年 7 月版，431 页。该书是一本论文集。全书分为三编，收录了《经济全球化和区域经济一体化大趋势下的两岸产业和经贸合作》《经济全球化及区域化下两岸产业的竞争与分工之探讨》《两岸加入世界贸易组织的机遇、挑战的影响》《两岸经贸关系发展的结构、特点与趋势》《当前台湾经济的特点与两岸经济合作研究》《台商在广东珠三角地区的投资与发展》《从 SWOT 分析看两岸教育产业合作》《海峡两岸建立 CEPA 构想的思考》《两岸经济建立机制化合作的策略与途径》《两岸"三通"的主要障碍与前景分析》等文章共 30 篇，主要就全球化视野下两岸经济关系发展问题、两岸产业的合作与分工问题、两岸经济合作机制问题等三方面进行了探讨，为两岸经济发展提供了一定的思路。

## 《九十年代之台湾》

姜殿铭主编，北京，中国友谊出版公司 1993 年 8 月版，422 页。1991 年 10 月，大陆各地 120 余位专家学者齐集杭州，举办第二届台湾研究会学术年会，主题为"九十年代之台湾"，提交论文 70 余篇，涉及 90 年代之后台湾政局走势、社会政治结构变化、国民党大陆政策以及两岸关系演变轨迹等问题。该书收录此次学术研讨会上论文 35 篇，讨论了 90 年代初期的台湾政治、经济、社会以及对两岸关系的影响等诸多问题，为了解当时大陆学界观察台湾问题提供了重要文本。

## 《开风气之先 谋天下永福："三坊七巷与台湾"文化研讨会论文集》

福州市闽都文化研究会、福州市三坊七巷管理委员会编，福州，海峡文艺出版社 2013 年 3 月版，363 页。该书是一本论文集，汇集了海峡两岸一批关心三坊七巷的专家学者的研究成果。全书收录了《三坊七巷人

士与台湾的教育》《试论三坊七巷学人与台湾书院的发展》《三坊七巷与
近代福州历史文化变迁》《冰心与台湾女性散文的传承之路》《雷石榆对
闽台文坛的贡献》《林纾的台湾记忆》《台湾历史文化景点使用对三坊七
巷文化建设的启示》等论文51篇，涉及对三坊七巷的发展历史和文化内
涵的挖掘、三坊七巷与台湾情结的解读、闽台两地源远流长的密切关系的
阐述等多方面内容。

# 《客家方言研究》

李如龙、邓晓华主编，福州，福建人民出版社2009年4月版，552
页。2004年12月18日、19日，厦门大学汉语言学研究中心和厦门大学
国际客家文化研究中心在厦门大学联合举办了第六届客家方言国际学术研
讨会，该书系此次会议的论文选集，共收录会议论文36篇，对客家方言
的历史层次、客家方言与周边方言的关系、客家方言的功能与形态等课题
展开深入的研究。该书为《台海研究》丛书系列成果之一，在原有研究
的基础上注意新史料的挖掘运用，注意区内、区外的横向和历史的纵向比
较研究，注意方言本体和历史文化的外部语言学研究相结合，从而将客家
方言的研究引向深入。

# 《跨世纪的思考：以台湾问题为焦点的综合研究》

辛旗著，北京，华艺出版社2002年12月版，569页。这是作者20世
纪80年代至21世纪初近20年对台湾问题进行综合研究的文字结集。全
书收录学术论文及政论、散文等文章129篇，分为三编：学术论文编46
篇、专栏政论编64篇、散文札记编19篇，涉及台湾政治、军事、文化、
社会等多个领域。作者认为：跨世纪的中国在内政方面最为掣肘的是台湾
问题；跨世纪的中国在国际上最易受制于人的是台湾问题。台湾问题仍将
是新世纪中国的一个焦点：中国现代化进程中必须面对的焦点；中国成为
世界大国和负责的、公正的政治力量必须面对的焦点；中华民族实现伟大
复兴必须解决和超越的焦点。

# 《李登辉当政下的台湾政局》

李伯顺著，福州，海风出版社 2000 年 2 月版，327 页。该书系著者研究台湾问题十余年间发表论文的结集。全书分政局篇、国民党篇、民进党篇、社会文化篇、两岸关系篇五部分，对李登辉当政十年来台湾政局的走向、国民党和民进党的发展变化、台湾社会文化和两岸关系跌宕起伏的变化，进行宏观概述与微观剖析，深入论证了两岸和平统一的必要性与可行性。该书在"台独"势力猖獗之时问世，对李登辉分裂祖国行径有理有据的批判，无疑具有维护两岸和平的重要现实意义。

# 《李国鼎经济与科学思想研究》

李廉水、施卫东主编，深圳，海天出版社 1999 年 6 月版，372 页。台湾经济学者、重要的技术型官僚李国鼎是东南大学校友，20 世纪 90 年代，东南大学出版社曾编辑出版了一套《国鼎丛书》，1993 年 6 月，该校成立了台湾经济研究所，主要从事台湾经济及海峡两岸经济与科技比较研究，李国鼎的经济与科技思想、李国鼎对台湾经济的贡献，是该所重要的研究领域之一，该书即在东南大学台湾经济研究所对李国鼎经济与技术思想研究阶段性成果基础上选辑而成，共收录了相关论文 27 篇，分经济发展思想、科技与人力资源发展思想、财政金融与税收思想、投资与开发区思想四个部分，另外在附录中收有《国鼎丛书》编纂委员会委员茅家琦等人有关李国鼎伦理道德、社会发展等方面的研究文章 6 篇，对李国鼎经济与科技思想的特点，以及在台湾经济发展过程中所起的作用，该书相关论文重点进行了探讨，对加深有关战后台湾经济发展的了解有积极作用。

# 《连横学术思想暨学术成就研讨会论文选》

海峡文艺出版社编，福州，海峡文艺出版社 1994 年 11 月版，301页。1994 年是连横先生诞辰 116 周年，也是其代表性著作《台湾通史》初版发行 75 周年，在此之际，福建省政协"三包"联谊委员会、福建社会科学院、漳州市政协、龙海市政协在连横祖籍福建漳州联合召开了

"连横学术思想暨学术成就研讨会"，以纪念这位台湾著名爱国学者。该书汇编了这次研讨会论文 25 篇，内容集中围绕连横的代表作《台湾通史》和诗作来论述其学术思想和学术成就。该书有助于推动对连横及其思想的进一步研究。

## 《连横研究论文选》

汪毅夫主编，厦门，厦门大学出版社 2006 年 3 月版，366 页。该书汇集了有关研究连横的论文 26 篇，内容围绕其政治思想和学术思想展开，政治思想主要包括他的爱国思想和民族精神，论者一致认为连横是一位具有强烈民族主义情怀的知识分子；学术思想主要是评价连横所著的《台湾通史》，从其代表性著作中来看其爱国思想、著述旨趣、政治观、历史观及文化情结等。另外，论者还论述了连横与孙中山的关系，对连横的语文思想与章太炎的思想进行了比较；连氏家族源流也是论者关注的议题之一。该书不仅有助于全面了解连横其人及其思想，而且对于进一步研究连横和《台湾通史》具有较高的参考价值。

## 《两岸风云冷眼观》

黄嘉树著，北京，中国言实出版社 1997 年 7 月版，419 页。该书是"台湾社会研究丛书"之一种。收录作者 10 多年来所撰写的代表性论文 50 余篇，分为三编：第一编讨论两岸关系，如"力争用和平方式解决台湾问题""两岸和平架构的基础在于落实'江八点'""关于两岸谈判的几点浅见"等；第二编分析台湾岛内政局，如"台湾政坛动向冷眼观""台湾'国会改造'：政坛安宁的隐患""台湾第三阶段修宪：政局动荡的乱源所在"等；第三编批判"台独"言论，如"铁案如山——驳'台湾法律地位未定'论""血毕竟浓于水——驳'台湾民族'论""鱼目岂能混珠——驳'住民自决'论"等。

## 《两岸关系和平发展的巩固与深化：全国台湾研究会 2012 年学术研讨会论文选编》

周志怀主编，北京，九州出版社 2013 年 5 月版，544 页。该书为全国台湾研究会 2012 年学术研讨会论文选编，以两岸关系和平发展的巩固与深化为主题，收录了著名台湾问题专家一些论文，如李逸舟的《科学发展观与两岸关系和平发展》、刘国深的《和平发展共识的深化与两岸共同治理》、杨立宪的《马英九第二任期的两岸关系展望》、朱卫东的《对进一步增进两岸政治互信的若干思考》、黄嘉树的《未来四年两岸关系面临的矛盾与挑战》等共 50 余篇，是有关两岸关系、台湾问题最新的研究成果，涉及台湾政治、经济、大陆政策及两岸关系发展前景等多方面内容。

## 《两岸关系与中国崛起》

章念驰著，香港，中国评论学术出版社 2005 年 9 月版，358 页。该书汇集了作者 2002 年以来的主要研究成果，内容十分丰富，几乎对岛内政局和两岸关系发展的每一件大事，都有见解独到的评论，同时其中也不乏对两岸关系发展的战略思考。此文集也充分体现了作者在对台研究中的特点，比如对台研究中的大局观。作者从来不是单纯就台湾问题谈台湾问题，就两岸关系谈两岸关系，而是将台湾问题放到中国崛起和民族复兴的大格局中去思考，《战略机遇中台湾问题的战略思考》《台湾问题是和平崛起的一个局部》《台湾问题与中国的前途和命运问题》等文章都反映了这一特点。全书收录文章 54 篇，分四编：第一编两岸关系探索；第二编台海形势述评；第三编台湾问题中的国际因素评析；第四编香港问题的再思考。

## 《两岸关系与中国前途》

章念驰著，香港，中国评论学术出版社 2002 年 8 月初版，480 页。该书收录作者 1995 年至 2001 年有关台湾问题与两岸关系研究和评论文章

54 篇。2003 年 1 月，台湾海峡学术出版社又出版增订版，题名《统一探究：两岸关系与中国前途》，542 页。增订版去掉原书 1 篇文章，增加 2002 年新写文章 12 篇，包括《统一是中华民族复兴艰巨而伟大的过程》《认识中国，了解台湾——读钱其琛副总理纪念"江八条"发表七周年讲话》《"一国两制"的成功是不可遏制》《台湾问题与中日关系》《台湾问题与美中关系——从"九·一一"后的大国关系来看台湾问题》等 65 篇文章。

## 《两岸僵局下的思考》

陈孔立著，北京，九州出版社 2006 年 8 月版，238 页。2000 年陈水扁上台以后，大陆方面决定采取"听其言，观其行"的态度。到了他发表"一边一国"的论调以后，两岸陷入政治僵局，两岸学者都进行思考，寻求打破政治僵局、争取双赢的途径。作者将其这个时期在报纸、刊物、电视、网络等媒体上发表的评论文章、专访报道、访谈记录等汇编成书，并在此基础上进行深一层的思考。全书包括"包容、创新的对台政策""蓝绿较量的台湾政局""僵局、互动的两岸关系""同情理解的民间交往"4 个部分。

## 《两岸农业合作论坛文集》

中共中央台湾工作办公室海研中心、中国国民党国政研究基金会编，北京，九州出版社 2006 年 10 月版，245 页。该书收入了 2006 年 10 月 17 日在海南博鳌举行的两岸农业合作论坛论文 20 篇，主要讨论两岸农业合作的发展、合作的模式、合作的机制、合作的前景等问题。

## 《两岸双赢之路——试论一国两制的台湾模式》

李家泉著，北京，中国友谊出版公司 2001 年 3 月版，470 页。该书分为七部分：第一部分"历史综观"，回顾海峡两岸关系发展的历史；第二部分"形势评说"，是对海峡两岸现实关系的思考，包括海峡两岸关系的"危机"和"转机"、台湾"三·一八"大选后的形势及思考等；第三部分"海峡风云",分析批判李登辉当政时期的"台独"活动和"台独"政策;第四部分"问题探视",分析海峡两岸关系发展的一些不利因素,如美国对台湾的影响等;第五部分"'双赢'大道",思考"一国两制"的台湾模式,作者认为"一国两制"有香港模式,也有澳门模式,台湾问题与港澳问题的性质不同,那么也应考虑这种不同,来个两岸共议"一国两制"的台湾模式,从而达到两岸"双赢"的目的;第六部分"前景展望",则对两岸关系发展的前景进行了预测;第七部分为"附录"。

## 《两岸史学：海峡两岸关系史与台湾史学术研讨会论文集》

张春英主编,武汉,湖北人民出版社 2005 年 3 月版,792 页。2003 年 11 月,为了推动海峡两岸学术交流,促进海峡两岸关系史、台湾史的研究,深入研究两岸发展的历史和规律,推进祖国和平统一的进程,由中南财经政法大学和台湾淡江大学联合主办了第二届"海峡两岸关系史"学术研讨会。研讨会的主题是:探讨自古代到近现代以来的两岸关系发展、演变的历史进程及其规律,以及各个不同历史时期两岸在政治、经济、社会、历史等方面的关系,寻求有关两岸关系未来走向的历史启示。围绕此项主题,与会学者展开了为期两天的学术研讨,会后结集出版了该论文集。全书收录会议论文 62 篇,内容涉及对台湾地方史和两岸关系史及现状的分析,包括政治、经济、法律、军事、文化、新闻、教育以及对重要人物的研究。

## 《林献堂、蒋渭水与台湾历史人物及其时代学术研讨会论文集》

中国社会科学院台湾史研究中心主编、中国社会科学院近代史研究所台湾史研究室编辑,北京,台海出版社 2009 年 7 月版,上下册,965 页。2008 年 8 月 31 日至 9 月 4 日,中国社会科学院台湾史研究中心与河南大学历史文化学院、北京联合大学台湾研究院、台海出版社合作,在河南开封举办"林献堂、蒋渭水——台湾历史人物及其时代学术研讨会"。该书是这次会议的论文选集,收录张海鹏先生的开幕式致辞及研究论文 43 篇。

这些论文主要涉及林献堂、蒋渭水的生平思想与活动，还涉及他们同时代的相关历史人物，以及近代台湾历史研究等诸多方面，有助于推动台湾史研究走向深入。

## 《另一个视角看台湾史》

李理著，台北，海峡学术出版社 2010 年 8 月版，335 页。该书是作者以中国史为视角的台湾史研究论文集。收录论文 14 篇，涉及"琉球处分"与"出兵台湾"的关系，李仙得与日本第一次侵台，"同化会"与台湾近代民族民主运动，《六三法》与台湾殖民地问题，日据时期台湾鸦片渐禁政策，日本对台的皇民化政策及皇民运动，"二二八"事件中的"台湾意识"，以及"同心圆"理念、"台独"史观与台湾中学历史教科书等问题。

## 《刘铭传与台湾建省——海峡两岸纪念刘铭传首任台湾巡抚 120 周年学术研讨会论文集》

程必定主编，合肥，黄山书社 2007 年 4 月版，560 页。2005 年 10 月 12 日至 15 日，由安徽省社会科学界联合会、安徽省政府台湾事务办公室、安徽省社会科学院、安徽大学、合肥市人民政府等单位在合肥联合举办了"海峡两岸纪念刘铭传首任台湾巡抚 120 周年学术研讨会"，会上两岸三地的专家学者提交论文 47 篇，这部论文集就是此次学术会议成果的结集。该书内容大致分为七个方面：一、论述刘铭传为维护台湾统一所做出的历史性贡献；二、论述刘铭传对台湾的治理；三、论述刘铭传的海防思想；四、论述刘铭传的现代化思想；五、论述刘铭传的文化教育方略；六、从刘铭传的个性特征考证其辞职原因；七、考察刘铭传的人际关系网络，如与李鸿章、翁同龢、丁汝昌等人的关系。该书呈现了当时学术界对刘铭传研究的最新进展，拓展了刘铭传研究的深度和广度。

## 《刘铭传在台湾》

萧克非、仲冲、徐则浩主编，上海，上海社会科学院出版社 1987 年

4 月版，288 页。1985 年 10 月是台湾建省一百周年，安徽省社会科学院历史研究所、安徽省历史学会、合肥市社联、芜湖市社联于 1985 年 9 月在合肥召开了"刘铭传首任台湾巡抚一百周年学术讨论会"，大会收到论文 30 余篇。该书收集了已在报刊上发表的代表性文章 21 篇，还收集了刘铭传家乡和家世的若干图片、资料，作为附录。书中内容大致包括四个方面：一、刘铭传的台湾保卫战及战略战术；二、刘铭传对台湾的开发和建设，包括他的一些经济思想、商战思想、财政措施、理番政策等；三、刘铭传的洋务思想及其师承关系；四、评价刘铭传历史功绩。论者一致认为刘铭传是中国近代史上的爱国者，19 世纪 80 年代著名的抗法将领；作为台湾首任巡抚，为台湾的开发和建设做出了重大贡献。该书对于深入研究和正确评价刘铭传、加强台湾史研究、促进中法战争史上闽台海战区薄弱环节的研究，以及加深和了解历史上大陆与台湾的关系具有重要的参考价值和借鉴意义。

## 《妈祖研究论文集》

朱天顺主编，厦门，鹭江出版社 1989 年 7 月版，243 页。妈祖是莆田市最具国际影响的一个传奇人物，妈祖研究已超越国界成为世界性研究的一个科目。1987 年 10 月 31 日（农历九月初九）是妈祖逝世一千周年。为了纪念她，在妈祖故乡莆田市举行盛大的纪念活动，同时举办妈祖学术讨论会。该书即是此次研讨会的论文选集。全书共收录论文 31 篇，包括《关于妈祖生卒时间之管见》《宋代妈祖信仰起源探究》《妈祖与我国古代航海》《妈祖信仰与社会心理》《试论妈祖神话在港澳深地区的影响》《台湾的妈祖崇拜——闽台宗教信仰和风俗的渊源》《妈祖信仰在东南亚华侨中的传播与影响》《妈祖神话传说对社会习俗的影响》等。这些论文除研究妈祖信仰源流外，还涉及民俗学、宗教学、华侨史、海外交通史、闽台开发史等方面。

## 《民进党研究——大陆学者眼中的民进党》与《透析台湾民进党》

徐博东著，台北，海峡学术出版社 2003 年 5 月版，451 页。作者是大陆较早开始系统研究民进党的学者，十余年间发表有关民进党的论文多篇。该书为作者自 1989 年 12 月至 2002 年 8 月年期间研究民进党的论文集，包括《对当前"台独"问题的几点看法》《论民进党在台湾政坛中的作用、局限性及其未来走向》《民进党"台独"声浪为何升温》等论文共34 篇，是大陆学者第一部较为系统全面研究民进党的著作。该书按所收论文写作时间先后顺序编辑，可令读者探寻"台独"与民进党的活动轨迹，掌握其大致脉络，评估其对台湾政局、两岸关系等各方面产生的重大影响。该书在台湾出版后，引起海峡两岸的关注，受到各方重视和好评。稍后，大陆版加入《关于对重要战略机遇期两岸关系的思考与展望》一文和几幅照片，改名《透析台湾民进党》，北京，台海出版社 2003 年 7月版，419 页。

## 《民族英雄郑成功》

陈国强著，厦门，厦门大学出版社 1997 年 12 月版，221 页。1997 年是郑成功收复台湾 335 周年，为纪念这位伟大历史人物，厦门郑成功纪念馆、厦门郑成功研究会编辑了这本研究专集。该书收集陈国强教授研究郑成功论文 11 篇，内容大致分为六个方面：一、论述郑成功生平事迹；二、评价郑成功驱逐荷兰殖民者的斗争；三、评述郑成功收复台湾过程中的几个问题，如进军时间、进军路线等；四、评价台湾同胞在台湾统一中的贡献；五、论述郑成功对台湾的建设；六、论述郑成功收复台湾的历史性贡献和对其整体评价。该书进一步深化了对郑成功的研究。

## 《闽台妇女史研究》

汪毅夫著，福州，海风出版社 2011 年 11 月版，174 页。该书收入了作者有关闽台妇女史研究的 8 篇论文，对闽台地区历史上一些共有的相关社会文化现象展开了剖析，涉及清代福建地区的育婴堂及其对女婴的救济、福建地区的"溺女"习俗、丫鬟婢女的处境及救济、童养婚俗、冥婚旧俗、典卖其妻、买女赘婿、转房婚等问题，从历史角度认识闽台两地民间社会，并展现其间的一些共性。

# 《闽台经济与文化论集》

何绵山著，厦门大学出版社 2002 年 10 月版，318 页。全书分上下两编。上编"经济篇"，包括福建经济发展概述、台湾经济发展概述、福建经济特点、台湾经济特点、福建区域经济、台湾区域经济、迈向 21 世纪的福建经济、世纪之交的台湾集团企业经济等内容，对闽台经济的发展分别做了简要的概述，对闽台经济特点进行评述，并对闽台的区域经济进行分析，展望了闽台经济的未来。下编"文化篇"，包括闽文化的特点、台湾文化的特点、福建宗教、台湾宗教、福建艺术、台湾艺术、闽文化研究中的若干问题、台湾研究中的若干问题等内容，对闽台文化的多个方面进行概括。

# 《闽台经贸关系研究》

顾铭主编，厦门大学出版社 1994 年 6 月，231 页。该书是一本论文集，全书分四部分，分别是海峡两岸的经贸关系、福建省吸引台资的情况与问题、福建省对台贸易的情况、对台商投资的法律环境的研究，辑录了有关闽台经贸关系的研究论文凡 23 篇，内容涉及"汪辜会谈"与闽台经贸合作，新形势下的闽台经贸关系，福建省对吸收台资的研究，台商来闽投资的特点、动向及福建省的因应措施，福建省台商投资企业的现状、存在的问题及福建省的政策导向，闽台经贸合作的回顾和前瞻性研究，以及对有关闽台经贸往来可订立的法律法规的探讨等，旨在展示闽台经贸关系发展的历程及可供探索的方方面面。

# 《闽台历史人物散论》

林其泉著，台北，海峡学术出版社 2004 年 3 月版，389 页。该书系作者选取曾经发表或收集在学术会议论文集中的文章 33 篇结集而成，主要围绕郑成功、施琅、沈葆桢、连横、李贽、李光地等 26 位闽台两地的历史人物，探讨其经济、教育、吏治、哲学、军事等思想成因与发展，以及对两岸交往，对两地开发建设，对两地经济、文化、教育，反抗外来侵略和两岸统一事业等方面做出的贡献。该书有助于发扬光大闽台历史人物的爱国精神和推动两岸交流。

## 《闽台历史社会与民俗文化》

汪毅夫著，厦门，鹭江出版社 2000 年 8 月版，224 页。该书收入了作者有关闽台社会历史、民间信仰、民俗文化、文学等方面研究的 25 篇文章，将台湾与福建联系起来考察相关社会文化问题，从而展现两地社会的共性与特殊性，有助于了解台湾的历史和现实。

## 《闽台民俗散论》

赵麟斌主编，北京，海洋出版社 2006 年 11 月版，429 页。该书是一部闽台民俗研究论文集，收录了《论福州民俗文化的渊源》《试谈闽台民俗之缘》《略论闽台民俗史的分期》《简述明清时期闽台海岛民俗》《论闽台地理环境对民俗的影响》等 28 篇论文，围绕福州民俗文化及海峡两岸民俗文化的比较而展开，具有鲜明的地方特色，有助于认识福州及闽台地区的民俗文化。

## 《闽台民俗述论》

赵麟斌主编，上海，同济大学出版社 2009 年 2 月版，431 页。该书是一部闽台民俗研究论文集，收录《从闽台民俗看雅文化与俗文化的关系》《闽台民间神明传说与社会伦理教化》《闽台民俗笔谈》《榕台民间传统文化一甲子》《略谈泉台民俗之缘》《从清代方志看台湾岛民俗》《妈祖信仰在台湾社会文化变迁中的影响力》《福州斗堂文化及流传台湾粗探》《保生大帝信仰在台湾》《略论闽越人、台湾远古居民以及高山族同亲缘、俗缘》等论文 39 篇。通过对闽台区域民俗文化在不同时空背景发展中所呈现出来的同中之异和异中之同进行审察、对比和研究，从学术的角度贯穿这样一个主题：中华文化是维系全体中国人的精神纽带，台湾社会的发展始终沿袭着中华文化的优秀传统。

# 《闽台民俗新论》

赵麟斌主编，福州，福建人民出版社 2008 年 2 月版，349 页。该书是一部闽台民俗研究论文集，收录论文 32 篇，包括《略论闽台民俗的主要特征》《闽台宗教文化交流及其对两岸关系的影响》《闽台海洋民俗采撷》《闽台民间崇龟习俗初探》《华夏狮崇拜与闽台民间八卦剑探源》等论文，从不同角度探讨了闽台、榕台民俗的传承渊源、主要特征和内涵精华。

# 《闽台清水祖师文化研究文集》

陈国强、陈育伦主编，香港，香港闽南人出版有限公司 1999 年版，280 页。该书是 1998 年在福建安溪清水岩召开的清水祖师文化学术研讨会的论文集。清水岩寺，建于宋元丰六年（1083），寺中崇奉之清水祖师，生前德高道深，忠勇孝慈，卓锡清水岩十八年间，铺路筑桥，施医济药，广施善举，惠泽四方，其秉性、修养与功德广为后世褒扬。清代安溪乡人大量移徙台岛，祖师信仰亦随之而至，累计至今，台岛各地仿安溪蓬莱清水岩体制建造的"清水祖师届"已达 150 多座，其数量与规模均居台岛各种庙宇之首，可见祖师信仰在台湾的广泛传播。1998 年 12 月，海内外百名专家学者聚集清水胜地，举行清水祖师文化学术研讨会，研讨祖师文化之丰富内涵，会后结集出版论文选集。全书共收录论文 52 篇，包括《从清水祖师崇拜的历史嬗变闽南民间信仰的文化内涵》《普足禅师成神的文化透视》《清水祖师信仰的文化内涵及其启示》《清水祖师奉祀浅议》《从迎春绕境习俗看清水祖师信仰的历史文化意蕴》《历史的神化——试论清水祖师信仰的地方色彩》《清水祖师信仰盛传不衰的社会历史因素》《多重视野中的清水岩——历史人类学的解读》，等等，内容涉及清水祖师信仰的内涵，祖师信仰的形成、发展和传播，祖师俯仰与闽台两地的经济文化宗教交流等各个方面。全书内容丰富，既具学术参考价值，又有促进闽台宗教文化交流、增强两岸团结的现实意义。

# 《闽台区域社会研究》

汪毅夫著，厦门，鹭江出版社 2004 年 3 月版，381 页。该书是一部研究闽台社会、文化的论文集，包括对明清时期闽台地区乡约与民间习惯法的研究，对闽台地域历史人群的研究，对厦门大学国学研究院的研究，以及对台湾语言及台湾文学的研究等。该书透过微观历史的具体研究，展现闽台社会文化的共性与相异之处，并善于从文学作品中发现历史，将文学与历史学结合起来进行相关研究。

# 《闽台文化研究》

福建省炎黄文化研究会编，福州，福建人民出版社 1997 年 8 月版，365 页。该书是第二届闽台文化学术研讨会论文集。1994 年 10 月，福建省炎黄文化研究会和武夷山市设县建制一千周年纪念组织推动委员会，在武夷山联合举办了第二届闽台文化学术研讨会，会后结集出版了这本论文集。全书共收录论文 29 篇，包括《闽台文化的形成及其特征》《闽台文化关系的形成及其历史作用》《论闽台是统一的文化区域》《略论中华文化的地域性与闽台文化的特色》《从考古看闽台文化与中原文化渊源关系》《闽台古代种族渊源》《朱子学与闽台学术文化交流》《闽台文化与经济伦理》《从经济观点看闽台文化关系》《武夷山学术文化传统及其在闽台文化交往中的地位》，等等，内容涉及闽台文化研究的内涵，闽台文化的历史渊源、形成及其特征问题，闽台文化与现代化接轨问题等，拓展了闽台文化研究的领域。

# 《闽台缘与闽南风——闽台关系、
# 闽台社会与闽南文化研究》

汪毅夫著，福州，福建教育出版社 2006 年 7 月版，298 页。该书收入有关闽台关系、闽台社会以及闽台文化的论文 16 篇，注意通过运用文学史料及民间文书，与档案史料相结合，从细微处展现闽台的社会文化以及两地之间的密切联系。

# 《闽粤移民与台湾社会历史发展研究》

邓孔昭主编，厦门，厦门大学出版社 2011 年 3 月版，335 页。台湾历史上是个移民社会，其人口大部分来自闽粤两省，对闽粤移民的研究是台湾史研究的重要内容之一。该书是厦门大学台湾研究院历史研究所的集体研究成果，主要研究台湾光复以前，特别是明清时期的赴台移民问题。该书共分为 3 篇 22 章，第一篇围绕"政策与移民"，对清代渡台政策的演变及其对台湾移民的影响，对日据时期殖民政府的限制移民政策导致闽粤赴台移民的减少等问题，进行了深入梳理与分析；第二篇从移民与台湾社会经济变迁的关系角度展开论述，分别探讨了荷据时期汉族移民与荷兰人及"原住民"的关系，清代赴台汉族移民与"原住民"的通婚状况，赴台移民的婚姻与家庭状况，移民中的游民问题，移民与台湾土地开垦的关系等问题；第三篇主要探讨移民与台湾文化的关系，涉及清代科举移民问题，移民对台湾宗教的影响，移民与宗族文化、节俗文化、戏曲文化的关系等。

# 《评李登辉及其"两国论"》

海风出版社编辑，福州，海风出版社 1999 年 12 月版，181 页。自李登辉 1999 年 7 月接连抛出"两国论"的谬论后，受到国内外的广泛声讨和谴责，李登辉不但执迷不悟，反而变本加厉。基于此，海风出版社广泛收集了党和国家领导人、有关部门负责人、报刊、通讯社以及学界揭露和批评李登辉分裂企图的讲话、谈话、评论和署名文章 48 篇，出版发行。该书全面、透彻地揭示了李登辉"两国论"出笼的背景、分裂实质和严重危害，有助于认清李登辉分裂祖国的真面目，有力地捍卫了"一个中国"原则。

# 《清代台湾史研究》

陈在正、孔立、邓孔昭等著，厦门，厦门大学出版社 1986 年 4 月版，508 页。这是一本有关清代台湾史研究的专题论文集，涉及清郑和战、康

熙统一台湾史事及相关人物研究、台湾开发与社会经济发展、农民起义与
民变事件、近代台湾外贸、台湾建省、台湾民主国，以及台湾与辛亥革命
等论题，是厦门大学台湾研究院台湾历史研究室成立初期的重要研究成
果，也是大陆学界关于清代台湾史研究的奠基性成果。

## 《清代台湾史研究的新进展——纪念康熙统一台湾 330 周年国际学术讨论会论文集》

中国社会科学院台湾史研究中心主编，中国社会科学院近代史研究所
台湾史研究室、兰州大学历史文化学院、西北民族大学历史文化学院编辑，
北京，九州出版社 2015 年 7 月版，514 页。2013 年 8 月 11—13 日，由中国
社会科学院台湾史研究中心发起，并与兰州大学历史文化学院、西北民族
大学历史文化学院联合，在甘肃兰州举办了纪念康熙统一台湾 330 周年国
际学术讨论会。该书是这次学术讨论会的论文选集，共选编了 36 篇论文，
按内容大致分为 6 组：第一组 6 篇论文，关于康熙统一台湾的国际背景与
影响及宏观论述；第二组 9 篇论文，关于康熙统一台湾的重要人物与战略
决策及相关政治史研究；第三组 8 篇论文，关于清代台湾社会经济史研究；
第四组 5 篇论文，关于晚清政府治理台湾研究；第五组 4 篇论文，是对台
湾与琉球认识的探讨；第六组 4 篇论文，关于台湾学术、教育及相关研究
史综述与书评。这些论文，从不同侧面深化了康熙统一台湾及清代台湾史
多个专题领域的研究。书前冠以张海鹏研究员在此次学术讨论会开幕式上
的致辞，书后收录程朝云副研究员撰写的会议论文综述《清代台湾史研究
的新进展与再出发》，有助于了解此次学术讨论会的基本情况。

## 《〈认识台湾〉教科书评析》

陈孔立等著，北京，九洲图书出版社 1999 年 3 月版，172 页。台湾
当局 1997 年编出中学教科书《认识台湾》，其鲜明的"去中国化"立场
与"台独史观"，引起各界批评。该书汇集大陆学者批评文章 15 篇，包
括陈孔立的《〈认识台湾〉（历史篇）评议》、李祖基的《不容青史尽成
灰——对台湾国民中学教科书〈认识台湾〉（历史篇）（社会篇）"非中
国化"倾向的批判》和《论清政府对台湾原住民的政策——兼驳所谓的

"放任"论》、达源的《台湾原住民都属于南岛民族吗?》和《台湾是中华文化还是多元文化》、邓孔昭的《子虚乌有的"延平王国"——论台湾国民中学教科书〈认识台湾〉(历史篇)对郑氏政权的杜撰》和《教科书怎能这样不注重史实的准确——论台湾国民中学教科书〈认识台湾〉(历史篇)第四章几处明显的史实错误》、杨谊德的《关于日据后期台湾"工业化"问题的剖析》和《是殖民主义,还是经济发展》、陈小冲的《也谈如何客观公正地认识台湾》和《一部新编〈台湾治绩志〉?——评〈认识台湾〉(历史篇)第七、八章》、杨毅周的《一部歪曲历史分裂祖国的教材——解读〈认识台湾〉教科书》、龚书铎的《为何不让学生正确认识台湾》、吴履平与王宏志的《〈认识台湾〉要对青少年进行什么样的教育》、褚亚平的《〈认识台湾〉意欲何为》。

## 《日据时期台湾殖民地史学术研讨会论文集》

中国社会科学院台湾史研究中心主编、中国社会科学院近代史研究所台湾史研究室编辑,北京,九州出版社 2010 年 11 月版,474 页。为推动台湾史研究和学科建设,由中国社会科学院台湾史研究中心主办,大连外国语学院国际关系研究所、中华全国台湾同胞联谊会研究室协办的"台湾殖民地史学术研讨会",于 2009 年 8 月在大连召开。研讨会以日据时期台湾殖民地社会变迁、经济发展以及岛内民众反抗日本殖民统治的过程及其历史意义、台湾总督府殖民地统治政策等问题为主题。论文集收入会议论文有:《日据殖民在台湾近代化建设的本质及其影响》《矢内原忠雄与殖民地台湾人》《日本对台湾、大连的统治与人民反抗斗争之比较》《日据时期台湾移民问题初探》等 37 篇,内容涉及日本对台殖民统治及总督府政策,台湾殖民地社会变迁和社会问题,经济史研究,历史人物研究,区域研究与比较研究,等等。

## 《社团、思潮、媒体:台湾文学的发展脉络》

张羽主编,北京,九州出版社 2011 年 10 月版,266 页。该书系《两岸互信与合作研究》丛书之一。2010 年 7 月 9 日,厦门大学台湾研究院成立三十周年时召开了"台湾研究新跨越"学术研讨会,共分五个研讨组,"台湾文学的发展脉络"为其中之一。该书收录了"台湾文学的发展脉络"讨论组提交的会议论文 17 篇。这些论文围绕中外文学史上的重要人物及其作品进行了精彩的阐释,并对不同历史时期的文学现象和当今的社会问题进行了分析和讨论,展现了目前两岸学者有关中国文学等问题研究的新成果,有一定的学术价值。

# 《沈葆桢生平与思想研究——沈葆桢
# 巡台 130 周年学术研讨会论文集》

江苏省中国现代史学会编,北京,中共党史出版社 2004 年 6 月版,488 页。2004 年 6 月,江苏省中国现代史学会、省委党史办、省政府台办和南京中国近代史遗址博物馆联合举办纪念沈葆桢巡台 130 周年学术研讨会。该书是此次学术研讨会论文选集,从政治、经济、军事、教育诸方面探讨沈葆桢的生平与思想,特别是其治理台湾的政策与实践,有助于推动近代台湾史研究走向深入。

# 《沈葆桢研究——纪念沈葆桢诞辰 180 周年
# 学术研讨会论文集》

卢美松主编,福州,海风出版社 2000 年 12 月版,605 页。2000 年,为纪念沈葆桢诞辰 180 周年,由福建省炎黄文化研究会和福州开发区共同主办的"纪念沈葆桢诞辰 180 周年学术研讨会"在福州马尾召开。来自北京、上海、武汉、苏州、厦门、福州、台湾和香港等地,以及美国、加拿大、澳大利亚、日本等国的学者 100 余人参加了会议。这本论文集的出版就是这次学术会议成果的体现。论文探讨了以下几个方面的内容:沈葆桢的生平及思想,认为沈葆桢讲求经世致用,具有较强的务实精神;作为洋务派的重要成员,沈葆桢不仅主张学习西方先进的科学技术,也为中国现代化培养了许多优秀人才;沈葆桢在海防建设方面的主要贡献。有争议的内容则大致为以下三个方面。第一,关于沈葆桢镇压太平天国运动的问题。有论文坚持认为这是沈葆桢一生中的污点;有论文则认为沈葆桢减轻了战乱给人民带来的痛苦,并无过错。第二,关于沈葆桢把淞沪铁路赎回后又进行拆毁的问题。有论文认为沈此举并不表明他反对修建铁路,而是因为在吴淞建铁路妨碍了军务，把铁路运往台湾表明他对铁路事业的支持；有论文则提出相反观点，认为此举与近代化潮流相违背。第三，关于"甲戌台湾危机"的问题。有日本学者把"甲戌台湾危机"归咎于清政府，其他与会学者对此观点进行了反驳，认为日本在明治政权建立后向外扩张意图极为明显，而当时台湾危机的"和平解决"是清政府妥协退让的结果。该书不仅系统探讨了沈葆桢对台湾发展的贡献，而且对其他问题也进行了见仁见智的探讨，从而把沈葆桢研究引向深入，为今后的研究提供重要参考。

## 《事件与翻译：东亚视野中的台湾文学》

黎湘萍、李娜主编，北京，中国社会科学出版社 2010 年 7 月版，323 页。该书系由中国社会科学院国际合作局主办、中国社会科学院文学研究所台港澳文学与文化研究室组织的"中国社会科学院两岸学术交流论坛——身份与书写：战后台湾文学学术研讨会"的论文结集。书中所收 17 篇论文，以战后台湾文学创作中的关键词"身份"为切入点，分别围绕"东亚视野中的台湾文学""战后台湾文学史论""原住民文学""眷村文学""亚文化与后殖民状态"几个主题展开，反思台湾"学科化"建构和研究方法问题；探讨原住民作家的身份意识、狩猎书写的现实与当代象征、原住民文学中的历史叙事问题；"存眷文学"中的"认同"问题；身份书写是否有其内在伦理等问题。研究者跨越国别和学科限制的学术对话具有世界视野与两岸对话的品格，代表了近年来两岸学界有关战后台湾文学研究的最高水平。

## 《施琅研究》

泉州历史研究会、泉州市施琅学术研究会编，许在全、吴幼雄主编，北京，中国社会科学出版社 2001 年 9 月版，421 页。1996 年，泉州市举办了第三次全国性的施琅学术研讨会，来自北京、上海、天津等各地的明清史专家学者向大会提交论文数十篇，从国家统一的角度，全面深入地探讨了施琅的历史功绩和历史地位。借此盛会，泉州市成立了施琅学术研究会。2001 年是施琅诞辰 380 周年，施琅学术研究会将第三次施琅研究的论文，汇编成《施琅研究》一书。该书所涉及的内容大致包含以下几个方面。第一，从多民族国家统一的角度高度评价施琅的历史功绩，认为施琅与郑成功都是杰出的爱国主义者。第二，论述施琅在统一台湾过程中的战略战术。第三，阐述施琅在"弃台"和"保台"争议上所持立场和作为政治家所具有的优秀品质。第四，关于施琅治台和开海设关的正确决策，认为施琅的决策促进了东南沿海地区经济发展和海防力量的增长。第五，外国人以及地主阶级改革派对施琅的认识和评价。该书对施琅一生波澜壮阔的传奇历史的梳理和剖析，不仅是对施琅这位杰出爱国主义者的最好纪念，也改变了以往对施琅的认识，有利于推动两岸地区历史文化交流和国家的统一大业。

## 《施琅研究》

施性山主编，该书为丛书系列，共分 4 集。第 1 集，香港，香港人民出版社 2006 年 8 月版，360 页；第 2 集，香港，香港人民出版社 2007 年 5 月版，304 页；第 3 集，北京，文化艺术出版社 2008 年 2 月版，351 页；第 4 集，武汉，中华诗词出版社 2009 年 3 月版，314 页。该套丛书系石狮市施琅学术研究会为深入推进对施琅的研究而编纂的一套文集。每集体例大致相同，辟有《史家论坛》《历史丰碑》《人文景观》《八方来鸿》《友好使者》《会长心声》《岁月流痕》《史河掠影》等专辑。《史家论坛》收集了权威专家和学者有关施琅研究的论文，从不同角度给施琅以客观公正的评价，是文集的重要版面。《历史丰碑》主要刊载了施琅及其家族的生平事迹。《人文景观》介绍了施琅的故居及其周边环境，寄望海内外游客及各界人士以极大的爱国热情关注施琅故居，这是编者的一大愿望之一。《八方来鸿》选登了为庆贺施琅研究学术会而发来的贺电及贺诗。《友好使者》是以新春赠联为主题，为各界人士沟通交流搭建平台，营造良好的文化氛围，推进文明建设。《会长心声》是对石狮市成立施琅学术研究会而表现出的唱响时代主旋律的由衷赞叹。《岁月流痕》刊载了施琅研究会与会人员参加的各项活动。《史河掠影》介绍了电视剧《施琅将军》筹拍的背景、前期准备、拍摄经过、开播情况以及产生的极大反响。《施琅研究》文集的出版，不仅具有较强的历史意义，而且具有强烈的现实关照，对于加强海峡两岸的文化交流起到了文化纽带作用，也是研究施琅的重要史料。

# 《施琅研究》

施伟青主编，厦门，厦门大学出版社 2000 年 6 月版，459 页。该书选编了有关施琅研究的代表性论文 47 篇。所选论文主要围绕以下几个方面展开研究：一、关于施琅的总体评价及评价标准的探讨；二、关于施琅收复台湾的历史功绩；三、关于施琅收复台湾的策略；四、关于施琅对清政府在台湾问题上的态度所产生的影响；五、关于施琅与清初重要人物的关系，如与康熙帝、李光地、姚启圣、万正色等；六、关于施琅相关的文物史迹的考察。与以往研究相比，这些论文表现出四点新的特点：一、论者肯定和赞扬了施琅统一台湾，使国家归于一统的历史功绩；二、认为施琅促进了台湾及东南研究经济社会的发展、海防力量的加强；三、施琅去郑降清的问题已经不再是研究的焦点问题，道德谴责和气节低劣等对施琅的负面评价已经休止；四、研究内容所涉及的范围更加广泛，许多文章探讨了施琅对台湾经济社会的促进作用以及施琅与其他重要人物的关系等问题。总之，该书表明研究者历史观已经发生变化，跳出了旧有的评价框架，开始以新的评价标准来衡量这位在当时具有争议的人物，使施琅的研究逐步趋于理性、客观。

# 《施琅研究》

施伟青主编，北京，国际文化出版公司 2002 年 6 月版，321 页。2001 年是清初爱国名将施琅统一国家 318 周年暨诞辰 380 周年，为纪念这位伟大历史人物的卓越功勋，由晋江市人民政府和厦门大学人文学院等单位联合举办了以"施琅与国家统一"为主题的学术研讨会，海内外 80 多位学者参加了会议，提交论文 48 篇，该书即是在此次研讨会成果的基础上集结而成。书中所选论文主要围绕以下几个问题进行了探讨。第一，关于施琅的才学、品格及在台湾统一过程中所发挥的作用。许多论文认为施琅具有非凡的政治才能和杰出的军事领导能力，高瞻远瞩，运筹帷幄，虽为武将，但深受儒家大一统观念至深，所有这些，对于台湾的统一产生了积极作用。第二，关于施琅对清廷将台湾纳入祖国版图重大决策的影响。论文主要阐释了施琅所奏《恭陈台湾弃留疏》的积极意义和关键作用，从而体现了施琅的远见卓识。第三，关于施琅统一台湾与清政府开禁迁界、设关通洋、海防力量壮大之间的关系，多数论文认为施琅对清初的海防政策产生了重大影响。第四，对比了施琅与康熙帝在国家统一过程中的作用，认为他们都是统一台湾的关键性人物，作用无可替代。另外，书中论文还对施琅与妈祖信仰的传播、施琅研究的评价和研究方法等问题进行了有益的探讨。该书推进了施琅研究，对深化明末清初历史的研究也大有裨益。

# 《施琅与台湾》

施伟青主编，北京，社会科学文献出版社 2004 年 10 月版，485 页。2003 年是施琅暨清朝政府统一台湾 320 周年，中国社会科学院学术交流委员会、中国社会科学院历史研究所、福建省社会科学院和泉州市人民政府联合主办，施琅故里晋江市人民政府承办的"施琅与海峡两岸"学术研讨会在晋江举行，上百名来自大陆、香港、台湾以及美国等地的学者参加了研讨会，向大会提交论文 60 余篇。该书即是这次研讨会成果的体现。与会学者对施琅的探讨主要包括以下五个方面。第一，关于对施琅评价的立场、观念、标准问题。学者认为对施琅的评价不能受到民族情绪和民族偏见的影响以及宋明理学家所持的道德理想化标准的束缚，应当以是否顺应历史发展潮流为基准去审视和评价施琅的历史地位。第二，关于施琅与郑成功的关系及评价问题。学者普遍认为应把施琅与郑成功放在同等的位置看待，即都为国家和民族的发展做出了巨大贡献，都是民族英雄，值得后人崇敬。第三，关于施琅在统一台湾过程中的军事才能。学者普遍认为正是施琅精通兵法，骁勇善战、运筹帷幄，力克澎湖，招抚郑氏集团核心人物，才兵不血刃规复了台湾。第四，关于施琅统一台湾的历史作用。学者认为施琅对于清政府改变海防政策，促进台湾的开发及两岸经济文化交流做出了重大贡献。第五，关于施琅海洋思想及其历史影响。许多学者指出施琅的海洋观念强烈，海洋意识浓厚，与封建统治者所倡导的"农桑为本"传统治国理念迥然有别。另外，一些文章还对施琅与清政府的关系、施琅与李光地的关系以及施琅统一台湾的历史经验、施琅对台湾的开发建设等问题也做了积极探讨。该书展示了国内外对施琅研究的最新成果，以客观事实为依据，以历史规律为准绳的评价标准，以"看其主流，究其结果"的评价原则，客观公正地评价了施琅的历史地位及作用，把施琅研究推向了更高层次。

## 《十年观察：激荡中的台湾问题》

许世铨著，北京，九州出版社 2007 年 5 月版，301 页。这是作者 1996—2006 年期间担任中国社会科学院台湾研究所所长和全国台湾研究会副会长的涉台文字记录，辑录了作者十年来与涉台研究工作相关的论文、文章和发言稿。全书分四个部分：第一部分，两岸关系，22 篇；第二部分，台湾问题的外部环境，11 篇；第三部分，台海楼札记，7 篇；第四部分，答记者问，29 篇。这些文字涉及对台湾岛内问题的评述，大陆对台政策的理解和阐述，重大涉台历史事件的回顾，以及美国、日本等国对台政策的分析，记录了作者所经历的两岸关系的跌宕起伏，国际环境的风云变幻，为认识这段时期的台湾问题提供了重要的历史文献。

## 《书生议政：中国近现代史学者看台湾的历史与现实》

张海鹏著，北京，九州出版社 2011 年 1 月版，377 页。作者张海鹏是中国史学会会长、中国社会科学院学部委员、著名的中国近现代史研究专家。该书是作者此前有关台湾历史与现状研究的大部分文章结集，包括台湾的历史与现实（16 篇）、中国近代史的几个关键（7 篇）、论坛致词（9 篇）、观察与思考（9 篇）、书评与影评（9 篇）以及附录（6 篇）共六个部分。这些文章从关注台湾的现状以及海峡两岸关系的起伏出发，力图从中国近代历史进程的宏阔背景中解读台湾问题，并从中寻求解决现实政治问题的思想资源。全书以史论政，彰显了一位历史学家的深邃思考与社会担当。该书另有台湾海峡学术出版社 2010 年版。

## 《宋美龄及其时代国际学术研讨会论文集》

胡春惠、陈红民主编，香港，香港珠海书院亚洲研究中心 2009 年 12 月版，711 页。该书系《亚洲研究丛书》之一种。2008 年 10 月，由香港珠海学院亚洲研究中心、南京大学中华民国研究中心、加拿大多伦多大学东亚研究中心等单位主办的"宋美龄及其时代"国际学术研讨会在香港举行，会议主要从八个方面展开了对宋美龄的研讨：一、宋美龄的宗教信仰；二、宋美龄的外交才华；三、抗日战争时期的宋美龄；四、宋美龄与西安事变；五、宋美龄的领导艺术；六、宋美龄的形象魅力；七、宋美龄的家庭生活；八、宋美龄的评价及历史地位。该论文集反映了此次学术会议的成果，多角度地探讨了宋美龄其人以及在中国近现代历史上的地位，推动了宋美龄研究向纵深发展。

## 《台海风云见证录》

徐博东著，北京，九州出版社 2012 年 6 月版，全 4 册，2184 页。该书分《政论篇》（上、下）、《时事评论篇》、《采访报道篇》三篇。《政论篇》97 篇，汇集了自 1989 年以来作者有关台湾问题的研究论文和重要调研报告，其中三分之二以上的篇幅属于民进党研究论文和调研报告，集中体现了作者在对台研究方面的主要成果。《时事评论篇》178 篇，汇集了作者自 1989 年以来发表的对台湾政局、两岸关系、中（大陆）美台关系、大陆对台方针政策等各类时事评论性文章。《采访报道篇》304 篇，汇集了自 1989 年以来海内外媒体对作者的重要采访报道。这是作者长期跟踪研究台湾问题的大部分文字与相关报道资料，全书按时间顺序编排，从一个侧面呈现了 20 多年来台湾政局和两岸关系演变发展的大致脉络。

## 《台海风云六十年：1949—2009》

李家泉著，北京，九州出版社 2010 年 2 月版，904 页。该书分上下两册，包括历史纵观篇、形势剖析篇、大政方针篇、政策阐述篇、经济透视篇、专题探讨篇等 10 大类，共收录了 247 篇文章，详尽地分析了国民党退踞台湾以来 60 年的历史，以及五代领导人中每一代领导人相同和不相同的政治立场，对大陆政策及其经验教训。书中所选择的文章，十大类中每一类都有其特定的内涵，最重要的标准是"坚持一个中国，反对台湾独立"，这也是贯穿全书各篇的一根红线。

## 《台海观潮二十年》

　　杨立宪著，北京，台海出版社 2007 年 10 月版，380 页。该书共收录了 35 篇文章，其中论文 28 篇，评论 5 篇，其他 2 篇，开篇文章是对 1987 年蒋经国主导台湾政治革新后制定的第一部法律《国家安全法》的"性质与作用影响"进行"探讨"，结束篇则是《浅析台湾"政治民主化"》。各篇文章均按发表时间先后排序，大致反映作者此 20 年间观察台湾问题及台海关系的思想进程，也可为学界进行相关研究提供参考。

## 《台湾高山族研究》

　　陈国强著，北京，三联书店上海分店 1988 年 10 月版，365 页。该书是作者几十年来研究高山族历史、文化和社会生活的部分成果的结集，时间跨度较大，从结合考古发现研究高山族的源流、研究古越族，到结合文献资料研究明清时期的台湾高山族历史，乃至日据时期台湾高山族反抗日本殖民统治的"雾社起义"，同时，该书也从人类学、民族学角度，对高山族的名称与族群划分、人口、生产与生活、文学宗教等问题进行研究。

## 《台湾光复六十五周年暨抗战史实学术研讨会论文集》

　　中国社会科学院台湾史研究中心主编、中国社会科学院近代史研究所台湾史研究室编辑，北京，九州出版社 2012 年 11 月版，644 页。2010 年 11 月 6 日至 9 日，由中国社会科学院台湾史研究中心、重庆市中国抗战大后方历史文化研究中心共同主办的"台湾史研究论坛——台湾光复 65 周年暨抗战史实学术研讨会"在重庆市召开。来自海峡两岸、香港地区以及日本的 90 多位学者出席了会议。与会学者围绕中华民族抗战胜利与台湾光复的历史意义、日据时期台湾人民的反抗斗争、日据时期台湾社会文化演变、抗战胜利后的接收和台湾法律地位、两岸同胞共同抗日等内容展开讨论。会后出版的论文集收入大陆学者论文 24 篇，台湾、香港学者论文 19 篇，日本学者论文 7 篇，论文有《光复前后闽台往来关系历史变迁》《试论台胞在大陆的抗日活动及其对台湾前途命运的思考》《光复初期台湾化肥工业的接收与重建（1945—1949）》，等等。

## 《台湾海峡事务研究（2010）》

章其真主编，北京，海洋出版社 2012 年 1 月版，191 页。该书分政治、军事、文化、经济 4 篇，收录相关文章 14 篇，涉及科学发展观视阈下两岸关系良性发展的原则与机制、纵论台海格局拐点——登步之战、推动两岸文化教育交流合作的政策机制研究、台湾经济发展历程和特点研究、台湾与舟山海岛型农地使用比较研究、台湾产业结构变动对浙江产业结构调整的启示、浙台港口物流业合作发展态势分析、《鹿特丹规则》对中国港口经营人民事责任限制的影响及其发展、台湾地区海岸带管理体制现状分析研究和两岸水产品贸易比较优势及加快发展舟山水产业的对策研究等问题，有助于加深对两岸相关政策及两岸关系的认识。

## 《台湾建省与抗日战争研究：纪念抗日战争胜利60 周年暨台湾建省 120 周年学术研讨会论文集》

福建省炎黄文化研究会编，厦门，鹭江出版社 2008 年 7 月版，681 页。2005 年，福建省炎黄文化研究会、厦门市政协、厦门市炎黄文化研究会、厦门市社科联和厦门大学台湾研究中心，于 2005 年 9 月在厦门召开纪念抗日战争胜利 60 周年暨台湾建省 120 周年、光复 60 周年学术研讨会。会议主要围绕以下方面：一、台湾人民的抗日斗争，如宋淑玉的《抗日战争时期台湾人民的祖国意识》、陈在正的《台胞在大陆抗日与台湾光复》、王学新的《日据后期华南地区台湾籍民的反日活动》、褚静涛的《台湾革命同盟会与台湾光复》等；二、日据时期台湾史，如范忠信、尤陈俊的《民事法制中的"旧惯"与日据台湾时期的治理术》、胡文生的《论甲午战争以来台湾民众的民族国家认同问题》、林小芳的《简析日据时期殖民教育下的文化冲突》、张羽的《日本在台湾和东北沦陷区的文化政策之比较研究》、连心豪的《抗战前的台湾籍民水客走水》等；三、国民政府接收台湾，如白纯的《台湾调查委员会考论》、张文生的《国民政府与台湾光复》、汪小平的《美国对台政策与美在台情报活动》等；四、清代台湾建省研究，如邓孔昭的《台湾建省与福建协饷》、李祖基的《台湾建省的历史进程》、张彩霞的《台湾建省对台湾社会的影响》、胡仓泽的《台湾建省与福建地方行政管理体制的变迁》等。

## 《台湾经济问题》

厦门大学台湾研究院编辑，福州，福建人民出版社 1982 年 6 月版，333 页。该书是一本论文集，共收录有关台湾经济问题的研究论文 24 篇，其中一部分是 1981 年厦门大学六十周年校庆期间，厦门大学台湾研究院举行的台湾问题学术讨论会中与会者提交的经济类论文，一部分是应编者的约请撰写的，大多数撰写者来自厦门大学经济系。该书收录的论文涉及到台湾经济的方方面面，如台湾经济发展的原因，台湾的官僚资本、私人资本及美国垄断资本问题，农业与农村问题特别是土地改革问题，以及工业、能源、人口、对外贸易等问题，该书反映了改革开放初期大陆对台湾经济问题的研究状况与大致水平。

## 《台湾局势与两岸关系观察》

穆怀阁著，北京，九州出版社 2006 年 4 月版，171 页。该书收集了作者 1988—2002 年间撰写的 25 篇论文，内容涉及台湾局势的演变及两岸关系发展过程中的一些热点、焦点、重点问题，包括"李登辉政权体制及施政特点""台湾军队的地位、作用和影响""民进党执政以来两岸关系形势""台湾经济及'台湾经验'问题""大陆对台方针政策的发展""海峡两岸经贸关系发展形势及前景""两岸政治谈判问题研究""分裂国家的统一与台湾问题"等。全书体现了作者对两岸政治、经济问题的深入思考。

## 《台湾历史上的移民与社会研究》

陈小冲主编，北京，九州出版社 2011 年 9 月版，248 页。该书是一本专题研究论文集，收录论文 14 篇，内容涉及荷据至清代的台湾移民问题，如林仁川的《荷据时期汉族移民与台湾少数民族关系》、邓孔昭的《清代大陆向台湾移民中的女性移民》、杨彦杰的《台湾的客家移民及其宗族文化》、陈小冲的《罗汉脚：清代台湾移民社会中的游民问题》等。另外，还有论文涉及台湾的民间信仰与民间习俗，以及晚清至日据时期的政治、社会问题等。该书还附录有陈小冲的《近年来大陆台湾史研究的回顾与展望》一文对了解大陆台湾史研究状况颇有裨益。

## 《台湾历史研究》

李祖基著，北京，台海出版社 2006 年 2 月版，436 页。这是时任厦门大学台湾研究院历史研究所所长的李祖基教授有关台湾史研究的论文集。全书分 3 篇：第一篇"早期台湾历史"，论文 5 篇，关于《禹贡》、陈第与周婴两种《东番记》及荷兰史料涉及台湾史实考证钩稽，并对台湾中学教科书《认识台湾》错误史实纠谬；第二篇"清代台湾历史"，论文 12 篇，涉及清政府经营治理台湾的制度与政策，如移民渡台政策、巡台御史制度、田园赋则、原住民政策，以及台湾移垦社会的形成与特点，妈祖、城隍等民间信仰，台湾官庄与社会经济发展等问题；第三篇"近代台湾历史"，论文 5 篇，涉及近代台湾对外贸易及其对地方社会经济的影响，清政府治台政策的转变及晚清台湾社会的转型与特征，以及丘逢甲生平思想与乙未抗日保台的相关史实。该书另有台湾海峡学术出版社 2008 年 2 月版。

## 《台湾历史与高山族文化》

张崇根著，西宁，青海人民出版社 1992 年 12 月版，294 页。该书是作者多年来研究台湾地方史和高山族历史文化的成果结集，内容包括台湾地方史若干史实的考证和论述，对《临海水土异物志》《东番记》《岛夷志略》等有关台湾的古籍记载的考证，以及运用民族学调查报告，对台湾世居少数民族高山族历史、社会组织和文化习俗的研究。

## 《台湾历史与两岸关系》

陈孔立著，北京，台海出版社 1999 年 6 月版，302 页。该书是"当代台湾观察丛书"之一种。该书写的是有关两岸关系问题，前半部主要写历史上的两岸关系，后半部分则以当代的两岸关系为重点。第一部分"关于台湾历史"，共选了 13 篇文章；第二部分为"关于当代两岸关系"，共选了 11 篇文章；另有两篇附录。"关于台湾历史"这一部分，着重讨论了台湾历史的"框架"问题，认为台湾历史作为中国历史的一个组成部分，它与全国的历史有着共性；但台湾作为中国的一个比较特殊的地区，它的历史也必然有其特殊性；既要重视共性，又不能忽视其特殊性。作者同时也讨论了"台独"分子出于现实政治的需要而制造的台湾历史"失忆"问题，强调要把历史的真相展现出来，让读者能够了解台湾的真实历史，让"台独"抹杀和歪曲历史的拙劣行径暴露在光天化日之下。"关于当代两岸关系"这一部分，则主要是作者对现实两岸关系的一些深刻思考。

## 《台湾历史与文化》

杨彦杰著，福州，海峡文艺出版社 1995 年 2 月版，276 页。这是作者部分台湾史研究论文结集。全书收录 17 篇论文，大致分三个部分：第一部分论文 8 篇，涉及荷据时期中华文化在台湾的传播及大陆向台湾的移民，郑成功对外贸易额与利润额、兵额与军粮、封爵及副将 GAMPEA，姚启圣建"修来馆"，以及《海上见闻录》的版本；第二部分论文 4 篇，涉及闽台文化、移民与米谷交流问题；第三部分论文 5 篇，涉及近代史上第一次鸦片战争、中法战争与台湾，台湾海防以及台湾建省等问题。

## 《台湾民意与群体认同》

陈孔立著，北京，九州出版社 2013 年 1 月版，299 页。该书是"台湾研究系列"丛书之一种，也是"陈孔立著作系列"丛书之一种，是作者研究台湾民意与群体认同问题的文集。全书分三部分：第一部分"民众心态分析"，收录 9 篇文章，主要研究各个历史时期台湾民众的政治心态，包括从古至今的历史记忆，1945 年以来对台湾内部政治实践的心态、对两岸关系的心态；第二部分"民意与群体认同"，收录 7 篇文章，集中研究"台湾人认同"与两岸认同问题，认为认同问题是两岸的核心问题，此一问题除了涉及政治学外，还涉及社会学、心理学等多个学科，因此必须多学科、多领域展开综合性研究；第三部分"省籍—族群—本土化"，收录了 4 篇文章，主要研究"省籍—族群—本土化"的相关问题，认为这是台湾社会的一个特殊问题，对台湾民意与群体认同有重大影响，有助于深化对这一课题的认识。

## 《台湾民主转型的经验与启示》

朱云汉等著，北京，社会科学文献出版社 2012 年 1 月版，307 页。该书主体部分包括台湾学者朱云汉、瞿宛文等 6 位学者的论文，在第二部分大陆学者与台湾学者对话的专题讨论中，包括大陆学者张维迎的《经济自由化应在政治民主化之前》、杨光斌的《台湾民主化转型的路径依赖》、于建嵘的《网络的认同超出组织的命令》、焦洪昌的《"宪政"转型是民主与法治的互动》、邱泽奇的《台湾选举引发的思考》等论文。在对话中，大陆学者就台湾经济市场化和政治民主化的互动过程，政党、国家、社会、文化的历史演变，以及公民社会的成长和选举制度建设等诸多方面的问题，提出见解。该书第三部分的相关链接，从不同角度反映了部分学者对台湾社会现代性转型的理解与认识，以期展示台湾社会变迁的各面向，启发读者更多的思考。

## 《台湾民族历史与文化》

施联朱、许良国主编，北京，中央民族学院出版社 1987 年 5 月版，546 页。该书辑录了中央民族学院教学科研人员和研究生的 30 篇论文，内容包括许良国多篇有关台湾历史的论文，张崇根、施联朱、曾思奇有关高山族历史与文化的多篇论文，以及其他有关高山族历史与文化的研究文章。

## 《台湾民族问题：从"番"到"原住民"》

郝时远、陈建樾主编，北京，社会科学文献出版社 2012 年 12 月版，377 页。该书是中国社会科学院民族学与人类学研究所近年来有关台湾"原住民"研究的成果结集，共分成殖民统治与台湾"原住民"、中国谱系中的台湾"原住民"、现代进程中的台湾"原住民"政策、台湾族群政治与"原住民"问题、大陆高山族与"阿里山记忆"五个部分，内容涉及历史上的"原住民"问题，以及当代族群政策中被操弄的"原住民"问题。另外，该书的特色之一是对当代大陆"台湾村"以及高山族"阿里山记忆"的调查研究，更全面地展现了台湾"原住民"的两岸互动。

## 《台湾民族研究文集》

许良国著，北京，中央民族大学出版社 2006 年 9 月版，468 页。该书是作者以往研究成果的辑录，包括台湾民族研究、台湾历史研究、台湾现状问题研究三个部分，对高山族的族源、社会习俗、文化、经济生活等均有研究。该书还附录有作者撰写的与台湾有关的散文多篇，以及作者主要论著目录。该书 2010 年 9 月由中央民族大学出版社再版。

## 《台湾前途与"一国两制"》

民革中央联络部编，北京，团结出版社 2002 年 10 月版，249 页。该书阐述"和平统一、一国两制"方针政策和台湾的关系，围绕台湾同胞普遍关心的一些焦点和热点问题，力求从正面角度平易客观、实实在在地与台湾同胞交换看法，阐述基本国策，剖析台湾前途与两岸关系、现实利益与长远利益、统一与分裂、使用武力与一个中国原则，以及"和平统一"与"一国两制"等种种关系之间的轻重缓急和利弊得失。全书共五章，包括"台湾自古就是中国的神圣领土""'一国两制'是两岸统一的最佳选择""与台湾同胞探讨几个共同关心的问题""在台湾问题上的美国身影""顺和平统一是福，逆发展潮流是祸"等。

## 《台湾少数民族研究论丛》

该论丛是由中央民族大学台湾少数民族研究所选编的综合性学术论文集，汇集了新中国成立以来大陆学界发表的台湾少数民族研究的论文，涵盖历史、社会、语言、文学、文化习俗、宗教、教育、现状等各个领域。全书 7 卷。

第 1 卷，许良国主编，北京，民族出版社 2006 年 12 月版，445 页。该卷收录的论文主要论及高山族的族源、族属、民族识别以及明清两代高山族的相关历史、高山族与汉族关系等问题。

第 2 卷，张崇根主编，北京，民族出版社 2006 年 12 月版，480 页。该卷收录的论文主要研究台湾少数民族的社会组织、社会经济、人口、婚姻、习俗、宗教等问题。

第 3 卷，吴安其主编，北京，民族出版社 2006 年 12 月版，470 页。该卷所收论文主要探讨台湾少数民族的语言问题，第 1 篇为曾思奇的《大陆有关台湾南岛民族语言研究的回顾与展望》。

第 4 卷，曾思奇主编，北京，民族出版社 2006 年 12 月版，423 页。该卷所收论文探讨台湾少数民族的神话传说、传统文化、民族艺术等问题，以及有关陈第与《东番记》的相关研究。

第 5 卷，曾思奇主编，北京，民族出版社 2006 年 12 月版，341 页。该卷所收论文主要探讨台湾少数民族的文学。如曾思奇《高山族民间文学述评》、陈国强《高山族的民间文学》、朱双一《中华故事圈中的台湾少数民族口传文学》《从政治抗争到文化扎根——台湾"原住民文学"的创作演变》等。

第 6 卷，张海洋主编，北京，民族出版社 2006 年 12 月版，471 页。该卷主要探讨从郑氏政权以来政府对台湾少数民族的政策，当今的"族群政治"与社会危机，以及台湾少数民族的教育等问题，并收录了三篇有关 1949 年以来大陆的台湾少数民族研究综述。

第 7 卷，张崇根、刘元如主编，北京，民族出版社 2007 年 12 月版，448 页。该卷所收论文涉及面较多，包括台湾高山族的族源、历史、社会经济、文化、民间信仰及宗教等问题。

## 《台湾史事解读》

陈孔立著，北京，九州出版社 2013 年 10 月版，323 页。这是厦门大学著名台湾史研究专家陈孔立教授部分台湾史研究论文结集。全书分三个部分：第一部分论文 11 篇，主要是就有关台湾研究的史观与方法问题，与台湾学者商榷；第二部分论文 14 篇，针对台湾早期及清代初期历史的一些史实，提出一些不同的看法与学术界展开讨论；第三部分文章 7 篇，则是针对台湾方面有人蓄意制造"历史失忆",作者根据具体历史事实对台湾的历史做出自己的解读。

## 《台湾史研究论集》

中国史学会、台湾研究会编,北京,华艺出版社 1994 年 5 月版,359 页。该书为 1993 年 11 月在北京召开的第一次全国性的"台湾史学术研讨会"的部分论文选集,共收录论文 20 篇。这些论文涉及清代台湾移民与民间信仰、中华传统文化与两岸文化关系、17 世纪初基督教在台湾的传播、大陆与台湾贸易关系渊源、清代台湾赋役制度与农民负担、日据时期台湾经济、台湾光复时期农村土地关系、1874 年日本侵台事件与中日外交、"台湾民主国"性质、清末民初孙中山和梁启超等政治活动家与台湾的关系、光复初期台湾行政长官公署制、台湾学者对台湾史上几个问题的看法、史明《台湾人四百年史》及其"台湾买办性民间资本论"、台湾抗日运动与"台湾人意识"等问题。这是大陆学界有关台湾史研究成果的初步展示,有助于推动台湾史研究进一步开展。

## 《台湾史志》

蔡子民著,北京,台海出版社 1997 年 9 月版,296 页。这是曾任台盟中央主席的蔡子民关于台湾问题的文字结集。全书分 5 篇,收录 48 篇文章:史要 5 篇,论述台湾历史变迁、台湾社会的形成与演变、闽台语言关系与台湾客家民系;史论 10 篇,论述台湾历史上反对外敌入侵,尤其是反日民族解放运动,以及台湾光复后的"二二八"事件;评论 20 篇,是对国民党政权的"本土化"、台湾主权、"台独"、统一等重大问题的评论;人物志 8 篇,涉及蒋渭水、赖和、李伟光、谢南光、李友邦、王添灯、苏新、李纯青 8 人;海峡情 5 篇,抒发对故乡及亲人的炽热情感。该书另有台湾海峡学术出版社 2004 年版。

# 《〈台湾通史〉与连氏家族：〈台湾通史〉研讨会论文选集》

杭州市人民政府地方志办公室、杭州市地方志学会编，北京，社会科学文献出版社 2014 年 11 月版，332 页。2013 年 9 月 27 日至 28 日，由杭州市地方志学会、连横纪念馆主办，台湾"国政基金会"协办的《台湾通史》研讨会暨"连震东与台湾知识分子抗日活动展"在杭州举行。两岸学者围绕《台湾通史》开展交流，该书为研讨会论文集。内容主要涉及连横与杭州、清朝对台湾的治理、对连横的《台湾通史》以及其他著作的评价、连横《台湾通史》的民族主义思想、《台湾通史》的编纂特色、浙江与台湾经济文化交流、中华文化在台湾的传承与发展等几个方面。连横所著《台湾通史》是中华文化的重要组成部分，对其书中的民族主义思想进行解读，有助于理解台湾人民的思想感情，有助于两岸的相互理解和信任，增强两岸的民族认同感，推动两岸的文化交流。该书的出版，具有重要的历史意义和现实意义。

# 《台湾现状与统一问题》

中国人民解放军总政治部联络部编，北京，昆仑出版社 1988 年版，251 页。

# 《台湾研究 25 年精粹》

刘国深总主编，北京，九州出版社 2005 年 6 月版，全 5 册，1906 页。这是厦门大学台湾研究院自厦门大学台湾研究院建立 25 年来关于台湾研究的论文精选集丛书。丛书分 5 篇：《政治篇》《经济篇》《历史篇》《文学篇》《两岸篇》。这是作为国家"985 工程"哲学社会科学创新基地的厦门大学台湾研究院有关台湾研究成果的集中展示。

《政治篇》，孙云主编，422 页，论文 30 篇，涉及"宪政"体制与决策过程，省籍族群矛盾与台湾社会，"总统"选举与政党政治，"去中国化"与"台独"，亚太安全与美台、日台关系五个方面的问题。

《经济篇》，邓利娟主编，376 页，论文 26 篇，涉及台湾总体经济、台湾产业、台湾经济政策与立法、两岸经济关系、经济全球化与台湾经济五个方面的问题。

《历史篇》，李祖基主编，414 页，论文 20 篇，涉及自元明以来至抗战胜利后台湾光复时期台湾史研究的多个方面，尤其是清代与日据时期台湾社会经济问题。

《文学篇》，徐学主编，344 页，论文 26 篇，涉及台湾文学的总体定位，两岸文学关系，台湾小说、诗歌、戏剧创作及文艺批评，以及台湾文学作家与刊物等多方面的问题。

《两岸篇》，李非主编，350 页，论文 26 篇，涉及海峡两岸关系的定位与走向、海峡两岸关系中的国际因素、海峡两岸关系中的法律问题、海峡两岸经贸交流问题、台湾在祖国大陆投资问题、闽台关系与海峡西岸经济区建设六个方面的问题。

## 《台湾研究论集》

夏萱主编，福州，海潮摄影艺术出版社 2003 年 2 月版，215 页。该书是关于 2000 年台湾政党轮替以后岛内政局及两岸关系研究的论文集。全书收录 28 篇论文，包括岛内政局 14 篇、政党政治 10 篇、两岸关系 4 篇。这些论文围绕民进党执政后岛内政局及两岸关系变化的主线，从政治、文化、社会等多个角度对当时岛内发生的重大事件进行了系统研究，并对岛内政局的演变及两岸关系的发展趋势做了较为准确的预测，有助于了解新世纪之初台湾岛内政治生态的基本状况。

## 《台湾研究论文集》

中国社会科学院台湾研究所编台湾研究系列论文集，1988 年出版第 1 辑，至 2014 年共出版 26 辑，大致每年一辑，主要汇集该所研究人员前一年有代表性的学术论文，及时展示该所最新科研成果。因出版社多次变更，有些年份并未及时出版，具体情况如下：

（1）《台湾研究文集》，中国社会科学院台湾研究所编，北京，时事出版社 1988 年 6 月版，321 页。这是最早一辑，未编序号。该辑收录台

湾研究论文 25 篇，分 5 组：前 4 组由中国社会科学院台湾研究所及国内
其他学者撰写，包括政治 8 篇，美台关系 2 篇，经济 7 篇，文史 3 篇；第
5 组为海外学者论述 5 篇。

（2）（3）（4）第 2—4 辑暂缺，待补。

（5）《台湾研究论文集》第 5 辑，余克礼主编，北京，中国人民大学
出版社 1993 年 3 月版，526 页。该辑收录了 1991 年中国社会科学院台湾
研究所研究人员有代表性的学术论文 45 篇，比较全面地反映了近年来、
特别是 1991 年台湾政治、经济、社会及两岸关系的状况，并对台湾各方
面的发展、变化进行了较为深入的研究和分析，具体涉及台湾政局演变、
"宪政改革"、"台独"问题与"统独"之争、李登辉主政后的大陆政策
与两岸关系、台湾的"国统纲领"、大陆的"一国两制"、台湾的"实质
外交"与"弹性外交"、台湾经济转型与两岸经贸关系、台湾歌仔戏等
问题。

（6）《台湾研究论文集》第 6 辑，曹志洲主编，北京，华艺出版社
1994 年 10 月版，320 页。该辑收录了 1992 年中国社会科学院台湾研究所
研究人员有代表性的学术论文 29 篇，比较全面地反映了近年来、特别是
1992 年台湾政治、经济、社会及两岸关系的状况，并对台湾各方面的发
展、变化进行了较为深入的研究和分析，具体涉及台湾的"宪政改革"、
国民党政权的"台湾化"和台湾的"政治民主化"进一步发展、民进党
与"台独"势力、台湾经济高速增长及其问题、两岸关系交流扩大、直
接"三通"与政治性接触谈判仍面临重重障碍等问题。

（7）《台湾研究论文集》第 7 辑，姜殿铭主编，北京，华艺出版社
1995 年 5 月版，402 页。该辑收录了 1993 年中国社会科学院台湾研究所
研究人员有代表性的学术论文 37 篇，比较全面地对 1993 年海峡两岸关系
及台湾岛内政治、经济、社会、文化等方面的发展变化情况做出客观的分
析和研究，具体涉及两岸关系的基本态势及特点、李登辉的大陆政策、台
湾"二届立委选举"与"第十二届县市长选举"、民进党与"台独"势
力、新国民党联线和新党与台湾政局、台湾经济发展与两岸经贸关系、台
湾当局"外交"策略及"参与联合国"新策略等问题。

（8）《台湾研究论文集》第 8 辑，余克礼主编，北京，华艺出版社
1995 年 8 月版，360 页。该辑收录了 1994 年中国社会科学院台湾研究所
研究人员有代表性的学术论文 36 篇，比较全面地对 1994 年海峡两岸关系

及台湾岛内政治、经济、社会、文化等方面的发展变化情况做出客观的分析和研究，具体涉及当年海峡两岸关系中的热点问题，如李登辉与日本作家司马辽太郎的对谈，台湾"陆委会"发表"台海两岸关系说明书"，以及李登辉的大陆政策，岛内的"宪政改革"，民进党的派系及其"台独"策略，岛内的经贸政策，台湾大企业在大陆投资情况，两岸金融业合作和"三通"对两岸社会经济发展的影响，台湾的宗教、移民等社会问题，海峡两岸关系中的港澳因素，等等。

（9）《台湾研究论文集》第9辑，曹治洲主编，北京，华艺出版社1997年10月版，452页。该辑收录了1995年中国社会科学院台湾研究所研究人员有代表性的学术论文38篇，是对近期海峡两岸关系及台湾岛内政治、经济、社会、文化等方面发展变化情况的分析和研究，具体涉及现阶段两岸关系性质问题，李登辉与"台独"问题，台湾首届省市长选举与第三届"立委"选举，两岸经贸关系与台湾经济发展趋势，台湾财政问题与金融、证券市场，台湾工业结构与交通运输业、造船业、能源工业，以及台湾社会阶级结构、住宅问题与文化形态演变，等等。

（10）《台湾研究论文集》第10集，许世铨主编，北京，华艺出版社1998年8月版，440页。该辑收录了1996年中国社会科学院台湾研究所研究人员有代表性的学术论文34篇，从不同角度对近期海峡两岸关系及台湾政治、对外关系、经济、社会、文化等方面发展变化情况做了比较深入的研究和评析，具体涉及两岸关系前景与政治谈判问题，李登辉当选台湾"总统"及其大陆政策的"台独"本质，战后美国对台政策的演变与走向，台湾谋求进入联合国的现实及法理困境，台湾经济发展与对外投资问题，台湾工业升级与金融"国际化"面临的问题，台湾社保制度与劳资关系问题，等等。

（11）《台湾研究论文集》第11集，余克礼主编，北京，华艺出版社1998年8月版，347页。该辑收录了1997年中国社会科学院台湾研究所研究人员有代表性的学术论文35篇，从不同角度对近期海峡两岸关系及台湾政治、对外关系、经济、社会、文化等方面发展变化情况做了比较深入的研究和评析，具体涉及海峡两岸政治谈判问题，冷战后美国对台政策的调整，香港回归与两岸关系前景，两岸经贸关系与两岸社会经济发展综合实力比较，台湾政局与第四次"修宪"、县市长选举，台湾岛内"台独"势力派系与路线之争，《认识台湾》教科书评析，台湾"都市文学"，台湾劳工状况，等等。

（12）《台湾研究论文集》第 12 集，余克礼主编，北京，中国人口出版社 2003 年 10 月版，381 页。该辑收录了 1998 年中国社会科学院台湾研究所研究人员有代表性的学术论文 28 篇，主要探讨了台湾岛内政局、两岸关系与台湾政治、经济、对外关系、社会文化以及大陆对台方针政策等方面的问题，具体涉及"一国两制"模式的理论构想与实践意义，两岸政治关系、经贸关系与未来前景，台湾政局与县市长选举，民进党及其"台独"路线，台美关于加入世界贸易组织谈判问题，台湾金融市场动荡的原因及影响，台湾中小企业问题及政策研究，从民调看台湾民众统独趋向，等等。

（13）《台湾研究论文集》第 13 集，余克礼主编，北京，中国人口出版社 2003 年 10 月版，387 页。该辑收录了 1999 年中国社会科学院台湾研究所研究人员有代表性的学术论文 29 篇，主要对这一年台湾岛内政局及两岸关系变化进行了深入分析论述，也有对台湾经济、对外关系、社会文化等方面学术问题的探讨，具体涉及"一国两制"理论构想与"一个中国"原则问题，台商与两岸经贸关系前景，台湾政局变化与李登辉的分裂活动，民进党活动与"台独"势力的"住民自决"，美国《与台湾关系法》与两岸关系，台湾问题中的日本角色，台湾政坛明星马英九，等等。

（14）《台湾研究论文集》第 14 集，余克礼主编，北京，中国人口出版社 2003 年 12 月版，432 页。该集收录了 2000 年中国社会科学院台湾研究所研究人员有代表性的学术论文 34 篇，主要是对 2000 年台湾政治、经济、社会急剧变化的深刻分析，也有对台湾历史、文化等方面的论述，具体涉及"一国两制"理论与"一个中国"原则问题，台湾政局、"大选"与两岸关系，李登辉"两国论"的背景与意图，国民党改造与民进党未来发展，李登辉的"务实外交"与台美关系，台湾经济发展与就业安全、失业保障问题，台湾社会保险制度改革与建立"国民年金"制度，台湾民歌、京剧与两岸交流，等等。

（15）《台湾研究论文集》第 15 集，余克礼主编，北京，中国人口出版社 2003 年 12 月版，395 页。该集收录了 2001 年中国社会科学院台湾研究所研究人员有代表性的学术论文 28 篇，主要涉及如下问题：台湾岛内政局动荡不安，朝野之间为争夺政局主控权激烈争斗，李登辉沦为"台独"基本教义派的总代表，并策划成立了"台联党"，台湾政坛形成"泛蓝"与"泛绿"两大阵营对垒的局面，年底"立委"选举由于"泛蓝"
采取高额提名的错误选战策略，致使民进党一跃成为"立法院"第一大
党；台湾经济出现 50 年来最严重的衰退，出现严重的信心危机，社会整
体呈现出"向下沉沦"的态势；两岸关系方面，台湾当局拒不接受一个
中国原则，歪曲和否认"九二共识"，大力推行"渐进式台独"，不仅使
两岸政治僵局无法打破，而且还埋下了更大的危机。

（16）《台湾研究论文集》第 16 集，余克礼主编，北京，中国人口出
版社 2004 年 6 月版，429 页。该集收录了 2002 年中国社会科学院台湾研
究所研究人员有代表性的学术论文 33 篇，包括两岸关系 10 篇，两岸经贸
6 篇，岛内政局 8 篇，对外关系 2 篇，台湾经济 6 篇，社会文化 1 篇。

（17）《台湾研究论文集》第 17 集，余克礼主编，北京，中国人口出
版社 2004 年 5 月版，405 页。该集收录了 2003 年中国社会科学院台湾研
究所研究人员有代表性的学术论文 37 篇，包括两岸关系 14 篇，两岸经贸
5 篇，岛内政局 8 篇，对外关系 5 篇，台湾经济 5 篇。

（18）《台湾研究论文集》第 18 集，余克礼主编，北京，台海出版社
2005 年 8 月版，377 页。该集收录了 2004 年中国社会科学院台湾研究所
研究人员有代表性的学术论文 30 篇，包括两岸关系 10 篇，两岸经贸 5
篇，岛内政局 7 篇，对外关系 5 篇，台湾经济 3 篇。

（19）《台湾研究论文集》第 19 集，余克礼主编，北京，台海出版社
2006 年 7 月版，442 页。该集收录了 2005 年中国社会科学院台湾研究所
研究人员有代表性的学术论文 38 篇，包括两岸关系 12 篇，两岸经贸 5
篇，岛内政局 8 篇，对外关系 5 篇，台湾经济 8 篇。

（20）《台湾研究论文集》第 20 辑，余克礼主编，北京，台海出版社
2007 年 11 月版，446 页。该集收录了 2006 年中国社会科学院台湾研究所
研究人员有代表性的学术论文 41 篇，包括两岸关系 10 篇，两岸经贸与交
流 9 篇，台湾政治 11 篇，台湾经济 5 篇，台湾对外关系 6 篇。

（21）《台湾研究论文集》第 21 辑，余克礼主编，北京，台海出版社
2008 年 8 月版，273 页。该集收录了 2007 年中国社会科学院台湾研究所
研究人员有代表性的学术论文 32 篇，包括两岸关系 6 篇，台湾政治 6 篇，
台湾经济与两岸经贸 5 篇，台湾社会与两岸交流 4 篇，台湾对外关系
7 篇。

（22）《台湾研究论文集》第 22 辑，余克礼主编，北京，台海出版社

2009 年 9 月版，316 页。该辑收录了 2008 年中国社会科学院台湾研究所研究人员的部分代表性学术论文 40 篇，包括两岸关系 8 篇，台湾政治 13 篇，台湾经济与两岸经贸 12 篇，台湾社会与两岸交流 2 篇，台湾对外关系 5 篇。

（23）《台湾研究论文集》第 23 辑，余克礼主编，北京，台海出版社 2010 年 8 月版，455 页。该辑收录了 2009 年中国社会科学院台湾研究所研究人员的部分代表性学术论文 54 篇，包括两岸关系 19 篇，台湾政治 7 篇，台湾经济与两岸经贸 16 篇，台湾社会与两岸交流 4 篇，台湾对外关系 8 篇。

（24）《台湾研究论文集》第 24 辑，余克礼主编，北京，台海出版社 2012 年 4 月版，375 页。该辑收录了 2010 年中国社会科学院台湾研究所研究人员的部分代表性学术论文 42 篇，包括两岸关系 9 篇，台湾政治与对外关系 8 篇，台湾经济与两岸经贸 20 篇，台湾社会与两岸交流 5 篇。

（25）《台湾研究论文集》第 25 辑，余克礼主编，台海出版社 2012 年 9 月版，422 页。该辑收录了 2011 年中国社会科学院台湾研究所研究人员的部分代表性学术论文 51 篇，包括两岸关系 18 篇，台湾政治 10 篇，台湾经济与两岸经贸 15 篇，台湾对外关系 8 篇。

（26）《台湾研究论文集》第 26 辑，余克礼主编，北京，九州出版社 2014 年 5 月版，432 页。该辑收录了 2012 年中国社会科学院台湾研究所研究人员的部分代表性学术论文 53 篇，包括两岸关系 19 篇，台湾政治 15 篇，台湾经济与两岸经贸 9 篇，台湾对外关系 9 篇。这些论文探讨了台湾地区领导人入选后的新形势，对中共十八大对台新政策新论述进行了研究，对构建两岸关系和平发展、增进两岸政治互信、促进文化交流合作等重大现实问题展开综合性研究与探讨。

## 《台湾研究论文集——纪念厦门大学台湾研究所建所 20 周年》

范希周主编，厦门大学出版社 2000 年 6 月版，485 页。这是厦门大学台湾研究院成立第二个 10 年关于台湾研究的论文选集。关于台湾政治、军事、外交与思想意识研究论文 11 篇，涉及中国意识与"台湾意识""新台湾人主义""宪政改革"前后台湾对外政策，民进党世俗化趋向及其困境，民进党与"三合一"选举，李登辉与新强人政治，台湾政治生态差异与族群特征，台湾大众媒体与政党权力之争，台湾妇女运动，台湾佛教入世转向，以及1996年台湾军情等问题；关于台湾经济及两岸经贸关系研究论文9篇，涉及两岸经贸关系发展的阶段性转折，亚洲金融风暴后两岸经贸走势，亚洲金融风暴对台商投资大陆的影响，21世纪台商投资大陆趋向，两岸"三通"问题，Trips与两岸专利制度，战后日台贸易关系，台湾加入WTO及其农业保护政策，台湾公营企业民营化政策等问题；关于台湾历史与文化教育研究的论文12篇，涉及台湾移民社会，郑成功收复台湾战略，台湾早期海港与陆岛网络，晚清闽台商贸往来，牡丹社事件后中日交涉及其善后，丘逢甲乙未抗日保台史实，日据时期台湾籍民，日据时期台湾改良糖厂，《自由中国》与台湾自由人文主义文学，高阳小说中的平民世界，台湾职业训练与职业教育等问题。

## 《台湾研究论文精选》

徐博东总主编，北京，台海出版社2006年4月版，全7册，3744页。这是北京联合大学台湾研究院建院一周年之际，出版的《北京联合大学台湾研究院文库》第一辑，包括论文集5种：《政治篇》《经济篇》《文史篇》《两岸关系篇》《对外关系与军事篇》，是大陆学界2000—2005年相关研究论文精选集；工具书2种：《两岸关系大事记》《台湾政局大事记》，以编年体形式反映1979—2005年海峡两岸关系与台湾政局变迁基本态势。

《政治篇》，李家泉主编，559页。收录2000—2005年大陆学界有关台湾政治问题研究的论文36篇，分四部分：台湾政局11篇，民进党、台联党研究11篇，政治制度11篇，族群及政治认同问题3篇。

《经济篇》，王建民主编，571页。收录2000—2005年大陆学界有关台湾经济问题研究的论文44篇，分两部分：上篇"台湾经济"，包括《21世纪初期台湾经济发展趋势》《对台湾"新产业空洞化"的质疑》《步入转型期的台湾信息电子产业》等论文25篇；下篇"两岸经贸"，包括《入世对海峡两岸经贸关系的影响与政策选择思考》《论海峡两岸经贸关系的制度化安排》等论文19篇。

《文史篇》，邓孔昭主编，576页。收录2000—2005年大陆学界有关台湾文史问题研究的论文 35 篇，包括《明清之际闽文化在台湾的传播和发展》《施琅统一台湾与闽台区域文化的形成》《从客家视野看清代台湾史研究几个问题》《台湾基督教史述论》等论文。

《两岸关系篇》，刘红主编，518 页。收录 2000—2005 年大陆学界有关两岸关系问题研究的论文 38 篇，涉及台湾政局与两岸关系、变动中的两岸关系、两岸关系之理论探讨三方面问题。

《对外关系与军事篇》，陶文钊主编，454 页。收录 2000—2005 年大陆学界有关台湾对外关系与军事问题研究的论文 38 篇，包括《台湾对外交往权相关问题研究》《台湾当局谋求加入世界卫生组织问题的分析》《从布什政府对台军售看美台军事关系的变化》《90 年代东南亚与台湾的关系》等论文。

《两岸关系大事记》，陈文寿主编，599 页。记录了 1979—2005 年涉及两岸关系的各种活动和事件，包括两岸官方发表和颁行的涉及两岸关系的方针政策、法律法规、宣示文告；两岸政治党派和社会团体涉及两岸关系的活动；两岸处理两岸关系专门机构和团体的活动；两岸经贸关系和人员往来，国际组织及世界各国（尤其是美国）涉及两岸事务的活动；其他涉及两岸关系的活动与事件。

《台湾政局大事记》，李振广主编，567 页。记录了 1979—2005 年台湾岛内发生的重大事件和各种活动，包括台湾岛内的政治、经济、对外关系、社会、文化、学术、艺术、体育等领域。

# 《台湾研究十年》

陈孔立主编，厦门大学出版社 1990 年 7 月版，553 页。这是厦门大学台湾研究院成立 10 年来关于台湾研究的论文选集。全书共 33 篇论文。关于台湾政治研究论文 4 篇，涉及"台湾自决"理论的基本特征，台湾政党政治发展趋势，国民党内部派系，以及美国对台政策等问题；关于台湾经济研究论文 10 篇，涉及中国经济圈、台湾经验、台湾经济发展趋势、台湾公债政策、第三产业、城市化与经济发展关系、通货膨胀、农产品外贸、金融自由化与《奖励投资条例》等问题；关于台湾历史研究论文 9 篇，涉及清代台湾制糖业，近代台湾对外贸易，清政府禁止渡台政策及其对台湾人口的影响，清代台湾社会发展模式，台湾建省，清代汉族与平埔族的关系，日据时期"皇民化运动"，妈祖信仰在台湾传播等问题；关于台湾文艺研究方面论文 8 篇，涉及台湾文学新生代创作特色，台湾诗坛的超现实主义，文学批评中夏志清与颜元叔之争，以及报导文学、乡土小说中的闽南方言、新电影、两岸用语差异等问题；关于台湾教育研究论文 2 篇，涉及台湾教育发展的特点等问题。

## 《台湾研究新跨越》

刘国深总主编，北京，九州出版社 2010 年 6 月版，全 5 册，1984 页。这是厦门大学台湾研究院在建院 30 周年之际，选取该院学者 2006—2010 年关于台湾研究的论文编辑的"台湾研究书系"，分《政治思辨》《经济分析》《历史研究》《文学探索》《两岸观察》5 种，是作为国家"985 工程"哲学社会科学创新基地的厦门大学台湾研究院近五年来有关台湾研究成果的集中展示。

《政治思辨》，张文生主编，445 页。收录关于台湾政治问题研究论文 36 篇，包括台湾宪政问题研究 5 篇，台湾政治文化研究 7 篇，民进党研究 8 篇，台湾政治参与研究 11 篇，台湾对外关系理论研究 5 篇。

《经济分析》，石正方主编，441 页。收录关于台湾经济问题研究论文 32 篇，包括台湾经济及政治研究 7 篇，两岸投资、贸易及经济关系研究 7 篇，两岸产业合作研究 8 篇，两岸经济一体化与区域整合研究 8 篇，大陆涉台经济研究历程与方法回顾 2 篇。

《历史研究》，李祖基主编，315 页。收录关于台湾历史问题研究论文 25 篇，包括《从古地理学和考古学论大陆与台湾的地缘关系》《明郑台湾天兴万年二县（州）辖境的再探讨》《清代台湾两岸航行时间》《试论日据时期的台籍日本兵》《大陆台湾史研究的历史与现状分析》等论文。

《文学探索》，徐学主编，337 页。收录关于台湾文学问题研究论文 28 篇，包括《中国新文学史写作打通两岸三地的思路》《二十年来台湾民众集体记忆与文化认同研究》《台湾文学史的撰述与文化认同研究》《台湾小说呈现儒家文化圈的资本经营模式》《台湾文学中的"新女性"角色设计》等论文。

《两岸观察》，彭莉主编，424 页。收录关于海峡两岸关系问题研究论文 32 篇，包括两岸和平发展的理论研究 9 篇，台湾安全战略考察 8 篇，两岸产业与区域合作研究 7 篇，两岸关系中的法律问题研究 4 篇，两岸文化关系研究 4 篇。

## 《台湾研究新视野》

张崇根著，北京，中央民族大学出版社 2012 年 12 月版，386 页。该书收录作者研究台湾早期历史文化尤其是少数民族历史文化的论文 20 篇，主要包括四个方面的内容：探讨了台湾"高山族"的族称和分类问题，提出了他们不是单一少数民族的观点；探讨了台湾世居少数民族的来源问题，赞同其起源"多元论"，而古东夷族是其主要来源之一，根据考古发现和民族学、古农学等方面的资料，对"东夷说"进行初步论证；在资料运用上，除了传统的民族史学著作外，注意发掘考古学、古农学、体质人类学等方面的资料，拓展了研究空间；运用台湾地区的考古学、民族学资料和文献记载，对大陆地区的某些考古文化进行比较分析，以做出新的解释。

## 《台湾研究优秀成果奖获奖论文汇编》

全国台湾研究会从 2008 年度起举办台湾研究优秀科研成果评奖活动，次年将获奖论文汇编成书出版。

2008 卷，周志怀主编，北京，九州出版社 2009 年 10 月版，218 页。该年度获奖论文 20 篇，其中特等奖 1 篇：陈孔立《"第三次国共合作"解读》；一等奖 1 篇：倪永杰、陈鸿惠《马英九当局决策模式考论》；二等奖 4 篇：刘国深《两岸关系和平发展新课题浅析》等；三等奖 14 篇：林劲、聂学林《民进党寄尘经营初探》等。

2009 卷，周志怀主编，北京，九州出版社 2010 年 8 月版，246 页。该年度获奖论文 20 篇，其中一等奖 1 篇：王鹤亭《两岸政治定位的分歧处理及建议》；二等奖 5 篇：张冠华、陈丽明《新形势下加强两岸产业交流与合作的思考与探索》等；三等奖 14 篇：王英津《关于"一国两制"台湾模式的新构想》等。

2010 卷，周志怀主编，北京，九州出版社 2011 年 8 月版，265 页。该年度获奖论文 22 篇，其中一等奖 1 篇：张华《1996 年以来台湾地区领导人中的经济投票行为研究》；二等奖 4 篇：俞新天《两岸关系中的文化认识问题》等；三等奖 17 篇：林劲《民进党意识形态的基本特征分析》等。

2011 卷，周志怀主编，北京，九州出版社 2012 年 8 月版，255 页。该年度获奖论文 18 篇，其中一等奖 1 篇：严志兰《跨界流动、认同与社会关系网络：大陆台商社会适应中的策略性——基于福建台商的田野调查》；二等奖 3 篇：雷玉虹《试析戴国煇教授对台湾人身份认同的探索》等；三等奖 14 篇：俞新天《两岸共同复兴中华文化的思考——纪念辛亥革命百年》等。

2012 卷，周志怀主编，北京，九州出版社 2013 年 9 月版，198 页。该年度获奖论文 18 篇（一等奖空缺），其中二等奖 2 篇：叶世明《两岸民调体系建构——兼谈审慎思辨民调理论方法的运用》等；三等奖 16 篇：廖中武《政治社会化：台湾民众国家认同的建构路径》等。

2013 卷，周志怀主编，北京，九州出版社 2014 年 11 月版，261 页。该年度获奖论文 21 篇，其中一等奖 1 篇：彭维学《和平发展时期的两岸政治关系探析》；二等奖 5 篇：杨丹伟《两岸社会组织：跨两岸社会的生成机制探讨》等；三等奖 15 篇：汪曙申《互信与两岸关系和平发展：制度的分析》等。

# 《台湾杂谈》

林其泉著，成都，四川教育出版社 1984 年 6 月初版，231 页；1988 年 5 月增订本，398 页。该书介绍台湾的过去与现在，是一般知识性读物。全书文章初版 74 篇，增订版 133 篇，大致可分九组：台湾与大陆的渊源关系，台湾的自然风光和名胜古迹，台湾的传说和风俗，台湾的物产，历史上台湾的开发和建设，对台有功的历史人物，台湾反帝反殖斗争，台湾的文教事业，台湾同胞寻根念祖活动。这些文章从不同角度反映了台湾的各个方面，总的精神是：台湾是祖国领土不可分割的一部分，实现包括台湾在内的祖国统一，是历史和地理条件决定的，也是符合海峡两岸人民的共同意愿和根本利益的。

# 《台湾札记》

　　林其泉著，北京，中国展望出版社 1987 年 10 月版，380 页。该书收录近 200 篇短文，分七个部分：第一部分 5 篇，简要介绍台湾的地理、历史、人口和民族；第二部分 36 篇，介绍台湾的风光、名胜、古迹和寺庙；第三部分 33 篇，介绍台湾丰富多彩的民间传说和古今风俗习惯；第四部分 34 篇，介绍台湾的物产、资源、贸易和建设；第五部分 35 篇，介绍台湾的教育、文化、艺术与社会生活；第六部分 49 篇，介绍台湾的历史人物及其事迹；第七部分 4 篇，介绍台湾特殊的地名、"台湾人"称呼以及台湾与厦门的关系。这是一部关于台湾古今历史文化的知识性通俗读物。

# 《台湾政局发展与两岸关系：第二届 "北京台研论坛" 论文汇编》

　　徐博东主编，北京，台海出版社 2008 年 3 月版，418 页。2008 年 1 月和 3 月，台湾岛内进行了"立委"选举和"总统"选举。此前，为研究这两场选举将会对两岸关系和台海局势产生怎样的重大影响，北京联合大学台湾研究院于 2007 年 9 月 16 日至 18 日，在四川省成都市举办了以"台湾政局发展与两岸关系"为主题的第二届"北京台研论坛"学术研讨会。该书即此次研讨会的论文集，共收录论文 40 余篇，内容涉及"台独"发展，台湾政治，台湾社会意识，两岸关系走向，国际视野下的台湾问题等。该书提出许多富有启迪意义的学术观点和有建设性的意见、建议，具有较强的学术价值和现实意义。

# 《台湾政局与两岸关系》

　　范希周主编，北京，九州出版社 2004 年 4 月版，272 页。"祖国和平统一的战备与策略研究"课题是教育部规划 2001 年全国社科重点研究课题。该书是该课题的阶段性研究成果。全书汇集了课题组对基础性理论问题和相关的重要关键性问题的探讨和研究，其中，对国家和平统一的国际环境、台湾政局的演变、台湾政治社会的变迁、两岸关系的发展以及推动国家和平统一进程中的战略与策略思考等重要问题，进行了深入的分析和探讨，并提出有益的评价和建议。全书包括民进党与民进党执政、政党政治与政治文化、两岸关系的分析、国际环境与国家战略等四部分内容。该书是一部既有学术参考价值，又有很强的现实意义的著作。

## 《提升国际竞争力——台湾经验及其对大陆的启示》

方星海、宋顺锋主编，北京，中国经济出版社1998年6月版，346页。1997年中国留美经济学会的会员第三次访问台湾，并在访问之后撰写了20篇有关台湾经济发展的论文，收入该书之中。这20篇论文共分为政治经济与国有企业改革、教育与经济发展、两岸投资与贸易、制造业中心和金融中心的建立、金融制度、社会保障、社会问题与收入分配七个部分，每部分有论文2到4篇，重点比较两岸在经济制度与措施方面的异同，并指出哪些台湾经验对大陆经济发展有参考价值。

## 《天风海涛室遗稿》

林惠祥著，蒋炳钊编，厦门，鹭江出版社2001年12月版，445页。这是中国人类学先驱、台湾原始文化研究开拓者厦门大学林惠祥教授遗稿汇编，共7种，其中有5种是首次公开发表。这7种遗稿包括《自传》《旧体诗》《台湾番族之原始文化》《台湾石器时代遗物的研究》《"台湾者中国之土地"》《为什么要保护古物》与《考古学通论》。其中第3—5种涉及台湾史研究。《台湾番族之原始文化》作为国立中央研究院社会科学研究所专刊第3号，出版于1930年，是林惠祥根据1929年在台湾实地调查的资料写成的专著，系统描述了台湾"番族"即"原住民"的人种与部族、生活习俗、社会组织、政治活动、宗教与文化等，是台湾"原住民"研究的开拓性著作。《台湾石器时代遗物的研究》是发表于《厦门大学学报》（社科版）1955年第4期的论文，该文从考古学上提出台湾史前文化与人种"应有多种而不止一种"的多元论观点。虽然不否认台湾石器时代的文化有些是通过菲律宾从南洋传过去的，台湾石器时代的人类也有些是从南洋去的，但他更特别强调台湾史前文化与人种主要还是由中国大陆东南传入的事实，有力地批驳了台湾古文化"南来说"。《台湾者中国之土地》写于 1954 年台海危机时,是响应解放台湾号召而撰写,从学术研究的角度证明台湾与大陆久远而密切的关系,是论述台湾自古就是中国领土的一篇很有说服力的论文。

## 《望海楼札记:大陆与台湾文化点滴》

李熙泰著,厦门,厦门大学出版社 2005 年 12 月版,413 页。该书是一部关于厦门及闽南地区同台湾之间文化考证的文集。全书分为草根文化、地方文献及史事、大陆闽南话与台湾闽南话、人物印象、游踪随感五卷。第一卷为草根文化的追寻,多为短小精悍的散文,不乏作者对闽南和台湾民间风物和歌谣的切身体认。第二卷是对地方文献的介绍,史实的钩沉,为后人存留了点滴的史料。第三卷是对大陆闽南话和台湾闽南话的介绍和研究,包括通俗的小品和学术的专论。第四卷是对人物的追忆,特别是 20 世纪 40 年代厦门文坛风云人物的旧事。第五卷为游踪随感,主要是 20 世纪 80 年代以来畅游各地的游记。

## 《乡族与国家:多元视野中的闽台传统社会》

郑振满著,北京,生活·读书·新知三联书店 2009 年 5 月版,335 页。该书收入了作者探讨闽台传统社会的 16 篇论文,分为乡族组织与共有经济、家庭结构与宗族组织、民间信仰与仪式传统、地方行政与社会转型四个部分。该书所收论文在中国社会经济史学科重要奠基人之一的傅衣凌教授提出的"乡族"理论与"多元结构"理论基础上,运用大量文献资料和田野调查资料,通过考察明清时代的乡族组织和地方政治,探讨中国传统社会结构的转型,是中国社会经济史领域特别是闽台区域社会经济史领域的一部重要著作。

## 《心系两岸》

陈孔立著,北京,九州出版社 2013 年 10 月版,453 页。该书是"台湾研究系列陈孔立著作系列"丛书之一种,是作者多年来研究台湾政局和两岸关系发展的一部文集。全书将岛内蓝绿较量、观察国民党、观察民进党、剖析"台独"言论和两岸政治大局及政治难题等内容分为两个部分：观察台湾和关注两岸。研究范围涉及从 20 世纪 80 年代末民进党建党初期与国民党角逐，两次政党轮替，到 2012 年"大选"后岛内政治生态、马英九第二任期执政理念、两岸间政治难题的解决方案，等等。该书是作者 20 多年跟踪观察台湾政局与两岸关系发展过程的一些记录和个人感受，值得参考。

## 《辛亥革命与海峡两岸关系研究：第三届海峡两岸关系史与台湾史学术研讨会论文集》

朱书刚著，武汉，湖北人民出版社 2014 年 7 月版，544 页。该书是以"辛亥革命与海峡两岸关系研究"为主题的第三届海峡两岸关系史与台湾史学术研讨会论文集。2010 年 10 月 18 日，为纪念辛亥革命 100 周年，来自海峡两岸的 80 多位专家、学者，齐聚武汉中南财经政法大学，参加第三届海峡两岸关系史与台湾史学术研讨会。此次研讨会的主题是"辛亥革命与海峡两岸关系"，学者们就"辛亥革命与海峡两岸关系""海峡两岸关系的历史、现状与展望"等议题展开学术对话。该书为此次会议论文集，收录论文 62 篇，分"辛亥革命与海峡两岸关系研究""海峡两岸关系史和台湾史专题研究""孙中山及相关历史文化问题研究"三部分，除纪念辛亥革命的文章外，还有就海峡两岸关系的讨论和展望，可为两岸关系史研究者参考。

## 《新时期对台政策与两岸关系和平发展》

周志怀主编，北京，华艺出版社 2009 年 1 月版，225 页。2005 年 3 月，胡锦涛总书记基于对国家利益和民族利益的深刻认识，在对两岸关系总体形势的科学判断基础上，提出了新形势下发展两岸关系的四点意见，即：坚持一个中国原则决不动摇，争取和平统一的努力决不放弃，贯彻寄希望于台湾人民的方针决不改变，反对"台独"分裂活动决不妥协。此后又发表了一系列的讲话，提出了两岸关系的"发展主题"和"根本目标"的重要论述，强调"和平发展理应成为两岸关系发展的主题，成为两岸同胞为之奋斗的目标！"2007 年十七大召开，胡锦涛又对对台工作大

政方针做了系统论述，"牢牢把握两岸关系和平发展的主题"的主张也被
正式写入大会报告。至此，大陆已初步形成了以和平发展为核心，以
《反分裂国家法》为基石，以构建两岸和平发展框架为平台的新时期对台
政策体系。该书即是对这一新政策体系进行研究和阐述，对在新政策体系
指导下两岸关系的发展进行分析和展望的论文集。全书共分两辑：第一辑
包括《胡锦涛的两岸和平发展观及其实践路径》《试论胡锦涛对两岸关系
发展和国家统一理论的创新》等13篇文章，分析和阐述了新时期的对台
政策；第二辑包括《两岸关系和平发展新课题浅析》《两岸和平研究：路
径与架构》《关于两岸和平发展框架建构问题的几点讨论》等16篇文章，
分析了新时期两岸关系的发展前景和展望。

# 《亚洲金融风暴与台湾经济》

陈百助、黄少敏主编，北京，中国经济出版社2000年10月版，291
页。1999年夏天，中国留美经济学会组织了第四次台湾访问考察团，重
点考察台湾作为一个高度对外开放的经济体，在东南亚金融风暴中受到哪
些影响以及如何化解这些影响。该书收录了访问团成员在此次考察基础上
撰写的14篇论文，计分"亚洲金融风暴对台湾的影响""中小企业与台
湾经济""金融市场和金融体制""社会福利和发展"四篇。第一篇的3
篇论文考察了台湾在此次金融风暴中的表现，并将其与东亚各国相比，分
析了其相对受影响较小的原因，如产业政策方面和金融政策方面的因素
等，认为即便如此，业者与社会大众仍普遍认为台湾经济有问题的原因是
信心问题，而这又与两岸关系有关。第二篇的3篇论文重点分析台湾中小
企业在金融危机中的表现，对当局的相关政策及中小企业自身的政策应对
都有剖析，指出台湾经济能够平稳度过亚洲金融风暴，中小企业功不可
没。第三篇的3篇论文则从金融市场和金融制度角度分析台湾经济在金融
危机中受影响较小的原因，对台湾证券市场、房地产金融、对冲基金分别
进行了研究。第四篇有5篇论文，分别关注台湾的全民健康保险制度、再
就业政策、农业发、高科技工业、两岸经济关系等。所收录的14篇论文
其落脚点都是以台湾经验为基础，思考大陆经济发展应采取的路线与政
策，即为大陆经济发展提供借鉴。

# 《一统多元文化的宗教学阐释：闽台民间信仰论丛》

陈支平编，厦门，厦门大学出版社 2011 年 3 月版，349 页。该书是"厦门大学国学研究院资助出版丛书"之一种，是 2010 年 10 月举办的"海峡两岸民间宗教与民间信仰学术研讨会"的论文集。全书共收录论文 14 篇，包括《中国民间宗教与民间信仰的重新审视》《民间宗教的复兴与当代中国社会——以福建为中心》《国家武神关羽明初兴起考——从姜子牙到关羽、一贯道道场兴革与全球化发展》《现象审视与历史考察：土地神崇拜研究》《道教宫观制度建设的若干探索——当代台湾民间宗教对儒家思想之宣扬与实践》《当代民间宫庙联谊组织的比较研究——以晋江妈祖文化研究会和泉州保生大帝信仰文化联谊会为例》，等等。全书围绕一个主题，就是如何重新审视民间信仰在当代社会中的作用。论者指出，自宋明以来，民间宗教与民间信仰已然成为中国汉民族生活方式的一个重要组成部分，是延续和传承基层文化的重要力量，是中国传统文化中可以与儒家文化互为表里、相互补充的一个重要方面。因此，过去的否定民间宗教与民间信仰的做法，实际上就是彻底地否定了中国传统文化的合理性，其所产生的社会后果便是一般人丧失了对于道德、社会、天地与自然的敬畏之心，基层社会缺乏和谐的组织结构，有权者与有钱者的道德规范缺乏多方面的约束。因此，在现代社会如何重新认识民间宗教与民间信仰，已经不再是可有可无的事。

# 《早期台湾史考证》

徐晓望著，福州，海风出版社 2014 年 3 月版，327 页。该书收录作者关于早期台湾史研究论文 19 篇，主要涉及荷据台湾以前的台湾历史研究。作者通过查阅稀见中国古籍及闽浙粤三省沿海地方志，发现新史料，对历史上若干悬而未决的问题提出了新看法。如，元代以前古文献中的流求是台湾还是冲绳的问题，日本学者与台湾学者多有歧见，作者认为：元代以前古文献中的流求是指台湾，而流求国即为台湾北部的十三行文化。再如，针对某些学者所谓荷兰人最早管辖台湾的观点，作者通过考证袁进和李忠在明朝万历末年盘踞台湾的历史，认为袁进和李忠占据台湾，实早于荷兰人，而且在荷兰人到达台湾以前，袁进和李忠投降福建官军，导致福建官府的管辖权扩展至台湾，因此福建省对台湾的管辖权实在荷兰人抵达台湾之前。另外，该书还收录了一篇关于钓鱼岛的论文，认为明清中国与琉球国之间有明确的海域界限，按照这一界限，钓鱼岛烈屿属于中国，日本占据琉球，至少应当尊重中国与琉球之间原有的国界线，日本的倒行逆施，才是中日之间麻烦产生的根源。

## 《郑成功历史研究》

陈碧笙著，北京，九州出版社2000年8月版，303页。该书收集了作者有关郑成功研究的重要论文19篇，围绕郑成功家世、早年起兵、抗清、收复台湾问题、与清政府关系、郑成功思想评价及史实考证、与郑成功相关的人物及之间关系等问题进行研究，清晰而准确地把握了郑成功收复台湾前后的战事过程。该书的出版，有助于进一步推动郑成功研究。

## 《郑成功研究》

许在全主编，北京，中国社会科学出版社1999年5月版，318页。1997年，为纪念郑成功收复台湾335周年，在郑成功故乡福建泉州举办了一次规模盛大的纪念会——"郑成功学术研讨会"，并成立了"泉州市郑成功学术研究会"。这标志着郑成功研究进一步向纵深发展。该书为此次会议论文集，共收集论文32篇，内容大致分为四个方面：一、郑成功的历史功绩及斗争策略；二、郑成功收复台湾、建设台湾评价；三、郑成功人物关系论述；四、史实考略与史料拾遗。论者把郑成功与泉州文化联系起来，在推进郑成功研究方面取得重大进展，并高度评价了郑成功的丰功伟绩，认为郑成功抗荷复台超越了国家和民族界限，"打响了东方人民反对西方殖民者斗争的第一炮""为东方乃至全世界人民反抗西方殖民者的斗争树立了光辉的榜样"，把对郑成功的评价提到了一个新高度，为进一步研究提供了诸多借鉴。

# 《郑成功研究》

方友义主编，厦门，厦门大学出版社 1994 年 4 月版，875 页。该书总结了 1982 年至 1992 年十年之间有关郑成功研究的最新成果，共收集论文 67 篇，内容大致分为八个方面：一、郑成功收复台湾问题；二、郑成功抗清问题；三、郑成功与南明政权的关系问题；四、郑成功的经济思想、屯垦政策和海外贸易问题；五、郑成功抗清军事问题；六、郑成功历史评价问题；七、与郑成功有关的历史人物的评价问题；八、有关郑成功史实的考证问题。书末附有"福建南安石井郑肖隐一脉传衍族谱（初稿）""台湾痛忆""中日郑成功研究资料索引""郑成功北伐南京图""郑成功收复台湾图""郑氏台湾开发图""福建南安石井郑成功直系部分世系表"。该论文集运用新出版的史料对有争议的问题进行充分论证，反映了当时学界对郑成功与台湾问题，以及与此相关问题所取得的最新进展，进一步推动了郑成功的后续研究，也为促进海峡两岸的学术交流做出了贡献。

# 《郑成功研究国际学术会议论文集》

厦门大学台湾研究院历史研究室编，南昌，江西人民出版社 1989 年 8 月版，404 页。1987 年，由厦门大学台湾研究院主办，在厦门召开了郑成功研究国际学术会议，标志着郑成功研究进入一个新阶段。为反映学界的最新研究成果，特选编了此论文集。论文集共收录 26 篇论文，包括美国、日本、荷兰等国学者的论文，内容大致分为五个方面：一、郑成功的评价，如《关于郑成功的历史地位和评价问题》《论郑成功的二重性格组合》；二、郑成功与台湾问题，如《论郑成功收复台湾》《论清的统一与郑成功收复台湾》《郑氏时代台湾的开发》；三、郑成功与清政府及南明朝的关系问题，如《郑氏官兵降清事件述论》《从会师广东之役看郑成功与永历朝廷的关系》；四、郑成功的军事斗争问题，如《郑成功的三次战略大转移》《郑成功北伐战略新探》《郑成功与南京之役》；五、史实的考证与史料辑补，如《郑成功封爵新考》《郑成功双龙铜炮考略》《香港九龙北佛堂海底捞获的永历四年火炮考》《郑氏史料辑补》。该论文集所收论文在选题范围上进一步扩大，在史料的搜集和史实考证方面也取得了长足进步，代表了学界当时研究郑成功的最高水平。

# 《郑成功研究论丛》

　　福建省郑成功研究学术讨论会学术组编，福州，福建教育出版社1984年7月版，292页。该书共收集论文25篇，内容大致分为四个方面：一、郑成功的历史功绩，如《郑成功光复台湾的壮烈事迹》《论郑成功的爱国主义思想》《李自成·多尔衮·郑成功——历史的合力之一例》等；二、郑成功的军事思想，如《试论郑成功的练兵治军和用人》《郑成功在收复台湾中的军事才能》《郑成功治军试探》等；三、其他历史人物的评价，如《郑芝龙的一生》《评郑经的历史功过》《历史地评价郑克塽率台归清问题》《陈永华对台湾早期的文教事业发展的贡献》《论施琅的历史功绩》等；四、若干史料和史籍的考证，如《关于〈台湾外纪〉的作者江日升》等。该书的出版为推动郑成功和其他历史人物的研究做出了贡献。

# 《郑成功研究论文集》

　　厦门大学历史系编，上海，上海人民出版社1965年12月版，357页。为纪念郑成功收复台湾300周年，学界于1962年在厦门召开了郑成功学术研讨会，会后辑选论文13篇。内容大致分为四个方面：一、郑成功收复台湾历史功绩，如郑成功收复台湾及收复时间问题、驱逐荷兰殖民者的胜利斗争、郑成功抗清驱荷的英雄业绩、郑成功收复台湾战争分析等；二、郑成功的评价，如关于郑成功的评价、郑成功军事上的贡献等；三、经济问题，如郑成功银币的问题、郑成功时代的海外贸易和海外贸易商的性质问题、郑成功驱逐荷兰殖民者前后台湾的社会经济等；四、郑成功抗清斗争、成长过程，与其他历史人物及农民军、清政府的关系等问题。书末有两则附录"郑成功学术讨论会上几个讨论问题的综述""有关郑成功中、西文资料简介"。该论文集汇集了当时国内学界名家最新的研究成果，围绕郑成功收复台湾这一重大事件，高度赞扬了郑成功驱逐荷兰殖民者，收复台湾、开发和建设台湾的伟大爱国主义精神，进一步推动国内外对郑成功与台湾问题的研究。

# 《郑成功研究论文选》

厦门大学历史系编，福州，福建人民出版社 1982 年 6 月版，404 页。1982 年，为纪念郑成功收复台湾 320 周年，学界在厦门召开了郑成功研究学术讨论会。该书是在 1965 年版本的基础上重新进行了编排，增选论文 5 篇，分别是：黄盛璋《有关郑成功收复台湾的几个问题新证》、李瑞良《郑成功和海外贸易》、胡允恭《郑成功抗清驱荷的英雄业绩》、洪焕椿《李定国和郑成功三百年祭》、钱海岳《郑成功在军事上的贡献》。该书的出版对进一步深入研究郑成功和台湾问题有着重要的参考价值。

# 《郑成功研究论文选续集》

郑成功研究学术讨论会学术组编，福州，福建人民出版社 1984 年 10 月版，339 页。1982 年 7 月，为纪念郑成功收复台湾 320 周年，学界在厦门举行了一次较大规模的学术讨论会，该书就是这次研讨会的成果，收集论文 27 篇。该书所收论文主要围绕六个方面展开：一、有关郑成功的评价，如关于郑成功研究的若干问题、郑成功评价的方法论问题、郑成功收复台湾的贡献等；二、抗清斗争，如郑成功的抗清及其与复台关系、清政府对台湾郑氏关系之始末、清政府对郑氏集团的招降政策及其影响；三、经济问题，如郑成功的经济思想及其实践、郑成功与海外贸易的关系；四、军政建设，如郑氏在台湾的开垦、郑复台后台湾的开发及其意义、郑时期台湾人民的田赋负担等；五、郑成功与南明关系，如郑成功与南明宗室的关系、郑成功与东林复社的关系；六、人物关系，如关于郑成功与施琅关系的评价等。该书所收集的论文观点新颖，资料翔实，体现了郑成功研究的深度与广度。

# 《郑成功与高山族》

陈国强著，南昌，江西人民出版社 1982 年 8 月版，199 页。该书收录作者关于郑成功与高山族研究的重要论文 18 篇，内容有三：一、郑成功收复台湾问题，如收复台湾的日期、收复台湾的进军路线、收复台湾前后的高山族、收复台湾的历史功绩；二、台湾与大陆的关系问题，如台湾和大陆的通航、通商、通邮，台湾与福建的关系；三、高山族的历史与现状，如高山族名称和划分问题、高山族来源问题、从台湾出土遗物看高山族来源、高山族的社会经济、原始纺织、风俗、神话传说以及19世纪高山族人民反抗美国侵略台湾的斗争等。该书有助于读者较好地了解高山族的历史与现状，认识郑成功对高山族人民做出的贡献，对研究台湾高山族的历史、文化、生活有着重要的参考价值和借鉴意义。

## 《郑成功与明郑台湾史研究》

邓孔昭著，北京，台海出版社2000年1月版，252页。该书是作者多年来潜心研究郑成功与明郑台湾史成果的汇总，收录学术论文17篇，内容大致包含五个方面：一、关于郑成功的研究，如《郑成功收复台湾的战略运筹》《郑成功与金门史实研究》等；二、郑氏时期台湾社会经济史研究，如《郑氏时期台湾社会经济若干问题的探讨》《郑氏文武官田租税考》等；三、郑氏集团与清政府斗争历史的研究，如《清政府对郑氏集团的招降政策及其影响》《论清荷联合进攻郑氏》等；四、关于郑芝龙的研究，如《郑芝龙的一生》《毁誉参半的郑芝龙》；五、对其他著作中有关郑成功与明郑时期台湾史的错误记载与错误观点进行辨误和批驳，如《〈台湾通史〉建国纪辨误》《子虚乌有的"延平王国"——论台湾国民中学教科书〈认识台湾〉（历史篇）对郑氏政权的杜撰》等。该书是《当代台湾观察》系列丛书之一，深入研究了郑成功及郑氏集团与台湾的关系，为进一步开展相关研究奠定了良好基础。

## 《郑成功与明郑在台湾》

邓孔昭著，厦门，厦门大学出版社2013年4月版，334页；2014年5月第2版，373页。该书是《郑成功与明郑台湾史研究》的增订版。全书共20章。第1章介绍了郑成功在闽西北地区的抗清与"延平王"爵号的由来；第2章分析了郑成功对郑芝龙的批判与继承；第3章阐明了郑成功收复台湾的战略运筹；第4章详述了郑成功收复台湾期间的粮食供应问题；第5章从卢若腾诗文的角度详解了有关郑成功的一些史事；第6章论述了郑成功的文化观；第 7 章介绍了郑成功如何带兵打仗；第 8 章论述了郑成功与金门之间的关系；第 9 章阐述了郑氏时期台湾社会面临的一些经济问题；第 10 章介绍了明郑时期台湾海峡两岸的海上交通所存在的问题；第 11 章解释了郑成功在台湾设立"东都"和"承天府"的用意及郑经改东都为东宁的原因；第 12 章对天兴、万年二县的辖境问题进行了再探讨；第 13 章阐释了清政府对郑氏集团的招降政策及其带来的影响；第 14 章探讨了清政府与台湾郑氏集团的谈判和"援朝鲜例"问题；第 15 章评价了清政府与荷兰人对郑氏的联合进攻问题；第 16 章介绍了姚启圣在台湾统一过程中所发挥的作用；第 17 章分析了李光地、施琅、姚启圣与清初台湾的统一，并论述了三者之间的关系；第 18 章对施琅其人若干史事做了解读；第 19 章介绍了明郑时期郑芝龙、郑经、郑克塽、何斌等重要人物的生平；第 20 章对一些史籍和教科书中有关明郑记载的错误进行了辨析。该书以翔实的史料论述了郑成功如何收复台湾、明郑时期台湾的社会经济、清政府对郑氏集团的政策以及重要人物之间的关系和生平介绍等，对进一步深入研究明郑时期的台湾问题提供了有益的借鉴。该书第 2 版在吸收最新研究成果的基础上，又对再版进行了修订，主要在章节上做了调整，由原来的 19 章，增加到 20 章，增加的内容为"施琅其人二三事"，并且在第 16 章中增添了对姚启圣的介绍"从一首八闽童谣谈姚启圣为政清廉""姚启圣著述小考"二则附录；第 20 章中增添了一项附录，为读者提供了查阅资料之便。

# 《郑成功与台湾》

王仁杰主编，厦门，厦门大学出版社 2003 年 10 月版，318 页。该书是纪念郑成功收复台湾 340 周年系列活动成果之一，共收论文 29 篇，探讨了郑成功收复台湾的历史功绩、反清思想、农本思想、用兵思想、商贸思想、谈判艺术、书法艺术、郑成功的信仰以及与其他人物的关系等。郑成功与台湾问题的研究是个常做常新的话题，且具有独特的历史蕴含。此书收集的论文运用了新的研究方法和新的史料，进一步拓展了这个领域的研究空间，也为海峡两岸加强学术交流、增进了解做出了一定的贡献。

# 《郑成功与延平》

　　张水源主编，北京，中国文史出版社 2006 年 2 月版，265 页。该书将论述与资料汇编结合，征集了北京、泉州、福州等地专家的论文 40 余篇，从政治、军事、人物关系等方面详细考察和梳理了郑成功与延平之间的关系，充分论证了延平在郑成功政治生涯中的重要地位，并认为延平是郑成功初出茅庐展现才华，铸就英明之地，为深入研究郑成功的早期历史提供了有益的参考。同时，该书集史料性与知识性于一体，为宣传延平、沟通两岸文化交流也有所裨益。

# 《中国对外关系中的台湾问题》

　　卢晓衡主编，北京，经济管理出版社 2002 年 5 月版，432 页。该书为研究中国对外关系中的台湾问题的论文集，对中国对外关系中的台湾问题的产生原因、演变过程与各种表现进行了较为系统的阐述。全书收录19 篇论文，如卢晓衡的《台湾问题的由来和一个中国原则》，王缉思、李晓岗的《美国的世界战略与台湾问题》，张也白的《台湾问题上的美国因素》，姚文礼的《日本与台湾关系》，张进山的《日本政界的台湾帮及其对中日关系的影响》，朴键一的《韩国与台湾的关系》等，还有论文涉及台湾与蒙古、东南亚、南亚、中东、非洲国家、西欧国家、中东欧国家、俄罗斯、大洋洲国家、加拿大、国际组织关系等的关系。该书有附表中华人民共和国与各国建立外交关系日期、台湾"邦交国"统计、台湾参加国际组织概况。该书另有台湾海峡学术出版社 2003 年繁体字版。

# 《中华文化与闽台社会的变迁》

　　黄新宪著，福州，福建教育出版社 2002 年 4 月版，383 页。该书是一部论文集，收录 30 篇论文，围绕"中华文化与闽台社会的变迁"这一主题，进行了多方面的论述。一是对闽台历史上的杰出人物，如林则徐、沈葆桢、严复、林森等人思想和实践的探讨。作者选取了他们思想和实践中最具特色的部分加以论述，如对林则徐民本思想和主权意识、对沈葆桢在处理 1874 年日本侵台事件时的态度、对严复所译《天演论》中自强思想、对原国民政府主席林森在抗战时期表现等问题的探讨。在客观评价他们历史功绩的同时，也揭示了他们思想和实践的当代意义。二是闽台地区的民间信仰多种多样，独具特色，作者选取了其中具有代表性的城隍信仰进行探讨，分别阐述了道学义理与城隍文化、清代台湾城隍信仰中的功利主义色彩、台湾霞海城隍祭祀活动等问题，既有宏观的考察，也有微观的研究。此外，书中还涉及了闽台地区基督教、闽台地区教育人物、闽台教育交融、中外教育交流等研究等。

## 《中华文化之根：海峡两岸谱牒研讨会论文集》

林仁川主编，北京，中国文史出版社 2005 年 9 月版，633 页。该书是"中华之根——海峡两岸谱牒学术研讨会"的论文集。2003 年 12 月 8 日，来自大陆、台湾、香港、金门的 140 多位专家、学者齐集厦门，举行了中国谱牒学术界规模最大的一次盛会，与会者提供 100 多篇论文及论文提要，围绕族谱的价值及其资源开发、族谱的收集整理编目、族谱的个案研究及其中所展示的两岸渊源，以及新修谱牒的调查等问题展开热烈的研讨，会后结集出版了该论文集。全书共收录 82 篇论文，20 篇论文提要。谱牒是文化瑰宝，通过谱牒资料的发掘、整理，证实海峡两岸同胞同谱同宗，同根同源，都是炎黄子孙。该书的出版，既有推动海峡两岸谱牒学研究、振兴中华谱牒学的学术意义，也有促进祖国和平统一的现实作用。

## 《转型期的台湾经济与社会》

郭相枝主编，北京，时事出版社 1991 年 11 月版，308 页。该书收录中国社会科学院台湾研究所十余位研究人员的 23 篇论文，除 3 篇涉及台湾的劳工、教育、文学问题外，其他 20 篇均为经济类论文，内容涉及经济战略、产业结构与产业发展、资本、投资、对外贸易、金融、两岸经贸关系等，集中反映了该所关于台湾经济研究的成果。

## 《转型期的台湾政治与两岸关系》

郭相枝主编，中国社会科学院台湾研究所编，北京，时事出版社1991年11月版，353页。研究"转型期"的台湾政治和两岸关系，是台湾问题学术研究领域的重要课题。该书即是这方面研究成果的论文集。全书共收录论文31篇，包括《论国民党当局的"政治革新"》《台湾党外组党的历史考察与"政党政治"的发展前景》《国民党"本土化"政策的形成与发展初探》《论台湾法律地位问题的国际背景》《美国对台政策和台湾权力结构的演变》等。这些论文从政治体制调整、国民党权力结构变化、党外运动、对外关系与政策、两岸关系及国民党大陆政策的演变、现状与发展趋势等各个不同的侧面和角度，对"转型期"的台湾政治和两岸关系进行了分析探讨。

## 《走近两岸》

陈孔立著，厦门，厦门大学出版社2011年9月版，254页。该书是作者关于海峡两岸关系问题研究的著作。全书分三部分：第一部分"同情的理解：政治心理探索"，记述从1986年以来作者与台湾各界人士（主要是学界）交流的情况；第二部分"绿色神主牌：民进党人印象"，记述了作者与民进党人的交往；第三部分"研究者的角色：接受实践检验"，记述作者在两岸关系研究过程中，与一些同行学者不同的看法。作者通过到台湾实地考察以及与台湾民众特别是学者、政治人物的长期接触，提出对台湾的深刻认识，强调要注重台湾民意、台湾同胞的政治心理，对重大事件、重要人物的解读要全面而客观实际，等等。此外，书中也涉及了台湾岛内的政治体制及其运作特点，两岸对"一个中国"及一国两制的不同解读，对国民党治台的评价、对民进党的评价、渐进式"台独"与"法理台独"等两岸关系方面的重大问题。

## 《走向和平发展的两岸关系》

陈孔立著，北京，九州出版社2010年6月版，260页。2008年两岸关系出现了新的局面，开始步入和平发展的轨道。但两岸间的政治分歧仍然存在，有许多问题需要开展深入的研究与坦诚的协商。该书即是针对两岸关系中的重大政治难题，诸如台湾政治定位、两岸和平协议、台湾的"国际空间"问题、国共关系以及民进党问题等展开讨论。全书分六部分：第一部分"和平发展：构建与推动"，提出两岸和平发展的理论框架及其配套措施，提出"第三轨道"的建议；第二部分"台湾的'国际空间'：难题与出路"，认为关于台湾的"国际空间"问题，应当两岸共同协商，找到双方可以接受的办法，而不要"隔空放话"，施加压力；第三部分"台湾政治定位：寻求破解之道"，是关于台湾的政治定位问题，提出凡是不违背一个中国原则的看法，都可以作为进一步讨论的参考，包括"在一个中国原则下的两个政府的关系"；第四部分"和平协议：商议各种方案"，指出和平协议只是解决两岸和平问题，而不是解决和平统一问题；第五部分"国共关系：合作与分歧"，认为在现今条件下，通过"第三次国共合作"解决台湾问题、实现祖国统一已经是不可能的了；第六部分"民进党：下台与困境"，则是关于民进党的一些讨论。全书内容丰富，为研究和解决台湾问题提供了多元视角。

# 第十一篇　台湾史研究资料

## 《"九二共识"历史存证》

海峡两岸关系协会编，北京，九州出版社 2005 年 4 月版第 1 版、2006 年 4 月第 2 版、2008 年 6 月第 3 版，134 页。该书分三个专题：一是何谓"九二共识"，呈现"九二共识"的达成情况、内涵及历史真相；二是达成"九二共识"的过程，呈现"九二共识"达成过程中就"一个中国"原则含义、表述、"国家统一纲领"、两岸公证书使用等问题进行的讨论与协商；三是"九二共识"的历史地位，收集了中共中央台办、国务院台办、钱其琛、汪道涵等有关"九二共识"的声明、讲话。该书将海协会与海基会达成"九二共识"以来相关文献汇编，用史料揭示两岸协商与对话的历程。

## 《"两国论"批判》

国务院台湾事务办公室新闻局编，北京，九洲图书出版社 1999 年 8 月版。全三册：（一）125 页，收录《江泽民重申中国政府在台湾问题上的严正立场》《中央台办、国务院台办发言人就李登辉分裂中国言论发表谈话》及《人民日报》评论员、新华社评论员等相关文章 37 篇。（二）60 页，收录《一个中国是无可争辩的事实》（中共中央台办宣传局、国务院台办新闻局）以及《求是》杂志评论员、《人民日报》观察家、新华社评论员、《解放军报》评论员等相关文章 11 篇。（三）73 页，收录相关文章 26 篇，包括江泽民、钱其琛、唐家璇等关于台湾问题的讲话和谈话 9 篇，《人民日报》、新华社、《解放军报》评论员批判李登辉"两国论"的文章 12 篇及其他批判李登辉"两国论"的文章 5 篇。

## 《“两国论”批判文集》

卫平主编，北京，华艺出版社 1999 年 11 月版，270 页。这是总政联络部编选的"不对台情教育材料"。李登辉于 1999 年 7 月 9 日接受一家外国电台采访时声称，台湾当局已将海峡两岸关系定位于"国家与国家，至少是特殊的国与国关系"。李登辉公然抛出"两国论"，充分暴露其"台独"本性，遭到中共中央及社会各界的严厉反击。该书精选相关文章 70 篇，包括党和国家领导人及有关部门针对"两国论"发表的谈话，新华社、《人民日报》《解放军报》评论员文章，专家学者的署名文章，作为部队宣传教育的材料。

## 《〈清实录〉台湾史资料专辑》

张本政主编，福州，福建人民出版社 1993 年 12 月版，1216 页。该书是从《清实录》辑出有关清代台湾地区的系统的区域性历史资料，时间跨度从顺治十八年（1661）到光绪三十年（1904），辑录了清代十一朝实录全部有关台湾地方史资料。这些资料涉及清代台湾历史各方面的问题，包括清政府统一台湾的过程，台湾政制的设置及其沿革，台湾各级官吏的任免、奖惩，清政府对台湾人民的统治及其对少数民族的政策，台湾各族人民各种形式的反清斗争，外国资本—帝国主义对台湾的侵略和台湾各族人民反侵略斗争，台湾的工业、商业、贸易和交通运输业的兴衰起伏，台湾的重大民、刑案件与械斗事件，台湾的各种自然灾害，以及大陆许多重大事件对台湾的影响，等等。这为研究清代台湾地方史诸问题提供了较为系统的重要资料。

## 《“一个国家　两种制度”文献和资料丛书》

中共中央统一战线工作部研究所、三局编，北京，中国文史出版社 1988 年 8 月版，全 5 辑 6 册，2643 页。第一辑 1 册，453 页，《中共中央、全国人大、中华人民共和国政府、全国政协等有关文献和中央领导同志论述》；第二辑 1 册，604 页，《台湾当局的有关文件资料和言论》；第三辑

1 册，188 页，《美国方面的有关文件资料和言论》；第四辑 2 册，1173 页，《台湾、香港、澳门和海外各界人士的有关言论文章选录》；第五辑 1 册，225 页，《"一国两制"论文选》。这是有关"一国两制"理论和政策问题研究的重要资料。

## 《陈诚回忆录——建设台湾》

陈诚著，北京，东方出版社 2011 年版，652 页。陈诚（1898—1965），字辞修，别号石叟，浙江青田人。1949 年，陈诚任台湾省主席，随后任台湾"行政院长""副总统"、国民党副总裁等职。该书较为详细地记述了陈诚晚年在台湾时期，参与台湾军事、政治、经济、社会、文化、教育等方面的重大决策活动情况。全书分四部：第一部"台政一年"，为 1949 年任台湾省主席一年之回忆；第二部"四年'行政院长'之回忆"，时间在 1950—1954 年；第三部"陈诚言行纪要"，为 1949—1956 年陈诚重要言行记录；第四部"往来函电"，为 1949—1956 年陈诚与"总统"蒋介石及其他人之间往来函电汇编。这部回忆录对于研究国民党败退台湾后的早期活动及其决策内幕，进一步研究和把握台湾的发展变化，深化台湾问题研究，具有重要的参考价值。

## 《陈水扁"一边一国论"批判》

国务院台湾事务办公室新闻局编，北京，九州出版社 2002 年 9 月版，194 页。该书汇集《人民日报》等海内外媒体报道批判陈水扁"一边一国"的"台独"谬论的谈话、发言、评论等文章 70 篇，分四组：第一组包括《钱其琛会见全非洲中国统促会访问团时谈台湾问题》《陈云林会见台湾电机电子公会考察团时表示分裂言论影响台湾安定和发展》《中共中央台办国务院台办新闻发言人就陈水扁鼓吹"台独"发表谈话》《危险的挑衅——评陈水扁的分裂言论》等 11 篇；第二组包括《徐博东：陈水扁"一边一国"论严重挑衅一个中国原则》《黄嘉树指出陈水扁鼓吹"台独"使两岸关系陷入危险境地》《一边一国论就是"两国论"》等 17 篇；第三组包括《各民主党派中央全国工商联负责人和无党派人士在京联合召开座谈会强烈谴责陈水扁分裂祖国的"台独"言论》《中国统促会与俄罗祖国统促会举行"一个中国原则不容挑战"座谈会》等 7 篇；第四组包括《港澳舆论及各界有关人士强烈谴责陈水扁"台独"言论》《陈水扁"一边一国"言论引起台湾舆论和各界强烈质疑》《国际舆论批评陈水扁"台独"谬论》等 35 篇。这些文章对陈水扁"一边一国"的"台独"谬论进行了系统批判，是了解当时国内外舆论的重要资料。

## 《陈仪生平及被害内幕》

全国政协文史资料研究委员会、浙江省政协文史资料研究委员会、福建省政协文史资料研究委员会编辑组编，北京，中国文史出版社 1987 年 6 月版，209 页。陈仪（1883—1950），字公洽，号退素，浙江绍兴人。国民党军政要人，历任福建、浙江省主席，抗战胜利后台湾光复时首任台湾省行政长官兼警备部总司令，为"二二八"事件中最受争议的人物之一，1950 年以匪谍案被蒋介石处死于台北。该书选录亲历、亲见、亲闻者的回忆录 26 篇，分四组：早年经历 6 篇；主闽时期 6 篇；黯然离台 4 篇，包括《台湾受降与"二·二八事件"》《陈仪在台湾》《接收台湾纪略》《陈仪治台的经济措施》；再度主浙 10 篇，最后一篇是《陈仪之死》。另有附录"陈仪杂记、书信选"。这些资料较全面地反映了陈仪复杂的一生，是研究陈仪与台湾的重要文献。

## 《陈映真文集》

陈映真著，北京，中国友谊出版公司 1998 年第 11 版，三卷，1774 页。陈映真（1937—），台湾作家，原名陈永善，笔名许南村，台北县莺歌镇人。小说卷，657 页，收录《面摊》《我的弟弟康雄》《家》《故乡》《将军族》等小说 28 篇；杂文卷，593 页，收录《台湾变革的底流》《台湾文学与第三世界文学之比较》《美国统治下的台湾》《世界体系下的"台湾自决论"》《何以我不同意台湾分离主义?》《"台独"批判的若干理论问题》等杂文 74 篇；文论卷，524 页，收录《论强权、人民和轻重》《写作是一个思想批判和自我检讨的过程》《陈映真的自白》《陈映真的自剖和反省》《试论陈映真》《孤儿的历史　历史的孤儿》《在民族文学的旗帜下团结起来》《中国文学的一条广大出路》等文论 47 篇。这是研究现代台湾文学和思想的重要资料。

## 《陈映真文选》

薛毅编，北京，三联书店 2009 年 12 月版，547 页。《陈映真文选》分五辑：第一辑"关于陈映真"，主要是陈映真的自述，选自其作品自序及其他自我评论；第二辑"乡土文学论战"，选录陈映真参与乡土文学论战及其对论战的回顾文章；第三辑"分离主义的盲点"，主题是批判"台独"分离主义和殖民主义的幽灵；第四辑"消费社会和文学问题"，体现了陈映真对当代消费社会的思考，其创办《人间》杂志的经验非常值得大陆文坛借鉴；第五辑"寻找一个失去的视野"，选录了陈映真阐述海峡两岸文学关系的论文，他作为台湾人对大陆文学现象的批判性思考颇为独特，他对第三世界视野的强调发人深省。该书是研究陈映真及当代台湾文学史、思想史的重要资料。

## 《从上海市长到"台湾省主席"（1946—1953 年）——吴国桢口述回忆》

吴国桢口述，[美] 裴斐（Nathaniel Peffer）、韦慕庭（Martin Wilbur）访问整理，吴修垣译，高云鹏译审，马军校注，上海，上海人民出版社 1999 年 11 月版，282 页。吴国桢（1903—1984），字峙之，又字维周，湖北建始人，留美博士出身。历任国民政府汉口市长、外交部政务次长、国民党中央宣传部长、重庆市长、上海市长、台湾省政府主席等重要职务。《吴国桢口述回忆》是根据美国纽约哥伦比亚大学口述历史部教授裴斐（Nathaniel Peffer）和韦慕庭（Martin Wilbur）1960 年 11 月 1 日至 11 日采访吴国桢的英文稿翻译而成。该书从吴国桢自己的立场记述了 1946—1953 年七年间的重大事件的幕后原因及其结果，很多史实鲜为人知，如吴国桢与周恩来的交往、吴国桢处理学潮的经过、发行金元券的决策过程、毛泽东通过颜惠庆策反吴国桢的经过、蒋介石企图暗杀吴国桢的细节，等等。这些局中人讲幕后事的文字，揭示了吴国桢对国民党政权和蒋介石许多做法的强烈不满，揭露了国民党政界病入膏肓的腐败，展现了他与蒋介石和蒋经国父子间惊心动魄的斗争场面，对于研究民国史、上海史、台湾史均有重要参考价值。

# 《岛夷志略校释》

　　汪大渊著，苏继庼校释，北京，中华书局 1981 年 5 月版，434 页。汪大渊（1311—?），字焕章，江西南昌人，元朝民间航海家，有"东方的马可波罗"之称，曾两次从泉州出航，远到北非摩洛哥和南太平洋的澳大利亚。所著《岛夷志略》，为两次航海经历见闻的记录，涉及亚、非、澳各洲的国家与地区达 220 多个，详细记载了各地的风土人情、物产、贸易，保存了大量元代中西交通海道诸国的宝贵历史资料。书中记载了台湾、澎湖是中国的神圣领土，当时台湾属澎湖、澎湖属泉州晋江县，盐课、税收归晋江县，因此该书也是研究早期台湾历史的重要著作。《岛夷志略》最早的校注本为清末民初学者沈曾植所著，1912—1913 年由上海神州国光社刊载《古学汇刊》，题为《岛夷志略广证》，后收入沈氏《海日楼书目》，改名《岛夷志略笺》。1914 年，美国学者罗克希尔（柔克义）将原书 2/3 译成英文，并作考证。同年，罗振玉主编《雪堂丛刊》第二集刊印日本学者藤田丰八的《岛夷志略校注》，此书 1935 年重版，列入《国学文库》。苏继庼校释本，采用《四库全书》文津阁本为底本，同时以藤田丰八作为底本的龙氏《知服斋丛书》刊本，以及彭氏知圣道斋藏本、丁氏竹书堂藏本和《寰宇通志》《明一统志》等书引用的《岛夷志》互为比勘，并以《诸蕃志》《星槎胜览》等书为旁证，对《岛夷志略》做了详细的校勘和注释，远在此前诸家之上，是最权威可信的版本。该书另有中华书局 2009 年 3 月版和上海辞书出版社 2011 年 7 月版。

# 《丁日昌集》

　　赵春晨编，上海，上海古籍出版社 2010 年 12 月版，上下册，1644 页。丁日昌（1823—1882），字雨生（又作禹生），号持静，广东丰顺人，晚清同光年间名臣和著名的洋务派代表人物。《丁日昌集》辑录了编者所见全部丁日昌的著述文字。全书分六类：奏稿（卷 1—12），公牍（卷 13—89），书信（卷 90—97），文录（卷 98—101），诗词、联语（卷 102—109），专著（卷 110—121）。另外，有附录三种：《传记资料》《已刊、已辑著作序跋资料》《生平大事年表》。丁日昌于光绪二年至三年（1876—1877）任福建巡抚，经营台湾不遗余力，这期间奏稿、公牍、书信多涉台事，包括加强台湾防务建设，架设台湾南北陆路电报线，兴办矿务和垦务，筹建台湾铁路，改善岛内各民族之间的关系，整顿地方吏治，发展文教事业，等等。这些均是研究丁日昌与近代台湾洋务事业的重要资料。

## 《"二·二八"事件报刊资料汇编》

李祖基编，台北，海峡学术出版社 2007 年 2 月版，386 页。以往出版的"二二八"事件资料大多以档案和口述历史为主，而对于报刊资料则较少注意。该书以厦门大学图书馆所藏的《国防剪报》和《海疆剪报》为基础，再汇集其他报刊的相关资料编纂而成。全书分为两部分：第一部分为"二二八"事件之前台湾的社会、经济与民情，第二部分为"二二八"事件的经过及其善后。这些资料丰富了"二二八"事件的研究。

## 《二·二八纪念文集》

台盟中央宣传部编，北京，台海出版社 2007 年 11 月版，201 页。2007 年是台湾"二二八"事件六十周年。为了纪念中国近代史上影响台湾地区历史发展的这一重要事件，台盟中央宣传部编辑出版了这本文集。全书分 6 编，收录了"二二八"起义亲历者和部分学者的回忆、讲话、文章，还收录了中共中央于 1947 年 3 月 8 日通过延安广播电台发表的声援台湾人民"二二八"起义的文告《台湾自治运动》，以及朱德、聂荣臻、廖承志、傅作义、周培源、钱其琛、张克辉等领导同志出席有关纪念活动时的讲话，等等。该书收录了各个时期纪念"二二八"事件的文章，为研究"二二八"事件提供了基础性资料。

## 《二二八事件资料集》

邓孔昭编，台北，稻乡出版社 1991 年 2 月版，455 页。该书原名《"二·二八"起义资料集》，上下两册，1981 年由厦门大学台湾研究院作为《台湾资料丛刊》之三印行。全书分三个部分：第一部分为"事件的背景与原因"，第二部分为"事件的经过"，第三部分为"事件中的原始文告及其他"，主要辑录了事件亲历者记录或回忆该事件的文字，以及一些公开发表的文献资料。这些资料在两岸交流比较困难的情况下辑录成书，有助于推动"二二八"事件研究的起步。

# 《顾维钧回忆录》

顾维钧著，中国社会科学院近代史研究所译，北京，中华书局2013年6月版，全13分册，5612页。顾维钧（1888—1985），字少川，江苏嘉定人，留美博士出身，历任北洋政府驻墨西哥、美国、古巴、英国公使，与外交总长、财政总长、代理国务总理，以及国民党政府"外交部长"与驻法、英、美大使，驻国联及联合国代表，海牙国际法院副院长，是中国近现代史上著名外交家，自民国至20世纪60年代国际国内重大政治外交事件的亲历者或见证人。这部回忆录记录了那个长时段的历史、人物、事件等，披露了不少鲜为外人所知的背景和内幕。

该回忆录用英文写成，由顾维钧赠送给哥伦比亚大学保存。经其本人欣然同意，由中国社会科学院近代史研究所组织翻译，交中华书局出版中译本。限于当时的翻译和出版条件，回忆录翻译完一册，出版一册，1983年出版第一分册，1994年出版第十三分册。基本情况如下：第一分册：第一卷童年及求学时代（1888—1912），第二卷担任外交官的头十年（1912—1922），第三卷回国任职（1922—1932）；第二分册至第四分册：第四卷，出使法国（1932.10—1941.6）；第五分册：第五卷，二度使英（1941.7—1946.6）；第六分册至第七分册：第六卷，再度出使华盛顿·上（1946—1950）；第八分册至第十二分册，第七卷，再度出使华盛顿·下（1950—1956）；第十三分册：第八卷，海牙国际法院十年（1956—1966）。

由于篇幅太大，该回忆录出齐后，还由天津编译中心编辑《顾维钧回忆录缩编》上下册，1441页，中华书局1997年6月版。

后来，应作者和译者方面的要求，将此十三分册内容重新排版，订正原书错讹，增加一批重要照片，整套十三分册，列入"中国社会科学院近代史研究所民国文献丛刊"，由中华书局2013年6月出版。

该回忆录问世以来在海内外引起很大反响，受到史学界、外交界及广大知识界的一致赞许，咸以为是中国乃至世界近现代史的珍贵参考资料。其中第六分册以后，也是研究战后台湾政治与"外交"史的重要资料。

## 《馆藏民国台湾档案汇编》

中国第二历史档案馆、海峡两岸出版交流中心编，北京，九州出版社2007年1月版，全300册。该书系"台湾文献史料出版工程"主体项目之一，均为从中国第二历史档案馆馆藏民国时期档案中精选的涉台档案及文献资料，时间上以台湾光复为界，分为1912—1944年，以及1945—1949年两部分，总计6000多件，约13万页，系统反映了民国时期中国政府与台湾的关系。其中绝大部分为原始档案，也有一部分图书、期刊；绝大部分为中文资料，也有少量系日文和英文资料。全书300册，基本上按时间顺序排列，最后一册（第300册）为总目录，便于检索。这些档案史料还揭露了日本对台湾的殖民统治，记录了台湾同胞在日据时期心向祖国，与日本殖民统治当局进行的不屈抗争；反映了抗战胜利前后中国政府对台湾地区的接收、管理及全面规划台湾光复后经济、文化、教育等重建工作，具有重要的学术价值，为研究民国时期中国政府与台湾的关系以及日据时期台湾历史提供了非常宝贵的原始档案文献资料。

## 《关于目前国际形势、我国外交政策和解放台湾问题》

周恩来著，北京，人民出版社1956年7月版，21页。这是时任国务院总理兼外交部部长的周恩来于1956年6月28日在第一届全国人民代表大会第三次会议上的发言，原载《人民日报》1956年6月29日第1、2版。周恩来阐述了当时的国际形势是"国际局势已经肯定地趋向和缓，冷战政策已经越来越不得人心"，我国的外交政策是"维护世界和平，加强和发展我国同苏联和人民民主国家的团结互助，并且根据不同社会制度国家和平共处的原则，促进和发展我国同其他国家在政治、经济、文化各方面的广泛联系"，同时明确宣布要和平解放台湾："我们愿意同台湾当局协商和平解放台湾的具体步骤和条件，并且希望台湾当局在他们认为适当的时机，派遣代表到北京或者其他适当的地点，同我们开始这种商谈。"这是新中国成立之初，对台政策从武力解放台湾到和平解放台湾的重要转变。

# 《海东札记·台湾杂记·巡台退思录·台海思痛录》

朱景英、黄逢昶、刘璈、黎景嵩著，钟启河、喻几凡、廖芳芳点校，长沙，岳麓书社 2011 年 2 月版，346 页。此为《湖湘文库》之一种，由四位清代在台任职的湘籍官员著述合刊，据称均以台湾银行经济研究室编《台湾文献丛刊》本为底本点校。朱景英，字幼芝、梅冶，号研北，湖南武陵（今常德）人。乾隆三十四年（1769）任台湾海防同知，三十九年（1774）迁北路理番同知，四十二年（1777）去职，在台 8 年。所著《海东札记》，四卷八篇，记述了台湾的历史、地理、职官、气候、物产、风俗、民情等，有乾隆朱氏原刊本、《雅堂丛刊》抄本、《台湾文献丛刊》第 19 种。黄逢昶，字晓墀，湖南湘阴人。光绪元年（1875）赴台北府任职，随后在台十余年。所著《台湾杂记》，包括台湾《竹枝词》《生番歌》《熟番歌》等 110 首，以及"治台策论"两篇和《记事略》一篇，涉及台湾山川形势、资源物产、人情风俗、族群关系及台湾开发简史。整理者称《台湾杂记》为《台湾文献丛刊》第 51 种，据查所见《台湾文献丛刊》第 51 种为《台湾生熟番纪事》，与《台湾杂记》稍有不同，究竟如何，待考。刘璈（1829—1886），字凤翔，号兰洲，湖南岳阳人。同治十三年（1874）日本侵台后，刘璈随钦差大臣沈葆桢入台。光绪四年（1878），刘璈随左宗棠征战新疆，七年（1881）任台湾道，再到台南府城。中法战争期间与刘铭传不谐，被参获罪。所著《巡台退思录》三卷，为在台公牍汇编，内容包括开山抚番、整顿营务、革除发饷弊端、加强海防建设、整顿煤务及厘金税收、开源节流、奖励教育、处理番民关系与民变械斗、民刑案件等，涉及台湾防务、政治、经济、文化、教育等多方面。《巡台退思录》成书于光绪十一年（1885），初为手抄本，被列为《台湾文献丛刊》第 21 种。黎景嵩（1847—1910），字伯墀，湖南湘潭人。光绪十七年（1891）任台湾基隆同知，乙未割台后，署理台中知府，率领台中军民抗日，后从台南内渡。所著《台海思痛录》分《台防篇》《台北篇》《台湾篇》《台南篇》《澎湖篇》，以自己亲身经历记述了台湾人民反割台、反击日军入侵台湾的英勇斗争历程。《台海思痛录》署名思痛子，被列为《台湾文献丛刊》第 40 种。上述四书所记，多为作者在台湾亲历亲见亲闻，是清代台湾史研究的重要文献资料。

## 《海上见闻录定本》

阮旻锡著，厦门郑成功纪念馆校，福州，福建人民出版社 1982 年 2 月版，80 页。阮旻锡（1627—1712），字畴生，号梦庵，福建同安人，是郑成功在厦门设立的储贤馆成员，熟悉郑氏事迹，所著《海上见闻录》两卷，专记郑成功父子事迹，简明扼要，晚年重订该书，名《海上见闻录定本》，是研究南明史与明郑台湾史的重要史料。该书另有上海古籍出版社 1982 年 2 月版；并被列入《续修四库全书》史部第 445 册，与《闽海纪略》《夷氛闻记》等合刊，上海古籍出版社 1995 年 10 月影印本；又被列入中国野史集成续编编委会、四川大学图书馆编《中国野史集成续编》第 25 册，与《续明纪事本末》《闽海纪略》《从征实录》《靖海纪事》等合刊，成都，巴蜀书社 2000 年 1 月版。

## 《胡适日记全编》

胡适著，曹伯言整理，合肥，安徽教育出版社 2001 年 10 月版，全 8 册。胡适（1891—1962），安徽绩溪人，中国近现代著名的学者、思想家、教育家和社会活动家。胡适一生坚持写日记，从 1910 年尚在中国公学读书时起，到 1962 年在台北"中研院"院长任上逝世为止，先后五十余年，其间虽有缺写和中断，但总体上是完整的。胡适日记有关于读书治学、朋友交往的札记，有对社会时事的观察和分析及个人和家庭生活的记录，还有诗文和往来书信的存稿或摘要，内容非常丰富，涉及中国近代的思想学术、文化教育、内政外交和社会变迁等许多方面，不仅是研究胡适个人，也是研究整个近现代中国的非常珍贵的原始资料。《胡适日记全编》按时间分为 8 册，第 8 册为 1950—1962 年的日记，涉及晚年胡适与美台关系及台湾岛内各方面的关系，尤其是 1958 年胡适从美国返回台湾定居并就任"中研院"院长，直接参与并见证当时台湾岛内许多大事。这些日记是研究晚年胡适及战后台湾史的宝贵资料。

## 《黄鹤龄集》

刘荣平、江卉点校，厦门，厦门大学出版社 2014 年 5 月版，258 页。黄鹤龄（1792—?），字浣云，广东嘉应（今梅州）人，生活在清朝道光、咸丰年间，曾赴台湾襄幕十余年，与莫友堂、刘家谋、丁绍仪相交为师友。著有《不暇懒斋诗钞》，未刊，现藏福建省图书馆。该书主要依据未刊《不暇懒斋诗钞》，稍加补辑而编成。据编者统计，黄鹤龄于道光丙午年（1846）二月渡海入台，至咸丰丁巳年（1857），有诗凡 1046 首，绝大部分与台湾有关，涉及台湾道咸年间航海、气候、地震、风俗、文化、古迹、民生、兵事等，是研究清代台湾道咸年间社会状况的重要资料。

## 《回忆"二二八起义"》

杨克煌著，武汉，湖北人民出版社 1955 年 6 月版，71 页。作者是"二二八"起义的参与者与领导者之一，该书是其对"二二八"的回忆性资料。该书介绍了"二二八"起义背景和经过，包括四部分：台湾人民在历史上反抗侵略的斗争，"二二八"起义以前的台湾，台湾人民反蒋反美的"二二八"起义，台湾人民坚决反对美帝侵略，热烈盼望台湾解放。

## 《纪念〈全国人大常委会告台湾同胞书〉发表十周年》

人民日报编，北京，人民日报出版社 1989 年 1 月版，92 页。该书在全国人大常委会发表《告台湾同胞书》十周年之际出版，收录相关文章 17 篇，包括署名文章 12 篇：《共同努力加快祖国统一进程》（彭冲）、《中国必须统一　国家不容分裂》（吴学谦）、《以促进祖国统一为己任》（朱学范）、《发展祖国现代化和统一事业》（荣毅仁）、《弘扬中华文化　实现祖国统一》（钱伟长）、《和平统一中国是大势所趋》（孙晓村）、《两岸携手繁荣祖国科学事业》（卢嘉锡）、《两岸经济合作互动是必然趋势》（孙越崎）、《更寄希望于台湾人民》（蔡子民）、《遥思亲朋旧雨　情谊萦念于怀》（傅学文）、《"台独"没有出路　前途在于统一》（林丽韫）、《顺应人民愿望　开展文化交流》（英若诚），以及《人民日报》社论及相关活动报道 5 篇:《和平统一祖国是大势所趋——纪念全国人大常委会发表〈告台湾同胞书〉发表十周年》(《人民日报》社论)《全国人大举行座谈会纪念〈告台湾同胞书〉发表十周年》《各地各界人士举行座谈会纪念〈告台湾同胞书〉发表十周年》《两岸关系走向缓和的十年》(新华社综述)《一九七九——一九八八年海峡两岸关系发展十大要闻》。

## 《见证台湾光复·中华振兴:纪念台湾省公费(派)生升学内地大学 65 周年》

郑坚、陈弘主编,北京,九州出版社 2011 年 3 月版,292 页。抗战胜利和台湾光复后,台湾省政府曾于 1946 年、1948 年两次公派 100 多为台湾青年,到大陆北京大学、清华大学、复旦大学、浙江大学、同济大学、武汉大学、厦门大学等十多所知名高校求学深造。新中国成立之初,一些公派生相继返乡回台,仍有近 50 名坚持留在大陆。该书选录 34 篇回忆性文章,记录了六十多年前这些台湾公派生们爱国求学、亲历台湾光复、参与新中国建设的真实历史,是研究台湾历史与两岸关系的重要资料。

## 《蒋经国自述》

该书版本较多,但大同小异,基本上为蒋经国 1949 年前在大陆出版和 1949 年后在台湾出版的部分日记、回忆录及散文的合集。主要内容包括:蒋经国自幼年起其父蒋介石对他读书学习的指导;他在苏联期间的学习、工作、生活和政治遭遇;1945 年赴苏联谈判签订《中苏友好同盟条约》的过程中,与斯大林面谈的情况;抗日战争时期在赣南的工作;赴大西北考察游览的见闻观感;抗日战争胜利后担任中国政府外交特派员在东北与苏联红军办理交涉的情况;1949 年 1 月随其父蒋介石撤离大陆到台湾的经过;1975 年其父蒋介石逝世前后他的思想、心理活动等。这些资料大致涉及蒋经国一生历史的许多重要片段,可供了解研究蒋经国的生平、思想、性格、作风和研究民国史、台湾史的参考。以下是几种常见版本:

(1)《蒋经国自述》,长沙,湖南人民出版社 1988 年 5 月版,386 页。

该书收集了蒋经国的 6 篇日记：《我在苏联的生活》《训练日记》《伟大的西北》《五百零四小时》《沪滨日记》《危急存亡之秋》。

（2）《蒋经国自述》，曾景忠、梁之彦（杨天石）选编，北京，团结出版社 2005 年 1 月第 1 版，321 页；2007 年 6 月第 2 版，357 页。该书汇集了蒋经国 13 篇自述性文字：《我所受的庭训》《我在苏联的日子》《我在苏联的生活》《训练日记》《东望章贡合流》《伟大的西北》《关于一九四五年与斯大林谈判的回忆》《五百零四小时》《沪滨日记》《危急存亡之秋》《在每一分钟的时光中》《难忘的一年》《守父灵一月记》。该书又题名《蒋经国自述：向历史交代》，曾景忠、杨天石编，北京，华文出版社 2012 年 6 月版，494 页。

（3）《蒋经国回忆录》，北京，东方出版社 2011 年 4 月版，373 页。该书分 8 章：第一章，我在苏联的生活；第二章，赣州干训班；第三章，西北闻见录；第四章，与苏联交涉接管东北；第五章，危急存亡之秋；第六章，督导上海经济；第七章，从庭训到守灵；第八章，七十古来稀。

（4）《蒋经国自述》，北京，台海出版社 2014 年 5 月版，329 页。该书分 10 章：第一章，我在苏联的日子；第二章，我在苏联的生活；第三章，青年自有青年的气象——致我在江西的朋友们；第四章，赣州班干部讲习会训练日记；第五章，伟大的西北；第六章，战后与苏联的交涉；第七章，在上海"打老虎"——沪滨日记；第八章，危急存亡之秋；第九章，痛悼亡父与先师；第十章，难忘的一年——七十岁生日有感。

# 《靖海纪事》

施琅著，王铎全校注，福州，福建人民出版社 1983 年 10 月版，148 页。《靖海纪事》上下两卷，是康熙年间福建水师提督施琅有关出征台湾及其善后处理的奏疏汇编。该书如实地记录了施琅征台的战略策略思想，战术战役的筹划，澎湖之役的实践过程，以及平定台湾郑氏之后对台湾的弃留、钱粮的征收、投诚人员的安置等问题的态度和意见；从中还反映出康熙执政期间清政府在对待和处理台湾郑氏等一系列问题上的方针和政策。因此具有较高的史料价值。该校注本以浙江嘉业堂所藏光绪元年（1875）施葆修重刊的《靖海纪事》为底本，并用上海图书馆所藏康熙本《靖海纪》参校，另外也参考台湾文献丛刊的重印本《靖海纪事》，为研究施琅及康熙统一台湾等问题提供了重要史料。该书又被列入《中国野史集成续编》编委会、四川大学图书馆编《中国野史集成续编》第25册，与《续明纪事本末》《海上见闻录定本》《闽海纪略》《从征实录》等合刊，成都，巴蜀书社2000年1月版。

## 《康熙统一台湾档案史料选辑》

厦门大学台湾研究院、中国第一历史档案馆编辑部编，福州，福建人民出版社1983年8月版，338页。该书选编清朝康熙元年至二十三年（1662—1684）期间有关清政府与郑经、郑克塽之间战和关系的档案史料184件。其中78件选自中国第一历史档案馆所藏内阁题本、启本、咨文等档案，25件选译自满文密本档，均为第一次公布的档案史料；另有50件选自姚启圣《忧畏轩奏疏》，13件选自施琅《靖海纪事》，17件选自《明清史料》，最后一件选自汉文起居注册（康熙十一年至二十七年）有关台湾部分。这些均是有关清郑关系的重要档案文献资料。主要内容包括：清政府收复郑经踞守的厦门、铜山等地，数次与台湾郑氏进行和谈，击败郑经乘三藩之乱对闽粤沿海地区的进攻，并于康熙二十二年攻克澎湖，郑克塽率众归清，台湾与大陆统一，以及清政府在台湾设官、驻兵、屯种、安民等善后措施。这是有关康熙统一台湾研究重要的基础性资料。

## 《蠡测汇钞·问俗录》

此为《蠡测汇钞》（邓传安著、杨犁夫标点）与《问俗录》（陈盛韶著、刘卓英标点）两书合刊本，北京，书目文献出版社1983年12月版，140页。邓传安，字鹿耕，号盱原、菽原，江西浮梁人，嘉庆间进士，官至建宁知府，曾任台湾北路理番同知、署台湾知府、分巡台湾兵备道，在台湾十余年。所著《蠡测汇钞》32篇，涉及台湾少数民族的分布与习俗，明鲁王渡台及历年由大陆至台的寓贤简况，台湾有关书院与城池修建经过，道试中对诸生及遗才的策问，台湾地方史料包括农民起义史料的考辨，民事案件、土地纠纷的处理，台湾山水风光的观赏游记，还有关于自然界突现的变化，如潭中涌现小山、海峡连日风浪的记述及有关祷神文字。陈盛韶（1775—1861），字晓亭，号澧溪、澧西，湖南安福（今临澧）人，道光间进士，历任福建建阳、古田、仙游、诏安知县，兴粮厅、葛玛兰通判，邵军、云霄、鹿港厅同知。所著《问俗录》6 卷，记载了建阳县、古田县、仙游县、诏安县、邵军厅、鹿港厅的民俗，涉及民族关系、屯饷、海运、海禁、海防、道考、租佃、义仓、军工厂等，以笔记形式保存了闽台地方多方面的掌故与史料。

# 《两岸对话与谈判重要文献选编》

海峡两岸关系协会编，北京，九州出版社 2003 年 4 月第 1 版，510 页；九州出版社 2004 年 7 月第 2 版，554 页。该书第 1 版摘录编辑了 20 世纪 90 年代以来祖国大陆方面关于两岸对话与谈判的理论论述及海协开展两岸协商活动的重要文献资料，具体包括十三方面内容：一、党和国家领导人的重要讲话；二、海协成立前的接触与商谈；三、海协与海基会各自以口头方式表述"海峡两岸均坚持一个中国原则"的共识；四、第一次汪辜会谈预备性磋商；五、第一次汪辜会谈；六、两会负责人会谈和工作性商谈；七、海协重要会务报告；八、第二次汪辜会谈的筹备、预备性磋商及推迟；九、推动两岸政治对话与谈判；十、"九七"后港台海运商谈；十一、汪辜上海会晤；十二、汪道涵访台的筹备及受阻；十三、重开两会商谈与对话的主张。第 2 版内容有所增加，原第十一部分改为"辜振甫来访"，增加《江泽民会见辜振甫夫妇》与《钱其琛会见辜振甫一行》两篇；第十三部分增加《中共中央台办、国务院台办受权就当前两岸关系问题发表声明》与《国台办发言人指出：陈水扁"520 讲话"为搞"台独"分裂埋下伏笔》两篇；另外增加第十四部分"纪念汪辜会谈十周年"，包括唐家璇的《两岸同胞团结起来，共同推进中华民族的伟大复兴》、陈云林的《积极促进两岸对话与谈判，开创两岸关系发展新局面》、汪道涵的《两岸对话与谈判是和平解决问题的唯一途径》、李炳才的《在"九二共识"基础上恢复对话与谈判》，以及海峡两岸关系协会的《汪辜会谈十周年》五篇文章。

## 《两岸关系与和平统一：一九九一年
重要谈话和文章选编》

国务院台湾事务办公室新闻局编，北京，华艺出版社 1992 年 1 月版，205 页。选编《江泽民在中国共产党成立 70 周年大会上的讲话》（节录）、《中共中央台办负责人就海峡两岸关系与和平统一问题发表谈话》《评台湾"国家统一纲领"》（《人民日报》评论员）等国家领导人及各界人士谈话与报刊媒体评论文章 59 篇。

## 《两岸关系与和平统一：一九九二年
重要谈话和文章选编》

国务院台湾事务办公室新闻局编，北京，华艺出版社 1993 年 2 月版，112 页。选编《江泽民谈祖国统一》（节录）、《江泽民谈对台工作》《吴学谦谈两岸关系》《国务院台办发言人就实施〈中国公民往来台湾地区管办法〉发表谈话》《国务院台办发言人就台湾当局通过"两岸关系条例"发表谈话》《海协会负责人就台湾当局通过"两岸关系条例"发表谈话》《两岸携手　振兴中华》（《人民日报》评论员）等国家领导人及各界人士谈话与报刊媒体评论文章 47 篇。

## 《两岸关系与和平统一：一九九三年
重要谈话和文章选编》

国务院台湾事务办公室新闻局编，北京，九洲图书出版社 1994 年 2 月版，211 页。选编《江泽民说"汪辜会谈"是成功的有成果的》《李瑞环谈"一国两制"》《台湾问题与中国的统一》《外交部发言人就"台独"问题答记者问》《关于〈台湾问题与中国的统一〉白皮书的答问》《"汪辜会谈"签署协议》《台湾当局"两个中国"图谋的大暴露》等国家领导人及各界人士谈话与报刊媒体评论文章 75 篇。

# 《两岸关系与和平统一：一九九四年重要谈话和文章选编》

国务院台湾事务办公室新闻局编，北京，九洲图书出版社1995年2月版，236页。选编《江泽民就中国对台湾问题的政策答记者问（节录）》《李鹏强调积极促进祖国和平统一》《钱其琛谈中美关系中的台湾问题》《国台办发言人谈台湾当局的〈台海两岸关系说明书〉》《汪道涵就"千岛湖案件"发表谈话》《外交部发言人谈两岸高层接触》《论台海两岸暂时分离的由来——评台湾当局〈台海两岸关系说明书〉》等国家领导人及各界人士谈话与报刊媒体评论文章102篇。

# 《两岸关系与和平统一：一九九五年重要谈话和文章选编》

国务院台湾事务办公室新闻局编，北京，九洲图书出版社1996年7月版，298页。选编江泽民《为促进祖国统一大业的完成而继续奋斗》《首都各界集会纪念台湾光复50周年》《国台办发言人就李登辉访美发表谈话》《"经营达台湾"意在搞"台独"——驳李登辉"经营大台湾，建立新中原"的谬论》《台湾当局"重返联合国"的图谋注定要失败》等国家领导人及各界人士谈话与报刊媒体评论文章118篇。

# 《两岸关系与和平统一：一九九六年重要谈话和文章选编》

国务院台湾事务办公室新闻局编，北京，九洲图书出版社1997年4月版，375页。选编《江泽民谈举行海峡两岸和平统一谈判》《李鹏谈台湾问题与捍卫联合国原则》《国台办新闻局负责人就颁布台湾记者来祖国大陆采访的规定发表谈话》《一个中国原则是实现统一的基础和前提》等国家领导人及各界人士谈话与报刊媒体评论文章145篇。

## 《两岸关系与和平统一：一九九七年
## 重要谈话和文章选编》

国务院台湾事务办公室新闻局编，北京，九洲图书出版社 1998 年 6 月版，394 页。选编《江泽民在中国共产党第十五次全国代表大会上的报告（节录）》《李鹏〈政府工作报告〉（节录）》《中台办、国台办发言人就台湾当局召开所谓"国家发展会议"发表谈话》《外交部发言人就少数国家提出台湾在联合国"代表权"问题发表谈话》《驳所谓"联合国会籍普遍性"论调》《评台湾当局面对的政治危机》《〈认识台湾〉要对青少年进行什么样的教育?》等国家领导人及各界人士谈话与报刊媒体评论文章 111 篇。

## 《两岸关系与和平统一：一九九八年
## 重要谈话和文章选编》

国务院台湾事务办公室新闻局编，北京，九洲图书出版社 1999 年 7 月版，414 页。选编《江泽民在中美两国元首会谈时谈台湾问题》《钱其琛指出"一国两制"是解决台湾问题的最好办法》《政治谈判是推动两岸关系分治的关键》（《人民日报》社论）《中共中央台办国务院台办负责人就进行两岸政治谈判发表谈话》《外交部发言人指出台湾当局在联合国制造"两个中国"或"一中一台"注定失败》《"德国模式"不适用于中国统一》等国家领导人及各界人士谈话与报刊媒体评论文章 138 篇。

## 《两岸关系与和平统一：一九九九年
## 重要谈话和文章选编》

国务院台湾事务办公室新闻局编，北京，九洲图书出版社 2000 年 5 月版，447 页。选编《江泽民重申中国政府在台湾问题上的严正立场》《朱镕基在〈政府工作报告〉中谈台湾问题》《中央台办、国务院台办负责人发表谈话坚决反对台湾分裂势力按"两国论""修宪"》《国际社会没有"两国论"的生存空间》《李登辉已同"台独"公开合流》等国家领导人及各界人士谈话与报刊媒体评论文章 139 篇。

## 《两岸关系与和平统一：2000 年重要谈话和文章选编》

国务院台湾事务办公室新闻局编，北京，九州出版社 2001 年 5 月版，453 页。选编《江泽民在 2000 年全国政协新年茶话会讲话时谈台湾问题》《钱其琛在台湾代表团审议政府工作报告时谈台湾问题》《中共中央台办、国务院台办受权就两岸关系问题发表声明》《"台独"即意味战争》《延续"李登辉路线"没有出路》《"务实外交"是赌徒外交》《一个中国原则不容回避》等国家领导人及各界人士谈话与报刊媒体评论文章 150 篇。

## 《两岸关系与和平统一：2001 年重要谈话和文章选编》

国务院台湾事务办公室新闻局编，北京，九州出版社 2002 年 5 月版，429 页。选编《江泽民在 2001 年全国政协茶话会上谈台湾问题》《江泽民接受〈华盛顿邮报〉专访纵论中美关系、祖国统一和改革开放》《陈云林说"一国两制"是实现两岸和平统一最好方式》《"戒急用忍"早该抛弃 一个中国不可回避》《"洋武器"救不了"台独"》等国家领导人及各界人士谈话与报刊媒体评论文章 154 篇。

## 《两岸关系与和平统一：2002 年重要谈话和文章选编》

国务院台湾事务办公室新闻局编，北京，九州出版社 2004 年 8 月版，509 页。全书分 5 部分，选编相关文章 194 篇，包括"党和国家领导人有关台湾问题谈话报道选编"50 篇，"国务院台办、海协领导和发言人有关台湾问题谈话报道选编"38 篇，"有关部委领导和发言人有关台湾问题谈话报道选编"39 篇，"国家有关涉台问题的文告、规章和重要活动报道选编"8 篇，"涉台舆论文章"59 篇。

## 《两岸关系与和平统一：2003 年重要谈话和文章选编》

国务院台湾事务办公室新闻局编，北京，九州出版社 2004 年 8 月版，

344 页。全书分 5 部分，选编相关文章 114 篇，包括"党和国家领导人有关台湾问题谈话报道选编"34 篇，"国务院台办、海协领导和发言人有关台湾问题谈话报道选编"36 篇，"有关部委领导和发言人有关台湾问题谈话报道选编"21 篇，"有关涉台问题的重要规章、文告"2 篇，"涉台舆论文章"21 篇。

## 《两岸关系与和平统一：2004 年重要谈话和文章选编》

国务院台湾事务办公室新闻局编，北京，九州出版社 2005 年 6 月版，387 页。全书分 6 部分，选编相关文章 158 篇，包括"党和国家领导人有关台湾问题谈话报道选编"53 篇，"国务院台办、海协领导和发言人有关台湾问题谈话报道选编"37 篇，"全国人大、全国政协有关台湾问题的声明和谈话报道选编"4 篇，"有关部委领导、发言人及党派、团体负责人谈台湾问题"43 篇，"有关涉台问题的重要文告及法律法规"1 篇，"涉台舆论文章选编"20 篇。

## 《两岸关系与和平统一：2005 年重要谈话和文章选编》

国务院台湾事务办公室新闻局编，北京，九州出版社 2006 年 4 月版，449 页。全书分 5 部分，选编相关文章 204 篇，包括"党和国家领导人有关台湾问题谈话报道选编"56 篇，"中共中央、全国人大、全国政协有关台湾问题的法律、决议、公报、声明和谈话报道选编"11 篇，"国务院台办、海协领导和发言人谈台湾问题报道选编"85 篇，"有关部委领导、发言人及党派、团体负责人谈台湾问题"40 篇，"涉台舆论文章选编"12 篇。

## 《两岸关系与和平统一：2006 年重要谈话和文章选编》

国务院台湾事务办公室新闻局编，北京，九州出版社 2007 年 9 月版，上下册，406 页。上册 6 部分 110 篇："党和国家领导人有关台湾问题谈话报道选编"25 篇，"全国人大、全国政协有关台湾问题的决议、声明和谈话报道选编"2 篇，"有关涉台法律、法规和重要文件选编"2 篇，"国务院台办、海协领导和发言人谈台湾问题报道选编"30 篇，"有关部委领导、发言人及党派、团体负责人谈台湾问题报道选编"50 篇，"涉台舆论文章选编"1 篇；下册 4 部分 85 篇："党和国家领导人有关台湾问题谈话报道选编"21 篇，"有关涉台法律、法规和重要文件选编"2 篇，"国务院台办、海协领导和发言人谈台湾问题报道选编"44 篇，"有关部委领导、发言人及党派、团体负责人谈台湾问题报道选编"18 篇。

## 《临海水土志》

沈莹著，张崇根辑注，北京，中央民族大学出版社 1998 年 10 月版，116 页。《临海水土志》又名《临海水土记》《临海水土异物志》等，约成书于 264—280 年，《隋书·经籍志》《旧唐书·经籍志》《新唐书·艺文志》皆有著录，北宋之前亡佚，后有元朝陶宗仪和清末民初杨晨、王仁俊辑本，清人章宗源、姚振宗，近人张国淦、洪焕椿等对其也有专门考证。陶宗仪辑本刊入《说郛》，杨晨辑本刊入《台州丛书后集》《崇雅堂丛书》，王仁俊辑本刊入《玉函山房辑佚书补编》，均较简略。今人张崇根辑注本最为齐全。《临海水土志》所记"夷洲"材料主要来源于卫温等远规台湾之役，是有关台湾历史最早的文献记录，也是研究台湾早期历史非常珍贵的文献资料。张崇根辑注本原名《临海水土异物志辑校》，有农业出版社 1981 年 8 月初版、1988 年 2 月修订版。

## 《刘铭传文集》

马昌华、翁飞点校，合肥，黄山书社 1997 年 7 月版，574 页。刘铭传（1836—1896），字省三，自号大潜山人，安徽合肥人，早年因镇压太平天国、捻军以军功官至直隶提督，后退隐归田。光绪十年（1884）中法战争时奉诏复起，以巡抚衔督办台湾军务，抗法保台，次年台湾建省，出任首任台湾巡抚。《刘铭传文集》汇集刘铭传奏稿《刘壮肃公奏议》、诗集《大潜山房诗钞》、金石文字《盘亭小录》及散佚诗文辑存，尤以奏稿十卷多涉台湾史事，是研究刘铭传及近代台湾历史的重要文献资料。

# 《鹿洲全集》

蓝鼎元著，蒋炳钊、王钿点校，厦门，厦门大学出版社 1995 年 1 月版，上、下册，919 页。蓝鼎元（1680—1733），字玉霖，号鹿洲，福建漳浦人。清前期学者，官至广州知府。康熙六十年（1721），台湾朱一贵起事，蓝鼎元随族兄南澳总兵蓝廷珍率师平台，在台一年多，写下《东征集》与《平台纪略》，提出许多经理台湾的精辟政见，被后人誉为"筹台之宗匠"。旧本《鹿洲全集》收录蓝鼎元著作八种，包括《芦洲初集》20 卷，《女学》6 卷，《东征集》6 卷，《平台纪略》1 卷，《棉阳学准》5 卷，《修史试笔》2 卷，《鹿洲公案》2 卷，《鹿洲奏疏》1 卷，版本较多，有雍正十年（1732）刻本，同治四年（1865）广东纬文堂刊本，光绪五年（1879）蓝谦重印刻本，光绪六年（1880）蓝王佐再补刊本、闽漳素位堂代印本，另有 1977 年台湾文海出版社影印本（沈云龙主编《近代中国史料丛刊续编》第 41 辑，401—410），1989 年福建漳浦县赤岭蓝氏重印线装本（24 册）。蒋炳钊、王钿点校本《鹿洲全集》，以厦门大学图书馆藏光绪五年刻本为底本，增加《鹿洲藏稿》《鹿洲诗选》两种，共十种，收录蓝鼎元著作较为完整，是研究蓝鼎元与清前期台湾历史的重要文献资料。

# 《民国时期台湾经史文献选编》

全国图书馆文献缩微复制中心编，北京，全国图书馆文献缩微复制中心 2009 年 10 月版，全 13 册。该书汇集了台湾光复时期国民政府对台湾各行业进行调查统计的各种资料，包括《台湾近世史》《台湾郡县建置志》《台湾地理》《台湾省地质调查所汇刊》《台湾省海洋研究所研究集刊》《台湾地政统计》《台湾新志》《台湾》《台湾指南》《台湾概览》《台湾考察报告》《台湾考察纪要》《台湾参观记录》《台湾之币制与银行》《民国三十六年台湾金融年报》《台湾产业界之发达》《台湾的租佃制度》《台湾公营工矿企业概况》《台湾矿业统计》《台湾工矿行政概况》《台湾工矿法令辑要》《台湾之电力》《台湾之煤矿》《台湾之石油工业》《台湾经济统计书》《台湾经济提要》《台湾省经济调查报告》《台湾农林》《台湾农务概况》《台湾农业年报》《台湾农业与渔业》《台湾省之米谷与肥料》《台湾蔗作之栽培》《台湾之塘》《台湾肥料有限公司暨所属各厂概况》《台湾省之农田水利》《台湾省水利要览》《二年来台湾之公路交通》38 种。这些资料反映了台湾光复时期的真实状况，涉及台湾历史、地理、地质、海洋、农林、渔业、蔗糖、肥料、矿业、石油、煤矿、水利、公路交通、货币金融，尤其是关于台湾经济调查详尽的统计资料，以大量的表格、数据、图示展现出光复前台湾经济被严重破坏的情况和光复后台湾经济迅速发展的状况，对研究台湾近代史具有重要的参考价值。

# 《民间遗存台湾文献选编》

厦门大学、海峡两岸出版交流中心编，北京，九州出版社 2011 年 5 月版，全 25 册。该书所收涉台文献以民间私家收藏的清代官衙文书、涉台契约文书、籍账、家族文书、日记、碑文及民间教育类图籍为主要内容。全书分三编：第一编"民间收藏台湾公私契约文书选编"，第 1—6 册，有陈炎正整理《清代官衙文书汇辑》（包括文武衙门簿、北路理番分府票簿、猫雾拣司票簿、彰化县主成票簿、彰化县主案簿、北路理番分府案簿、北路理宪案簿、岸里社守土随军番勇清册、岸里社状词）、《台湾中部契约文书汇辑》与《葫芦墩圳有关之古文书（水利碑文）》，还有《杨同兴家族文书》（包括杨家文录、杨同兴号阄书、杨同兴族谱）、《泉州鉴湖张氏家族涉台文书汇辑》（包括张士箱家族文书、鉴湖张氏祠堂碑记、鉴湖张氏家乘）；第二编"台湾民间教育文献选辑"，第 7—9 册，包括龙溪吕振羽辑《正版家礼大成》、吕汝玉刊行《文英书院规条》、唐景崧辑《幼学约程》等 16 种；第三编"台湾民间歌谣、日记及信仰劝善等类书选辑"，第 10—25 册，包括谢云声搜集整理《台湾情歌集》，原署朱子删定、玉泉真本《桃园明圣经》，洪学洙著《洪氏锦囊》，宜兰碧霞宫收藏印行《岳武穆王治世金针》，林三宝印行《玉历至宝钞》，台湾威灵堂秘传《民间宗教信仰科仪书》，金圣禅著《老子演义》，《乾隆二十七年岸里大社文书》，以及张丽俊著《水竹居日记》。这些清代及日据时期涉台民间文献，记录了清朝中央政府对台湾的管理，大陆人民移居台湾、开发宝岛并心向祖国的历史事实，是研究清代及日据时期台湾历史的宝贵资料。

# 《闽南涉台族谱汇编》

陈支平主编，福州，福建人民出版社 2014 年 9 月版，全 100 册。该书汇集了闽南地区涉台民间族谱 100 种。族谱以台湾人数排名前 100 位的大姓陈、林、黄、张、李等作为主要搜集整理对象，再根据某些特殊姓氏如连、辜等在台湾社会的重要影响程度，适当增补。内容上更加注重台湾政治人物祖籍地族谱的收集，例如所收录连氏族谱是两岸最原始、最齐全的版本。其他各族谱版本均以 1949 年以前为主，绝大部分修纂于清代和民国年间，间有少数修纂于明代。这些族谱含姓氏源流、堂号、世系表、家训、家传、先辈艺文著述、祖先图赞、风水图等，体例完备且具有闽南民间特色，是研究闽台关系及闽南与台湾地区政治、经济、社会文化史的重要文献资料。

# 《闽台关系档案资料》

福建省档案馆、厦门市档案馆编，厦门，鹭江出版社 1993 年 6 月版，810 页。该书辑录 1895—1949 年间闽台关系档案资料 500 余份，这些档案资料主要来源于福建省档案馆、厦门市档案馆、闽南与闽西北等市县档案馆、中国第二历史档案馆，另有少量报刊、文史资料。全书分五个部分：（一）台民，主要反映旅闽台民人数、生活、产业状况，闽台当局对台民态度及措施，以及台民社团组织与活动情况；（二）政治，包括闽南台湾学生与厦门台湾抗日复土总同盟、台湾义勇队、台湾革命同盟会南方执行部、台湾党、团部等在福建的抗日活动，以及闽台两省政务往来，如机构设置、人员调配、互派考察团等；（三）经济，反映闽台两省通邮、通航、通汇、通商、物资交换、粮食互济、投资建设、经济考察及特产博览的情况；（四）科技文教，反映闽台两省在科技、文化艺术、教育、宗教等方面的交流与合作；（五）军事与警政，主要反映闽台两省部队调防、征召兵士及在闽选拔、培训接受台湾干部的情况。该书为日据时期台湾史及战后台湾史研究提供了重要的档案文献资料。

## 《闽台关系族谱资料选编》

庄为玑、王连茂编，福州，福建人民出版社 1984 年 8 月版，478 页。该书以福建各姓氏族谱资料为主，兼辑若干重要碑铭、墓志，为闽台关系史研究提供了重要资料。全书分上下篇，上篇主要是各族姓迁台者的生平资料，以族谱名称为题，分别辑录晋江、泉州、南安、安溪、永春、德化、厦门、同安、漳州、长泰、龙海、诏安、仙游、莆田、长乐、福州 16 县市的重要族谱 57 种，另综录涉台零星资料族谱 27 种；下篇主要是摘录涉及闽台政治、经济、文化、宗教与婚姻关系的族谱资料，其中还包括郑成功家族世系、郑氏部属及施琅家族的部分资料，均为研究闽台关系史珍贵的原始资料。

## 《明清宫藏台湾档案汇编》

中国第一历史档案馆、海峡两岸出版交流中心编，北京，九州出版社 2009 年 5 月版，全 230 册。该书是"台湾文献史料出版工程"的重要组成部分，是迄今为止最大规模的明清档案出版项目。全书按编年体例影印出版，设总目 2 册，汇总列于书首。各册目录，另行分别列于各册。书中辑录了中国第一历史档案馆所藏明清两朝台湾问题档案总计 16343 件，其中明代档案主要选自兵部题行稿，共 25 件；其余选自军机处上谕档、军机处"台湾档"、军机处录副奏折、军机处杂件、军机处电旨电报、军机处来文、宫中朱批奏折、内阁题本、内阁史书、内阁敕谕、内阁起居注、内阁乡试录、内务府活计档、御制诗文、满文奏折、外季档、咨文、信函、移会等清代档案，按朝代来分：顺治朝 23 件，康熙朝 142 件，雍正朝 291 件，乾隆朝 5070 件，嘉庆朝 2674 件，道光朝 2849 件，咸丰朝 414 件，同治朝 607 件，光绪朝 4244 件，宣统朝 4 件。其内容包括郑氏收复、康熙统一、乾隆平定、光绪设省等重大事件，还有官员任免、移民开发、海疆防务、甲午割让等诸多台地大小政事。这些档案记载了明清中央政府管辖和治理台湾的真实情况，全面反映了台湾 300 多年来的历史变迁和所发生的一系列重大历史事件，具有重要的学术价值，为研究明清台湾历史提供了非常宝贵的原始档案资料。

# 《明实录类纂·福建台湾卷》

　　李国祥、杨昶主编，薛国中、韦洪编，武汉，武汉出版社 1993 年 10 月版，641 页。该书辑录《明实录》中福建及台湾地区的史料，分为政治、经济、军事、海禁海防、文化、人物 6 大类。政治类又分诏谕奏疏、政务与司法、行政建置、职官、惩赏、涉外 6 小类；经济类分田亩赋役、盐务、矿务、灾异与赈济、地震、其他（土贡、俸禄、手工业、钱钞、水利）6 小类；军事类分军队建制、军职任免、官兵赏罚、军务、征讨、反抗与镇压 6 小类；海禁海防类分倭寇、海寇、海禁、海防 4 小类；文化类分儒学、科举教育、赠赐旌恤、其他 4 小类；人物类分本籍官宦、外籍官宦 2 小类。各类资料均按《明实录》编年日志时间顺序条录，并进行标点。这些资料是研究明代福建与台湾地方史重要的基础性资料。

# 《钦定平定台湾纪略》

　　温达等纂，故宫博物院编，海口，海南出版社 2000 年 6 月影印本，全 2 册，988 页。该书为《故宫珍本丛刊》第 55、56 册《清代征战方略·钦定平定台湾纪略》之影印本，全书 65 卷，第 1 册包括卷 1—32，第 2 册包括卷 33—65，详细记录了乾隆五十一年至五十三年（1786—1788）平定林爽文起义的经过。该书最早为乾隆五十三年（1788）御制本，后被收入《四库全书》史部。另有多种台湾版本：台湾银行经济研究室编《台湾文献丛刊》第 102 种，全 6 册，1963 年版；《台湾文献史料丛刊》第 7 辑第 124、125 册，大通书局 1995 年 10 月版；《台湾历史文献丛刊》本，上中下 3 册，台湾省文献委员会 1997 年 6 月版。

# 《清代福建大员巡台奏折》

　　尹全海等整理，北京，九州出版社 2011 年 8 月版，上下册，704 页。自乾隆五十三年（1788），至同治十三年（1874），福建大员轮值巡台制度实际执行 86 年间，一般有两种情况福建大员才肯轮值巡台：一是轮值之年循例巡台，其职责主要有查察官吏、出具考语、巡阅营武、稽查地方民情等；更多的则是因事巡台，如遇有海盗、发生民变、分类械斗、番界纷争等，福建大员奉命追剿海盗、平定民变、弹压械斗、招垦番地。据统计这86年间，共有福州将军34人，35任，3人巡台；闽浙总督（福建总督）48人，48任，6人巡台；福建巡抚31人，34任，3人巡台；福建陆路提督26人，26任，5人巡台；福建水师提督27人，27任，11人巡台。总计共有27人，32次巡台，其中有6人两次巡台。其朝代分布为：乾隆朝3人次，嘉庆朝7人次，道光朝13人次，咸丰朝0人次，同治朝6人次。另有光绪元年至十一年（1875—1885）驻台闽抚7人。无论是循例巡台，还是因事巡台，每遇轮值巡台之期，一般是由福建督抚奏明朝廷，说明巡台缘由、巡台大员、巡台日期。而巡台大员从离开福建衙署到巡台结束回署，必将其所见所闻一一奏报，因此留下大量珍贵文献。该书依据海峡两岸宫藏档案，整理福建大员轮值巡台和闽抚驻台（光绪元年至十一年）奏折，并按照参与轮值巡台或驻台的福建大员之官职分为福州将军巡台奏折、福建督抚巡台奏折、福建水陆提督巡台奏折，及其他巡台奏折，分4卷，共计471份。这是研究清代福建大员巡台制度及清政府治理台湾的重要档案资料。

## 《清代妈祖档案史料汇编》

中国第一历史档案馆、湄洲妈祖庙董事会、湄洲妈祖文化研究中心、莆田市归国华侨联合会编，北京，中国档案出版社2003年10月版，431页。该书辑录清代康熙二十三年（1684）至光绪三十三年（1907）共二百余年间有关妈祖的档案史料146件。这些档案史料，主要选自中国历史档案馆藏档案，包括内阁全宗的题本、史书、起居注，宫中全宗的朱批奏折，军机处全宗的录副奏折、上谕档，内务府全宗的活计档等。另外，还从台湾故宫博物院出版的《宫中档雍正朝奏折》中选录五件档案，并选编《清代妈祖相关文献资料选录》为附录。全书采用影印形式，尽可能保存档案的真实性。妈祖信仰是闽台地区重要的民间信仰，该书为闽台关系史及民俗文化研究提供了重要的原始档案资料。

## 《清代台湾档案史料全编》

北京市天龙长城文化艺术公司编，北京，学苑出版社 1999 年 7 月版，全 10 册，2259 页。据"出版说明"，该书按编年体例辑录并全面系统整理了自顺治初年至光绪年间与台湾有关的各类档案，对其中的一部分满文档案进行了翻译，特别是对一部分郑氏家族档案也进行了整理。这对于研究清史、台湾史以及当时的日本和东南亚地区的政治、军事、经济、文化具有重要的史学价值。遗憾的是，该书并未说明这些所谓"档案"的来源，只是有部分注明"上谕档""朱批奏折""录副奏折""台湾档"《钦定平定台湾纪略》（稿本）或（刻本）等，大部分未见出处，似为已刊相关资料集的辑录，待考。

## 《清代台湾农民起义史料选编》

中国社会科学院历史研究所明史研究室编，福州，福建人民出版社 1983 年 11 月版，310 页。《闽台史料丛刊》之一。该书收录清人涉台著作 8 种：蓝鼎元著《东征集》，辑录蓝鼎元为蓝廷珍代拟平讨朱一贵的公檄、书禀、条陈、告谕等文字；蓝鼎元著《平台纪略》，较详细地记述了朱一贵起义的始末；杨廷理著《东瀛纪事》，具体记述了林爽文起义的过程；金城著《浣霞摸心记》，记述福建延平、漳州地区天地会活动、民众暴动、风土民俗、社会经济、山川地理，林爽文起义在福建的反响，以及东南沿海地区与台湾、澎湖的密切联系等情形；姚莹著《东槎纪略》（节录），涉及乾隆末年台湾陈全周起义、道光元年噶玛兰入籍、道光四年台湾许尚与杨良斌起义等事；邓传安著《蠡测汇钞》，记述了台湾山川形势、社会经济、学校教育、人民反抗斗争及台湾当地少数民族的社会组织、生产水平、生活方式、风俗习惯等情形；沈汝瀚著《除氛录》，记述了道光十二年台湾张丙起义和道光十三年许懋成起义，以及福建沿海的社会情况；佚名《平台纪事本末》，钞本，转录《台湾文献丛刊》第 16 种，详细记述了林爽文起义的经过。这些均是研究清代台湾农民起义及台湾与福建沿海地区地方史的宝贵资料。

# 《清代巡台御史巡台文献》

尹全海等整理，北京，九州出版社 2009 年 12 月版，529 页。清政府为加强对台湾的有效治理，以闽台合治将台湾纳入福建地方治理之同时，自康熙六十年（1721）每年钦差满、汉御史各一名到台湾巡察，推行朝廷政令，反映台湾地方舆情。至乾隆五十二年（1787），共有 47 位御史先后巡台，并留下了反映清政府直接管辖与有效治理台湾的历史文献。该书以巡台御史的巡台文献为整理与研究对象，从散见于清代官方档案、地方志书，以及巡台御史的文集中，搜集整理巡台御史在巡台期间留下的重要文献。全书分四编：第一编，巡台奏折，收录巡台御史巡台奏折 238份，分为三卷：第一卷奏事折，219 份；第二卷请安折，4 份；第三卷谢恩折，7 份；另有 8 份奏折存目。第二编，巡台著述，收录两种：第一卷为黄叔璥《台海使槎录》；第二卷为六十七等人《番社采风图考》。第三编，文献辑录，收录六十七《使署闲情》，包括卷一，赋 2 篇；卷二，诗约 500 首；卷三，政论 13 篇；卷四，杂著 23 篇。第四编，诗文杂记，第一卷诗文，第二卷杂记。另有附录"清代巡台御史表"。这是研究清代前期巡台御史制度的重要档案文献资料。

# 《清台湾奏稿三种》

全国图书馆文献缩微复制中心编，北京，全国图书馆文献缩微复制中心 2010 年 3 月版，350 页。此为"国家图书馆藏历史档案文献丛刊"之一，收录清朝道光十二年至十四年（1832—1834）台湾密奏两种：《程祖洛魏元烺奏稿》与《程督院奏酌筹台湾善后事宜各条款奏稿》，光绪二十一年（1895）台湾密奏一种《请将台湾议款宣示奏稿》。三种台湾官方密奏均为墨笔书写本，依时间为序，分别收入道光闽浙总督程祖洛、巡抚魏元烺、钦差大臣福州将军瑚松额等因道光十二年（1832）平定台湾嘉义张丙、陈连、陈辨、詹通为首之"叛乱"和光绪二十一年（1895）马关议和等事上呈密奏。密奏内容主要涉及四个方面。第一，嘉义"动乱"缘由、发展。如嘉义迤北，闽、粤庄民因强牵牛只起衅，分类械斗，官府处理偏颇引发民变，纠伙欲攻双溪口；又如知府吕志恒等亲往弹压，

"乱民"聚众拒捕自称"开国大元帅"，杀死知府吕志恒，张贴告示，占领城池，公开反清。第二，台平乱始末。如闽浙总督程祖洛闻变后，驰赴厦门，相机渡台，巡抚魏元烺权闽浙总督印指挥调兵，钦差大臣福州将军瑚松额奉旨赴台；又如嘉义"贼匪"分庄据守，掠盐水湾、三攻嘉义、提镇两路进剿、彰化"首匪"黄城攻破斗六门，侵入彰化西螺等处，"伪称""北路大元帅"，粘贴告示、混造年号，张丙等大小股匪在嘉义境十二处分布，互相勾结，抗拒官兵，官军南北两路文报不通；又如陆路提督马济胜带漳州镇标兵 1000 人，水师 1000 人由鹿港登陆经彰化至嘉义，台湾提督刘廷斌，金门总兵窦振彪率兵策应，先清北路，三战皆胜，又次盐水湾，合兵攻南路。第三，"动乱"善后事宜。如军机大臣会同兵部议奏：禁偷渡以杜盗源、行清庄以除盗薮、严连坐以杜包庇、禁搬徙以免窥侍、实力化导以免颓风、修建城墙竹围炮台并增设月城兵房以资捍卫、划匀台湾嘉义二县疆界以资维制、裁改汛防以资巡查弹压、修筑土堡衙署兵房以资戍守、按期会哨以资巡缉、考校现兵以杜顶替、选制军器以收实用、清厘屯务以示体恤而资调遣、整复隘口以杜勾番滋事、严硝磺之禁以杜私煎、严申铁禁以防透漏而杜私造等。第四，《马关条约》签订期间台湾动态及应对措施。如台湾风传倭亲王不日度台交割一切，商户悉皆罢市，绅耆齐集抚署泣诉，情词义愤，惨不忍睹；又如台民义愤，恐激民变，奏请"总理各国事务衙门一面将议和条款先行电示，以期予为宣示筹抚慰安，一面照会倭人，如台民未易驯服，则与我了无关系"等。这些资料均系第一手原始官方文档原件影印，始末完整，真实可靠，人物、时间、地点、过程一一详载，从不同方面记录了道光台湾反清起义和光绪《马关条约》实施割让台湾时岛内动态，对于研究清政府的对台政策及清代台湾社会政治、经济、军事、民情，颇具参考价值。

## 《丘逢甲集》

　　广东丘逢甲研究会编，长沙，岳麓书社 2001 年 12 月版，989 页。丘逢甲（1864—1912），字仙根、吉甫，号蛰庵，别号海东遗民、沧海君，祖籍广东嘉应州镇平（今广东蕉岭），生于台湾苗栗铜锣湾，进士出身，甲午战争时著名的抗日保台志士，后内渡广东嘉应，倡办新式教育。《丘逢甲集》上编为诗，下编为文，汇录了迄今发现丘逢甲全部诗文，包括其青少年时期各体诗作 159 首（含台湾竹枝词 40 首），诗钟 215 联，《柏庄诗草》267 首，《领云海日楼诗钞》1858 首，对联 35 副，像赞 10 篇，另有文稿 102 篇。不能确定的作品则存目备查。书末附录《丘逢甲抗日保台档案史料选编》《传记史料与旧版序跋文字选编》与《丘逢甲年谱简编》三种。这是研究丘逢甲与近代台湾历史的重要文献资料。

## 《泉州·台湾张士箱家族文件汇编》

王连茂、叶恩典整理，福州，福建人民出版社 1999 年 9 月版，405 页。张士箱，名踵，字汝万，号省斋，康熙十二年（1673）生于泉州府晋江县，四十一年渡台，寄籍凤山，次年补生员，雍正十年（1732）为岁贡生，乾隆二年（1737）出任漳州训导，六年去世。《泉州·台湾张士箱家族文件汇编》主要收录了张士箱第八世孙张樑杰（晋江县陈埭镇苏埭村村民）家藏张士箱家族文件，包括该家族自康熙以迄民国年间，在泉州和台湾两地的租佃契约、租佃册、分家文书、房地产买卖契约、完纳钱粮条目和执照、书信、手折、日据时期张家成员渡台证件和台北华民会馆会员证等 147 件，另外还有收录该家族的宗祠记和墓志铭 10 件，是了解该家族的渊源历史和重要人物事迹的重要资料。这些资料，还是研究清代台湾的开发、闽台社会经济关系、闽台人民关系、家族经济与人口变迁、家族财产分配制度、闽台民间契约文化等多方面问题的宝贵文献。

## 《日本各界人士对日本尖阁列岛主张的反驳》

李理、赵国辉编译，台北，海峡学术出版社 2013 年 5 月版，220 页。该书为日本各界人士对所谓"日本尖阁列岛主张"的反驳的言论集。全书分六个部分：第一部分"井上清教授的反对观点"，全部由社会科学文献出版社于 1997 年出版的井上清所著《钓鱼岛·历史与主权》整理而成；第二部分"日本学者高桥庄五郎在钓鱼列岛上的反对观点"，全部翻译整理自其著作《尖阁列岛日记》；第三部分"村田忠禧教授的反对主张"；第四部分"日本大使丹羽宇一郎的观点"；第五部分"日本前外务省国际情报局长孙崎享的观点"；第六部分"原日本外务省条约局局长东乡和彦的观点"。附录为村田忠禧的"尖阁列岛·钓鱼岛争议——对 21

世纪人们智慧的考验"。该书的出版，有助于增进了解钓鱼岛问题的来龙去脉，以及日本各界的态度。

## 《日本近代对钓鱼岛的非法调查及窃取》

　　李理编译，北京，社会科学文献出版社 2013 年 6 月版，331 页。该书收集和编译了大量的日文史料，主要是关于 1885 年至 1895 年之间日本图谋窃取中国钓鱼岛的原始文献史料，如收录于日本国立公文书馆的《冲绳县与清国福州之间散在之无人岛国标建设之件》（冲縄県卜清国福州卜ノ間二散在スル無人島へ国標建設ノ件，档案号：A03022910000）及外务省外交史料馆所藏的《自 1885 年（明治十八年）10 月冲绳县久米赤岛、久场岛、鱼钓岛国标建设之件》（冲縄県久米赤島、久場島、魚釣島へ国標建設ノ件　明治十八年十月中，档案号：B03041152300）等。通过这些原始档案文献的翻译整理，可以清晰地了解日本窥视、图谋窃取中国钓鱼岛的整个历史过程。

## 《日本统治时期台湾省五十一年来统计提要》

　　台湾省行政长官公署统计室编，北京，全国图书馆文献缩微复制中心 2009 年 7 月版，全 3 册，1412 页。1945 年台湾光复后，为重振台湾省各项工作，台湾省行政长官公署统计室将原日本总督府从 1894 年至 1945 年有关政府各部门具体工作的统计资料收集起来，摘载精华，增删订正，集成此编。全书分 24 类，包括历象、土地、人口、行政组织、司法、农业、林业、水产、畜牧、矿业、工业、劳工、商业、财政、专卖、金融、邮电、铁路、公路、航务、教育、卫生、救济及宗教、警卫，涉及政府组织系统及各行各业，均有详细的统计数字。如统计人口方面，有关每年人口出生多少、男女比例、死亡人数、结婚人数（包括是否初婚）都统计在册；又如农业土地方面，包括土地面积、地租、农作物种类、产量亦收集详尽。社会和人类的发展、各行各业的工作都离不开准确无误的判断，而准确无误的判断又来源于真实详尽的统计资料和数据。这部统计资料文献，对于研究日据时期台湾政治、经济、文化与社会变迁均有重要参考价值。

# 《蓉洲诗文稿选辑·东宁政事集》

　　季麒光著，李祖基点校，香港，香港人民出版社 2006 年 1 月版。季麒光，字圣昭，号蓉洲，江苏无锡人，进士出身，康熙二十三年（1684）任台湾诸罗县首任知县，关心台事，与明郑遗老多有往来，留下不少涉及明郑及台湾的文字。该书以上海图书馆所藏《蓉洲诗文稿》为底本整理，原书系清朝康熙三十三年刻本，共四种：《蓉洲诗稿》七卷、《蓉洲文稿》四卷、《三国史论》一卷和《东宁政事集》一卷。《蓉洲诗文稿选辑》从中选录季麒光诗 155 首、文 30 篇，以及沈光文等序文 16 篇，与《东宁政事集》合刊，这些资料涉及季麒光交游及清初台湾的吏治、财税、军事、盐政、司法判案、民族关系、政府建置、民变等诸多方面，是研究季麒光与清政府治理台湾初期的政治与社会的宝贵资料。

# 《沈文肃公牍》

　　沈葆桢著，福建省文史研究馆编，扬州，江苏广陵古籍刻印社 1997 年 12 月影印本，全 3 册，1690 页。《福建丛书》第二辑之一。沈葆桢（1820—1879），字瀚宇、幼丹，福建侯官人，翰林出身，历官江西巡抚、福州船政大臣、两江总督。同治十三年（1874）日本借口台湾牡丹社事件武装侵台，沈葆桢奉旨巡视台湾并兼办各国通商事务，对治理与开发台湾做出重大贡献。《沈文肃公牍》16 卷，为福建省图书馆独藏钞本，收录沈葆桢在巡台和督江时期与李鸿章、左宗棠以及闽浙、两江、湖广督抚司道和师友往来信函 1000 余件。第一至六卷涉及巡台时积极备战以及日本退兵后的善后工作和整治台湾的各项措施；第七至十六卷为督江时的政事活动。另外附录《沈葆桢家书》，为福州螺江陈氏钞本（陈宝琛家钞藏本），是沈葆桢任江西巡抚、巡台及督江时期的家信。该书影印上述两种钞本，为研究沈葆桢与近代台湾史及中国近代史提供了弥足珍贵的历史文献。该书另有影印本：陈支平主编《台湾文献汇刊》第 4 辑，厦门大学出版社、九州出版社 2004 年 12 月版。

　　另外，尚有林海权整理点校《沈文肃公牍》，福州，福建人民出版社 2008 年 5 月版，835 页。据江苏广陵古籍刻印社影印本为底本，收入《八闽文献丛刊》，仅点校《沈文肃公牍》16 卷，未及《沈葆桢家书》。

# 《宋斐如文集》

宋斐如著，深圳台盟主编，杨益群执行主编，北京，台海出版社
2005 年 10 月版，全 5 册，1652 页。宋斐如（1902—1947），原名宋文瑞，
台湾省台南县人，北京大学毕业，留学日本东京大学，为抗日爱国志士，
著名日本问题专家。《宋斐如文集》汇集宋斐如文章 163 篇，分 6 辑：第
一辑，抗日运动，46 篇；第二辑，台湾问题，31 篇；第三辑，日本军事
外交，35 篇；第四辑，日本政治，21 篇；第五辑，日本经济，21 篇；第
六辑，其他，9 篇。另有附录"有关记载、忆念、评论、年表"，12 篇。
这些是研究宋斐如与台湾问题及日本问题的重要资料。该书另有台湾海峡
学术出版社 2006 年 3 月版。

# 《台海使槎录》

黄叔璥著，北京，中华书局 1985 年版，164 页。该书为上海商务印
书馆（1936 年）《丛书集成初编》重印本之一。黄叔璥为清朝首任巡台
御史，康熙六十一年（1722），抵台后经常巡行各地，考察攻守险隘、海
道风信。《台海使槎录》系作者在台湾期间搜采有关旧籍记载，参以亲身
见闻撰成。全书凡八卷三篇：卷一至卷四为《赤嵌笔谈》，杂记台湾地
形、气候、潮汐、水程、城堡、一般风土、地震灾异及郑成功抗清和朱一
贵起义等事，资料多取自《台湾纪》《读史方舆纪要》《蓉洲文稿》《香
祖笔记》《稗海纪游》《诸罗杂记》《东宁政事》《伪郑逸事》《平台纪
略》等书；卷五至卷七为《番俗六考》，详细记录台湾的山川地势、风土
民俗，尤其对台湾原住民的样貌，更是观察入微，为近现代考证平埔族历
史之根基；卷八为《番俗杂记》。该书另有乾隆间刻本、《畿辅丛书》本、
上海商务印书馆《丛书集成初编》本（1936 年）、台湾银行《台湾文献
丛刊》第四种（1957 年）。

## 《台海文献汇刊》

陈支平主编，厦门，厦门大学出版社 2014 年 9 月版，60 册。《台海文献汇刊》是《台湾文献汇刊》的姊妹篇，由闽南师范大学闽南文化研究院组织策划编选。《台海文献汇刊》共分四辑：第一辑，台湾义勇队档案文献集成。这是一批有关由李友邦将军领导的台湾义勇队的原始档案资料。台湾义勇队是唯一一支由台湾同胞组成的与日寇正面斗争的抗日队伍。珍藏在福建省武夷山市档案馆的李友邦档案，从未为研究者所披露。该书将李友邦将军的抗战论著二种和《告台湾同胞书》中日文手稿，台湾义勇队战地刊物《台湾先锋》《台湾青年》，以及中国国民党直属台湾党部刊物《台湾研究季刊》等历史文献也汇集在一起。第二辑，台海诗文集十四种。在这十四种诗文集中，除了佟国器撰《三抚密奏疏稿暨三抚捷功奏疏》、汪志伊撰《稼门奏稿》、吴鲁撰《正气研斋汇稿》、万培因撰《万培因奏稿》这四种为大陆士人撰写之外，其余十种，均由台湾士人撰写。第三辑，海疆文献丛编。台湾的历史文化是与海洋紧密联系在一起的，本辑所搜集的文献侧重于台湾及其周边的海洋书写。《经国雄略》，四十八卷，前有郑芝龙序、张运泰序及郑大郁自序，是书出于明末福建郑芝龙海商集团之手，所载多为边防、海防及武备之事。此书国内几无收藏，仅存国家图书馆及中国科学院图书馆，亦为残本。本辑还收录了谢清高等人的《海录》、郑光祖的《舟车所至》、王蕴香的《海外番夷录》等散失于海外的有关海洋问题的珍稀文献，以及罕见于民间的佚名氏撰《乘舟必览》。第四辑，大陆收藏民国时期台湾刊物丛编。自日据时期至中华人民共和国成立时，台湾岛内陆陆续续兴办了不少的杂志刊物，从这些杂志刊物中可以更为直接地反映出这一时期台湾社会经济与文化的方方面面。该书从中精选了一部分杂志刊物，编辑成册。这些文献资料，具有较高的学术价值和收藏价值。

## 《台湾地区权利保障司法案例选编》

祝捷编，北京，九州出版社 2013 年 2 月版，313 页。该书以 1990 年台湾地区"宪政改革"后之"大法官解释"为对象，对台湾地区法律制度进行介绍和分析，所涉案例均与台湾地区人民的基本权利息息相关，可以作为涉台理论研究、教学的参考资料。全书分总论和分论两大部分。总论又分六部分：第一部分法律保留原则，如案例《美商西北航空等诉"民用航空局"案》；第二部分比例原则，如案例《陈志祥质疑死刑案》；第三部分信赖保护原则，如案例《吕明凡诉"铨叙部"案》；第四部分正当程序原则，如案例《张宜昌等质疑"检肃流氓条例"案》；第五部分基本权利的功能，如案例《彰化第四信用合作社诉"财政部"案（1999年）》；第六部分特别权力关系，如案例《简良机诉成功大学案》。分论又分十二部分：第一部分人格尊严；第二部分平等权；第三部分言论自由；第四部分宗教信仰自由；第五部分财产权；（目录缺第六部分）第七部分人身自由；第八部分工作权；第九部分获得救济权；第十部分考试权；第十一部分社会权利；第十二部分未列举权利等。每个部分都选有一两个案例。

## 《台湾"二·二八"事件档案史料》

中国第二历史档案馆编，陈兴唐主编，北京，档案出版社1991年版，上下册，928页。该书收集中国第二历史档案馆所藏有关"二二八"事件的档案资料，分三章：第一章，事件背景；第二章，事件经过；第三章，事件善后。所收档案史料有机关工作纲要、电报、公函、简报、广播词、工作报告等，基本上按时序编排，大致反映了"二二八"事件的前因后果与全过程。该书另有台湾人间出版社1992年2月繁体字版，上下卷，814页。

## 《台湾法律大全》

陈安主编，北京，中国大百科全书出版社1998年版，1207页。该书是一本内容比较全面、涵盖台湾法律制度各个主要领域的中型工具书，系统地介绍台湾现行的"宪法""民法""商法""刑法""行政法""诉讼法"等多种法律部门。全书共分十九编，由著名法学家陈安教授任主编，并根据该书结构的需要设分主编，负责各编的具体编撰工作。

## 《台湾府志三种》

蒋毓英、高拱乾、范咸等编纂，北京，中华书局 1985 年 5 月版，上中下三册，2828 页。该书影印了三种重要的台湾府志：上册为蒋毓英修《台湾府志》和高拱乾等修《台湾府志》，中、下册为范咸等修《重修台湾府志》。三种台湾府志的影印，为研究清代台湾史提供了重要的资料。

## 《台湾府志校注》

蒋毓英著，陈碧笙校注，厦门，厦门大学出版社 1985 年 11 月版，126 页。该书由首任台湾府知府蒋毓英主修，也是康熙二十三年（1684）台湾置府设县后第一部地方志。全书 10 卷，内容涵盖沿革、山川、物产、风俗、规制、赋役、祀典、学校、官制、人物、古迹、灾祥、扼塞，等等。该书在保存史料、弘扬儒术以及倡导风气、树立规制等方面，对台湾日后方志的修纂产生了深远影响，也为研究清初期台湾史提供了重要的资料。

## 《台湾光复档案》

海峡两岸出版交流中心编，北京，九州出版社 2005 年 10 月版，上下册，496 页。该书分为《历史图像》和《文献史料》两册。《历史图像》共分七章，以 400 余幅历史档案图片系统地再现了台湾人民不忘祖国、反抗日本殖民统治、广大台籍爱国志士赴国内参加抗日斗争、中国政府收回台湾的举措，以及台湾光复初期的政治体制、经济复苏、文化重建的历史画卷。《文献史料》则以中国第二历史档案馆馆藏原始档案，反映了台湾爱国志士参加祖国抗日斗争、台湾光复及光复初期台湾政治、经济、文化等方面的情况。书中有相当一部分档案史料为第一次系统公布，包括国民党前任主席连战的祖父连横申请复籍更名案及内务部办理该案相关文书，日本朝鲜台湾反法西斯同盟创立准备委员会宣言（1938 年 7 月 7 日），台湾义勇队相关档案，陈仪致蒋介石的电报，陈仪在台湾省参议会第一届第二次大会开幕礼致辞，陈仪对台湾工界的讲话稿，丘念台《治台大计管见》及内政部核议意见（1945 年 1 月 15 日）等。这些档案文献，是研究台湾近代历史的宝贵资料。

# 《台湾光复和光复后五年省情》

陈鸣钟、陈兴唐主编，南京，南京出版社 1989 年 12 月版，上下册，1123 页。该书是中国第二历史档案馆编辑的《中华民国史档案资料丛刊》中的一种。全书分为三编：第一编，国民党政府接收台湾前的准备工作；第二编，台湾光复（台北受降及军事接收）；第三编，台湾光复后五年省情。主体部分为第三编，又分总类、政治、教育、文化、地政、工矿、农林、交通、财政金融、专卖、"二二八"事变等十章。全书所辑者选自馆藏档案史料，且其中绝大部分均系大陆第一次刊布，从一个侧面记载了国民党政府接收台湾的台北受降的实况和军事接收的全过程；光复后五年国民党政府"治台"的各项措施，党团组织的活动及台湾人民的反应；执行党化教育和国语化教育，调整并加强原有教育文化机构及其设备；没收台湾日籍地主和日籍会社地主所占有的大量土地，为此后的土改提供了条件；经济部资源委员会以国营、国省合营等形式垄断工矿业；农林和工矿的关系；交通在台湾经济恢复中所发挥的作用；财政收支和金融，特别是货币发行原有构思及其演变发展过程；专卖事业和国计民生的关系；社会各种矛盾的总暴露和"二二八"事变的爆发，等等。

# 《台湾光复前后（1943—1946）》

洪卜仁主编，厦门，厦门大学出版社 2010 年 11 月版，225 页。该书为厦门大学图书馆馆藏文献丛刊之一。全书分上、下两篇，以 1945 年 10 月 25 日台湾光复日为界，上篇收入 1943 年 1 月至 1945 年 10 月 25 日台湾光复前报纸刊载的文章和报道 56 篇，下篇为光复后至 1946 年 12 月见报的报道与文章 66 篇，共辑录文章与报道 122 篇。该书所据资料来自厦大图书馆馆藏的 1943—1946 年大陆出版的报纸，包括当时厦门的《江声报》《星光日报》，重庆的《大公报》《新华日报》，上海的《侨声报》《文汇报》，以及福建等地的《东南日报》《中央日报》《泉州日报》，也有一些是剪报。这些文章和报道，为研究光复前后台湾社会提供了重要资料。

## 《台湾纪略》

林谦光著，北京，中华书局 1985 年版，10 页。该书为上海商务印书馆（1936 年）《丛书集成初编》重印本之一。林谦光曾任台湾府教授，课余留心台湾风土民情，访土著，查询山川形胜，着手编写台湾风土记，康熙二十四年写成《台湾纪略》。全书约 6000 字，分 15 目：形胜、沿革、建置、山川、礁屿、都郭、户役赋税、学校、选举、兵防、津梁、天时、地理、风俗、物产，另附澎湖版图。全书记事简略，文字简练，是台湾最早的一部地方志。后来蒋毓英修《台湾府志》采用《纪略》一书为蓝本，所以《四库全书总目提要》称："开辟之初，规模草创，故其文皆略存梗概，不及新志之详明，然固新志之椎轮也。"该书除康熙二十九年在台湾刊刻外，尚有清龙威秘丛书版、小方壶斋舆地丛钞本、上海商务印书馆《丛书集成初编》本（1936 年）、台湾银行《台湾文献丛刊》第 104 种（1957 年）。

## 《台湾经济财政金融法规选编》

张邦钜编，北京，光明日报出版社 1987 年 12 月第 1 版，474 页。该书是台湾经济类法规综合资料选编，包括公司法、会计师法、会计师查核签证财务报表规则、奖励投资条例、创业投资事业管理规则、华侨回国投资条例、外国人投资条例、对外投资及技术合作审核处理办法、工业新产品研究开发计划补助办法、财政收支划分法、预算法、决算法、"国库"法、"国库"法施行细则、"国库"券发行条例、"中央银行"法，等等。

## 《台湾林爽文起义资料选编》

刘如仲、苗学孟编，福州，福建人民出版社 1984 年 3 月版，325 页。林爽文（1756—1788），原籍福建漳州平和，1773 年随其父亲到台湾，定居彰化县大里杙庄（今台中市大里区），1784 年加入天地会，之后成为彰化天地会首领，1786 年曾发动林爽文起义，1788 年失败被捕，解京受审，被判处死。该书主要选自《清实录》《东华录》、台湾地方志、笔记杂记及碑匾文物资料，其资料来源有中国第一历史档案馆、中国科学院图书馆、北京图书馆、中国历史博物馆、台湾故宫博物院所收藏的档案资料等。林爽文起义是清初台湾大事，该书为研究此事件提供了基础性资料。

## 《台湾涉外经济法规选要》

陈安、刘智中编，厦门，鹭江出版社 1990 年版，714 页。该书包括台湾涉外投资法、对外贸易法、涉外货币金融法、涉外税法及海事法五大部分。

## 《台湾史料汇编》

姜亚沙等编，北京，全国图书馆文献缩微复制中心 2004 年版，全 14册。该书收录了有关清代和民国时期台湾的历史文献，如《（乾隆）重修台湾府志》《（乾隆）续修台湾府志》《（康熙）台湾县志》《（乾隆）台湾县志》《台湾小志》《台湾外纪》《台海见闻录》《台海采风图考》《台湾概览》《台湾省五十一年来统计提要》《台湾省经济调查初稿》《台湾的农业与渔业》《台湾的租佃制度》《日本统治下的台湾户政概要》等，为研究近现代台湾的政治、经济、历史、文化提供了珍贵的资料。

## 《台湾史料辑》

北京市天龙长城文化艺术公司编，北京，学苑出版社 1999 年 7 月版，全 13 册，3813 页。该书辑录有关清代台湾的史料，涉及清代台湾历史多个方面：清政府统一台湾的过程，台湾的设置和沿革，台湾各级官吏的任免和奖惩，清政府对台湾少数民族的统治，台湾工业、贸易的兴衰，台湾人民的反抗斗争及重大的民间械斗和案件记录，台湾各种自然灾害，以及大陆许多重大事件对台湾的影响，等等。所辑史料按编年排列，从顺治三年（1646）到光绪三十年（1904），对清代台湾史研究提供了较为系统的资料。遗憾的是，该书并未具体说明这些史料的来源，似选自题本、朱批奏折、录副奏折、上谕档、清实录等，待考。

## 《台湾事务法律政策选编：1983—2000》

国务院台湾事务办公室新闻局编，北京，九州出版社 2001 年 4 月版，189 页。该书是国务院各部委历年所发涉台事务法律政策资料选编，如劳动人事部关于台属职工和台胞职工探亲问题的通知，国务院关于鼓励台湾同胞投资的规定，对台湾地区贸易管理办法，国家教委关于华侨、台湾、港澳青年进入普通高等学校进修、插班、旁听学习的暂行规定，等等。

## 《台湾事务政策法律全书》

杨流昌、张万明编，北京，九州出版社 2001 年 8 月版，上下册，1606 页。该书是有关台湾事务的重要文献汇编，包括法律文件、法规及实施细则，两岸公证书使用查证协议，两会联系与会谈制度协议等，重要文献如《毛泽东告台湾同胞书》《毛泽东再告台湾同胞书》《叶剑英：向新华社记者发表的谈话》《江泽民：为促进祖国统一大业的完成而继续奋斗》《钱其琛：在江泽民主席〈为促进祖国统一大业的完成而继续奋斗〉发表三周年座谈会的讲话》，等等。另外，还有中央人民政府处理"九七"后香港涉台问题的基本原则和政策，中央人民政府处理"九九"后澳门涉台问题的基本原则和政策，中华人民共和国台湾同胞投资保护法实施细则等等。

## 《台湾随笔》

徐怀祖著，北京，中华书局 1985 年版，4 页。该书为上海商务印书馆（1936 年）《丛书集成初编》重印本之一，与《台海使槎录》合刊。记载徐怀祖在台湾的所见所闻，介绍台湾的名胜古迹、自然风光、风土人情和文化历史。另有 1957 年台湾银行版本，收入《台湾文献丛刊》第216 种。

# 《台湾同胞抗日爱国诗词选》

陈碧笙编，北京，九州出版社 2001 年版，155 页。该书收录的诗词包括"台湾沦陷纪哀""血泪的控诉""前仆后继，英勇抗敌""眷怀祖国，矢志恢复"四个部分，如《台湾》《登鼓浪屿怀郑延平》《台湾行》等古诗、格律诗。这些诗词主要是纪念 1895 年台湾人民反抗日本殖民者的爱国诗词。

# 《台湾外纪》

江日昇著，陈碧笙校点，福州，福建人民出版社 1983 年版，367 页。《台湾外纪》或作《台湾外记》《台湾外志》，作者江日昇，以介于史书和章回小说之间的体裁，描述郑芝龙、郑成功、郑经、郑克塽家族发展的事迹。由于明郑家族的史料稀少，此书虽有小说性质，但内容系江日昇之父口传，填补了许多史料未载的空白，故成为学术上的重要参考资料。江日昇之父江美鳌为南明将领，最初隶属郑彩麾下，后改归郑成功指挥，曾奉郑彩之令护送唐王朱聿键入闽，唐王随后称帝。三藩之乱时，郑经攻打广东惠州，江美鳌出任连平知州，而后投降清朝。江日昇自幼听闻父亲谈论明郑事迹，后以"闽人说闽事，以应纂修国史者采择焉"，写成此书。该书记事自明天启元年（1621）郑芝龙离泉州至澳门，至清康熙二十二年（1683）郑克塽降清，共 63 年，记述了郑芝龙发迹、扶助南明隆武朝廷，以及郑成功家族与清朝对抗、和谈、最后投降的故事。该书另名《台湾外志》，吴德铎标校本，上海古籍出版社 1986 年版；刘文泰等点校本，齐鲁书社 2004 年版。又名《台湾外记》，江日昇著，上海古籍出版社 1994 年版。还有台湾银行 1960 年版和台湾大通书局 1995 版。

# 《台湾文献汇刊》

陈支平主编，厦门，厦门大学出版社 2004 年 9 月版，全 100 册。该《汇刊》由福建师范大学闽台区域研究中心及厦门大学一批专家学者，历时十年编辑完成，收入了近二百种珍贵的闽台古籍，涵盖明清及民国初期的私人著述及地方志书。全书由关系闽台的古籍、档案资料、族谱、民间文书和契约四部分组成，分 7 辑：第一辑"郑氏家族与清初南明相关史料专辑"，9 册；第二辑"康熙统一台湾史料专辑"，14 册；第三辑"闽台民间关系族谱专辑"，20 册；第四辑"台湾相关诗文集"，18 册；第五辑"台湾舆地资料专辑"，16 册；第六辑"台湾事件史料专辑"，12 册；第七辑"林尔嘉家族及民间文书资料专辑"，11 册。《汇刊》新收录了 20 世纪 50—70 年代台湾地区出版的《台湾文献丛刊》所未能收进的 100 余种古籍，选编了记载两岸血缘关系的族谱，并刊入了台胞的祖传私家文书，所收文献资料，绝大多数是珍藏在中国大陆各地图书馆、档案馆以及散落在民间的孤本、珍本、抄本，也有一部分是近年来在台湾、日本等地新发现的珍贵文献，具有很高的史料价值和研究价值。

# 《台湾文献史料丛刊》

北京，人民日报出版社 2009 年 1 月影印本，190 册。该书原为台湾银行经济研究室陆续出版发行之《台湾文献丛刊》。台湾学者周宪文组织台湾史研究学者、专家，自 1957 年至 1972 年历时 15 年时间，搜集自宋、元、明、清以来有关台湾的各种文献史料——其范围包含方志、明郑史料、清代档案、私家著述、诗文专辑等，且旁及荷兰、美国、英国、日本有关的台湾档案，名曰"台湾文献丛刊"。该丛刊共整理出 309 种书籍及一本提要，每一种书籍皆经学者精校整理、分段标点，以铅字排印，并以596 本小册子 32 开平装的面貌，交由台湾银行经济研究室陆续出版发行。该书涵盖了台湾历史、地理、政治、经济、风俗、民情、文化、法制等各个方面，把当时在台湾所能搜罗到的有关台湾文献史料"一网打尽"。其最早的著作，为宋宝庆元年（1225 年）赵汝适撰的《诸蕃志》，主要辑入明代著述 53 种，清代著述 229 种，民国著述 26 种，总计收录了 309 种古籍，累计近 5000 万字，包括有大量台湾地区（府、县）的方志，明代关于台湾的各种著述，记述明亡后"南明"政治活动的重要史料，明清交替之际关于郑成功的丰富著述，以及民国时期编纂的关于台湾的诗文集等，为台湾史研究提供了丰富的基础性资料。

# 《台湾问题文件》

人民出版社编，北京，人民出版社 1955 年 5 月版，174 页。该书收录了从 1943 年 12 月中美英发表开罗宣言起至 1955 年 2 月止的有关台湾问题的重要文件，并附录《人民日报》有关台湾问题的重要社论。这些文件资料，有助于了解台湾问题的背景、历史和国际意义，以及中国政府和人民解放台湾的立场和决心，是研究战后台湾问题起源的重要文献资料。

# 《台湾问题文献资料选编》

国务院台湾事务办公室研究局编，北京，人民出版社 1994 年 1 月版，1086 页。该书主要收录了中共中央、全国人大、国务院、全国政协、各民主党派有关台湾问题的重要文告，党和国家领导人有关重要讲话和文章，以及有关部门的具体政策规定。如 1950 年《周恩来致联合国秘书长电文》、1958 年毛泽东《告台湾同胞书》、1979 年《全国人大告台湾同胞书》等重要文献。此外，该书还有两个附录，收集了人民日报、新华社、红旗杂志发表的有关社论、文章，以及有关台湾问题的国际文献资料。附录一收录《斥帝国主义强盗杜鲁门的非法声明》（1950 年 6 月 9 日人民日报社社论）等重要文章；附录二收录《马关条约》《波茨坦公告》《日本投降条款》《中美联合公报》《中日联合声明》等重要文献。全书总共收录 889 篇文献，均按时间顺序编排，截至 1993 年 5 月底。书前有统战部部长、国台办主任王兆国的序言《深入学习党的对台方针政策积极推进祖国和平统一大业》一文。

# 《台湾问题重要文献资料汇编：1978. 12—1996. 12》

中国社会科学院台湾研究所等编，北京，红旗出版社 1997 年 4 月版，1352 页。全书分四编：第一编为党和国家领导人关于台湾问题的讲话和谈话；第二编为中共中央、国务院、人大常委会、全国政协以及各部委、社会团体、民主党派及其领导人关于台湾问题的谈话、有关政策规定；第三编为人民日报和新华社关于台湾问题的重要社论、评论文章；第四编为中国与有关国家签署的联合公报和联合声明。

## 《台湾义勇队档案》

福建省档案馆编，福州，海峡文艺出版社 2007 年 1 月版，426 页。该书收入档案 196 份，图片 32 张，大部分为首次公布。全书分为五个部分：抗战期间福建台胞情况；台湾义勇队的筹组；台胞参加台湾义勇队；台湾义勇队的活动；台湾义勇队复员返台。1937 年七七事变后，全国抗战爆发，留居在祖国大陆的台湾同胞积极投入到抗战洪流中，与大陆同胞同仇敌忾、共御外侮。1939 年 2 月 22 日，以李友邦为队长的台湾民众的抗日组织台湾义勇队成立。义勇队主要从事抗日宣传，教化日军俘虏，战时医疗服务，搜集、传递情报，参与战时社会服务等活动。同日，台湾少年抗日组织——台湾少年团在浙江金华成立，李友邦兼任团长。该书为研究抗战时期的台湾义勇队提供了珍贵的第一手史料。

## 《台湾义勇队在金华》

金振林主编，北京，九州出版社 2005 年版，268 页。该书分为五部分：一、报刊资料（台湾义勇队和台湾少年团）；二、档案材料；三、回忆录；四、论文与序、跋选辑；五、纪念活动。1939 年 2 月，台籍抗日将领李友邦组织旅居闽浙一带的台湾同胞在浙江金华成立台湾义勇队。义勇队以"保卫祖国、收复台湾"为宗旨，在金华、福建龙岩等地抗日。1945 年抗战胜利后，大部分义勇队队员回到台湾。该书为研究台湾义勇队在金华的抗日活动提供了重要资料。

## 《台湾杂记》

季麒光著，北京，中华书局 1985 年版，3 页。该书为上海商务印书馆（1936 年）《丛书集成初编》重印本之一。为首任台湾诸罗知县季麒光见闻笔记，杂记台湾的山川、河湖、逸闻等史迹。另有《小方壶舆地丛钞》本；1957 年台湾银行版本，收入《台湾文献丛刊》第 216 种。

# 《台湾志略》

尹士俍著，李祖基点校，北京，九州出版社 2003 年版，158 页。尹士俍，字东泉，山东省济宁县人，1729 年任台湾海防同知，1733 年升任台湾知府，1735 年再升任为分巡台湾道，雍正末年完成《台湾志略》三卷，乾隆初年刊刻。本书分为上、中、下三卷，涉及文员定制、收销盐课、学校士习、外洋各岛、民风土俗、出产水利、艺文题咏等内容。作为一部私人编纂的志书，该书虽然在体例上不如官修的府志那么完备，但其内容基本上已涵盖了台湾府志的各个方面。该书的成书是经过长期的准备与积累的，其内容翔实可靠，极具史料价值，如当时台湾实际户口人数的统计、雍正七年田园赋改定以及"番社"习俗的调查等不少资料，均为以前府、县志中所未见记载者。因此，该书在清代台湾府志的修纂史上占有相当重要的地位。

# 《台湾竹枝词》

刘经发编注，合肥，黄山书社 1993 年 7 月版，227 页。该书是大陆地区首次整理出版台湾竹枝词的书籍，共收集 48 家存世的台湾竹枝词，计有 45 组、501 首。年代包括清代、日据时期和抗战胜利前后三个时期。如晚清著名的爱国诗人丘逢甲写的台湾竹枝词，梁启超于 1911 年所作台湾竹枝词等均有收录。竹枝词是一种诗体，以吟咏风土为其主要特色，熔叙事、抒情、议论于一炉，对社会文化史和人文地理等学科的研究有一定的史料价值。该书所收集的竹枝词对研究台湾历史、风土民俗、台湾民意有重要的参考价值。

# 《唐景崧日记》

古辛整理，北京，中华书局 2013 年 8 月版，322 页。唐景崧（1841—1903），字维卿，广西灌阳人。同治四年（1865）进士。光绪八年（1882）法越事起，自请出关赴越南招刘永福黑旗军，参加抗法斗争。中法战争结束后，率军回国，除福建台湾道。光绪十七年（1891）迁布政使。二十年，署理台湾巡抚。唐景崧是近代史上许多重要历史事件的亲历者，抗法、督台，与刘永福、俞明震、丘逢甲等交游颇深，是近代史上的枢纽式人物，其《请缨日记》具有相当重要的史料价值。《中国近代史资料丛刊》之《中法战争》卷二有节录本，多所删削。该书以光绪台湾布政使署刻本为底本标点，并附俞明震《台湾八日记》所录唐景崧奏稿38 件。

## 《危险的一步：李登辉"两国论"真面目》

徐学江主编，北京，新华出版社 1999 年 8 月版，296 页。1999 年 7 月，李登辉在接受采访与谈话中将两岸关系定位为"国与国的关系"。李登辉"两国论"的出台，意味着其在分裂国家的道路上走出了危险的一步。为了揭露李登辉分裂国家的企图和批判"两国论"的荒谬，维护一个中国原则，新华出版社广泛收集来自台湾、香港、澳门、日本、英国、美国等近三十家媒体的采访报道，出版了此书。全书包括"李登辉分裂行径种种""'两国论'出笼的前前后后""'两国论'四面楚歌""一个中国的原则不能变"四个部分，用不加修饰的原文真实再现了李登辉分裂国家言论和台湾当局的辩护，大陆、台湾、香港、澳门和国际社会对"两国论"的声讨、谴责和关注，以及对"一个中国"原则的坚持。该书不仅为各级领导、有关部门和研究工作者提供了宝贵的资料，也有力地维护了两岸的和平统一。

## 《为祖国统一大业呐喊：缪群文选》

缪群著，石光弘、宋桂云编，北京，华艺出版社 1998 年 12 月版，294 页。缪群原名缪永秀，笔名姜树仁，原中国和平统一促进会常务理事，《统一论坛》杂志主编。该书是作者呼吁国家统一、反对台独分裂势力的杂文集，收录有关台湾问题的杂文 40 篇。如其代表作《冰炭不同炉》《"殖民小孽种，台独大班头"——对李登辉及其"曲线台独"、"务实外交"的剖视》《台独泛滥是灾难之路》《毛泽东、邓小平、江泽民关于实现祖国和平统一的战略构想》《台湾当局应从"重返联合国"的梦中猛醒》等均有收录。

# 《我在蒋介石父子身边的日子》

翁元口述、王丰撰，北京，团结出版社 2009 年版，292 页。另有 1994 年中华书局版。该书口述者翁元，1930 年出生于浙江省寿昌县。中学肄业后，于 1946 年报考国民政府军事委员会卫士，随扈蒋介石败退台湾，先后担任蒋介石内勤侍卫、贴身侍从副官。1975 年蒋介石去世后，又任蒋经国贴身侍从副官，一直到 1988 年 1 月 13 日蒋经国去世后退休。作者服务于蒋氏家族 43 年，该书向读者介绍了蒋介石和蒋氏家族的私密生活。该书共 18 章：第一至五章叙述作者服务蒋介石的来龙去脉，以及他在蒋介石家里的所见所闻；第六章介绍"总统"官邸侍从情况；第七章记叙宋美龄的官邸生活；第八、九章叙述蒋介石难熬的最后五年和蒋介石之死；第十至十五章叙述作者服务蒋经国所见所闻；第十六至十八章回顾蒋经国逝世前后情况。该书对研究两蒋及其时代的台湾有一定参考价值。

# 《夏道平文集》

何卓恩、夏明编，长春，长春出版社 2013 年 1 月版，403 页。夏道平（1907—1995 年），湖北省大冶县人，台湾著名经济学家、政论家，曾任《自由中国》月刊主笔，一生倡导自由民主和经济自由理念，是台湾自由主义知识分子的代表人物之一。该书分上下篇和两组附录。上篇收录 38 篇文章，集中表达其经济思想，如《经济自由主义的接种人》《平等与经济平等》《海耶克论凯恩斯的通货膨胀》《经济自由化与市场秩序》等重要文章。下篇收录 10 篇文章，为作者关于人生的感悟、人物纪念的文章，如《敬悼海耶克教授》《谈自由、念胡适》《〈胡适国难时期日记〉读后感》《纪念殷海光先生》等。附录一组是夏道平原有文存的序跋，包括学者对其思想的评论等；另一组是夏道平辞世后社会知名人士和生前好友对其人生事业的追忆。

# 《厦台关系史料选编（1895—1945）》

　　陈小冲主编，北京，九州出版社 2013 年 4 月版，436 页。厦门与台湾一衣带水，有着密切的历史联系。该书选编了从 1895 年至 1945 年之间厦门与台湾关系史料，即台湾历史上的日本殖民统治时期、厦门历史上的清末和民国时期厦台关系的重要史料选编。其主要内容包括：日本学者鹤见佑辅所著《后藤新平》厦台关系史料；日本外务省编纂《日本外交文书》；1900 年厦门事件史料；厦门台湾公会史料；《申报》厦台关系史料；《江声报》厦台关系史料；台湾民众在厦抗日斗争史料，等等。

# 《先王实录校注》

　　杨英著，陈碧笙校注，福州，福建人民出版社 1981 年 12 月版，260 页。杨英《先王实录》，即《延平王户官杨英从征实录》，不分卷，是有关郑成功生平事迹的第一手史料。福建历代有传抄，1927 年秦望山先生得之于延平故里，1931 年前中央研究院历史研究所影印行世，陈碧笙依此版校注。

# 《巡台录·台湾志略》

　　张嗣昌、尹士俍著，李祖基点校，香港，香港人民出版社 2005 年版。该书是李祖基点校的《巡台录》与其点校的《台湾志略》（九州出版社 2003 年版，本书另有介绍）合订本。《巡台录》的作者张嗣昌，山西省平阳府浮山县人，贡生出身。雍正六年（1728），任厦门海防同知，雍正八年十一月，擢升兴化府知府，第二年改调漳州府知府。张嗣昌在分巡台湾道任上的时间为雍正十年秋至十三年冬，共三年余，任满后，张氏将其三年所行，辑成一编，撰成《巡台录》。全书分上、下二卷，上卷二十五篇，下卷三十五篇，凡六十篇，主要内容为张嗣昌在三年台湾道任上地方施政方面所作所为的直接记录，其中保存了不少雍正年间台湾历史的资料，十分珍贵。乾隆年间，范咸《重修台湾府志》、余文仪《续修台湾府志》及王必昌《重修台湾县志》等艺文志，对《巡台录》均有著录，但其后 200 多年间湮没无闻。目前已知仅北京大学图书馆和中国科学院文献情报中心（原中国科学院图书馆）藏有此书。

## 《一国两制重要文献选编》

中共中央文献研究室编，北京，中央文献出版社 1997 年 5 月版，346 页。该书收入了 1979 年 1 月至 1997 年 3 月期间的文献 57 篇，其中包括邓小平、江泽民等党和国家领导人关于"一国两制"和祖国统一问题的重要讲话 36 篇，全国人大、国务院及其所属机构的有关法律、规定、文件 19 篇，此外还有中英、中葡关于香港问题和澳门问题的两个联合声明。该书所收文献均按时间顺序排列，多数为全文收录，少数是节选，部分节选文献另拟了题目。

## 《殷海光·林毓生书信录》

殷海光、林毓生著，上海远东出版社 1994 年 12 月版，175 页。王元化主编《学术集林》（Ⅳ）。殷海光（1919—1969），原名殷福生，湖北黄冈人，台湾大学哲学教授，20 世纪 50、60 年代，自由主义在台湾的领军人物，深刻影响了台湾知识界一代人。林毓生（1934—　），原籍山东黄县，生于沈阳，台湾中研院院士，美国威斯康辛大学麦迪逊校区历史系荣誉教授。早年就读台湾大学时，深受殷海光自由主义思想的影响，赴美以后，仍然经常与殷通信，直至殷逝世为止。该书最初由台北狮谷出版公司于 1981 年出版，后来台北远流出版公司于 1984 年再版。书中主要收集了林毓生于 1960 年负笈美国以后与老师殷海光之间约 10 年的通信，是研究殷海光自由主义思想与 20 世纪 60 年代台湾政治与思想文化的重要文献资料。该书另有吉林出版集团有限责任公司 2008 年 12 月重校增补本，280 页。

## 《殷海光文集》

张斌峰、何卓恩编，武汉，湖北人民出版社 2009 年修订版，4 册。全书分作"政论篇""哲学篇""文化篇""书信与随笔篇"，集中反映了殷海光坚持以其矫健和超越时代的头脑，来对抗权威的高压，猛烈地抨击蒋介石的专制、独裁统治，引介欧美哲学新思想、新潮流，阐释自由、民主。书前有张斌峰所作长篇序言，对殷海光的生平行状、思想脉络、启蒙意义与晚年的文化转向做了梳理与阐扬。该书收录了殷海光比较重要的自由主义著作数十篇，是研究殷海光自由主义思想的基础性资料。

# 《一国两制与台湾》

王长鱼著，北京，华文出版社 1996 年 12 月版，264 页。该书是有关"一国两制"政策的资料集，有助于了解和把握"和平统一、一国两制"的基本方针，以及中国共产党和中国政府为贯彻这一基本方针，实现祖国统一而实施的一系列政策和法规。全书分四部分：第一、第二部分是党和国家领导人关于"和平统一、一国两制"的基本方针论述及报刊的有关文章；第三部分是中国政府为促进和实现祖国和平统一而制定实施的有关法律法规及政策规定；最后的附录部分，选载了全国政协台港澳侨联络委员会、中国和平统一促进会等组织的有关资料。该书既是从事祖国统一工作、对台交流及教学研究工作者的必备资料，也是两岸普通民众相互往来的行动指南。

# 《郑成功档案史料选辑》

厦门大学台湾研究院、中国第一历史档案馆编，福州，福建人民出版社 1985 年 6 月版，456 页。该书选编了顺治四年（1647）至康熙元年（1662）期间有关清政府与郑成功之间关系的档案史料，共收档案 186 件，对研究郑成功提供了一手资料。如浙闽总督张存仁等为攻打大盈瓦山寨事揭贴（顺治四年三月二十八日）；浙闽总督张存仁等为擒斩郑彩等部官兵事揭帖（顺治四年三月二十八日）；兵部为调发官兵以固闽疆事揭帖（顺治四年九月）；浙江巡按秦世祯为浙省第一隐忧事揭帖（顺治四年十二月）；浙江巡按秦世祯为捉获潜通黄斌卿张名振人犯事揭帖（顺治四年十二月），等等。

# 《郑成功满文档案史料选译》

厦门大学台湾研究院、中国第一历史档案馆编辑部主编，福州，福建人民出版社 1987 年 9 月版，253 页。该书选编 1646—1656 年期间有关清政府与郑成功之间关系的满文档案史料，共 110 件。该书的选材范围，以中国第一历史档案馆所藏有关台湾地区的历史档案和具有档案性的资料为主，适当选辑各省公私所藏有关的台湾历史档案资料，主要选辑未公布过的史料，也适当选录已公布过的重要史料。如招抚福建黄熙允题为招抚郑芝龙情形事本（顺治三年八月）；闽省降员郑芝龙题为招抚两广事本（顺治四年四月）；靖南将军陈泰等题为收复福建福宁等府县事本（顺治六年七月）；兵部尚书明安达礼等题为裁减福建各府守城兵丁事本（顺治七年五月二十五日）；精奇尼哈番郑芝龙题为遵旨招抚事本（顺治八年六月），等等。

# 《郑成功史迹调查》

厦门大学郑成功历史调查研究组编，福州，福建人民出版社 1962 年版，54 页。厦门大学郑成功历史调查研究组开展郑成功史迹调查，从 1961 年 6 月开始，8 月底结束，历时 3 个月，调查地区集中在郑成功主要活动地区闽南一带，包括厦门、同安、东山、诏安、云霄、漳浦、漳州、龙海、长泰、晋江、南安、泉州等 12 县市、62 个集镇乡村，调查对象除了有关的遗址和文物外，还有农村贫农社员、城镇工人和手工业者、各地历史文物工作的同志，以及熟悉当地文物古迹的政协人士及德高望重的老年人等，涉及人物超过 300 人。该书收录 16 篇调查报告，其中有《郑成功在厦门地区的练兵遗址——水操台和演武亭》《厦门地区战场遗址调查》《郑成功在东山等地招兵、练军和修造船只的传说和遗址》《郑成功少年读书遗址——安海星塔》《郑成功焚青衣处和招贤桥遗址》《郑成功故里石井乡的一些史迹和传说》《南安康店乡郑成功坟墓调查》等。

## 《郑成功史料选编》

福建师大郑成功史料编辑组编，福州，福建教育出版社 1982 年版，345 页。该书系郑成功传记资料。全书分三个部分：一是郑成功所处时代和他的早年活动；二是郑成功的抗清活动；三是郑成功反对殖民主义者荷兰的侵略、收复和经营台湾。《郑成功史料选编》采用编年与纪事相结合的体例，每一时期前有一扼要说明，简述这一时期资料的主要内容、性质及其史料价值。

## 《郑成功收复台湾史料选编》

厦门大学郑成功历史调查研究组编，福州，福建人民出版社 1982 年3 月增订版，347 页。该书是在福建人民出版社 1962 年初版基础上修订版。中文部分：原有不属于原始记载且有些错误或前后重复的资料，如《重纂福建通志》《康熙府志》《东西洋考》等，概予删去；保留下来的资料中，内容重复或与收复台湾无直接关系的部分，亦酌量压缩；另行增选了《达观楼集》《张苍水集》中几篇较重要的史料；《闽海纪要》经与《海纪辑要》互校之后，决定采用《海纪辑要》。外文部分：在《荷兰统治下的台湾》中增译了 1624 年以前荷兰侵入澎湖部分；在《被忽视的福摩萨》中增译了第二十号注文（即对揆一等的起诉书）；原有《巴达维亚日志》译文缺漏及误译较多，经抽出改从村上日译本选译，这一部分还增加了 1663—1668 年荷入侵鸡笼的资料。此外，对所有译文进行了校订与润色。这个修订版为研究郑成功收复台湾提供了基础性资料。

## 《郑成功族谱三种》

厦门市郑成功研究会、厦门市郑成功纪念馆编，福州，福建人民出版社 1987 年 1 月版，104 页。该书收辑了《郑氏宗谱》《郑氏家谱》和《石井本宗族谱》三种，并附录三篇有关郑氏的墓志铭《郑氏附葬祖父墓志》《皇明□□乐斋郑公暨妣郭氏志铭》和《皇明石井郑氏祖坟志铭》。《郑氏宗谱》是郑成功后裔郑玉海其子郑沂、郑泽于 1920 年重修；《郑氏家谱》不载修谱者姓名及年月，内容与《郑氏宗谱》大同小异，而关于郑成功诸子、诸孙的生卒年、职官、葬地等记载特详，为他书所不及；《石井本宗族谱》曾收入《台湾文献丛刊》第 69 种《郑氏关系文书》。这些族谱资料，为研究郑成功的家世提供了基础性资料。

## 《郑成功族谱四种》

张宗洽点校，厦门市郑成功纪念馆、厦门市郑成功研究会编，福州，福建人民出版社 2006 年 1 月版，267 页。此书为《郑成功族谱三种》（福建人民出版社 1987 年版）的增订版，除《郑氏宗谱》《郑氏家谱》和《石井本宗族谱》三种外，新增《石井郑氏族谱》。原《郑成功族谱三种》附录三篇有关郑氏的墓志铭，该书增加到五件墓志铭。新收入的《石井郑氏族谱》是郑芝龙于明崇祯十三年（1640）修订。《石井本宗族谱》为清道光年间增修，部分内容源自《石井郑氏族谱》。

## 《中国地方志集成：台湾府县志辑》

上海书店出版社、大地文化社编，上海书店出版社 1999 年 7 月版，全 5 册，2885 页。共辑录 17 种台湾方志：（1）《光绪台湾通志》据 1968 年《台湾丛书》点校本影印；（2）《民国台湾新志》据民国三十六年（1947）中华书局铅印本影印；（3）《台湾郡县建置志》据民国三十年（1941）湖南大学油印本影印；（4）《康熙诸罗县志》据康熙五十六年（1717）刻本影印；（5）《咸丰台湾府噶玛兰厅志》；（6）《同治淡水厅志》；（7）《光绪新竹县志初稿》；（8）《乾隆重修台湾县志》据乾隆十七年（1752）刻本影印；（9）《嘉庆续修台湾县志》据嘉庆十二年（1807）刻本影印；（10）《光绪苗栗县志》据华东师范大学图书馆藏抄本影印；（11）《道光彰化县志》据道光十四年（1834）刻本影印；（12）《云林县采访册》据 1968 年《台湾丛书》点校本影印；（13）《乾隆重修凤山县志》据 1968 年《台湾丛书》点校本影印；（14）《光绪恒春县志》据 1968 年《台湾丛书》点校本影印；（15）《台东州采访册》据 1968 年《台湾丛书》点校本影印；（16）《安平县杂记》据 1968 年《台湾丛书》点校本影印；（17）《光绪甲午新修台湾澎湖志》据光绪二十年（1894）

刻本影印。这些方志以晚近时期修纂的为主，以取其涵盖时间长，记述方面广，包容材料多的优点，是研究台湾地区风俗史、文化史不可多得的方志文献。

## 《中央政府赈济台湾文献·民国卷》

尹全海等整理，北京，九州出版社 2014 年 2 月版，610 页。辑录中国第二历史档案馆所藏民国政府（1912—1948）赈济台湾的相关原始文献，分五部分：一是善后救济总署台湾分署的往来电文，涉及台湾分署为救济事务与总署（行署）及全国各分署往来函电、台湾分署为联系工作与台湾省介机构及全台各地救济院的往来函电、台湾分署总部或署长与各组室之间的往来函电，以及台湾分署或各组室与被救济单位或个人的往来函电，共计 227 份；二是善后救济总署台湾分署专项救济文件，包括关于经费与物资分配之文件、关于储运及其费用之文件、关于赈恤业务之文件、关于农业和工业善后救济之文件，以及关于遣送业务和卫生防疫方面的文件，共计 6 种；三是善后救济总署台湾分署救济工作简报，涉及善后救济总署台湾分署发布的工作报告、动态简报、月报、统计信息等文献 13 种；四是善后救济总署台湾分署署务会议记录，共收录善后救济总署台湾分署 1945 年 12 月至 1947 年 6 月间召开的 72 次署务会议原始记录，其中包括设计考核委员会第一、第二次会议，分别与第 17 次、第 22 次署务会议合并举行；五是善后救济总署台湾分署业务总报告（钱宗起）。这些档案史料有助于认识民国时期台湾与中央政府之关系。

## 《中央政府赈济台湾文献·清代卷》

尹全海等整理，北京，九州出版社 2013 年 6 月版，704 页。辑录中国第一历史档案馆所藏清政府赈济台湾相关原始文献 334 份，包含起居注档案、兵部档案、户部档案、奏折等各种文献形式。按朝代顺序编列：康熙朝各类档案 7 件，其中起居注 2 件，兵部档案 2 件，户部档案 2 件，奏折 1 件；雍正朝奏折 20 份；乾隆朝各类档案 155 件，其中奏折 123 件，上谕档 10 件，林爽文档 9 件，兵部移会 5 件，户部题本 5 件，起居注 3 件；嘉庆朝各类档案 58 份，其中奏折 42 件，上谕档 14 件，兵部移会、户部题本各 1 件；道光朝各类档案 44 件，其中奏折 30 件，上谕档 10 件，户部移会 4 件；咸丰朝各类档案 11 件，其中奏折 7 件，上谕档 4 件；同治朝奏折 5 件；光绪朝各类档案 34 件，其中奏折 29 件，上谕档 3 件，起居注、清单各 1 件。这些档案史料，充分证明清朝政府对台湾的有效管辖和治理，说明台湾是中国不可分割的一部分的历史事实。

# 第十二篇　台湾研究工具书

## 《大陆地区台湾研究论著目录》

潘晋明主编，北京，九州出版社 2008 年 10 月版，464 页。这是厦门大学台湾研究院"全球台湾研究文献目录索引数据库"之一部分。该书收录 1980—2006 年大陆地区主要期刊和出版社发表或出版的涉台人文社会科学研究论著目录，包括大陆地区学者在港澳地区发表或出版的涉台人文社会科学研究论著目录。该目录索引分论文与著作两部分：论文部分收录论文、资料、书评等篇目题录约 13000 条；著作部分收录专著、资料、文集、工具书等书目题录近 2000 条。这是此段时期大陆地区台湾研究成果的综合呈现，为进一步推动台湾研究奠定了一个良好的学术基础。

## 《当代台湾经济辞典》

崔之清主编，南京，南京大学出版社 1993 年 5 月版，719 页。该书是一部检索和查阅当代台湾经济有关事件、人物、机构、文献、制度、约章、著述、产业、企业等条目之工具书，收录时间为 1945 年台湾光复之后，共收辞条 2554 条，分 11 类：经济环境，总体经济，工业经济，农业经济，财政金融，交通运输，对外经济关系，科学技术，企业与企业集团，经济报刊、著作与通讯社会，工商经济界知名人士。正文后，附录若干资料和图表，对台湾经济的相关组织机构系统、人事变迁、主要经济指标的变动、大型企业和巨富现状比较等，均以表列形式展示，以加深对相关问题的系统和动态认识。

# 《当代台湾人物辞典》

崔之清主编，郑州，河南人民出版社 1994 年版，567 页。该书是一部收录当代台湾各界重要人物概况的专门辞书，内容涵括人物姓名、字号、年龄、身份、籍贯、学历、工作履历、著述及主要生平事迹。其收录范围为 1949 年以后台湾党政军界、经济财经金融界、文化教育学术界与其他各界著名人士，兼收定居大陆的著名台籍人士，以及海外著名台籍人物，总计共收录人物 1951 位。通过对这些人物主要活动简述，可以从人物视角考察当代台湾政治、经济、人文和社会等层面的基本状况。

# 《闽南与台湾地方文献目录》

林华东、吴绮云、吴力群主编，厦门，厦门大学出版社 2012 年 8 月版，1386 页。《闽南文化研究丛书》之一。该书收录 1820—2010 年国内外正式出版与非正式出版关于闽南与台湾研究的文献篇目。全书分两编：上编"闽南与台湾研究著作"和下编"闽南与台湾研究论文"。闽南与台湾研究著作包括社会与政治、文化、经济、历史与地理、科技著作等部分，收录自 1820 年以来大陆与台港澳及海外出版的有关闽南与台湾的地方文献，以纸质文献为主，兼收其他载体的文献。闽南与台湾研究论文涵盖海峡两岸的学术期刊与学位论文，划分为若干部分。大陆期刊论文部分收录自 1954 年以来大陆出版的期刊论文，台湾期刊论文部分收录自 1971 年以来台湾出版的期刊论文；大陆学位论文部分收录自 1998 年以来大陆出版的博士、硕士学位论文，台湾学位论文部分收录自 1993 年以来台湾出版的博士、硕士学位论文。这是有关闽南与台湾研究的基本参考书。

# 《台港澳百科大辞典》

李军主编，北京，华龄出版社 1992 年版，1371 页。该书分台湾、香港、澳门三部分，共收入词条 8000 条，上迄台、港、澳有历史记载的时间，下至 1991 年底，广泛涉及自然与地理、人口与民族、政治、经济、文化教育等内容。

## 《台港澳大辞典》

李健、苏真主编，北京，中国广播电视出版社 1992 年版，359 页。该辞典收集台湾、香港、澳门地区的地理、历史、政治、行政、政党、社团、军警、政策、法规、经济、工业、对外贸易、外交等辞目共 5706 条。

## 《台湾当代人物辞典》

许世铨主编，北京，中国大百科全书出版社 2003 年版，815 页。该书共选收台湾当代人物 6000 余位，涵盖台湾当代特别是近 50 年来党、政、军、经、教、科、文、卫等各行各业有一定地位、成就或影响的人物。书中介绍了人物的基本个人资料、简历，以及成就和著述。该书所收集资料截至 2003 年 5 月，是当时中国大陆收录台湾当代人物最全面、最详细的工具书。

## 《台湾历史词典》

佟建寅主编，北京，群众出版社 1990 年版，580 页。该书收录 1571 条词条，记载从史前至今的台湾政治、外交、军事、经济、社会、教育、文化、风俗等领域的人物和事迹，提供了一些基本的台湾历史知识。

## 《台湾文学家辞典》

王晋民主编，南宁，广西教育出版社 1991 年版 7 月版，661 页。该辞典主要是介绍"五四"以来的台湾作家，对"五四"以前的旧文学作家，因属古典文学的范畴，不作介绍。该辞典收入的文学家包括小说家、散文家、诗人、戏剧家、文学评论家，其须有一部以上的文学作品才能入选。该辞典收入的作家包括现在生活在台湾，在台湾从事文学创作的作家，同时也包括在台湾出生或在台湾受教育、在台湾生活工作过、作品在台湾出版的现居海外的作家。辞条的编写，有四种情形：一是经过编者研究的重点作家；二是综合现有资料及吸取现有研究成果写成的作家传记；

三是作家自己写的小传，内容比较准确翔实；四是资料少的作家，内容就比较单薄。

## 《台湾知识词典》

　　包恒新编，福州，福建人民出版社 1987 年 8 月版，438 页。该词典收集有关台湾省人口、民族、地理、历史、政治、经济、军事、文化等方面的常见词 1746 条。所收词目，包括四个方面的情况：一是具有世界性影响而内容涉及台湾省者，如"台湾关系法""江南凶杀案"等；二是具有全国影响而内容涉及台湾省者，如"澎湖海战""朱一贵起义"和"二二八起义"等；三是具有台湾全省意义和影响者，如"林献堂""雾社起义"和"十大建设"等；四是虽不具备全省地位但在台湾历史上有特殊意义者，如一些地名、社团和报纸杂志。收入该词典的八类词目，具体内容如下：一是人口与民族：人口发展情况与各个民族；二是自然地理：地形山川与名胜古迹；三是历史：1945 年前台湾的政治、经济发展史，外族入侵史，反殖反封建斗争史以及重要的中、外历史人物；四是政治：1945 年后台湾的政治发展及省政要员；五是经济：1945 年后台湾省的经济政策、建设计划、资源、工商业、农业、外贸、交通及著名企业家；六是军事：古今军事设施，军事条款及战争，当代国民党军界要人；七是文化：主要文化设施，古今教育，新闻出版（著作只收 1945 年前本省作者的出版物，战后的各类著作，只在各种人物的条目中提及，不再单立词目介绍），古今文化团体及"五四"以来文化界名人；八是其他：未能编入以上七类中的其他选目。

## 《台湾总览》

　　李家泉主编，北京，中国友谊出版公司 1991 年 10 月版，671 页。该书是一部兼有学术研究与资料的综合性工具书。全书分九大部分：史地篇，包括自然环境与历史沿革；政治篇，包括政情综述、统治机构、政党与政治社团、政治事件及其他政情；经济篇，包括经济综述、农业、工业、第三产业、对外贸易、财政金融、交通邮电、三大资本、基本建设、人民生活及台湾主要特产；文化篇，包括教育、科学技术、文学艺术、新闻出版、文物古迹、体育及医疗卫生；社会篇，包括社会结构、社会问题、社会运动、宗教及民间习俗；两岸关系篇，包括两岸关系概述、海峡两岸关系大事记要（1949—1990）；对外关系篇，包括对外关系概述、台湾与美国的关系、台湾与日本的关系、台湾与世界其他国家和地区的关系；人物篇，收录 300 余人，主要介绍生卒年、籍贯、字号、党派、学历、经历、著作等，以现职党政军人物为主，包括国民党中央主席、常务委员、各工作会主任，台湾省、台北市、高雄市委员会主任委员，"总统府"正、副总统，"国家安全会议"主席、秘书长，"国家统一委员会"正、副主任委员，"五院"正、副院长，部分"中央民意代表"，"行政院"各部会等主要机构主管，"大陆委员会"正、副主任委员，台湾省"主席"，台北市、高雄市"市长"，军警情治系统重要人物，以及部分在野党、社团负责人及海外"台独"势力头面人物，工商、文教、科技、体育、宗教等各界名人，1949 年去台湾或旅居海外的部分国民党元老、党政军要人；附录，包括有关台湾问题的国际文献，中国政府和中国共产党有关对台方针政策的文献，名词解释，以及台湾大事记要（230—1990）。这些对台湾的历史与现状、自然地理与风貌，以及当时台湾之政治、经济、社会、文化等各方面情况进行了比较全面系统的介绍。

# 附录  台湾研究期刊与集刊

## 《两岸关系》

海峡两岸关系协会主办，创刊于 1997 年，月刊。海峡两岸关系协会（简称"海协会"）是于 1991 年 12 月 16 日在北京成立的社会团体法人。据《海峡两岸关系协会章程》规定，海协会以促进海峡两岸交往，推动两岸关系和平发展、实现祖国和平统一为宗旨。《两岸关系》是国务院台湾事务办公室主管、海峡两岸关系协会主办的对台涉台权威性时政月刊，面向大陆、台港澳地区及海外公开发行，以推动两岸关系和平发展、促进两岸经贸文化交流为办刊宗旨，报道中共中央、中国政府对台方针政策及对两岸关系一系列重大问题的主张与看法，报道大陆方面惠台政策及对台新闻发布，报道两岸协商进程，透视台海局势，解读两岸关系的热点问题，全面反映两岸经济文化各领域的交流与合作。《两岸关系》杂志开辟有众多栏目：《海峡论坛》的言论文章体现了杂志作为国台办窗口杂志的权威性，及时评点两岸关系中的新问题、新动向；《本刊聚焦》栏目精心选择题目，从多方面、不同视点对两岸关系中的热点进行背景分析和深入报道；《纪实报道》栏目专门报道两岸关系中的独家新闻及对名人的独家专访；《宝岛写真》栏目每期以大篇幅介绍岛内重大事件和读者感兴趣的各色新闻；《各抒己见》栏目则刊登海内外各界人士评说两岸关系的言论，仁者见仁，智者见智，颇能开人思路；《往事回眸》栏目反映两岸关系几十年的风云变幻；《文化广角》栏目介绍两岸的文化现象和文化交流情况；《新书连载》栏目则有受读者欢迎的连载内容。总之，关心两岸关系的读者都能从中找到自己喜爱的内容。

# 《闽台区域研究丛刊》

福建师范大学闽台区域研究中心主办,创刊于 2001 年,为不定期学术集刊,每辑收录一组或数组专题研究论文,已出版 8 辑。第一辑,执行主编林国平,北京,海洋出版社 2001 年 12 月版,92 页,为"闽台社会与文化研究专辑",收录论文 14 篇。第二辑,执行主编蔡秀玲,北京,海洋出版社 2002 年 12 月版,122 页,为"面向新世纪的两岸经济合作研究专辑",收录论文 17 篇。第三辑,执行主编谢必震,北京,海洋出版社 2003 年 11 月版,155 页,为"闽台基督教问题研究专辑",收录论文 8篇。第四辑,执行主编蔡秀玲,北京,海洋出版社 2004 年 12 月版,150页,为"台湾社会阶层研究专辑",收录论文 22 篇。第五辑,执行主编谢必震,北京,海洋出版社 2005 年 10 月版,156 页,为"移民与闽台民俗宗教研究专辑",收录论文 27 篇。第六辑,执行主编杨强,北京,中国环境科学出版社 2008 年 5 月版,175 页,分三篇:第一篇"闽台区域经济研究",收录论文 14 篇;第二篇"台湾政治研究",收录论文 2 篇;第三篇"闽台文化研究",收录论文 9 篇。第七—八辑合刊,执行主编杨强、徐斌,北京,海洋出版社 2012 年 5 月版,391 页,为"闽台经贸文化与华侨华人问题研究专辑",其中第七辑为"闽台经贸文化研究",收录论文 21 篇;第八辑为"华侨华人问题研究",收录论文 32 篇。

# 《闽台文化研究》

闽南师范大学闽南文化研究院主办,原名《闽台文化交流》,创刊于2003 年,初为内刊,2006 年正式公开出版发行,2013 年改名《闽台文化研究》,季刊。闽南师范大学闽南文化研究院的前身是漳州师范学院闽南文化研究所,成立于 1996 年,2003 年更名为闽台文化研究所,2012 年升格为闽南文化研究院,是在整合海峡两岸相关高校优质资源的基础上组建而成的,融人才培养、科学研究、编辑出版、文化交流、社会服务为一体的综合性教学科研单位。《闽台文化研究》是目前福建省唯一一家闽台文化研究的重要刊物,自创办之始就以"探讨闽南文化,解读闽台情缘"、宣传"五缘"文化精髓为办刊宗旨,在弘扬闽南民系文化的大背景下,研究探讨海峡两岸不同时代、不同类型、不同层次的物质文化和精神文化；在增进两岸文化的沟通与共识的大前提下，较好地将历史的回顾与现实性观照相结合，构筑雅与俗、古与今的通道，融学术性、知识性、可读性为一体，以此构成刊物的鲜明特色。该刊设有专题研究、文化论坛、文化名人、民俗、宗教、语言艺术、采风等富有地域文化特色的栏目，还有图书评介、学术动态、文化信息等，是海峡两岸学术文化交流的一个重要平台。

## 《闽台文化研究集刊》

福建广播电视大学闽台文化研究所主办，何绵山、李正光主编，厦门，厦门大学出版社出版，2012 年创刊，每年出版 1 辑。2012 年 11 月出版第 1 辑，287 页；2013 年 12 月出版第 2 辑，328 页。每辑收录数十篇有关闽台文化的研究论文、调研报告、书刊评论及动态报道，从不同角度对闽台文化的各种现象进行探讨，力求推动有关研究的进一步深入，增强两岸的联系与交流。

## 《上海台湾研究》

上海台湾研究所主办，2001 年 4 月出版第 1 辑，已出至第 12 辑。上海台湾研究所是著名的台湾问题专业研究机构，是大陆对台决策的重要智库之一，成立于 1999 年 4 月，宗旨是"加强研究、扩大交流、增进了解、促进统一"，下设政治研究室、两岸关系研究室、经济研究室、法律研究室、资料室及综合室。《上海台湾研究》是上海台湾研究所编辑的内部文集，有"两岸关系研究""美台关系研究""'两国论'研究""台湾政局与社会经济研究"等专题，是上海地区台湾问题研究成果的集中体现。

## 《台海》

厦门日报社主办，创刊于 2006 年 8 月，月刊。《台海》杂志是海峡西岸以涉台报道为主要特色、走市场化经营的时事生活类杂志。2007 年，《台海》杂志根据市场需要进行全新改版，改版后的《台海》杂志，秉持

"精致·深入·时事·生活"的办刊理念，传递两岸时事生活的最新资讯，弘扬闽台文化的深厚内涵，紧扣两岸政商精英关注焦点，报道视野涵盖海峡两岸政治、经济、文化、生活、娱乐、体育、军事等众多领域，是在海峡两岸较有影响的涉台刊物。

## 《台海研究》

上海台湾研究所与上海社会科学院出版社主办，创刊于 2013 年 9 月，季刊。《台海研究》办刊宗旨是：在海峡两岸和平统一、两岸关系和平发展思想的指导下，提倡学术创新，鼓励政策探讨，深入研究台湾问题的深层次、结构性议题，积极探索两岸关系和平发展的理论、路径、方法、举措等，促进两岸关系和平发展，早日实现祖国统一。主要发表有关台湾问题的最新学术研究成果，包括两岸关系和平发展思想、中央对台方针政策的研究，两岸关系回顾、进展与趋势研究，当代台湾政治、经济、社会、文化研究，涉台国际因素研究等。此外，还刊登重大学术活动、学术信息、书评等。该刊围绕两岸关系和平发展主题，着眼涉台基础性、理论性和实践性研究，探讨两岸政治、经济、文化、社会发展趋势，研究两岸共同发展课题，分析两岸关系中国际因素的影响，探索两岸交流与合作对大陆和上海经济社会建设的影响，为各界涉台专家学者提供理论研究和学术交流平台。

## 《台声》

中华全国台湾同胞联谊会主办，创刊于 1983 年，原为月刊，2015 年起由月刊变更为半月刊，其中上半月刊侧重两岸时事与经济，下半月刊侧重两岸艺文。中华全国台湾同胞联谊会简称全国台联，于 1981 年 12 月 27 日在北京成立，是台湾同胞在祖国大陆的同乡会组织，中华人民共和国台湾各族同胞的爱国民众团体，以团结联络广大台湾同胞、促进两岸人民交流为己任，为祖国和平统一大业贡献力量，是中国共产党和政府联系台湾同胞的桥梁和纽带。《台声》是以沟通海峡两岸交流、促进祖国和平统一为办刊宗旨，在海内外公开发行的时政类综合性期刊，现辟有《每月点评》《读者论坛》《两岸交流》《社会观察》《经济纵横》《文化广场》等栏目，评析两岸关系局势，报道两岸交流动态，反映台湾同胞心声。

# 《台湾历史研究》

中国社会科学院台湾史研究中心主办，中国社会科学院近代史研究所台湾史研究室编辑，张海鹏、李细珠主编，北京，社会科学文献出版社出版，2013 年创刊，每年出版 1 辑。2013 年 12 月出版第 1 辑，399 页；2014 年 12 月出版第 2 辑，413 页。中国社会科学院台湾史研究中心成立于 2002 年 9 月，主要依托中国社会科学院近代史研究所台湾史研究室（2002 年 4 月组建）。台湾史研究中心的成立，意在推动、组织、协调台湾史的学术研究，从科学建设的角度，对台湾历史进行综合研究，开展与台湾、香港、澳门地区和国外学者的合作与交流，推动台湾史学术研究，为祖国统一与学术进步服务。台湾史研究中心是中国社会科学院一个非营利性、非实体性的以台湾历史为研究对象的学术研究机构。中心领导机构为理事会。中心成立时，中国社会科学院副院长朱佳木为理事长，厦门大学台湾研究院前所长陈孔立、南京大学台湾研究所前所长茅家琦、中国社会科学院近代史研究所所长张海鹏为副理事长。张海鹏兼任中心主任，主持中心工作。中心秘书处设在中国社会科学院近代史研究所台湾史研究室，日常工作由该研究室运作，归近代史研究所管理。《台湾历史研究》为有关台湾历史研究的专业学术集刊，是一个公开的学术园地，刊载海内外台湾历史研究领域原创性学术成果，内容涵盖政治史、经济史、社会史、文化史、思想史、军事史、外交史、民族史、两岸关系及历史人物等各个方面，体裁包括专题研究论文、读史札记、史实考订、史料评介、书评及文评、学术综述、学术讨论、学术动态等，并适当刊载有关台湾历史研究的珍稀资料与口述史料。该刊不仅关注有文献记载的台湾历史进程，特别是明末以来台湾的历史进程，也关注考古学意义上台湾的史前研究，关注有史以来大陆与台湾关系研究，关注台湾早期居民研究，关注一切着意于台湾史学术进步的研究成果，以及一切本着实事求是的精神探讨台湾史未知领域的研究成果，其目的是为台湾史研究构建一个专门的学术交流平台，努力推动台湾史学科建设。

# 《台湾研究》

　　中国社会科学院台湾研究所主办，创刊于 1988 年，初为季刊，2004年改为双月刊。中国社会科学院台湾研究所成立于 1984 年 9 月，下设台湾政治研究室、台湾经济研究室、台湾对外关系研究室、台美关系研究室、综合研究室、台湾社会文化与人物研究室、《台湾研究》编辑部等部门，是一个全面研究台湾政治、经济、社会、文化、对外关系以及两岸问题的综合性学术机构。台湾研究所成立以来，作为国家级对台学术研究机构，始终本着"求真务实"的精神，紧紧围绕为中央对台工作服务、为促进祖国统一大业服务的宗旨，密切追踪和分析台湾局势及两岸关系出现的新问题、新情况，深入研究和掌握岛内的社情民意，加强对涉台重大现实问题进行"理论性、综合性、基础性、战略性"研究，取得了丰硕成果，成为享誉海内外的对台研究重镇。《台湾研究》是关于台湾研究的综合性专业学术刊物，以增进全面、客观认识台湾，促进祖国和平统一为宗旨，主要刊登有关台湾政治、经济、法律、历史、宗教、社会、教育、文学艺术以及两岸关系、祖国统一等问题的学术论文，兼载台湾人物介绍、书刊评价以及其他重要研究资料，面向海内外关心台湾问题和祖国统一的人士，是台湾研究者展示学术成果、交流学术心得的重要园地。

# 《台湾研究集刊》

　　厦门大学台湾研究院主办，创刊于 1983 年，初为季刊，2010 年改为双月刊。厦门大学台湾研究院前身为厦门大学台湾研究院，成立于 1980年 7 月，2004 年 2 月改制为厦门大学台湾研究院，是海内外最早成立的台湾研究学术机构，系国家教育部与福建省共建单位，下设政治、经济、历史、文学、法律、两岸关系六个研究所和院办公室、文献信息中心、《台湾研究集刊》编委会。《台湾研究集刊》是全国最早创办的专门研究台湾问题的综合性学术期刊，其办刊宗旨是：推动台湾研究深入开展，沟通海峡两岸相互了解与学术交流，促进祖国和平统一；其主要板块栏目有两岸关系、台湾政治、经济、社会、法律、历史、文学艺术等，主要发表关于台湾问题的前沿研究成果，包括台湾政治、经济、法律、历史、文学、宗教、社会、教育以及两岸关系等方面的学术论文、书刊评介、学术综述，充分反映该领域的研究成果和发展状况，是涉台研究及工作人员的重要参考资料。该刊是在台湾研究领域具有重大影响的权威刊物，已加入《中国学术期刊全文数据库》《中国学术期刊综合评价数据库》《中国人文社会科学引文数据库》《中国核心期刊（遴选）数据库》、中国期刊网、万方数据库等全文数据库，其在影响因子方面，排在港澳台问题类刊物的第一位。

## 《台湾研究论丛》

武汉大学台湾研究所编，冯天瑜主编，陈文新副主编，北京，生活·读书·新知三联书店 2014 年 11 月出版第 1 辑，663 页。为顺应新形势的需要，2013 年 5 月湖北省委、省政府与武汉大学协同共建了台湾研究所。研究所依托教育部重点研究基地——武汉大学中国传统文化研究中心组建，由武汉大学冯天瑜教授担任所长。该所秉持联系实际、经世致用的办所理念，紧密结合两岸关系的重大理论和现实热点问题展开学术研究和理论创新。时代需要视域开阔、富于学术个性、能在某些关节点上有所突进的台湾研究园地，该所创办《台湾研究论丛》，旨趣正在于此。《台湾研究论丛》设有台湾经济与社会、台湾历史与文化、国际政治与两岸关系、两岸文化生态比较、时事评论、学术评论、学术笔谈、研究动态等栏目，以期为广大研究者提供学术交流平台。

## 《台湾周刊》

中国社会科学院台湾研究所主办，创刊于 1993 年元旦，原名《台湾动态周刊》，为内部参考刊物，1997 年 1 月第一次改版，易名为《台湾周刊》，仍以内部参考刊物方式发行，从 2001 年第 20 期起再次改版，并改为公开发行。该刊是全面报道、深入分析台湾情况的综合性涉台新闻周刊，以宣传"和平统一、一国两制"为核心的中央对台方针政策为宗旨，及时报道、分析台湾地区政治、经济、对外关系、社会、人文风物等方面的情况，突出政策性、时效性，兼顾综合性、可读性，为党、政、军、学、企和大陆社会各界读者，尤其是对台涉台部门深入了解台湾情况提供高质量的信息服务。通过不断探索，不断创新，《台湾周刊》已发展成为面向全国，突出政策性、时效性、综合性、可读性兼顾的有特色的综合性刊物。

# 《统一论坛》

中国和平统一促进会主办。创刊于 1989 年，双月刊。中国和平统一促进会由各民主党派有关人士、团体及无党派代表人士共同发起，成立于 1988 年，是由赞成中国统一的各界人士自愿结成的具有独立法人地位的全国性、非营利性社会组织。该会的宗旨是：高举爱国主义旗帜，团结一切拥护中国和平统一的海内外同胞，推动台湾海峡两岸的民间交流与往来，反对制造"台湾独立""两个中国""一中一台"等分裂中国的活动，促进早日实现中国和平统一。《统一论坛》是以反映海峡两岸统一进程为主要内容的政治、经济、社会文化综合性期刊，其宗旨是坚持"和平统一、一国两制"的方针，遵循向前看、再认识、多探索、互补互益、相互理解的精神，充分反映祖国大陆和台湾的社会、经济、文化等各方面的发展及相互交流，反映关心祖国统一的呼声，以推动和平统一的进程，早日实现祖国统一。

# 《西岸文史集刊》

中国闽台缘博物馆主办，陈健鹰主编，福州，福建教育出版社出版，2012 年创刊，每年出版 1 辑。2012 年 11 月出版第 1 辑，461 页；2013 年 12 月出版第 2 辑，479 页。该刊是一种综合性的历史和文化研究的学术集刊，主要探究闽台区域文化，检视两岸历史关系，举凡与此相关的历史学、人类学、民俗学、考古学、博物馆学等学科的研究成果，均在该刊的视野之内。主要栏目有历史纵横、田野札记、学术论坛、文博园地、文化图像、姓氏源流、文献梳理、读后有感等，是有关海峡西岸文史领域最新研究成果的学术交流平台。

# 《现代台湾研究》

　　福建社会科学院现代台湾研究所主办，创刊于 1993 年，初为季刊，2001 年改为双月刊。福建省社会科学院现代台湾研究所的主要任务是从事有关台湾政治、经济、社会、文化及两岸关系等问题的研究，与两岸学术界开展交流合作，并编辑出版《现代台湾研究》杂志。《现代台湾研究》是一份有关台湾研究的综合性学术期刊，主要刊载涉台重大问题、热点问题以及基础性研究等学术文章，内容涵盖台湾政治、经济、社会、法律、文化、历史、文学、宗教和两岸关系等领域，辟有"两岸关系""两岸经贸""台湾政治""台湾经济""台湾军事""台湾社会""闽台合作""多棱镜"等栏目，是大陆涉台研究重要的学术交流平台。

# 编著者索引

# Y

# 后　记

　　目录学乃学问之门径、后学之津梁。三年前，当我们受命撰写《当代中国台湾史研究》一书时，几乎同时启动了《中国大陆台湾史书目提要》项目。本书的编撰，正是为日后的台湾史研究提供初步的门径。

　　首先需要说明的是，本书是集体协作的结果，项目由李细珠主持，全书共12篇，具体分工如下：

　　李细珠：第一篇及附录、凡例、后记、编著者索引

　　冯　琳：第二篇

　　程朝云：第三、四篇

　　汪小平：第五篇

　　赵一顺：第六、七篇

　　郝幸艳：第八、九篇

　　第十篇为各篇作者撰写的论文集介绍汇总

　　第十一、十二篇为李细珠、汪小平合撰

　　各篇撰写完成后，由李细珠统稿，主要是做了一些删繁就简、拾遗补阙、结构调整及规范化处理等方面的工作，其结果便是呈现在读者诸君面前的模样。

　　本书可谓《当代中国台湾史研究》一书的姊妹篇。编撰这本书，是我们进一步加强台湾史学科建设的需要。三年前启动这个项目，我们没有丝毫的犹疑。现在虽然总算是勉力完成了，但我们没有任何如释重负的感觉，因为我们在编撰过程中很快就发现，当初预想以为可能不难，但实际上做起来并不简单，因此而不得不一再延迟完稿的日期。虽然没有任何人给我们压力，但要拿出去面见读者诸君，我们难免惶恐不安。

　　非常感谢张海鹏老师自始至终对我们的指导和关心。早在十多年前，张老师创建本所台湾史学科时，就有编撰此书的想法，但一直因故没有落

实。本项目在三年前启动以来，一直得到张老师的大力支持。书稿完成后，张老师又在百忙之中赐序，温语嘉勉。这是鞭策我们继续奋力前行的精神动力。

最后需要着重向读者说明三个问题：

一是选目范围问题。本书标题关键词是"台湾史"，但所选书目似乎并不严格限于"台湾史"的范围，实际上涵盖了几乎所有"台湾研究"书目。当然，如果按照马克思、恩格斯在《德意志意识形态》中对"历史科学"最广义的定义是"一门唯一的科学"，那么也就可以勉强名副其实了。

二是条目分类问题。本书共收录条目967条，包括研究著作665条，论文集150条，资料与工具书136条，期刊与集刊16条。除了论文集、资料与工具书、期刊与集刊相对明确以外，其他研究著作大致按照学科专题史分类，各类之间难免有交叉，而且有些著作可能涉及多个专题史，更增加分类的难度。之所以这样处理，主要是根据现行学科分门别类，同时也是为了项目组分工操作的方便。

三是遗漏及准确性问题。面对相关研究著作与资料的海量数据，尽管有读秀网等非常优越的数据库可资利用，实际上还是很不容易做到周全，仍难免有沧海遗珠之憾。项目启动之初，我们要求介绍任何著作或资料，必须见到原书或PDF等图像版电子书，但事实上有些书实在难以在图书馆找到，也不能在网上找到完整的电子版本，这样便可能使少数书的介绍数据不全，或并不一定准确，甚至有个别著作只能有简单的出版信息，而无法介绍具体内容。这些只好留待来日修订时进一步完善。

总之，我们深深地感觉到，完成一个集体项目非常不容易。因此，我们真诚地欢迎读者诸君不吝批评指正，尤其欢迎各种积极的有建设性的意见和建议。